ars vivendi

Alex Marzano-Lesnevich

Verbrechen und Wahrheit

Ein autobiografischer Kriminalroman

AUS DEM AMERIKANISCHEN ENGLISCH
VON SIGRUN ARENZ

ars vivendi

Die Originalausgabe erschien 2017 unter dem Titel
The Fact of a Body. A Murder and a Memoir bei Flatiron Books.

Deutsche Originalausgabe
1. Auflage November 2020

www.arsvivendi.com

Druck: CPI books GmbH, Leck
Gedruckt auf holzfreiem Werkdruckpapier
der Papierfabrik Schleipen.
Das eingesetzte Material stammt aus ökologisch und
sozial verantwortungsvoller Forstwirtschaft.

MIX
Papier aus verantwortungsvollen Quellen
FSC® C083411

Printed in Germany

ISBN 978-3-7472-0190-9

Für meine Eltern

Verbrechen und Wahrheit

Ein Hinweis zu den Quellen

Ich habe Ricky Langleys Leben mithilfe öffentlicher Gerichtsakten, Transkripte, Zeitungsartikel und Fernsehbeiträge und in einem Fall unter Verwendung eines Theaterstücks, das auf Interviews basierte, rekonstruiert. In diesem vielfältigen Quellenmaterial bin ich auf widersprüchliche Aussagen gestoßen, sodass ich mich oft für eine davon entscheiden musste, um eine zusammenhängende Erzählung zu ermöglichen. Noch häufiger habe ich mich dazu entschlossen, die unterschiedlichen Versionen, Behauptungen, Versprecher und Auslassungen gleichberechtigt aufzunehmen, um die Widersprüche und Leerstellen zu veranschaulichen. Zusätzliche detaillierte Informationen zu den Quellen finden Sie im Anhang dieses Buches.

Jedem Ereignis, von dem ich hier berichte, liegen Aussagen mindestens einer Person zu seinem Ablauf zugrunde – oder es handelt sich um eine Begebenheit, die ich aus verschiedenen Beschreibungen kompiliert habe (siehe auch hierzu den Anhang zu den Quellen). Wo immer ich mit Transkripten gearbeitet habe, habe ich die Dialoge im Interesse der Klarheit und des Erzähltempos gestrafft und redigiert. Ein bedeutender Teil der Vorfälle, über die ich hier schreibe, hat sich in der Öffentlichkeit und begleitet von großem Medienrummel zugetragen, aber ich habe dennoch einige Namen abgeändert. Die beiden Rechercheexkursionen, die das Rückgrat des dritten Teils bilden, bestanden in Wirklichkeit aus vielen Trips im Verlauf mehrerer Jahre. Ich habe sie hier komprimiert; die beschriebenen Ereignisse haben aber alle genau so stattgefunden.

Wenn ich auch keine Tatsachen geändert oder dazuerfunden, sondern mich vielmehr auf die Dokumente gestützt habe, die zur Hauptquelle dieses Buches wurden, habe ich doch gelegentlich meine Vorstellungskraft genutzt, um die nüchternen Fakten der Vergangenheit zum Leben zu erwecken. Wo das der Fall ist, habe ich es im Quellenanhang gekennzeichnet. Auf jeden Fall enthält die Darstellung meine Interpretation der Fakten, meine individuelle Lesart, und ist mein persönlicher Versuch, diese Geschichte aus den Einzelteilen zusammenzusetzen.

Insofern ist es einerseits ein Buch über das, was tatsächlich passiert ist, andererseits aber auch darüber, wie wir mit dem umgehen, was geschehen ist. Es geht um einen Mord, es geht um meine Familie, es geht um die anderen Familien, deren Leben von diesem Mord berührt wurden. Vor allem aber geht es darum, wie wir unser Leben, unsere Vergangenheit und einander deuten und verstehen. Zu diesem Zweck erfinden wir alle unsere Geschichten.

Rechtlicher Hinweis

Dieses Werk ist nicht vom Louisiana Capital Assistance Center – einer Kanzlei, die Menschen vertritt, die wegen eines Kapitalverbrechens angeklagt sind – autorisiert oder genehmigt worden, und auch nicht von den Klienten dieser Organisation. Die hier zum Ausdruck gebrachten Ansichten geben einzig und allein die Meinung und Haltung der Autorin wieder. Die Beschreibungen der einzelnen Parteien vor Gericht und die Umstände und Ereignisse der dort verhandelten Verbrechen entstammen ausschließlich den Gerichtsakten, anderen öffentlich zugänglichen Informationen und den Recherchen der Autorin.

Prolog

»Es kann immer vorkommen, dass die Lösung eines Rätsels ein weiteres auflöst.«
Truman Capote, *Kaltblütig*

»Wissen Sie, er war einfach nur unser Ricky.«
Darlene Langley, Schwester von Ricky Langley

Es gibt in der Rechtsprechung das Prinzip der unmittelbaren Ursache, das Jurastudenten im ersten Semester anhand des Falls *Palsgraf gegen die Eisenbahngesellschaft von Long Island* vermittelt wird. Stellen Sie sich folgende Szene vor: Es ist das Jahr 1924, und Helen Palsgraf macht mit ihren zwei kleinen Töchtern einen Nachmittagsausflug an die Bucht von Rockaway. Es ist ein sehr heißer Tag, und das Reihenhaus in Ziegelbauweise, in dem die Mädchen, ihr älterer Bruder und die Eltern leben, ist stickig. Jetzt, da die Ferien angefangen haben und es nichts zu tun gibt, jammern die Mädchen schon seit Tagen, und Helen hat beschlossen, mit ihnen an den Strand zu fahren. Vielleicht hat sie ein Baumwollkleid über ihren Badeanzug gezogen und zum Schutz vor der Sonne einen Strohhut mit breiter Krempe aufgesetzt. Nun lehnt sie sich an ein Geländer am Bahnsteig und fächelt sich mit dem Hut Luft zu. Ein, zwei Meter entfernt spielen die Mädchen mit einer Puppe, die eine von ihnen mitgenommen hat. Helen beobachtet sie träge.

Am anderen Ende des Bahnsteigs, zehn Meter entfernt, rennt ein junger Mann auf den Zug zu, der gleich abfährt, ein Express zur Jamaica Station in Queens. Vielleicht hat er vor, dort seine Freunde zu treffen, um eine feuchtfröhliche Nacht zu verbringen. Sie werden Bier trinken; sie werden einer Band lauschen; sie werden mit hübschen Mädchen tanzen. Vielleicht wird er sogar das Mädchen küssen, von dem sein Cousin ihm erzählt hat, eine Schönheit aus Connecticut. Er ist mit zwei anderen jungen Männern unterwegs, und sie alle rennen zum Zug, aber der Mann, um den es uns hier geht, trägt ein längliches Päckchen unter dem Arm, etwa vierzig Zentimeter lang und eingewickelt in Zeitungspapier.

Der Zug ist schon angefahren, die großen metallenen Räder drehen sich schneller und schneller, aber der Mann will seinen großen Abend nicht verpassen und hetzt hinterher. Wird er es schaffen?

Der Zug schwenkt aus. Zwischen ihm und dem Bahnsteig ist jetzt eine Lücke.

Der Mann springt.

Im Zug lehnt sich ein Schaffner nach vorn, packt ihn am Arm und zieht ihn hinein. Vom Bahnsteig aus gibt ein Bahnbeamter ihm einen Schubs. Der Mann landet sicher im Inneren des Zuges.

Aber das Päckchen fällt ihm aus der Hand – und als es auf dem Boden auftrifft, explodiert es. In dem Zeitungspapier befanden sich Feuerwerkskörper.

Am nächsten Morgen berichten die Zeitungen von Dutzenden Verletzten. Das Haar eines Teenagers fing Feuer. Eine Mutter und ihre Tochter erlitten Schnittwunden an Armen und Beinen. Und am anderen Ende des Bahnsteigs geriet eine große Gepäckwaage ins Wanken. Die Frau, die darunter stand, einen breiten Strohhut in der Hand, schrie auf. Die Waage kippte um.

Als Mrs. Palsgraf sich von diesem Tag erholt hat, verklagt sie die Bahngesellschaft.

Was hat ihre Verletzungen verursacht? Beginnen wir mit der Waage, die umkippte. Hierbei handelt es sich um das, was das Recht »unmittelbare Ursache« nennt. Wäre die Waage nicht umgekippt, wäre Mrs. Palsgraf nicht verletzt worden.

Aber das Problem daran ist: Eine Waage fällt nicht einfach so um. Es war die Explosion, die dafür verantwortlich war.

Und Explosionen ereignen sich auch nicht einfach so. Diese wurde durch die Feuerwerkskörper des jungen Mannes verursacht.

Aber Feuerwerkskörper entzünden sich nicht ohne Grund. Der Bahnangestellte muss schuld sein, weil der Schubs, den er dem jungen Mann gab, dazu führte, dass er das Päckchen mit dem Feuerwerk fallen ließ. Somit muss die Bahngesellschaft, die ihn beschäftigt, für Mrs. Palsgrafs Verletzungen verantwortlich sein.

All diese denkbaren Ursachen sind tatsächliche Ursachen. Die Mutmaßungen über all diese möglichen Ursachen ließen sich endlos weiterspinnen. Die Idee, dass es eine unmittelbare Ursache gibt, löst das Problem. Die Aufgabe der Gerichte ist es nun, herauszufinden, wo der Ursprung der Ereignisse liegt, um jemanden zur Verantwortung ziehen zu können. Und so ist es die »unmittelbare Ursache«, die laut Gesetz tatsächlich eine Rolle spielt.

Die eine Ursache, die eine Geschichte zu dem macht, was sie ist.

In meiner Erinnerung gibt es einen dunklen Raum, dessen Tür weit geöffnet ist, wie der Schlund einer Höhle. In der Mitte glänzen metallene Stäbe. An den Wänden recken sich Reihe um Reihe ledergebundener Bücher bis zur Decke, ihre Buchrücken eine Variation gedeckter Farben: das Blau einer alten Fahne, das Grün des Meeres, das Rot von getrocknetem Blut. Es handelt sich um Rechtsregister, die Art von Büchern, die man in der Bibliothek jeder Anwaltskanzlei des Landes finden kann. Jahrzehntealte Gerichtsentscheidungen sind darin verzeichnet. Jedes dieser Bücher enthält unzählige Geschichten, unzählige Leben – wer hat was getan, und wer musste den Preis dafür zahlen?

In diesem Raum halte ich mich im Juni des Jahres 2003 im Alter von fünfundzwanzig Jahren auf. Stellen Sie sich vor, wie ich vergangene Woche meine Tage in einer Bibliothek verbracht habe, über einen Schreibtisch gebeugt, der nach altem Holz roch, und mich durch sechsstündige Examensarbeiten gequält habe, um das erste Jahr meines Jurastudiums in Harvard zu bestehen. Gestern bin ich dann in ein Flugzeug gestiegen, das mich südwärts nach New Orleans trug, und trat hinaus in eine Luft, die mich wie eine heiße, feuchte Ohrfeige traf. Ich bin in den Süden gekommen, um hier gegen die Todesstrafe zu kämpfen, indem ich ein Praktikum bei einer Kanzlei mache, die Menschen vertritt, die des Mordes angeklagt sind. Ich bin stolz darauf, dass ich diese Arbeit hier tun werde, aber zugleich macht sie mir auch Angst. All mein Wissen über Recht und Gesetz stammt aus Büchern und aus den Geschichten über Klienten, die mir meine Eltern, beide Anwälte, in meiner Jugend erzählt haben. Diese handelten von Sorgerechtsstreitigkeiten, ärztlichen Kunstfehlern oder Haftungsfragen nach einem Sturz, und in einer ging es tatsächlich um einen Mord, aber niemals um einen Fall, bei dem die Todesstrafe im Raum gestanden hätte. Diese Geschichten enthielten nichts von dem, wie ich mir New Orleans ausmale, das in diesem Sommer von einer Verbrechenswelle erschüttert wird. Gestern in den Abendnachrichten spannte sich gelbes Absperrband straff über eine verschlossene Tür. Heute Morgen sprangen mich aus den Zeitungskästen auf der Baronne Street die schwarzen Schlagzeilen an, die »Mord« schrien. Auf den Regalbrettern der Bibliothek, unter den Gerichtsakten, liegen kopierte Ringbücher, laminiert und mit Plastikspiralen gebunden. Es sind Leitfäden mit detaillierten Beschreibungen, wie der Staat im Fall einer Hinrichtung verfährt. Hier in diesem Raum werden Leben verteidigt.

Ich rutsche unruhig auf meinem metallenen Klappstuhl hin und her. Der braune Anzug, den ich anhabe, ist viel zu warm für New Orleans; schon jetzt stehen Schweißperlen auf meiner Stirn. Das ist es, worauf sich meine Aufmerksamkeit in diesem Moment richtet: auf meine Kleidung, und wie unwohl ich mich darin fühle.

Eine Frau geht zielstrebig zum Kopfende des Tisches und hält für mich und die anderen Praktikanten eine Videokassette hoch. Ihre

Haltung drückt Selbstbewusstsein und Souveränität aus. Sie trägt einen einfachen schwarzen Rock und eine weiße Bluse, die trotz der Hitze glatt und frisch aussieht. »Das hier ist eine Aufzeichnung aus dem Jahr 1992. Das Geständnis des Mannes, dessen Wiederaufnahmeverfahren wir gerade beendet haben«, sagt sie. Ihr Akzent ist scharf und britisch, ihr Haar aufgetürmt wie das einer Brontë-Heldin. »Vor neun Jahren wurde er zum Tode verurteilt, aber diesmal haben die Geschworenen ihm das Leben geschenkt. Er hat lebenslänglich bekommen. Können Sie bitte«, sagt sie zu einem anderen Juristen im Raum, »das Licht ausmachen?«

Ursache und Wirkung also: diese Videoaufzeichnung. Wenn ich das Gesicht des Mannes auf dem Band nicht gesehen hätte, wenn ich ihn nicht hätte beschreiben hören, was er getan hat – er hätte für mich einfach nur ein Name bleiben können.

Ursachen: Sie zeigt mir die Aufzeichnung. Zwölf Jahre sind mittlerweile seit diesem Praktikumstag in der Kanzlei vergangen, und ich möchte all diese Jahre zurückgehen, um ihr zu sagen: »Nein, er ist nicht mein Klient, er wird niemals mein Klient sein, ich muss dieses Video nicht sehen. Das Kind, das er umgebracht hat, ist längst tot. Der Mann ist längst wegen Mordes verurteilt. Alles, was geschehen ist, ist bereits geschehen. Es gibt keinerlei Notwendigkeit für mich, diese Aufzeichnung anzuschauen.«

Oder noch weiter zurück. Ursachen: Ich hätte mich entscheiden können, nicht in dieses Anwaltsbüro hier im Süden zu kommen. Ich hätte mich entscheiden können, meine Überzeugungen niemals infrage zu stellen. Ich hätte mich entscheiden können, meine Vergangenheit ruhen zu lassen.

Was, wenn ich niemals Jura studiert hätte? Wenn ich nicht eines Nachmittags, als ich mit dreizehn krank zu Hause war, ein Buch über das Jurastudium im Bücherregal meines Vaters gefunden hätte? In genau dem Monat, in dem ich das Buch immer wieder las, in eben dem Monat, in dem ich mir meine Zukunft erträumte, klopfte ein kleiner blonder Junge in Louisiana an die Tür des Nachbarhauses. Der Mann von der Videoaufzeichnung öffnete.

Ich habe jetzt mehr als zehn Jahre mit seiner Geschichte verbracht, einer Geschichte, auf die ich, wenn die Dinge nur ein wenig anders verlaufen wären, niemals gestoßen wäre. Ich habe das Transkript seines Geständnisses öfter gelesen, als ich zählen kann, ebenso wie die Protokolle seiner anderen Geständnisse. Ich kenne seine Worte besser als Worte, die ich selbst geschrieben habe. Ich habe mich von den Protokollen aus zurückgearbeitet, habe die Orte in Louisiana besucht, an denen sich sein Leben abspielte, und auf diese Weise habe ich seine Mutter in meiner Vorstellung zum Leben erweckt, seine Schwestern, die Mutter des kleinen Jungen, all die Charaktere aus der Vergangenheit. Und ich bin die lange, einsame Straße von New Orleans zum Staatsgefängnis von Louisiana gefahren, das den Namen Angola trägt. Ich habe diesem Mann, diesem Mörder, an einem Besuchstisch gegenübergesessen und in dieselben Augen geblickt, die in diesem Video zu sehen sind.

Dieses Band hat mich dazu gebracht, alles auf den Prüfstand zu stellen, was ich je geglaubt habe – nicht nur über das Rechtswesen, sondern auch über meine Familie und meine Vergangenheit. Vielleicht hätte ich mir wünschen können, es nie gesehen zu haben. Ich hätte mir wünschen können, mein Leben wäre geblieben, wie es vorher war, in einer einfacheren Zeit.

Sie schiebt die Kassette in den Videorekorder und tritt einen Schritt zurück. Der Bildschirm des alten Röhrenfernsehers flimmert. Langsam wird ein sitzender Mann sichtbar. Blasse Haut, eckiges Kinn, Segelohren. Dicke, runde Brillengläser. Ein orangefarbener Jogginganzug. Hände in Handschellen auf dem Schoß.

»Wie lautet Ihr Name?«, fragt eine tiefe Stimme aus dem Off.

»Ricky Langley«, antwortet der Mann.

Erster Teil:
Das Verbrechen

Louisiana, 1992

Der Junge trägt kurze Hosen, deren Farbe an die Seen in Louisiana erinnert. Später wird der Polizeibericht die Farbe als »Blau« verzeichnen, aber in allen Beschreibungen, die sie gibt, wird seine Mutter darauf bestehen, sie »Aquamarin« oder »Blaugrün« zu nennen. Seine Füße stecken in schlammverkrusteten Wanderschuhen, wie jeder Junge in diesem Teil des Staates sie hat, ideal, um darin in den Wäldern zu spielen. Eine kleine Faust umschließt den Griff eines Luftgewehrs, das halb so groß ist wie er selbst. Es ist eine Waffe der Marke Daisy mit einem langen, braunen Plastiklauf, den der Junge poliert, bis er glänzt wie echtes Metall. Als einziges Kind einer alleinerziehenden Mutter ist Jeremy Guillory daran gewöhnt, häufig umzuziehen und in fremden Schlafzimmern zu übernachten. Die Freunde seiner Mutter leben alle in gemieteten Häusern entlang derselben Sackgasse, die der Eigentümer »Watson Road« nennt, wann immer er die Miete erhöhen will, die aber in Wirklichkeit keinen Namen hat. Selbst die Polizisten der örtlichen Polizeidirektion werden später nachfragen müssen, um den Weg dorthin zu finden. Siedler aus Iowa benannten die Siedlung einst nach ihrem Heimatstaat, aber da sie einen Neubeginn suchten, sprachen sie den Namen »Io-way« aus, obwohl sie die ursprüngliche Schreibweise beibehielten. Diese Stadt ist schon immer ein Ort gewesen, an den Leute für einen Neuanfang kommen – und zugleich ein Ort, an dem sie es nie so ganz schaffen, die Vergangenheit hinter sich zu lassen. Hier also schlüpfen der Junge und die Mutter bei jedem unter, der in der Lage ist, die monatliche Stromrechnung zu bezahlen, und der dafür sorgt, dass das Gas im nächsten Monat nicht abgestellt wird. Wo auch immer der Junge landet, hat er sein Luftgewehr dabei. Für ihn ist es sein größter Schatz.

Es ist die erste Februarwoche. Die Blätter der Bäume sind grün und üppig, aber bei Nacht sinken die Temperaturen empfindlich. Lorilei, Jeremys Mutter, arbeitet nicht. Sie hat ein Haus nur für sie beide gemietet – ihr erstes –, aber der Strom wurde ihnen abgestellt. Ihr Bruder Richard lebt in einem weitläufigen Eigenheim oben auf dem Hügel, aber sie ist nicht bei ihm untergekommen. Stattdessen wohnen Lorilei und Jeremy zurzeit bei Lorileis Freundin Melissa, deren Partner Michael und ihrem gemeinsamen Baby. Das Kind ist zwei, alt genug, dass es mit dem Jungen spielen will und brüllt, wenn es seinen Willen nicht bekommt.

Heute schreit das Baby die ganze Zeit. Jeremy ist sechs Jahre alt und gerade aus dem gelben Bus ausgestiegen, der ihn von der Vorschule heimgebracht hat. Er schlingt seinen Nachmittagsimbiss hinunter und träumt sich weg von dem Lärm, träumt von den Wäldern und dem Spaß, den er dort haben könnte.

Am Ende der Straße steht ein heruntergekommenes weißes Haus, dahinter liegt ein Fleckchen Wald. Die Wälder hier sind dichte, feuchte Laubwälder, in denen verrottende Blätter sich mit Erde zu einem weichen Untergrund verbinden, der unter den Füßen des Jungen nachgibt. Und auch wenn dieser Wald nur sehr klein ist, so ist er mit seiner Schlucht, die einer Narbe im Erdreich gleicht und sich perfekt für Kriegsspiele oder als Versteck eignet, doch Jeremys absoluter Lieblingsspielplatz.

Jeremy bittet seine Mutter um das Luftgewehr. Sie nimmt es von dem Regal herunter, auf dem sie es vor dem Baby in Sicherheit gebracht hat, und reicht es ihm. Er läuft durch die Tür nach draußen. Zwei Kinder, die ungefähr im gleichen Alter sind, ein Junge namens Joey und ein Mädchen namens June, wohnen in dem weißen Haus am Waldrand, und obwohl Jeremy auch gern allein auf Entdeckungsreisen geht, macht es doch mehr Spaß, wenn Joey dabei ist. Er geht zur Tür und klopft an.

Ein Mann öffnet ihm. Er trägt eine Brille mit dicken Gläsern. Er hat einen kleinen Kopf und große Segelohren. Mit seinen sechsundzwanzig Jahren und einem Gewicht von nur siebzig Kilo ist Ricky Joseph Langley schmächtig für einen erwachsenen Mann – aber immer noch viel größer als der Junge. Auch er ist hier in der Stadt aufgewachsen. Jetzt wohnt er zur Untermiete bei Joeys und Junes Eltern, die er kennenlernte, als er begann, bei der Tankstelle am Highway zu arbeiten, wo auch ihre Mutter Pearl beschäftigt ist. In der Theorie bezahlt er Pearl fünfzig Dollar pro Woche für das Zimmer, aber das kann er sich nie leisten und gleicht es mit Babysitterdiensten aus. Erst vor wenigen Tagen hat er auf Joey und Jeremy aufgepasst und den beiden die Seife gebracht, als sie in der Badewanne saßen.

»Ist Joey da?«, fragt Jeremy.

»Nein«, sagt Ricky. »Die sind angeln gegangen.« Das entspricht der Wahrheit. Vor gerade mal zwanzig Minuten haben Joeys Vater und der Junge die Ruder eingepackt und sind zum See hinausgefahren. Sie werden den ganzen Nachmittag fortbleiben. »Sie sind bald wieder da«, sagt Ricky. »Du kannst reinkommen und hier warten, wenn du willst.«

Jeremy spielt jede Woche in dem Haus. Er kennt Ricky. Trotzdem zögert er.

»Warum kommst du nicht rein?«, fragt Ricky noch mal. Er öffnet die Tür weiter und wendet sich ab. Jeremy tritt über die Türschwelle, lehnt vorsichtig sein Luftgewehr gegen eine Wand in der Nähe des Eingangs und steigt die Stufen zu Joeys Schlafzimmer hinauf. Er setzt sich im Schneidersitz auf den Boden und beginnt zu spielen.

Ricky folgt ihm die Treppe hinauf. Er will nur zuschauen, wie Jeremy spielt – das wird er später so sagen, er wird es schwören. Aber das Zuschauen verändert etwas in ihm, und von diesem Moment an ist es, als befände er sich in einem Traum. Er stellt sich hinter Jeremy und schlingt ihm einen Unterarm um den Hals, hebt ihn hoch. Jeremy zappelt so heftig, dass seine Schuhe ihm von den Füßen fallen. Ricky drückt zu.

Jeremy hört auf zu atmen.

Vielleicht berührt Ricky ihn jetzt; vielleicht kann er sich jetzt eingestehen, was er schon die ganze Zeit tun wollte, seitdem er Jeremy in der Badewanne gesehen hat. Vielleicht tut er es auch nicht. Trotz allem, was danach kommt, den drei Gerichtsverfahren und den drei unterschiedlichen auf Video aufgenommenen Geständnissen, den DNA-Tests, den Bluttests, den Untersuchungen der Körperflüssigkeiten, dem psychiatrischen Gutachten und all den hochheiligen Eiden, wird niemand außer Ricky jemals die ganze Wahrheit kennen.

Ricky nimmt Jeremy auf seine Arme, hält ihn, als schlafe er nur, und trägt ihn hinüber in sein Zimmer. Er legt ihn vorsichtig auf die Matratze. Er deckt Jeremy – nein, es ist nur noch ein lebloser Körper; er deckt die Leiche mit einer blauen Decke zu, auf der das Gesicht des Comicdetektivs Dick Tracy abgebildet ist. Dann setzt er sich an den Bettrand und streicht über das blonde Haar.

Unten klopft jemand an die Tür. Er geht hinunter und öffnet. Eine junge Frau steht im Eingang. Ihr Haar ist vom kindlichen Blond zu einem lichten Braun nachgedunkelt.

»Hast du meinen Sohn gesehen?« Als Lorilei diese Frage stellt, ist sie im dritten Monat schwanger.

»Wer ist Ihr Sohn?«, fragt er.

»Jeremy«, antwortet sie, und Ricky wird klar, dass er das schon wusste.

»Nein«, sagt er. »Hab ihn nicht gesehen.«

Sie seufzt. »Hm, vielleicht ist er bei meinem Bruder.«

»Vielleicht«, stimmt er zu. »Warum kommen Sie nicht rein? Sie können unser Telefon benutzen. Sie könnten Ihren Bruder anrufen.«

»Danke.« Lorilei tritt ins Haus. Rechts von ihr lehnt an der Wand ein Luftgewehr der Marke Daisy, der lange braune Lauf glänzend poliert.

Aber sie wendet sich nach links. Sie bemerkt das Gewehr nicht. Er reicht ihr das Telefon, und sie wählt die Nummer, auf der Suche nach ihrem Sohn.

Bandaufnahme von Ricky Joseph Langleys Geständnis, 1992

Frage: Wissen Sie, warum Sie Jeremy getötet haben?

Antwort: Nein. Ich weiß nicht. Ich meine, ich hätte nie gedacht, dass ich das überhaupt tun könnte, es war das erste Mal.

Frage: Und warum haben Sie beschlossen, es zu tun?

Antwort: Ich kann's Ihnen nicht sagen. Ich kapier es selbst immer noch nicht, ich versuch es zu verstehen, wissen Sie? Es ist wie – ich weiß, dass ich es gemacht habe, aber es ist auch wie etwas, was ich in der Zeitung gelesen habe.

Frage: Ist es für Sie so etwas wie ein Traum, Ricky?

Antwort: Ja, vielleicht. Ich kann nicht wirklich … ich weiß nicht, wie ich mich verhalten soll.

Frage: Aber Ihnen ist bewusst, dass Sie es getan haben?

Antwort: Ja.

Frage: Es gab doch in Ihrer Vergangenheit schon Probleme mit Kindern?

Antwort: Ja.

Frage: Wollen Sie mir davon erzählen?

Antwort: Es ist bloß – ich kann es nicht erklären. Ich schätze, es ist mein Schicksal, verstehen Sie, das ist die Wahrheit.

2

New Jersey, 1983

Neun Jahre, bevor Ricky Langley Jeremy Guillory töten wird, als er noch achtzehn Jahre alt ist und ich fünf bin, kaufen meine Eltern ein graues viktorianisches Haus, das auf einem Hügel in dem Städtchen Tenafly in New Jersey liegt. In der Umgebung sind die Rasenflächen überall sorgfältig gepflegt, aber um das viktorianische Haus herum wächst hohes, dürres Gras, und das Holz auf einer Seite der Veranda hat zu faulen begonnen. Das Haus ist seit sechs Jahren unbewohnt. An dem Nachmittag, an dem wir einziehen, steht der Nachbarsjunge im Gras neben unserer Veranda und beobachtet uns. Blonder Topfhaarschnitt und zerrissene, ausgeblichene Jeans, wie meine Mutter sie mich nicht tragen lässt. Hinter dem Jungen erhebt sich ein Haus aus grauem Stein mit dunklen Fenstern. Manchmal schleicht eine Katze zu ihm hinüber, überquert die Straße von seinem Vorgarten zu unserem, und dann beugt er sich hinab und krault der Katze die Ohren, ehe sie wieder davonstolziert. Es scheint hier viele Katzen zu geben. Der Junge schaut zu, wie wir eine Kiste nach der anderen ins Haus schleppen. Meine zwei Schwestern, mein Bruder und ich tragen Kartons mit unseren Kuscheltieren und wankende Stapel großer Bausteine aus Pappe, mit denen wir Burgen bauen. In diesem Haus, hat mein Vater uns versprochen, werden wir unser eigenes Spielzimmer haben.

Schließlich ruft mich der Nachbarsjunge zu sich. Ich gehe zum Geländer und hocke mich hin. Die weißen Pfosten an der Terrasse umrahmen sein Gesicht wie Gitterstäbe eines Gefängnisses in einem Cartoon.

»Wie heißt du?«, will er wissen.

Ich sage ihm meinen Namen.

»Zieht ihr hier ein?«

Er sieht aus, als ob er eine Klasse über mir sein müsste, vielleicht zwei. Ich will etwas Schlaues sagen, aber es kommt nur ein »Ja« heraus.

Er kaut auf irgendetwas herum, während er mich mustert. Ich erhasche einen Blick auf etwas Pinkes. Kaugummi. »Der Vater, der hier vorher gelebt hat, hat die Mutter gewürgt. In der Küche«, fügt er hinzu.

»Ist sie gestorben?« Ich habe das Wort erst vor Kurzem gelernt.

»Nein.«

Er steckt die Hände in die Taschen, kaut und sieht mich an. Wir schweigen einen Moment lang. Dann ruft meine Mutter nach mir.

»Ich komme schon«, sage ich.

Später, als ich einen Umzugskarton mit Pfannenwendern und Schüsseln in die Küche trage, habe ich genau diese Szene vor Augen: der Vater, der seine Frau gegen die fleckigen, orangefarbenen Fronten der Küchenmöbel drängt, die Hände um ihren Hals, und versucht, das Leben aus ihr herauszupressen, als ob sie nichts als ein schmutziger Wischlappen wäre. In meiner neuen Schule wird sich herausstellen, dass ihre kleine Tochter in meiner Vorschulgruppe ist. Sie hat hellbraunes Haar und einen Pagenschnitt und will Zahnärztin werden, und ich werde niemals ihrem Blick begegnen können, ohne mich zu fragen, ob sie wohl dabei zugesehen hat.

Aber die Schule ist gut hier, eine der besten im ganzen Bundesstaat. Und das Haus, gebrandmarkt durch seine Vergangenheit, ist günstig. Das ist für meine Eltern mit den vier Kindern und dem vom Staat gezahlten Anwaltsgehalt meines Vaters als einzigem Einkommen das entscheidende Kriterium. Eine Wiese breitet sich wie ein grüner Teppich hinter dem Haus aus, und im Obergeschoss gibt es genügend Schlafzimmer für uns alle: Meine Eltern werden das große Zimmer am Kopf der Treppe nehmen, mein Zwillingsbruder

Andy und meine jüngste Schwester Elize bekommen je ein kleineres dahinter. Meine mittlere Schwester Nicola und ich werden uns das Schlafzimmer ganz am Ende des Flurs teilen, das am weitesten von der Vorderfront entfernt ist. Die langen Korridore sind perfekt, um Fangen zu spielen, und lassen das Haus fast herrschaftlich wirken. Und das war es einst sogar: herrschaftlich – ein Quartier für die Offiziere im Unabhängigkeitskrieg, wie mein Vater mir erzählt. Damals, als das Haus des Nachbarsjungen lediglich ein Stall war. Ich liebe es, mir vorzustellen, wie die Pferde ihre Köpfe aus den kleinen Fenstern strecken und mit ihren Kiefern das Heu bearbeiten wie der Junge vorhin seinen Kaugummi.

Unser großes Haus ist in einem schlechten Zustand. Am besten in Schuss ist die hölzerne Treppe, die sich steil aus dem Eingangsbereich emporhebt. Nachdem die Offiziere das Haus verlassen hatten, so erzählt uns mein Vater, zog eine Familie ein, und danach zwei weitere Generationen von Familien. Einer dieser früheren Familienväter baute die Treppe mit einem Bausatz aus dem Sears-Roebuck-Katalog. Sie ist immer noch gut erhalten, lackiert, mit akkurat eingesetzten Pfosten, die nicht einmal angeschlagen sind. In ein paar Jahren, wenn wir endlich eine schwarze Promenadenmischung mit kecken Ohren bekommen – unter der Bedingung, dass mein Vater ihn »Cowboy« nennen darf –, wird der Hund seine Zähne an den Pfosten der Treppe wetzen. Dann wird mein Vater jedes Mal einen Mann in der Stadt, der eine Schleifmaschine hat, dafür bezahlen, eine genaue Kopie des jeweiligen Pfostens anzufertigen. Und viele Jahre später, wenn wir erwachsen sind, werden meine Schwester und ich unsere eigenen Hunde haben, und immer, wenn wir meine älter werdenden Eltern in diesem Haus besuchen, wird jeder dieser Hunde im Welpenalter die Pfosten annagen. Und jedes Mal wird mein Vater sich wieder an den Mann mit der Schleifmaschine wenden, der mittlerweile ebenfalls in vorgerücktem Alter ist, und jeden einzelnen Pfosten sorgfältig austauschen, als wäre es seine Pflicht, diese Treppe zu erhalten, die er von den Familienvätern vor ihm geerbt hat.

Aber der Rest des Hauses ist heruntergekommen und schäbig. Das Dach hat kahle Stellen, ihm sind Ziegel ausgefallen wie Haare im Fell eines räudigen Hundes. Einige der Innenwände haben Löcher – dort werden die Balken sichtbar, die das Skelett des Hauses bilden. Das grüne Linoleum auf dem Küchenboden wirft große Blasen. Sie knistern, wenn ich drauftrete, aber selbst wenn ich draufspringe, kann ich sie nicht zum Platzen bringen.

Mein Vater treibt drei Jungs vom nahe gelegenen Architektencollege auf, die Geld brauchen und keine Angst vor etwas Sägemehl haben. Einer davon, Greg, macht sich bei meinem Vater beliebt, indem er herausfindet, wie man eine Zierleiste unter dem Hausdach anbringt, zwei Zentimeter dickes, geschwungenes Holz, das er in Form schneiden und entlang des Dachfirsts befestigen wird, bis es aussieht wie Zuckerguss. Greg verfolgt eine Idee. Er wird das Haus in einem Stil renovieren, den man Carpenter Gothic nennt, mit handgeschnitzten Akzenten überall.

Mein Vater hat hochfliegende Träume schon immer geliebt, und plötzlich ist Greg der Anführer der Truppe. Greg ist schlaksig und braun gebrannt, und während die Sommerwochen verstreichen, werden seine lockigen blonden Haare immer heller. Mein Zwillingsbruder hatte als Kleinkind solche Locken. Inzwischen ist Andys Haar dunkel geworden, er zieht einen Bürstenschnitt vor, und wenn er am Strand sein Hemd auszieht, wird eine Narbe sichtbar, die sich über seinen ganzen Bauch zieht und die ich irgendwie verstehe, irgendwie aber auch nicht. Er war krank, als wir zur Welt kamen; manchmal ist er immer noch krank. Obwohl wir noch nicht einmal ausgepackt haben, haben meine Eltern oben im Schrank schon eine blaue Reisetasche bereitgestellt für den Fall, dass sie ihn ins Krankenhaus fahren müssen – aus Gründen, die ich nicht kenne, aber ich weiß, dass ich besser nicht danach frage. Mit dem Bürstenhaarschnitt, der die feinen Konturen seines Gesichts betont, den Rippen, die über der Narbe hervorstehen, und den weißen Turnschuhen sieht er aus wie ein adoptiertes Flüchtlingskind aus einem vergessenen Krieg.

Aber die Architektenjungs sind schön anzusehen. Greg klettert bis auf den Dachgiebel hinauf. Seine Freunde erklimmen lange Leitern hoch über die Fenster hinaus. Sie durchschneiden die Luft wie Delfine das Wasser, und die Zollstöcke und Schraubenschlüssel, die von den Gürteln ihrer abgeschnittenen Hosen baumeln, bremsen sie nicht in ihren Bewegungen. Die Werkzeuge hängen an ihnen, als könnten sie, ebenso wie ich, nicht anders, als den Jungs zu folgen. An den Abenden sehe ich ihnen, umgeben vom Zirpen der Grillen, vom Rasen aus zu. Manchmal, wenn sie länger bleiben, bohrt Greg Löcher in den Deckel einer Flasche, und wenn ich ihm die Glühwürmchen bringe, die ich gefangen habe, lobt er mich. »Das ist ein Hübscher«, sagt er. »Ist sein Licht nicht wunderbar?« Ich liebe das Leuchten der Glühwürmchen so sehr, dass ich die Flasche einmal auf meinem Nachttisch behalte, anstatt meine Beute wieder freizulassen. Aber am Morgen sind die Glühwürmchen nichts als Käfer; sie leuchten nicht.

Eines Tages überreicht mein Vater Greg einen Schlüsselbund und klopft ihm auf die Schulter. Sie überprüfen Listen auf den Klemmbrettern, die die Jungs plötzlich dabeihaben, und dann nicken sie alle und schütteln sich in der geschotterten Einfahrt die Hände. Meine Eltern packen uns Kinder für einen Besuch bei den Verwandten meiner Mutter in Frankreich ein. Wenn wir zurückkommen, werden wir ein neues Zuhause haben. Das Haus wird von seiner Vergangenheit befreit sein.

Es gibt nur eine größere Straße, die nach Tenafly führt. Sie beginnt auf der anderen Seite der Stadt und schlängelt sich in gemächlichen Windungen einen großen Hügel hinab. Dort sind die Straßenränder begrünt und lassen den Bäumen daneben Platz, sich gähnend auszustrecken. Jenseits der Baumkronen breiten sich große Anwesen mit sorgfältig gepflegten Gärten, säulenbestückten weißen Häusern und schmiedeeisernen Toren aus. Winzige Steinbrücken führen über künstlich angelegte Bäche.

Die Straße verengt sich. Das Gebäude der ehemaligen High School beherbergt jetzt ein Bestattungsunternehmen, die Klassenzimmer sind zu Schauräumen geworden. Daneben ist die katholische Kirche. Direkt dahinter liegt eine alte Bahntrasse. Die Züge sind schon Jahrzehnte, bevor wir hierhergezogen sind, nicht mehr durch die Stadt gefahren; zu dem Zeitpunkt, als ich meinen Collegeabschluss mache, werde ich die Metamorphose des einstigen Bahnhofs zu einem Zeitungsladen, dann zu einem Frisör, dann zu einem Café, in dem Sandwiches für zehn und Kaffee für vier Dollar serviert werden, miterlebt haben. Aber jetzt als Kind kann ich nur den Atem anhalten, als die Autoreifen kurz an den Schienen hängen bleiben. Dann berühre ich mit dem Finger das feste Glas der Fensterscheibe, damit die Geister keine Lücke finden in meiner Verbindung zur Welt, keinen Weg, um in sie einzudringen.

Die Schienen lassen das Auto los, und von hier ab verändert sich das Gesicht der Stadt, wird enger. Ein einsames Apartmenthaus mit winzigen Wohnungen, unpassend für einen Ort, der so offensichtlich für Familien gedacht ist. Ein einzelner Magnolienbaum steht dort auf dem Rasen, und seine blassen, hängenden Blüten wirken im Kontrast zu den Eichen und Ulmen des Nordostens exotisch und wundervoll. Dann werden die Grundstücke kleiner, und zwischen die Häuser passt nur noch eine Auffahrt. Ein zweiter Hügel kommt in Sicht, nicht einmal halb so hoch wie der erste. Auf seinem Kamm liegt unser großes viktorianisches Haus. Jenseits davon senkt sich die Straße hinab in eine andere Stadt – eine Stadt, in der Verbrechen verübt werden, die es bei uns nicht gibt, und mit Schulstatistiken, die wir einander wie Warnungen zuflüstern.

3

Louisiana, 1992

Die Telefonleitung im Haus ihres Bruders ist dauernd besetzt, es hört nicht auf mit dem ständigen Piep-Piep-Piep. Lorilei ist müde. Sie will nicht den ganzen Weg bis zu seinem Haus laufen. Richard hat einen weißen Zaun um sein Grundstück aufgestellt, als wolle er sich von den anderen abgrenzen, die nicht all das haben, was er besitzt. Von Häusern wie dem, das Lorilei gemietet hat und für das sie nicht einmal die Stromrechnung bezahlen kann. Der Zaun geht ihr gegen den Strich. Das Tor befindet sich auf der gegenüberliegenden Seite des Hauses, und um zur Tür zu kommen, muss sie außen herumlaufen, vorbei an der schmucken Einfahrt und den glänzenden weißen Pfosten und dem Spielzeug und den Fahrrädern seiner Kinder. Aber es hilft nichts, Jeremy ist verschwunden, und so dankt sie dem Mann in dem weißen Haus dafür, dass sie sein Telefon benutzen durfte, zieht den Reißverschluss ihres Kapuzenshirts zu und geht los. Ein kleiner Gehsteig führt zu Richards Haus, aber neben der Straße steht das Unkraut, und die Abflussrinne ist nichts als eine Furche im Schmutz. Lorilei, die neunundzwanzig und stämmig ist, auch wenn man ihr die Schwangerschaft noch nicht ansieht, vergräbt ihre Hände in den Taschen ihrer Jeans, um sie warmzuhalten, und bewegt sich mit gesenktem Kopf vorwärts. Ihre dünnen Halbschuhe, die im Februarmatsch stecken bleiben, sind nicht zum Laufen gedacht. Es hätte ein geruhsamer Abend werden sollen, nur mit Melissa und dem Baby.

Die Sonne gießt orangefarbene und rote Strahlen über dem Horizont aus. Es ist kurz vor sechs Uhr abends, und die Straße wirkt gespenstisch ruhig. Haus um Haus zieht mit heruntergelassenen

Rollläden an ihr vorbei, wie fest zusammengepresste Lippen sehen sie aus. Dahinter versammeln sich gerade Familien zum Abendessen. In einem Vorgarten liegt ein umgekipptes Kunststoffdreirad, dessen Pedale in die Luft ragen, als wollten sie jeden Moment ins Nirgendwo losstrampeln. Lorilei hat Jeremy das Dreiradfahren beigebracht, als er drei Jahre alt war. Die Stadtzeitung veröffentlichte damals ein Bild von ihnen beiden, wie sie in die Kamera grinsen, ihre Hand auf seinen kleinen Schultern. Lorilei Guillory und ihr Sohn Jeremy Guillory. Jeder in der Stadt wusste, dass das ihr Mädchenname war. Dass es da keinen Mann gab.

Sie erinnert sich auf einmal daran, wie sie und Richard als Kinder in die Pedale traten, auf die Straßenbiegung zufuhren, und die Stunden sich vor ihnen ausdehnten, so weit wie die Sonnenstrahlen.

Der Hügel, auf dem er wohnt, liegt im Westen. Sie sieht sein Ranchhaus in einiger Entfernung. Am Ast einer Eiche ist eine Reifenschaukel für seinen Sohn und seine Tochter aufgehängt. Daneben befindet sich Richards Werkzeugschuppen. Und ein Auto steht in der Einfahrt, ein rotes, das Mary gehört, Richards Frau. Als sie und Mary am Morgen miteinander sprachen, sagte Mary, sie werde am Abend zum Einkaufen fahren, und wenn Jeremy ihr Auto kommen sähe, sollte er schnell herüberlaufen, dann würde sie ihn mitnehmen. Jeremy war so aufgeregt gewesen, als er Lorilei mit ihr telefonieren hörte, dass Lorilei nicht Nein sagen konnte. Es ist schwer für sie, dass Mary diejenige mit dem Auto und dem Geld ist, diejenige, die ihn mit zum Einkaufen nehmen kann. Aber vielleicht bedeutet das ja immerhin, dass er jetzt hier ist.

Doch als Mary mit frisch aufgetragenem Lippenstift die Tür öffnet, sieht Lorilei es ihrem verblüfften Gesicht an, dass er nicht da ist. Sie fragt trotzdem.

»Hab ihn nicht gesehen«, sagt Mary. »Und ich bin gerade am Gehen.«

Das ist der Moment, in dem Lorilei klar wird, dass er sich verlaufen haben muss.

Zehn Minuten später hat sie sich Marys Auto ausgeliehen und ist damit zum Waldrand gefahren, die Scheinwerfer auf das Wäldchen gerichtet. Es ist mittlerweile fast dunkel. Jeremy weiß, dass er vorher heimkommen muss. Als sie stehen bleibt, bemerkt sie im Lichtkegel die angerostete Karosserie eines Fahrzeugs. Manchmal sitzen Jeremy und der Junge der Lawsons, Joey, dort drin und schießen mit ihren Luftgewehren stundenlang in die Bäume. Aber jetzt ist der alte Wagen verlassen, das Wäldchen ganz still. Sie steigt aus dem Auto und lehnt sich gegen die Karosserie. »Jeremy!«, ruft sie. »Jeremy, ich bin es, deine Mama! Hörst du mich? Jeremy!«

Nichts als Schweigen. Nicht einmal ein Vogel ist zu hören.

»Jeremy!«

Hinter sich hört sie ein Fahrzeug anhalten. »Alles in Ordnung, Lori?« Terry Lawson, Joeys Vater, sitzt am Steuer, zwei Nachbarn sind bei ihm.

»Jeremy ist weg«, hört Lorilei sich selbst sagen. Ihre Stimme klingt rau.

Die Männer holen Taschenlampen aus dem Kofferraum und verschwinden im Wald.

Das ist der Moment, in dem später Lorileis Erinnerung abbricht.

Aber die Aufzeichnung der Feuerwehr belegt, dass der erste Notruf um 18.44 Uhr eingeht. Die Anruferin weist sich als Lorilei Guillory aus, die Mutter des Jungen, den sie als vermisst meldet. Der Mann am Ende der Leitung notiert ihre Angaben und verspricht, eine Polizeistreife nach Iowa zu schicken.

»Io-way«, sagt Lorilei in den Hörer. »Bitte. Sie wissen, wo das ist?«

»Ja, Madam. Io-way«, erwidert der Koordinator.

Der zweite Anruf folgt um 18.57 Uhr. Der Anrufer ist ein junger Mann, der mitteilt, dass bislang noch niemand aufgetaucht sei, und fragt, wann die Polizei kommen werde. Die Mutter des Jungen hat gerade von diesem Anschluss aus angerufen, aber er weiß, dass die Gegend verwirrend ist, wenn man nicht von hier ist. »Es gibt zwei Straßen hier raus, die nebeneinander verlaufen«, sagt er. »Und die hier wird Watson Road genannt, aber eigentlich hat sie keinen Namen. Das ist die richtige Straße. Das Haus ist weiß und hat zwei Stockwerke.« Sie würden es an der Waschmaschine vor dem Haus und an der Treppe, die von der Rückseite des Hauses aus zum Wald führt, erkennen, sagt er. »Ich gebe Ihnen die Nummer von hier, falls Sie sich verfahren.«

»Ich brauche noch Ihren Namen, Sir«, sagt der Vermittler.

»Ricky Langley«, antwortet der Anrufer.

In dieser Nacht sitzt Lorilei auf der Treppe vor dem weißen Haus, und zumindest eine der Geschichten, die über die Suche nach ihrem Sohn erzählt werden, handelt von dem, was als Nächstes geschieht. Die Straße ist vollkommen dunkel – es gibt hier draußen keine Straßenlaternen –, aber als mehr und mehr Streifenwagen ankommen, wird es immer heller. Wie aus der Ferne vernimmt sie die Stimmen der Suchenden, die einander zurufen, hört sie das Tuckern eines Lastwagenmotors. Sie weiß, dass sie in der Nähe sind, aber dennoch scheinen die Geräusche weit fort zu sein, klingen seltsam gedämpft.

So wie das feuchte, verrottende Laub auf dem Boden der kleinen Schlucht, in der Jeremy immer spielt, alles dämpft. Dieses Laub macht ihn jedes Mal fürchterlich schmutzig, aber heute Nacht ist sie froh darüber, dass es so weich ist. Sie muss an ihn denken, wie er dort liegt – seine Wange gemustert von den kleinen Zweigen, wie sonst von den Falten in seinem Kopfkissen. Sie denkt daran, wie ihm seine Haare in die Stirn fallen, wenn er zu müde ist, um sie zurückzustreichen. Jeremy schläft auf der Seite wie ein junger Hund, die Arme und Beine weit von sich gestreckt. Sein rosa Mund steht offen, und sein Atem geht in kleinen Stößen. Sie hat ihn so oft beim Atmen beobachtet, als er noch ein Baby war. Alle Mütter tun das, denkt sie, aber es fühlte sich trotzdem wie ein Wunder an, wie er einfach immer weiteratmete.

Sie schüttelt den Gedanken ab. Über den Baumkronen verbindet sich das Licht der Scheinwerfer zu bewegten Mustern, und sie sieht zu, wie sie sich verändern. Richard sagt, am Morgen werden sie Helikopter einsetzen, um die Suche fortzuführen. Warum setzen sie die nicht jetzt schon ein, wo ihr Junge alleine und frierend in der Dunkelheit da draußen ist, fragt sie sich.

»Wollen Sie was trinken?« Sie blickt auf, und der Mann vom Nachmittag steht am Rand der Veranda. Es dauert einen Moment, bis sie ihn erkennt; der Nachmittag liegt so weit zurück. Das war damals, vor alldem hier.

»Ricky, oder?«, fragt sie.

»Ja, Ma'am«, sagt er. Er hält eine Flasche in der Hand und streckt sie ihr einladend hin. Hinter ihm wabert die Dunkelheit des Waldes wie Nebel. Es ist, als wäre er aus dem Nichts an sie herangetreten.

Lorilei trinkt keinen Alkohol. Sie hat seit Jahren keinen getrunken. Früher hat sie öfter über die Stränge geschlagen, und die Verhaftungen brachten ihr eine Erwähnung in der Lokalzeitung ein. Ihr Name stand mit einem knappen »L. Guillory« im Polizeibericht. Aber als Jeremy geboren wurde, hörte sie auf. Sie wollte für ihn das Richtige tun. Jetzt hat sie ein neues Baby in ihrem Bauch, auf das sie achten sollte; sie ist im dritten Monat.

Doch sie hat so viel Angst um Jeremy, und die bernsteinfarbene Flüssigkeit in der Flasche glänzt so verlockend im Licht. Jeremys Vorschulklasse hat heute einen Ausflug ins Wissenschaftsmuseum in Lake Charles gemacht. Es war die gleiche Exkursion, an der sie in seinem Alter teilgenommen hat, und vielleicht lässt der warme Glanz des Getränks sie an die Fossilien denken, die sie damals gesehen hat. Es ist eine seltsame Nacht, Jeremy ist weg, alle Nachbarn suchen nach ihm, eine Nacht, die aus der Zeit gefallen ist. Eine Nacht, die für immer andauern könnte, aufgehoben wie ein Insekt im Bernstein. Jeremy für immer irgendwo da draußen, sie für immer auf der Veranda, wartend. Sie muss nur diese eine Nacht überstehen.

Sie nimmt die Flasche. Es stehen noch ein paar Zentimeter Flüssigkeit darin. »Danke«, sagt sie.

Der erste Schluck ist scharf und glatt wie Glas. Er rinnt durch ihre Kehle und rollt sich warm in ihrem Magen zusammen.

Der zweite Schluck ist süß. Sie nimmt einen dritten.

»Tut mir leid, dass sie Ihren Jungen nicht gefunden haben«, sagt Ricky. Im Licht auf der Terrasse sind seine Brillengläser trüb.

Sie sagt nichts.

»Es klingt, als ob die Leute richtig intensiv suchen«, sagt er.

Lorilei ist müde. Sie will nicht reden, also schweigt sie. Sie lehnt sich nur gegen die Brüstung, lange, mal mit geschlossenen Augen, wenn sie die Stille nicht ertragen kann, mal mit offenen, wenn sie die Schwärze nicht aushält. Der Schnaps ist ausgetrunken, ehe sie sich's versieht. Der Mann bleibt am Rand der Wiese, die Hände in den Taschen seiner khakifarbenen Hose, und schweigt. Es ist ein gemeinsames Schweigen. Fast könnten sie Freunde sein.

Später kann sie nicht mehr sagen, wie viel Zeit vergangen ist, als er hüstelt, ein höflicher Laut, als wollte er vermeiden, sie aufzuschrecken. »Also«, sagt er dann, »ich geh besser wieder rein. Ich hoffe wirklich, sie finden ihn.«

4

New Jersey, 1983

Sobald wir uns in unserem neuen Haus eingerichtet haben, kündigt mein Vater den Job als Anwalt im Staatsdienst und eröffnet eine eigene Kanzlei. In der nahe gelegenen Stadt Teaneck mietet er im ersten Stock eines anderen grauen viktorianischen Hauses ein Büro. Er kauft ein schwarzes Metallschild, vierzig Zentimeter lang, zwanzig breit, und lässt die Worte »Andrew Robert Lesnevich« eingravieren, gefolgt von dem Wort, für das er so hart gearbeitet hat: Esquire. Das Schild ist das erste von vielen, die noch folgen werden. Er bringt es an der Tür an und wartet darauf, dass jemand mit einem Fall zu ihm kommt.

Und schließlich kommen Klienten, eine Parade der Glücklosen und Törichten, die in der Kanzlei jedes Kleinstadtanwalts für Arbeit sorgen: die Hausfrau mit dem heimlichen Hang zum Alkohol, die sich ans Steuer setzt und nicht zugeben will, dass sie nicht nur aus Erschöpfung einnickt. Der alte Mann, der auf dem vereisten Gehweg des Ladeninhabers in der Innenstadt ausrutscht, und die jugendliche Ladendiebin, deren gierige Hände, die sonst so flink sind, sie schließlich verraten. Mein Vater ist keine Klatschtante; er ist vertrauenswürdig, und es gefällt ihm, diese Position einzunehmen, mit einem Fuß in dem Gewebe, das all diese Leben verbindet. Er wird gebraucht, aber nicht zu sehr. Vor allem wird er bewundert. Die Jahre, die er bei der Air Force verbracht hat, haben ihm einen aufrechten Gang und eine Autorität verliehen, die es ihm erlauben, sich scheinbar mühelos der Geschichten anderer anzunehmen.

Jura war nicht seine erste Wahl. Mein Vater träumte als Junge davon, Kampfflugzeuge zu steuern. Sein eigener Vater war während des Zweiten Weltkriegs auf See umgekommen. Seine Mutter traf sich niemals wieder mit einem anderen Mann, und durch das Vermächtnis seines Vaters schien eine Karriere beim Militär geradezu sein Geburtsrecht zu sein. Doch er hatte Plattfüße, war eins fünfundneunzig groß und farbenblind – keine Chance, ein Kampfflieger zu werden. Immerhin konnte er Tennis spielen. Er ging zur Air Force und saß den Vietnamkrieg an einem Schreibtisch in den Tropen aus, wo er Dokumente stempelte, immer und immer wieder, und in dreifacher Ausführung unterschrieb, wie um sein Handgelenk für die Tennisplätze zu trainieren, auf denen er seine Gegner von der Marine und der Armee schlug. Nachdem seine aktive Zeit beim Militär vorüber war, stellte sich die Frage nach seiner Zukunft. Er hatte Geologie studiert, im Masterstudiengang Psychologie. Er konnte sein Studium wieder aufnehmen. Womöglich konnte er Wissenschaftler werden. Vielleicht auch Lehrer.

Aber er wollte ebenso wenig an einem Labortisch stehen wie an einem Schreibtisch sitzen. Wenn er schon kein Pilot sein konnte, dann wollte er eine öffentliche Bühne. Er wollte vor Publikum stehen und allen zeigen, dass der kleine vaterlose Andrew aus Cliffside Park, New Jersey, es geschafft hatte.

Wann immer mein Vater an dieser Stelle seiner Erzählung anlangt – einer Erzählung, der ich oft zuhöre –, wird seine tiefe Stimme eindringlicher, sein Tonfall gemessener. Mein Vater ist ein Geschichtenerzähler. Er bestreitet seinen Lebensunterhalt damit, einer Jury Geschichten zu erzählen, und er erzählt sie uns, wenn wir um den massiven weißen Kunststofftisch sitzen, der so groß ist, dass er ihn zu einem Sonderpreis bekommen hat; keine andere Familie wollte ihn haben, sagt er. Für uns ist er perfekt. Mein Vater sitzt auf der einen Seite, flankiert von zweien von uns Geschwistern, meine Mutter auf der gegenüberliegenden zwischen den anderen beiden. Die Kanten des Tisches sind abgerundet, sodass Elize, die Jüngste, die gerade erst richtig laufen lernt, sich nicht verletzen kann, wenn sie dagegenstößt. Um diesen Tisch sitzend sind wir sein Publikum, und sein Leben liefert den Text des Dramas. Während ich ihm als Kind lausche, stelle ich mir immer vor, dass die Weggabelung, die er beschreibt, wirklich eine ist: eine einspurige Straße irgendwo im östlichen Missouri, kein Auto außer dem seinen, dessen gelbe Scheinwerfer die einzige Orientierung in der Nacht bieten. Von seinem Platz hinter dem Steuer aus sieht mein Vater, wie sich die Straße vor ihm gabelt. Zu seiner Linken der Westen. Wenn er links abbiegt, wird ihn das aus den Klauen seiner Mutter befreien. Es wird ihn vor der Depression retten, die begonnen hat, ihn ebenso heimzusuchen wie sie; vor dem Gefühl, dass seine enge Verbindung zu ihr nach dem Tod seines Vaters sein Schicksal ist, dass sein Leben seit frühester Kindheit vorherbestimmt ist. Im Westen ist Kalifornien, wo er ein Leben haben wird, das so fest und verlässlich wie die Steine ist, die er einst studiert hat. Er wird ein Lehrer sein, ja, aber vielleicht auch ein Politiker. Er wird sich geliebt fühlen. Er wird glücklich sein.

»Aber stattdessen«, er erreicht den Moment seiner Geschichte, der immer folgt, »wusste ich, dass meine Mutter mich brauchte. Ich wählte den rechten Weg. Ich kehrte nach New Jersey zurück. Und dann lernte ich eure Mutter kennen.«

Alles ist das Ergebnis einer einzigen Entscheidung: seine Mutter, unsere Mutter, wir vier Kinder, und jetzt sein graues Büro in der Stadt, wo er im Licht einer langen, metallenen Schreibtischlampe arbeitet, die einst seinem Onkel gehörte. Ein großes Erkerfenster schaut hinaus auf den Hof. In den Nächten, in denen er vergisst, die Jalousien zu schließen, können wir von der Terrasse vor dem Haus aus seine Silhouette sehen und erkennen, wie er im Licht der Metalllampe über den Tisch gebeugt dasitzt. Eines Nachts ruft meine Mutter wieder und wieder im Büro an, ohne dass er abhebt, und so packt sie uns ins Auto und fährt hinüber – ein sicheres Anzeichen dafür, dass sie nervös ist, denn meine Mutter, eine New Yorkerin aus Astoria, Queens, hat sich erst im Alter von achtunddreißig Jahren dazu herbeigelassen, den Führerschein zu machen, und wird niemals die steife Haltung ablegen können, mit der sie das Steuer umklammert, die Hände fest in Position, so wie man es ihr beigebracht hat. Eines Tages, wenn sie Geld haben, wird sie einen Fahrdienst nutzen, der sie überall hinbringt. In der Nacht ist das Autofahren für sie noch schlimmer als tagsüber, und sie liegt fast mit dem Oberkörper auf dem Lenkrad, das sie so fest umfasst, als handle es sich um einen Rettungsring.

Als wir bei der Kanzlei ankommen, sind alle Fenster dunkel, von meinem Vater keine Spur. »Ihr bleibt hier«, sagt meine Mutter zu mir und Andy und meinen Schwestern. »Ihr bleibt genau hier.« Das ist ungewöhnlich. Meine Eltern lassen uns fast nie alleine im Auto. Wenn nicht gerade meine Großeltern kommen und auf uns aufpassen, lassen sie uns überhaupt so gut wie nie alleine. Wir sind überall dabei: hinten in den letzten Reihen im Gerichtssaal, in feinen Restaurants. Es gibt sogar ein Bild, auf dem Andy und ich im Alter von drei Jahren Hand in Hand auf den roten Samtstufen vor der Metropolitan Opera stehen, ich in einem weißen Rüschenkleid, und daneben Andy, dessen Locken über den Kragen seines hellblauen Anzugs fallen. Aber heute Nacht bleiben wir im Auto. Es ist eine warme Nacht im frühen Herbst, und die Fenster stehen offen. Die Luft ist ein wenig stickig, die Blätter schwer und weich um uns herum. Im Schein einer nahen Laterne sehen wir zu, wie unsere Mutter die Treppe zum Eingang hinaufsteigt und die Klingel drückt. Sie wartet. Nichts tut sich. Sie klingelt noch einmal. Nichts. Sie trommelt gegen das Erkerfenster und ruft hinein: »Drew! Drew!«, und ihre Stimme wird mit jeder Wiederholung seines Namens höher und lauter.

Viel später, als ich dem Alter, in dem sie in diesem Moment vor dem Haus steht, näher bin als dem des Kindes, das im Auto wartet, kehre ich in Gedanken zu diesem Moment zurück. Und verstehe, welche Ängste die Nacht für sie bereithielt. Vielleicht ist er zu guter Letzt doch fortgegangen, wie er es manchmal angedroht hat in den dunkelsten Nächten, in denen er sich auflehnte gegen die Wahl, die er auf einer einsamen Landstraße in Missouri getroffen hatte – diese Wahl, die ihn in dieser Geschichte mit uns festhielt. Nächte, in denen er an dem Kunststofftisch saß und den Wein austrank, den meine Mutter und er zuvor geöffnet hatten, und dann eine weitere Flasche öffnete. Jene Nächte, in denen er beteuerte, es würde uns ohne ihn besser gehen. Nächte, in denen er schwor, es würde uns besser gehen, wenn er tot wäre.

Aber in dieser Nacht, in der ich meiner Mutter auf den Stufen zusehe und höre, wie sie seinen Namen ruft und Schweigen als Antwort erhält, in dieser Nacht habe ich einfach nur Angst, dass mein Vater tot ist – nicht von eigener Hand, sondern durch das Schicksal. Er verlor seinen Vater, als er noch ein Baby war. Er verlor den Onkel, der geholfen hatte, ihn aufzuziehen, und dann früh an einem Herzinfarkt verstarb. Jeden März, wenn wir seine Wange küssen und ihm alles Gute zum Geburtstag wünschen, schüttelt er, wenn er etwas Wein getrunken hat, den Kopf und sagt, wie überrascht er ist, dass er noch lebt. Er wiederholt diesen Satz Jahr um Jahr, bis ein Teil von mir anfängt, es ebenfalls überraschend zu finden.

In dieser Nacht kommt er endlich doch aus der Tür, und im Licht der Straßenlaterne sehe ich, wie das Gesicht meiner Mutter sich entspannt, halb freudig, halb erleichtert, dankbar, dass sie das alles noch immer zusammen durchstehen. Sie kommen Hand in Hand zum Auto zurück. Sie strahlt. »Hey, Kids«, sagt er. »Ich bin am Schreibtisch eingeschlafen.« Seine Krawatte hängt halb geöffnet um seinen Hals. Er reibt sich die Augen, dann lächelt er ebenfalls. Meine Mutter küsst ihn, drückt ihm die Autoschlüssel in die Hand. Er fährt uns alle heim. Morgen werden sie überlegen, wie sie das zweite Auto wieder nach Hause zurückbringen.

Kummer setzt sich in den Menschen fest, schlägt Wurzeln in ihnen. Aber ich sehe die Anzeichen bei meinen Eltern zuerst nicht, erst neun Monate später an einem blendend hellen Sommertag. Ich lese mich gerade durch die alten Nancy-Drew-Bücher meiner Mutter, stolz darauf, nicht länger Bilderbücher vorgelesen zu bekommen wie meine kleinen Schwestern. Heute ist *Die verborgene Treppe* dran. Ich bin das Schaukelgerüst am Ende des Gartens hinaufgeklettert und liege jetzt ganz oben auf den Sprossen, das Buch offen auf dem Brustkorb aufgestellt, die Augen mit der Hand vor dem blendenden Sonnenlicht geschützt. Diese Position ist ein Experiment. Ich bin immer noch dabei, das neue Haus kennenzulernen, all die Ecken und Nischen zu entdecken, in die ich mich zum Lesen verziehen werde. Aber die Sprossen der Leiter bohren sich mir in den Rücken, Holzsplitter drücken durch mein T-Shirt, und ich kann einfach keine bequeme Position finden. Eigentlich sollte das Schaukelgestell längst fertig lackiert sein, ist es aber nicht. An jedem Sonntagnachmittag, an dem mein Vater beschließt, dass die Schaukel unsere Aufgabe für den Tag ist, zieht meine Mutter uns alte Overalls an und drückt mir, Andy und meiner Schwester Nicola kleine Eimer und Pinsel in die Hand. Aber anstatt auf die Stangen des Schaukelgerüsts tragen wir die durchsichtige Farbe auf unsere eigenen Hände auf. Wenn der Lack anfängt anzutrocknen, pressen wir unsere Handflächen zusammen. Festgeklebt! Dann scheucht mein Vater uns in das winzige Badezimmer hinter der Küche, wo ich meine Hände unter den Wasserhahn halte und warte, während er ein Lösungsmittel darübergießt. »Feste reiben«, sagt er. Ich gehorche, und langsam fühle ich durch die Hitze der Reibung und die Feuchtigkeit hindurch, wie meine Hände sich voneinander lösen und meine Haut wieder mir gehört.

Es ist ein Augenblick puren Glücks. Ich klebe immer wieder meine Hände zusammen, nur für dieses kurze Glück, ihn hinter mir stehen zu fühlen, seine Arme auf meinen. Noch Jahre später liebe ich den metallischen Geruch des Lösungsmittels. Und er muss diese Augenblicke genauso lieben wie ich, denn obwohl wir mit der Schaukel überhaupt keine Fortschritte machen, schreit er uns nicht an. Das wird sein liebster Sommer werden, in dem wir alle gemeinsam an unserem Zuhause arbeiten.

Die untersten Sprossen sind bereits lackiert, und als ich so ganz oben auf der Leiter liege, dringt ihr essigscharfer Geruch zu mir hoch. Die Sonne brennt auf meinen nackten Beinen unterhalb der Shorts. Ich kratze mich an dem Mückenstich an meiner Hüfte und blättere die Seite um. Unter mir bildet die Wiese einen kleinen Kamm und fällt dann ab. Von hier oben sieht der Garten beinahe flach aus, aber in der Entfernung erhebt sich das Haus mit seinem noch neuen, glänzenden Anstrich auf dem Hügel. Wir haben den längsten Garten der Nachbarschaft. Hinter dem Schaukelgerüst befindet sich ein vernachlässigtes Fleckchen Garten, wo wilde Apfelbäume stehen und aufgehäufter Grasschnitt mit süßlichem Gestank verrottet. Manchmal springe ich kopfüber in den Haufen und fühle, wie mein Kopf auf das tote Gras trifft und die Welt wie eine Wolke unter mir nachgibt. Dieses Fleckchen heißt bei uns »die Wildnis«, und unsere ganze Kindheit hindurch werden wir Pläne schmieden, dort Burgen und geheime Verstecke zu bauen. Pläne, die wir nie verwirklichen werden. Und wann immer meine Eltern in den kommenden Jahren knapp bei Kasse sind, werden sie am Esszimmertisch sitzen und Pläne schmieden, wie sie »die Wildnis« verkaufen können. Aber es taucht nie ein Käufer auf.

Während ich lese und versuche, die Wörter auf der Seite scharf zu sehen – ich brauche eine Brille, aber das ist bislang noch niemandem klar –, mäht mein Vater den Rasen mit einem roten Aufsitzrasenmäher, den wir seinen Traktor nennen. Er liebt den Garten fast ebenso sehr wie das Haus, und seit wir eingezogen sind, hat er es sich zur Gewohnheit gemacht, Wrangler-Jeans mit Schlag zu tragen, und dazu Stiefel und einen breitkrempigen Cowboyhut, der ihn vor der Sonne schützt, während er das Gras in ordentlichen Bahnen mäht. Ein Cowboy aus New Jersey, zumindest für den Moment. Meine ganze Kindheit hindurch erfindet mein Vater sich selbst immer wieder neu, gebiert alle paar Jahre eine neue Identität: die Opernjahre, die Golfjahre, die Jahre, in denen Cole Porters Stimme durch das Haus swingt und plötzlich ein weißes Dinnerjackett auftaucht. Aber in diesem Augenblick dröhnen Gitarrenklänge aus einer Musikbox auf dem Rasen. Mein Bruder Andy klettert auf den Autoreifen, der an einem Seil von einem Ast der großen Eiche baumelt. Obwohl wir Zwillinge sind, ist er einen Kopf kleiner und zwanzig Pfund leichter als ich, so dürr, dass fremde Leute ihn im Supermarkt angaffen. Gerade jetzt will er durch die Reifenschaukel springen und landet mit dem Bauch auf dem Reifen.

Meine Mutter kommt schreiend aus dem Haus gelaufen.

Sie muss genau in dem Moment aus ihrem Schlafzimmerfenster geblickt haben, in dem mein Bruder auf dem Reifen aufgekommen ist, und gesehen haben, wie seine Arme und Beine schlaff herunterfielen. Sie eilt über die Wiese, barfuß und hysterisch, und der Gürtel ihres pinkfarbenen Bademantels flattert hinter ihr her. Sie rennt auf meinen Bruder zu, der gerade dabei ist, sich aufzurichten, und noch nicht begriffen hat, was das Problem ist, aber erkennt, dass er sich in Bewegung bringen muss. Mein Vater erreicht sie zuerst; er packt sie, stoppt den Aufruhr ihres Körpers und hält ihre Arme fest. Seine Lippen bewegen sich, er wischt ihr die Tränen ab, aber ich bin zu weit entfernt, um zu hören, was er sagt.

Ich starre sie nur an.

Dann lege ich mein Buch beiseite und setze mich aufrecht auf das Schaukelgerüst. Mein Bruder befreit seinen kleinen Körper aus dem Autoreifen und steht stocksteif unter dem Baum. Er starrt ebenfalls.

Etwas stimmt nicht an dieser Szene.

Wir haben unsere Mutter noch nie weinen sehen. Mein Vater ist derjenige, der uns manchmal zu sich ins Schlafzimmer ruft, wo wir ihn bäuchlings auf dem riesigen Bett meiner Eltern liegen sehen. Er ist derjenige, der uns dann sagt, dass wir ihn nicht lieben, dass wir uns wünschen, er wäre gar nicht da. Dass es besser für uns wäre, er wäre tot.

Sie hält ihn dann fest – und hält uns alle zusammen. Aber jetzt schluchzt sie sich die Seele aus dem Leib.

Endlich blickt sie auf und bemerkt, wie wir dastehen und sie ansehen. Sie wischt sich über die Augen. »Mir geht es gut«, ruft sie uns zu. »Ich dachte bloß …«

Mein Vater unterbricht sie: »Es geht ihr gut.«

Er hat seinen Arm um ihre Schultern gelegt, sie ihren Arm um seine Taille. So gehen sie zusammen zum Haus zurück.

5

Louisiana, 1992

Als am Morgen des 8. Februar die Dämmerung hereinbricht, steht ein einzelner Streifenwagen vor dem heruntergekommenen weißen Haus in Iowa. Das Auto gehört Officer Calton Pitre. Er arbeitet schon fünfzehn Jahre in der Polizeidienststelle des Calcasieu Parish und wird noch weitere zehn Jahre dort bleiben; alles in allem wird seine Dienstzeit als Hilfssheriff in diesem Cluster von Kleinstädten im Südwesten des Bundesstaats ein Vierteljahrhundert umfassen. Pitre saß in seinem Büro in Lake Charles, als die Vermisstenmeldung für den Jungen einging. Selbst zehn Jahre später kann er nicht sagen, warum der Anruf ihm so viel Angst gemacht hat. Aber er hat selbst einen kleinen Sohn in Jeremys Alter. Und zehn Jahre später, als sein Junge bereits ein Teenager ist, werden die Anwälte ihn in den Zeugenstand rufen, damit er noch einmal aussagt, und er wird sich ohne Hilfe an Jeremys Namen erinnern. Als sie das Kind fanden, trug es ein kleines weißes T-Shirt von Fruit of the Loom, wird er den Anwälten sagen. Sie schnitten das Shirt in Streifen, um es auf Spermaspuren zu überprüfen. Auch sein Sohn trug T-Shirts von Fruit of the Loom.

Er nahm den Anruf an, obwohl seine Schicht fast zu Ende war; er erreichte Iowa, als eben die Sonne unterging. Dutzende von Leuten waren auf der Straße unterwegs, Eltern aus dem Ort, aber auch die Feuerwehr aus dem benachbarten LeBleu. Fünfzig oder sechzig Menschen, und Pitre erkannte auf einen Blick, dass niemand die Aktion leitete. Sie hatten nicht viel Zeit. Jede wie auch immer geartete Suche, die sie auf die Beine stellen konnten, würde ihr Ende finden müssen, sobald es ganz dunkel geworden war. Die Männer der Feuerwehr betraten das Wäldchen. Pitre betrat das weiße Haus, aus dem die Notrufe gekommen waren. Es waren zwei gewesen: von der Mutter des Jungen, die weinte, und dann, wenige Minuten später, von einem jungen Mann, einem Untermieter in dem Haus, der noch einmal anrief, um sicherzustellen, dass die Polizisten die richtige Straße fanden. Pitre fragte, ob er das Telefon benutzen dürfe.

Eine Frau ließ ihn hinein. Es sei ihr Haus, erklärte sie. Sie zeigte ihm, wo das Telefon war, und ging sofort wieder ins Wohnzimmer zurück, wo der Fernseher lief. Etliche Kinder saßen dort im Schneidersitz auf dem Boden, während ein junger Mann mit braunen Haaren und Brille im Sessel kurz den Kopf wandte und ihm zunickte. Sie schauten irgendeine Krimiserie; Pitre wusste nicht, welche. Er erklärte seinem Vorgesetzten, dass jemand die Suche koordinieren müsse, dass eine zentrale Meldestelle nötig sei und jemand, der die Verantwortung trug. Sie brauchten mehr Leute. Aber der Vorgesetzte wollte sich auf nichts dergleichen einlassen – überhaupt, war da draußen nicht LeBleu zuständig? Oder doch Iowa? Frustriert kehrte Pitre wieder auf die Straße zurück.

Wenig später kam er wieder, um einen zweiten Anruf zu tätigen. Das Wäldchen war ein schwieriges Terrain. In seinem nördlichen Teil gab es eine Schlucht und so etwas wie einen Kanal. Sie benötigten Geländefahrzeuge, vielleicht auch ein Boot.

Als Calton Pitre zum dritten Mal das weiß gestrichene Haus betrat, um seinen Vorgesetzten anzurufen, sah er, dass der braunhaarige Mann immer noch auf der Couch saß und fernsah, und er hatte eine Idee. »Sie kennen die Gegend hier?«, fragte er.

»Ja, klar«, antwortete der Mann.

»Können Sie mir eine Karte zeichnen?«

Der Mann nahm den Spiralblock, den Pitre ihm reichte, und skizzierte sorgfältig die Umgebung um das Haus, zeichnete den Wald ein. Er ließ ein Netz kleiner Nebenstraßen entstehen und markierte die Route zum Highway 90. »Sagen Sie mir, wenn Sie damit nicht klarkommen«, meinte der Mann.

»Danke«, sagte Pitre.

Aus dem Verhandlungsprotokoll, 2003

Frage: Und wie wirkte der junge Mann auf Sie?
Antwort: Er war ruhig, er war sehr ruhig.
Frage: Sehen Sie ihn hier im Gerichtssaal?
Antwort: Ja.
Frage: Können Sie auf ihn zeigen und beschreiben, was er trägt?
Antwort: Er trägt eine Brille und ein hellblaues Hemd mit Krawatte.
Frage: Euer Ehren, bitte lassen Sie zu Protokoll nehmen, dass der Zeuge den Angeklagten identifiziert hat.

Die Suchmannschaften und die Polizisten in den Geländewagen und die Feuerwehrleute fanden nichts. Sie würden ein Bergungsboot für den Kanal brauchen, aber das musste bis zum Morgen warten. Die Eltern hatten ihre Kinder abgeholt und waren heimgegangen. Die Taschenlampen, die sie zuvor in den Wäldern benutzt hatten, waren jetzt auf die dunkle Straße vor ihren Füßen gerichtet. Und obwohl sie nicht mehr durch die Wildnis, sondern durch Vorgärten liefen, hielten sie einander fester als sonst.

Pitre blieb vor Ort. Er konnte nicht aufhören, an den kleinen Jungen zu denken. Er hatte ein Schulfoto des Kindes an sein Klemmbrett geheftet – blonde Haare, blaue Augen, ein zahnlückiges Grinsen. Der Onkel, ein Mann namens Richard, hatte es ihm gegeben. Pitre saß am Steuer seines Wagens und sandte Lichtsignale zwischen die Baumstämme. Einmal, zweimal, dreimal. Dann hielt er inne und wartete. Einmal, zweimal, dreimal. Warten. Der Wald war finster, das Rauschen der schwarzen Blätter die einzige Bewegung. Er ließ die Lampe erneut aufleuchten. Und wieder. Immer wenn er dachte, es sei an der Zeit, nach Hause zu gehen und etwas zu schlafen, stellte er sich das blonde Haupt des Kindes von dem Foto auf einem Blätterhaufen vor. Der Junge wachte vielleicht gerade jetzt auf, öffnete langsam die Augen, so wie Pitres Sohn es immer tat. Dann, genau dann, würde er das blinkende Licht bemerken. Dann würde er wissen, dass er auf das Licht zulaufen musste. Wie konnte Pitre aufhören, ehe der Junge aufwachte?

Aber zu guter Letzt drohte er selbst einzunicken. Der nächste Tag würde lang werden. Pitre fuhr nach Hause, küsste seinen schlafenden Sohn, küsste seine schlafende Frau und ging selbst schlafen.

Jetzt, im Morgengrauen, ist er zurück. Er sitzt hinter dem Steuer des Geländewagens und nippt an seinem Kaffee, während die Mütter aus der Nachbarschaft wiederkommen, um bei der Suche zu helfen.

Die Mütter sehen erschöpft aus; einige sind noch im Morgenmantel. Eine Frau trägt einen zugeknöpften Wintermantel über Pyjama und Hausschuhen. Die Nachricht verbreitet sich schnell: Keine Neuigkeiten, der Guillory-Junge wird immer noch vermisst. So unmittelbar wie ein Echo folgt die Antwort: Er hat sich nur verlaufen. Ganz sicher hat er sich nur verlaufen. Sie werden ihn finden. Eine Frau steht an der Grenze zwischen Straße und Wiese – dort, wo in anderen Gegenden der Stadt, in denen die Straßen Namen haben, ein Gehsteig wäre – und gibt mit lauter Stimme Anweisungen, um die Mütter in Suchtrupps zu organisieren. Jemand anderes kommt auf die Idee, an die Tür des weiß gestrichenen Hauses zu klopfen, um herauszufinden, ob noch etwas von dem Kaffee da ist, den die Mitarbeiter der Tankstelle am Highway am vergangenen Abend gebracht haben.

Die Tür des weißen Hauses bleibt geschlossen. Ricky und seine Vermieterin Pearl Lawson sind bereits in Pearls Auto gestiegen. Er muss zu seiner Schicht in der Tankstelle, und an den Tagen, an denen sie morgens ebenfalls eingeteilt ist, nimmt sie ihn mit. Pearl hat einen verantwortungsvollen Posten dort, manchmal übernimmt sie die

Kasse für die Truckfahrer. Man kann ihr in Geldsachen vertrauen. Ricky räumt auf und hält die Tankstelle in Ordnung. Normalerweise unterhalten sie sich miteinander, aber heute früh schweigen beide. Die Morgenluft ist kühl, ein leichter Nebel liegt über allem, und Ricky rieb sich die Hände, um sie warm zu halten, während er wartete, dass sie das Auto aufschloss. Er warf die Tasche mit Schmutzwäsche, die er dabeihatte, auf den Rücksitz, und jetzt starrt er auf seinen Schoß hinunter. Pearl sieht nicht zu ihm hinüber. An diesem Morgen verhalten sich die beiden, als wären sie ein streitendes Ehepaar.

Als sich am Abend zuvor die Nachricht von dem verschwundenen Kind in der Nachbarschaft verbreitete und die Mütter zum ersten Mal zusammenkamen, standen sie alle auf der Straße vor dem Haus der Lawsons. Sie beschlossen, dass Ricky, der Untermieter, sich um die Kinder kümmern sollte, zumal er ja oft auf die beiden Kleinen der Lawsons aufpasste. Die Kinder hatten mit Ricky zusammen im Wohnzimmer ferngesehen, und später waren sie in sein Schlafzimmer hinaufgegangen, um dort zu spielen.

Aber spät am Abend, nachdem das letzte Kind von seiner Mutter abgeholt worden war und sich sogar die Polizisten auf den Heimweg gemacht hatten, als nur noch ein Streifenwagen vor dem Haus parkte und den Himmel in regelmäßigen Abständen mit den Scheinwerfern erhellte, kam Ricky nach unten und fand Pearl am Küchentisch sitzend vor. Er trug einen Plastikkorb mit Schmutzwäsche in der Hand. Die Waschmaschine befand sich draußen im Vorgarten, war über einen Schlauch mit dem Haus verbunden. Aber Pearl schaute ihn so ernst an, dass er den Korb abstellte. Sie war schon im Nachthemd; vor ihr stand ein Becher mit Tee. Sie und Terry schliefen auf einer Matratze im Wohnzimmer, seit Ricky im Haus wohnte. Sie hatten ihm das Schlafzimmer vermietet.

»Weißt du, Ricky«, sagte sie mit ausdrucksloser Stimme und studierte ihren Tee, anstatt Ricky anzusehen, als versuchte sie, ihre Worte nebensächlich klingen zu lassen. »Vielleicht solltest du die Stadt für ein paar Tage verlassen, bis sich wieder alles beruhigt hat.«

Pearl wusste – das wird Ricky später schwören –, sie wusste, dass er wegen Kindesmissbrauchs im Gefängnis gewesen war. Sie nahm ihn auf, als er nach seiner Haft in Georgia auf Bewährung frei war. Sie hatten sich kennengelernt, als sie beide noch in einem heruntergekommenen Motel in der Nähe der Tankstelle hausten, wo die Miete wöchentlich zu zahlen war. Pearl, Terry und ihre beiden Kinder schliefen dort alle zusammen in einem Raum. Ricky kannte damals niemanden und versuchte, alleine das Geld für sein Einzelzimmer aufzubringen. Pearl und Ricky sahen einander während ihrer Pausen an der Tankstelle, im Wäscheraum oder an der Eismaschine im Motel – und wenn sie beim Mann an der Rezeption bezahlten. Eines Abends, als Pearl und Ricky auf dem Parkplatz vor dem Motel herumstanden, hatte sie eine Idee. Sie und ihr Mann wollten ein Haus in Iowa mieten. Aber um sich das leisten zu können, würde sie mehr arbeiten müssen, und es wäre niemand da, der sich um June und Joey kümmern konnte. Vielleicht könnten sie sich zusammentun?

Das war vor zwei Monaten gewesen. Und Ricky vergriff sich nie an den Lawson-Kindern. Das Versprechen hatte er sich selbst gegeben. Ein Versprechen, das er hielt.

Jetzt hat sie ihn aufgefordert zu gehen.

Und deshalb hat Ricky an diesem Morgen eine Reisetasche mit sauberen Sachen dabei sowie einen Sack mit der Kleidung, die er am Vortag getragen hat und die er eigentlich in der Nacht hatte waschen wollen. Pearl lenkt das Auto auf die Straße hinaus und nickt Pitre zu, ehe sie an der Polizeiabsperrung vorbeifahren.

Pitre nickt zurück. Er erkennt Pearl wieder. Vergangene Nacht hat sie ihm das Telefon gezeigt und sich um die Verteilung des Kaffees gekümmert, den die Betreiber der Tankstelle gespendet hatten. Er erkennt in Ricky den jungen Mann, der ihm die Karte gezeichnet hat, die jetzt an seinem Klemmbrett befestigt ist. Die Sonne steigt über dem Horizont auf in den Himmel, und übermüdete Eltern kommen immer noch in kleinen Grüppchen vor Ort an. Wenn genügend von ihnen eingetroffen sind, wird Pitre die Karte nutzen, um die Teams zu koordinieren. Er wird die Sektoren der Karte abhaken, während die Suche läuft. Sie werden das Kind finden, da ist er sich sicher.

Als Ricky am Abend seine Schicht in der Tankstelle beendet hat, kehrt er zum ersten Mal, seit er dort eingezogen ist, nicht in das weiße Haus der Lawsons zurück, in dem zu wohnen ihn so stolz gemacht hat. Es war das erste Zimmer, das er jemals wirklich sein Eigen nennen konnte. Das Zimmer, in dem in diesem Moment die Leiche von Jeremy Guillory steif im Schrank steht, von allen Seiten eingekeilt, eingewickelt in die blaue Decke von Rickys Bett, mit einem Müllsack über Kopf und Schultern. Die Wanderschuhe, die ihm von den Füßen gefallen waren, als Ricky ihn würgte, stehen fein säuberlich daneben. Auch das Luftgewehr ist an seiner Seite. Ricky hatte ihn dort versteckt und die Schranktür geschlossen, bevor die anderen Kinder ins Zimmer kamen. Er hatte dem Jungen eine Socke in den Mund gestopft und um seinen Hals ein Stück Angelschnur festgezogen. Das Kind hatte die ganze Zeit gurgelnde Laute von sich gegeben.

Statt zu den Lawsons zurückzukehren, fährt Ricky also per Anhalter zu dem Wohnwagen seiner Eltern in einem anderen Stadtteil von Iowa. Die Wohnwagensiedlung ist ein weitläufiges, flaches Gelände mit niedergetrampeltem Gras zwischen den einzelnen Parzellen. Seine Eltern lebten früher in einem Haus in der nahe gelegenen Stadt Hecker, das sein Vater Alcide gebaut hatte, aber in den vergangenen Jahren machten es ihnen die Krankenhaus- und Arztkosten seiner Mutter Bessie unmöglich, das Stück Land weiterhin zu behalten. Sie zogen in diesen weißen Wohnwagen, als Ricky und sein jüngerer Bruder noch zu Hause lebten. Er klopft an die elfenbeinfarbene Tür.

Es dauert, bis Bessie ihm öffnet. Zwanzig Jahre sind vergangen, seit die Ärzte ihr Bein amputiert haben, und noch immer läuft sie mithilfe einer einzelnen uralten Krücke. Es ist schwer, sich damit in dem engen Raum zu bewegen. Er nickt ihr zu, nicht mehr als ein kurzes, steifes Zur-Kenntnis-Nehmen ihrer Person, dann geht er direkt zu der Waschmaschine und dem Trockner, die ganz hinten im Wohnwagen übereinander stehen. Öffnet den Wäschesack. Schaltet die Maschine ein und stopft seine Khakihose hinein. Die Hose, die er gestern trug, als er Jeremy erwürgte. Schüttet das Waschmittel direkt darauf. Vielleicht befinden sich auf der Hose Spermaspuren, vielleicht auch nicht. Das Wasser wäscht die Wahrheit mit fort.

Erst danach wendet sich Ricky um und begrüßt Bessie.

Es ist Abend. Bessie trinkt schon seit Stunden. Sie wuchtet ihren Körper durch den engen Raum zum Esstisch hinüber. Sie lässt sich schwer auf den Stuhl fallen, und ihr pinkfarbenes Hauskleid bläht sich dabei über ihrem ausladenden Schoß ein wenig auf. Alcide räumt die Rechnungen vom Tisch, ehe er sich ebenfalls setzt.

Ricky blickt sich in dem düsteren, schäbigen Raum um. Er registriert die Rechnungen, den Schmutz, der die Oberflächen im Küchenbereich verkrustet, das dreckige Geschirr im Waschbecken. Die Glühbirne über dem Ofen ist kaputt und nicht ausgetauscht worden. Die Luft riecht schal und scharf; ein säuerlicher Hauch von Bessies Alkohol hängt über allem. Er hasst es. Er hasst das alles. Hasste es, als er noch hier lebte, und hasst es noch mehr, als er jetzt sieht, was er hinter sich gelassen hat.

In der Ecke steht ein kleiner Fernseher, der so platziert ist, dass man ihn sowohl vom Küchentisch als auch von dem braunen Sofa an der Wand aus sehen kann. Das Gerät ist abgeschaltet, aber noch warm. Bessie und Alcide haben den ganzen Tag daraufgestarrt. Sie wussten, dass Ricky zu ihnen kommen würde. Sie haben das weiße Haus gesehen, in dem er lebte, unheimlich und geisterhaft im Licht der Kameras, haben die improvisierte Suchzentrale vor dem Haus gesehen. Sie haben einen Reporter berichten hören, dass ein kleiner Junge vermisst werde, haben die Schule des Jungen auf dem Bildschirm gesehen. Die Kamera zeigte die weinende Mutter des Kindes.

Bessie weiß, dass Alcide nichts über das sagen wird, was sie gesehen haben. Er ist kein großer Redner, schon gar nicht, wenn es um seinen ältesten Sohn geht. Also muss Bessie das übernehmen. Sie reicht über den Tisch und ergreift die Hand ihres Sohnes, die kühl und schlaff ist. Er erwidert ihren Händedruck nicht. »Ricky«, sagt sie, und dann hält sie inne.

Ricky wartet.

»Du hattest doch nichts mit diesem kleinen Jungen zu tun, der vermisst wird, oder?«

Was geht in einer Mutter in dem Augenblick vor, bevor sie so eine Frage stellt? Ihr Sohn ist an der Tür des Wohnwagens aufgetaucht, ihr Sohn, den sie jetzt, da er erwachsen und von zu Hause ausgezogen ist, kaum mehr sieht. Sie liebt ihren Sohn. Hat ihn geliebt, noch bevor er geboren wurde, als sie um ihn kämpfen musste gegen die Ärzte, die nicht wollten, dass er geboren wird, dieses Kind, das so viele Probleme hatte. Dieser Junge, der öfter versucht hat, sich umzubringen, als sie zählen kann, und der bereits zweimal wegen Kindesmissbrauchs im Gefängnis saß. Einmal hat Bessie einer Sozialarbeiterin erzählt, dass sie ihn keine fünf Minuten aus den Augen lassen konnte, ohne dass er loszog und irgendwen belästigte.

Jetzt ist Ricky erwachsen. Er lebt jenseits ihres Einflussbereichs. Ein Junge aus der Straße, in der er lebt, wird vermisst.

Sie stellt die Frage.

»Nein«, antwortet er.

Dieses Schweigen, in das sie daraufhin verfällt – ist es das süße, dankbare Schweigen von jemandem, der glaubt, was er hört? Oder ist es so schwarz und trügerisch wie die Nacht, die sich gerade über das Ende des zweiten Tages einer erfolglosen Suche legt und die dunklen, feuchten Wälder verbirgt, in denen keine Kinderleiche zu finden ist. Verbirgt dieses Schweigen ebenso viel wie die Dunkelheit?

»Wetten, der Junge ist da draußen im Wald?«, fügt Ricky hinzu. »Sie werden ihn finden«, sagt er, während die drei, der Mann und die Frau und das Kind, das sie gezeugt haben, beieinandersitzen und die zweite Nacht hereinbricht.

6

New Jersey, 1984

Das pinkfarbene Hauskleid, das ich Bessie in dieser Szene tragen lasse – pink mit kleinen weißen Blumen und einem Spitzenkragen aus Polyester, das Kleid, das sich über ihrem Schoß aufbläht, als sie sich schwer auf ihren Stuhl fallen lässt und sich ihrem Sohn zuwendet –, dieses Kleid kommt in keiner Gerichtsakte und in keinem Protokoll vor. Es ist das Kleid meiner Großmutter. Wenn ich mir Bessie vorstelle, sehe ich meine Großmutter, denn diese beiden Frauen verbindet vieles. In meiner Erinnerung trägt meine Großmutter dieses Kleid, als sie auf dem weißen Korbsofa auf der Veranda unseres viktorianischen Hauses neben meinem Großvater sitzt. Es ist später Nachmittag an einem Samstag im Frühling. Die Sonne denkt gerade erst darüber nach, demnächst unterzugehen, es ist nur eine Schattierung dunkler als bei hellem Tageslicht. Die graue Terrasse liegt im sanften Schimmer des leicht bewölkten Himmels.

Wir spielen Dame, und ich bin dran. Ich sitze meinen Großeltern in einem Korbsessel gegenüber, zwischen uns der Tisch mit dem Brettspiel. Ich bin Rot, sie Schwarz, und neben mir stapeln sich die schwarzen Spielsteine, die ich gewonnen habe. Immer wenn mein Großvater einen Stein bewegt, schnalzt meine Großmutter leise mit der Zunge, ehe er auch nur die Hand von dem Plastikstein nehmen kann, und sagt: »Jimmy.« Mein Großvater seufzt und platziert den Stein so, dass ich ihn mir holen kann. Ich wünschte, sie würde damit aufhören, aber ich bin auch stolz, dass ich gewinne.

Immer häufiger fährt mein Vater in die Stadt und holt meine Großeltern ab, damit sie auf uns aufpassen. Seine Kanzlei beginnt richtig gut zu laufen. Auf einmal hängt im Schlafzimmer meiner

Eltern ein Kalender an der Wand, auf dem mit schwarzem Marker Termine umrandet sind, und sie haben eine Pinnwand, an der Operntickets und Eintrittskarten für Tanzveranstaltungen hängen. Während meine Großeltern mit mir Dame spielen, macht sich meine Mutter oben fertig. Heute Abend werden sie *Tosca* sehen, und aus den Lautsprechern, die mein Vater überall im Haus aufgestellt hat, dringen Baritonstimmen.

Als die Sonne untergeht, mag ich nicht länger bei meinen Großeltern sitzen, also gehe ich ins Haus und steige die alte Treppe zum Schlafzimmer meiner Mutter hinauf. Mein Brustkorb ist zugeschnürt; ich will nicht, dass sie geht, will nicht die ganze Nacht mit meinen Großeltern alleine bleiben. Meine Eltern sind spät dran – es ist immer knapp bei ihnen –, und mein Vater steht in seinen weißen Unterhosen im Flur vor dem Schlafzimmer und wählt eine Krawatte von der Kleiderstange aus. Im Schlafzimmer liegt Nicola, meine mittlere Schwester, auf dem Bett meiner Eltern und sieht zu, wie meine Mutter sich ankleidet. Sie zieht eine figurformende Strumpfhose an. Keinen Büstenhalter – meine Mutter, die ebenso flachbrüstig ist, wie ich es später sein werde, hasst BHs. Sie hat noch immer die Lockenwickler aus der weißen Plastikschachtel auf dem Ankleidetisch im Haar. Obwohl meine Mutter im Teenageralter ständig mit dem Zug nach Coney Island gefahren ist, um dort Babyöl auf ihre Haut zu schmieren und sich stundenlang hinter einen aus Alufolie gebastelten Sonnenreflektor zu setzen, und obwohl sie und Andy beide tiefbraun werden, sobald der Sommer beginnt, ist das Gesicht meiner Mutter nach wie vor vollkommen glatt. Im Alter von fünfundzwanzig Jahren werde ich mehr Falten haben als sie in ihren Fünfzigern. Es ist das Geschenk ihrer italienischen Gene, sagt sie. Ein Geschenk, meint sie, das mit einem Fluch einhergeht, der auf ihren Haaren liegt.

Während meiner gesamten Kindheit stylt sie ihre Haare jeden Morgen mit heißen Rollen zu einer Toupierfrisur à la Jackie O. – eine Frisur, die sie als junges Mädchen für sich entdeckt hat, und der einzige Stil, der, wie sie beteuert, zu ihrer Haarstruktur passt. Vor jeder Reise muss mein Vater die Lockenwickler einpacken. Meine Mutter behauptet, sie habe sich die Haare als Teenager mit diversen Laugen ruiniert, mit denen sie versuchte, sie zu glätten. Später einmal, während eines Familienausflugs nach Jamaika, werde ich mit ihr zusammen in einem Schönheitssalon sitzen. Zwei Frauen unter Fönhauben schauen zu uns herüber und lachen. Eine von ihnen kommt her. »Ihre Mama muss mit einem Schwarzen geschlafen haben«, sagt sie zu meiner Mutter und nickt, um ihrer Bemerkung Nachdruck zu verleihen.

Meine Mutter lacht. »Mein Vater ist Italiener«, antwortet sie. »Vincent Jimmy Marzano aus Astoria in Queens.« Kann irgendwas italienischer sein als das?

Die Frau zieht ihre Brauen hoch und fasst meine dunklen Locken ins Auge. »Nun, dann müssen *Sie* wohl mit einem Schwarzen geschlafen haben!« Und wieder lacht meine Mutter.

Jetzt gerade steht sie vor der Kommode, die mein Vater extra für sie hat schreinern lassen und deren Schubladen noch fast leer sind, aber voller Versprechen für die Zukunft, und sie wählt eine Kette aus, die er ihr geschenkt hat, ebenholzschwarze und roséfarbene Perlen, die in der Mitte eine große Blüte bilden. Sie winkt mich herbei, und ich stelle mich hinter sie. Sie hält ihre Haare zusammen, damit ich den Verschluss in ihrem Nacken zumachen kann. Ich bin schon beinahe so groß wie sie. Ich habe ihre Haare, ihre Liebe zu Büchern, ihr Lächeln geerbt. Mit der Zeit werde ich in die Form ihrer Hüften, in ihre Entschlossenheit und ihre Körpergröße hineinwachsen. Sobald ich den Kettenverschluss gesichert habe, dreht sie sich mit glänzenden Augen zu mir um.

Dies ist eine außergewöhnliche Nacht, eine magische Nacht. An anderen Abenden zieht sie sich alleine an, ohne dass mein Vater im Flur steht, weil er noch irgendwo in der Dunkelheit unterwegs ist, nachdem er das Auto genommen hat und mit quietschenden Reifen aus der geschotterten Einfahrt geschossen ist. An einem solchen Abend wird mein Bruder einst in den Raum kommen und sie schweigend betrachten, während meine Schwester und ich auf dem Bett liegen. »Wen liebst du mehr?«, wird er plötzlich fragen. »Daddy oder uns?« Seine Worte werden einem Eingeständnis gefährlich nahe kommen, das es eigentlich nicht geben dürfte: dass es eine Wahl geben könnte zwischen uns und ihm.

Aber nicht heute. Dieser Abend ist wunderbar. Meine Mutter trägt Lippenstift auf. Mein Vater bindet seine Krawatte und streicht das Jackett über seinen Schultern glatt, ehe er ihre Hand nimmt. Die beiden sind fort in einem Atemzug, einer Wolke aus Parfum und Aftershave, die hinter ihnen herschwebt wie eine Erinnerung.

Später an diesem Abend, es ist jetzt vielleicht zehn Uhr: Die Dunkelheit ist so tief, wie sie nur werden kann, die Welt draußen verstummt, und lediglich die Scheinwerfer von Autos ziehen auf dem Weg in ein entferntes, unbekanntes Irgendwo hin und wieder an den Fenstern unseres Spielzimmers vorbei. Meine Großmutter liegt dort in der Nähe des Fensters auf einem knubbeligen grünen Schlafsofa. Jenseits der Tür zum Spielzimmer befindet sich die Treppe, die sie gerade heruntergestiegen ist, nachdem sie und mein Großvater uns ins Bett gebracht haben. Jetzt ist das Haus ganz still, nur der Deckenventilator surrt in der Luft, und der schwache gelbe Lichtschein der Nachtlämpchen erhellt die Flure. Der Ventilator muss anbleiben, mein Vater will das so, aber in dem langen, holzgetäfelten Raum mit den Eimern voll Holzspielzeug und den Regalen mit Comicbüchern fröstelt meine Großmutter. Sie legt sich eine Decke um die Schultern, eine pinkfarbene Wolldecke, die sie zu meiner Geburt gehäkelt hat. Sie und mein Großvater sind gemeinsam ins Bett gegangen. Aber jetzt ist sie alleine dort.

Die Treppe knarzt, das Geräusch eines Fußtritts auf einer Stufe.

Die Decke ist locker gehäkelt, kühle Luft kommt durch die Löcher zwischen den Maschen, und die Wolle kratzt auf ihrer Haut. Sie dreht sich um und zieht die Decke fester um sich. Ihr wird nicht richtig warm ohne den Körper meines Großvaters neben sich. Seit sie geheiratet haben, haben sie jede Nacht zusammengelegen. In sechs Jahren werden meine Eltern für sie in einem Restaurant in der Stadt eine Feier zu ihrem fünfzigsten Hochzeitstag ausrichten, und wir alle werden uns versammeln, um die schiere Anzahl all dieser Tage, all dieser Nächte als Leistung zu feiern. Jetzt aber streckt sie die Hand nach der Karte aus, die neben ihrem Kopfkissen liegt. Sie zeigt die Jungfrau Maria mit friedlichen, halb geschlossenen Augen, die Hände für immer im Gebet zusammengelegt. Auf der Rückseite steht der Name der Mutter meiner Großmutter. Seit sie vor Jahrzehnten gestorben ist, legt meine Großmutter diese Karte jede Nacht neben sich. Sie berührt die kühle, laminierte Oberfläche und wünscht ihrer Mutter eine gute Nacht. Meine Großmutter weiß genau, wohin sie gehen wird, wenn sie stirbt. Sie nennt diesen Ort ihre einzig wahre Heimat.

Die Stufen knarren wieder unter dem Gewicht eines Körpers, der auf ihnen hinaufsteigt.

Es ist mein Großvater, der auf ein Hörgerät angewiesen ist, nicht meine Großmutter. Sie muss also die Treppe hören und sein heftiges Keuchen, während er auf den Stufen steht. Weiß sie, wohin er geht? Weiß sie, was er dort tun wird?

Die Treppe ist noch immer der ganze Stolz meines Vaters. Jedem Besucher erzählt er ihre Geschichte, und er sorgt dafür, dass ihre Pfosten immer glänzen. Auf der Wand gegenüber dem Treppengeländer hängen gerahmte Familienfotos, in umgekehrter Reihenfolge arrangiert, sodass jeder, der die Treppe hinaufsteigt, in der Zeit zurückgeht. Erst lächeln wir in steifen Kragen und mit zu fest geflochtenen Zöpfen für Schulfotos in die Kamera, dann liegen wir als Babys lachend auf dem Rücken. Danach kommt meine Mutter als junge Frau mit Perlen und Toupierfrisur und mein Vater als blonder kleiner Junge, der die Nase gegen einen Zaun presst und hungrig aus dem Bilderrahmen herausschaut. Unter den Bildern ist ein weinroter Teppich auf die Stufen getackert, der als Läufer dient, aber dazu neigt, gefährlich zu verrutschen, während das alte Holz protestiert.

Die Treppe knarrt so laut, dass ich es von meinem und Nicolas Schlafzimmer im hinteren Teil des Hauses aus höre. Während ich lausche, stelle ich mir vor, wie mein Großvater die Treppe heraufgestiegen kommt: wie er sich von den Fotos abwenden muss, um das Geländer mit beiden Händen zu packen und sich seitwärts hinaufzuarbeiten. Wie seine dicken Finger sich um das Holz klammern, wenn die Angina seinen Mund zu einer schmalen, überraschten Linie werden lässt und seine Arme sich versteifen, während er gegen den Schmerz anatmet. Nur noch diesen einen Anfall ertragen, denkt er sich, dann kommt vielleicht kein weiterer mehr. Er erträgt sein Altern auf die gleiche Weise: indem er sich dem Druck der Zeit entgegenstemmt, als hegte ein Teil von ihm die Hoffnung, dass er sich selbst eines Tages als junger Mann wiederfinden könnte, dem noch alle Möglichkeiten offenstehen.

Meine Großmutter trägt Hauskleider und wickelt ihre kurzen grauen Haare jeden Abend auf Schaumstoffwickler, die sie manchmal nicht einmal am nächsten Morgen entfernt. Aber mein Großvater bügelt noch immer messerscharfe Bügelfalten in seine Hose und trägt eine dazu passende Tweedkappe. Er poliert regelmäßig seinen Gehstock, der an der Tür für seinen täglichen Spaziergang bereitsteht. Ein oder zwei Jahre später (ein Jahr, bevor ich das Zimmer verlasse, wann immer mein Großvater es betritt) werde ich einmal warten, bis die beiden alleine in der Küche meiner Eltern sind. Dann frage ich sie, ob sie sich, alt wie sie sind, mittlerweile an die Vorstellung gewöhnt haben zu sterben.

Als ich diese Frage stelle, bin ich eine sehr ernste Achtjährige. Ich denke oft über den Tod nach. Mir ist bewusst geworden: Das Schweigen meiner Mutter, die Anfälle meines Vaters, all das bedeutet, dass irgendetwas nicht in Ordnung ist. Es hat etwas mit der blauen Reisetasche zu tun, die sie immer noch für meinen Bruder fertig gepackt bereithalten, und mit der Tatsache, dass die Geburtsanzeigen meiner Schwestern gerahmt an der Wand hängen, aber nicht meine und die meines Bruders. Und manchmal habe ich das unerklärliche, aber sichere Gefühl, dass jemand fehlt.

Das kann nicht stimmen. Wir sind vier Kinder, sind immer vier gewesen. Und doch raubt der Gedanke an den Tod mir manchmal den Atem. Also frage ich. Haben sie sich an den Gedanken gewöhnt?

Auf diese Frage hin zuckt meine Großmutter zusammen, und ihre Hände flattern vor meinem Gesicht, als wollte sie den Gedanken verscheuchen. Aber mein Großvater sieht mir in die Augen, die von demselben tiefen Braun sind wie die meiner Mutter. »Nein«, sagt er ganz ruhig. »Die Angst geht niemals weg.«

Meine Großmutter keucht auf. Sie legt mir die Hände auf die Schultern, als könnte sie mich, indem sie mich wegdreht, vor dem Wissen bewahren, dass seine Worte der Wahrheit entsprechen. Aber ich fühle, wie es in meiner Brust ganz ruhig wird, nicht aus Furcht, sondern aus plötzlicher, klarer Dankbarkeit ihm gegenüber. Dankbarkeit dafür, dass er mich als diejenige erkannt hat, die ich bin, dass er meine Frage ernst genommen hat.

Bevor also mein Großvater die Treppe weiter hinaufsteigt, bedenken Sie bitte: Er war nicht nur schlecht. Er war ein Mann, den die Kraft von Geschichten begeisterte, der, als meine Mutter und ihre Brüder klein waren, einen Filmprojektor von seiner Arbeitsstelle mitzubringen pflegte und sie verzauberte, indem er das Wohnzimmer in einen Theatersaal verwandelte. Er wusste, wie man Kinder zum Lachen bringen konnte, und er hatte immer Süßigkeiten oder ein aufziehbares Blechspielzeug in seinen Taschen. Er war der erste Künstler, den ich kannte, ein Maler und Bildhauer. Er lehrte mich das Zeichnen. Er lehrte mich, was es bedeutete, den Blick nach innen zu richten, still und nachdenklich zu sein mitten im Lärm der Außenwelt. Wir waren einander in dieser Hinsicht ähnlich. Als Einzige in unserer Familie. Ich liebte ihn. Es war Familienliebe, die Art von Liebe, die man nicht hinterfragt.

In jenem Moment im Jahr 1984, in dem meine Großmutter auf dem halb leeren Schlafsofa liegt und mein Großvater auf der Treppe innehält, in diesem Augenblick gibt es immer noch eine Alternative. Vielleicht wird mein Großvater heute, anders als in all den Nächten zuvor, kehrtmachen. Wird die Treppe wieder hinabsteigen und meiner Großmutter eine Erzählung ihrer Ehe ermöglichen, eine Erzählung ihres Lebens, in der sie ihn eben nicht auf der Treppe hört. Er wird meine Schwester und mich in unseren Kinderbetten in Ruhe lassen, in denen wir in diesem Moment schweigend daliegen und in die Dunkelheit horchen. Wir wissen beide, worauf wir lauschen, auch wenn wir die Worte niemals ausgesprochen haben.

Oder vielleicht wird heute Nacht – anders als in allen anderen Nächten, die ihr vorausgegangen sind – meine Großmutter ihr Gebetskärtchen beiseitelegen, ihre Augen öffnen und aus dem Bett aufstehen, dem Geräusch nachgehen, das sie ja hören muss …

Doch nein. Die Treppe.

Meine Großmutter in ihrem Bett, meine Schwester in ihrem, ich in meinem – wir liegen da und lauschen.

7

Louisiana, 1992

Später wird Lanelle Trahan, Pearls und Rickys Chefin in der Tankstelle, sagen, dass sie in der Nacht, in der Jeremy verschwand, wusste, dass Ricky es getan hatte. An dem Abend hatte sie die Kasse gemacht, hatte extragroße Kaffees eingetippt und die Dieselpumpen für die Lkw-Fahrer eingeschaltet, die nach all den Stunden, die sie auf der Straße unterwegs gewesen waren, ein wenig o-beinig aus ihren Führerhäuschen geklettert kamen, um bei ihr bar zu bezahlen. Ein Mann von der Freiwilligen Feuerwehr war hereingekommen, und während er ihr einen zerknitterten Fünfdollarschein für eine Schachtel Zigaretten und einen Kaffee reichte, sagte er: »Das wird ne lange Nacht für mich.«

»Ja?«, fragte Lanelle freundlich nach.

Und der Mann erzählte, ja, drüben in der Watson Road in Iowa werde ein kleiner Junge vermisst, und sein Feuerwehrtrupp und noch ein anderer seien im Einsatz. Eltern aus der ganzen Gemeinde seien zum Helfen aufgetaucht, nachdem sie es in den Abendnachrichten gehört hätten. »Große Suche«, sagte der Mann. »Richtig groß. Sie wollen Suchhunde einsetzen.«

Lanelle musste sofort an Pearls Sohn Joey denken. Joey spielte immer draußen in den Wäldern, und manchmal kam Pearl zu ihrer Schicht und klagte darüber, dass Joey sich verletzt oder verlaufen hatte. Oder noch Schlimmeres. Als es Zeit für ihre Zigarettenpause wurde, rief Lanelle den Besitzer der Tankstelle an und fragte ihn, ob sie den Helfern ein paar Thermoskannen Kaffee und Plastikbecher bringen durfte. »Ja, das geht schon klar«, hatte er gesagt. »Aber erst nach Schichtende.«

Und so war es zehn Uhr und vollständig dunkel, als Lanelle es schließlich zu Pearl hinausschaffte. Mehrere Polizeiautos versperrten die Straße, ihre Scheinwerfer waren wie Leuchtfeuer. Aber sie rollte näher heran, kurbelte ihr Fenster herunter, durch das die Luft dieser Februarnacht beunruhigend kühl hereinstrich, und erzählte dem Officer im Wagen, der mit seinem Bürstenhaarschnitt selbst fast noch wie ein Junge aussah, von dem Kaffee. Er ließ sie durch.

Im Licht der Scheinwerfer wirkte der weiße Putz des Hauses gespenstisch, und da, wo die Farbe abgeblättert und schmuddelig war, verlieh das Licht ihm eine seltsame Gestalt, als sei das Haus in Wirklichkeit nur die Haut einer Kreatur, die dahinter lauerte. Ihr Rücken verschwamm mit dem Schwarz des Waldes.

Die Tür war nicht verschlossen. Lanelle schlüpfte ins Haus. Ricky war gerade dabei, die Küche auszufegen. »Hi, Ricky«, sagte sie, aber er kehrte weiter, mit raschen, kurzen Bewegungen. Die beiden waren noch nie gut miteinander ausgekommen. Als sie die Thermoskannen auf dem Küchentisch abstellte, hörte sie aus dem Wohnzimmer den Fernseher plärren. Dort hockte Pearl zusammengesunken auf der abgewetzten braunen Couch und sah fern. Das weiße Haus war auf dem Bildschirm zu sehen, hell erleuchtet. Der Anblick machte Lanelle nervös, es schien, als ob sie von weit oben auf sich selbst herabblickte. Sie setzte sich neben Pearl. »Pearl«, sagte sie sanft. »Haben sie Joey mittlerweile gefunden?«

»Joey wird nicht vermisst«, sagte Pearl. »Er ist oben. Ricky hat sich um die Kinder gekümmert. Es ist ein kleiner Junge aus der Straße. Joeys Freund.«

Sie starrte wieder auf den Bildschirm. Lanelle wartete einen langen Moment, aber es schien nicht so, als hätte Pearl noch mehr zu sagen. Wenn Lanelles Straße von Scheinwerfern erleuchtet gewesen wäre, dann wäre Lanelle ganz sicher zu den anderen nach draußen gegangen. Aber Pearl benahm sich, als ob nichts Besonderes los wäre. Lanelle sagte: »Ich habe Kaffee für die Helfer mitgebracht. Der Boss sagt, das geht in Ordnung.«

»Danke.«

»Hm«, meinte Lanelle. »Also, ich denke, ich werfe mal einen Blick die Treppe rauf? Mal sehen, ob mit Joey und June alles okay ist?« Vielleicht, dachte sie sich, versteckte sich der vermisste Junge bloß da oben. Kinder in dem Alter – wenn sie erst mal ein gutes Versteck gefunden hatten, bekam man sie da manchmal gar nicht mehr raus.

»Ist gut«, sagte Pearl.

Also stand Lanelle auf, um genau das zu tun. Sie wusste, dass das Haus etwas komisch aufgebaut war. Um zur Treppe zu kommen, musste man erst einmal durch das Bad neben der Küche.

Aus dem Verhandlungsprotokoll, 2003

Frage: Was passierte dann?

Antwort: Ich ging zur Treppe, aber Ricky steuerte auf mich zu.

Frage: Okay.

Antwort: Lief direkt an mir vorbei und wollte mich nicht rauflassen. Er hat gesagt, dass ich nicht die Treppe hochkann. Er wollte mich nicht da oben haben. Und er wurde wütend. Wenn Ricky wütend wurde, wurde er richtig wütend. Ich hatte ihn vorher schon mal wütend gesehen. Er wurde knallrot, und Dolche schossen aus seinen Augen.

Halten wir an dieser Stelle einen Moment inne. Ricky steht auf der Treppe, seine Augen blitzen, eine Ader an seiner Stirn pulsiert, und sein Gesicht ist puterrot. Er breitet die Arme aus, damit sie nicht an ihm vorbeikommt, blockiert die Stufen mit dem Besen, seine Hand eine feste Faust um den Besenstiel. Lanelle steht auf der Stufe unter ihm, immer noch in ihrem grünen Poloshirt mit dem Tankstellenlogo, ihr Make-up sitzt nicht mehr, und ihr Haar riecht nach Abgasen und Zigarettenrauch.

Es war ein langer Tag. Sie hat eine anstrengende Schicht hinter sich. Sie sollte längst zu Hause sein und die Füße hochlegen, nicht hier im Haus der armen Pearl sein.

Das ist der Moment, in dem sie es wusste, wird Lanelle später sagen. In dem sie wusste, dass etwas nicht mit Ricky stimmte. Dass schon die ganze Zeit etwas nicht mit ihm gestimmt hatte, auch wenn niemand sich getraut hatte, es auszusprechen.

Lanelle machte kehrt und erzählte Pearl, dass Ricky sie nicht hinauflassen wollte.

»Ach, so ist Ricky halt«, sagte Pearl. »Er hat oben schon geguckt. Das hat nichts zu bedeuten. Ricky ist einfach so.«

Lanelle wusste, was sie meinte. Wenn jemand sein Leben lang für seltsam gehalten wird, kann es passieren, dass er dadurch seltsam wird. Aber sie hatte ein ungutes Gefühl.

Also trat Lanelle auf die Straße hinaus und klopfte an das Fenster des ersten Polizeiautos, das sie sah. Noch gab es keine Kommandozentrale; die Polizisten organisierten alles von den Fahrersitzen ihrer Wagen aus. »Haben Sie Pearls Haus auch durchsucht?«, fragte sie.

»Ma'am?«

»Das weiße Haus«, sagte sie. »Genau hier. Haben Sie dort gesucht?«

Der Officer warf einen Blick auf sein Klemmbrett. »Die Besitzerin sagt, ein gewisser Ricky hätte im Haus gesucht.«

»Und damit geben Sie sich zufrieden?«

»Ja, Ma'am.«

Sie konnte es sich später selbst nie wirklich erklären, warum sie nicht wieder umgekehrt war und Ricky einfach zur Seite geschoben hatte, um nach oben zu gehen und dort zu suchen. Gewiss, später sagte man ihr, dass es ohnehin zu spät gewesen wäre, dass der Junge längst tot war, dass das Einzige, was sie in dem Schrank hätte finden können und was Ricky vor ihrem Blick verteidigte, ein lebloser Körper war.

Aber sie sollte noch lange darüber nachdenken. Über Jahre hinweg würde die Sache sie beschäftigen.

Sie versicherte den Polizisten, dass sie bereit wäre, alles zu tun, um sich nützlich zu machen. Sie schickten sie mit den Feuerwehrleuten aus LeBleu in die Wälder, wo sie bis spät in die Nacht mit einer Taschenlampe auf das schmutzigbraune Laub leuchtete, in der Hoffnung, in dem Widerschein eine Farbe zu entdecken, die da nicht hingehörte. Sie lief am Rand der Schlucht entlang und beugte sich weit vor, ohne wirklich zu erwarten, den Jungen dort unten zu entdecken, aber sie suchte, suchte immer weiter.

Am nächsten Morgen war sie zurück in der Tankstelle, wo sie die geliehenen Thermoskannen auswusch. Ricky war ebenfalls da. Den ganzen Tag, während sie den Fernfahrern Wechselgeld aushändigte und ihnen zunickte, ertappte sie sich immer wieder dabei, wie sie durch die Glasfenster an der Front des Gebäudes starrte, wie sie Ricky beobachtete, der über das Gelände lief. Sie versuchte, in seinem Gesicht zu lesen. Sah er normal aus? Normal für seine Verhältnisse? Oder sah er aus wie ein Mann, der etwas zu verbergen hatte? Und diese Hände – sahen sie aus wie die Hände von jemandem, der einem Kind etwas antun würde? Was sie dachte und fühlte war nichts, das sie irgendjemandem hätte mitteilen können. Aber etwas stimmte einfach nicht.

Aus dem Verhandlungsprotokoll, 2003

Antwort: Ich für meinen Teil, wenn ich Leute zu Besuch habe, denen ich nicht über den Weg traue, dann versteck ich meinen Schmuck in meinem Zimmer. Ich schließ die Zimmertür ab, damit niemand reinkann.

Frage: Sie meinen, Sie sind misstrauisch?

Antwort: Richtig. Weil ich nicht will, dass jemand da reingeht, verstehen Sie, warum auch immer. Ich verstecke meinen Schmuck.

Frage: Okay.

Antwort: Deshalb kam es mir verdächtig vor, dass Ricky mich nicht rauflassen wollte.

Sie wusste, was das bedeutete. Ricky hatte etwas zu verbergen.

Niemand kann zu diesem Zeitpunkt – als Lanelle den Lastwagenfahrern ihre Kassenzettel aushändigt und Pearl die Oberflächen im Tankstellenshop abwischt und Ricky seinen Wäschesack über die Schulter hievt, um ihn zu seiner Familie mitzunehmen – wissen, was in drei Monaten passieren wird. Nachdem Jeremys Leiche im Schrank gefunden worden ist, nachdem Ricky in Handschellen abgeführt und im örtlichen Gefängnis eingesperrt worden ist, nachdem die Titelseiten aller Zeitungen im ganzen Land dasselbe Schwarz-Weiß-Foto von dem monströsen Sextäter abgedruckt haben, der einen kleinen Jungen ermordet hat. Nachdem das Haus der Lawsons zum Hauptquartier für die Polizeibeamten geworden ist, die gelbes Absperrband am Schrank und Rickys Schlafzimmertür angebracht haben, nachdem alle Habseligkeiten von Ricky aus dem Raum in Plastiktüten verstaut wurden, versiegelt und mit der Aufschrift »Beweismittel« versehen, und man auch Jeremys Leiche versiegelt und zur Leichenhalle gebracht hat. Niemand kann jetzt schon wissen, dass in drei Monaten, nach alledem, Terry Lawson, Pearls Ehemann und Vater von Joey und June, seinen Sohn eines Nachmittags zu einem Ausflug auf seinem Motorrad mitnehmen wird.

Es existiert kein Bericht darüber, was Terry Lawson an diesem Nachmittag sagt. Vielleicht sagt er: »Komm, wir fahren zum See, mein Sohn.« Oder vielleicht: »Warum kommst du nicht mit zum Laden, ich nehme dich auf dem Motorrad mit.« Oder: »Magst du

Eis essen gehen?« Er reicht dem Jungen seine Hand und hilft ihm auf die Maschine, zeigt ihm, wie er mit seinen kleinen Beinen die Seiten des Motorrads umklammern kann.

Und dann rast ebendieses Motorrad exakt in den zweiten Waggon eines herankommenden Amtrak-Zuges, und beide sterben.

Den *zweiten* Waggon.

Terry Lawson steuert die Maschine. Sein Sohn sitzt hinter ihm, hält sich an ihm fest. Zeugen berichten, das Gelände sei übersichtlich gewesen; dass man den Zug aus einer Meile Entfernung habe sehen können und dass er unmittelbar vor dem Aufprall einen lauten Pfiff habe ertönen lassen. Wie stößt man mit dem zweiten Waggon eines Zuges zusammen? Den ersten Waggon könnte man vielleicht übersehen und von ihm erfasst werden. Aber wie wird man vom zweiten Waggon eines Zugs erfasst?

Es gibt so vieles, was die Menschen in dieser Geschichte zu diesem Zeitpunkt noch nicht wissen können. Durch die Seiten der Verhandlungsprotokolle hindurch sehe ich zu, wie Lanelle den Zapfhahn für einen weiteren Lkw freischaltet und Ricky durch die Scheiben hindurch anstarrt. Ich sehe zu, wie Pearl sich daranmacht, die Milchkännchen aufzufüllen. Ich sehe zu, wie Ricky versucht, ein vorbeifahrendes Auto anzuhalten.

Noch drei weitere Tage wird Jeremys Leiche im Schrank eingekeilt bleiben, während nebenan im Korridor Joey und June spielen. Noch drei Tage lang werden Pearl und Terry Lawson ihre Kinder abends ins Bett bringen und morgens wecken, um sie für die Schule fertig zu machen, und diese ganze Zeit hindurch wird Jeremys Leiche da sein, jenseits der Tür, eingewickelt in die blaue Decke mit dem Dick-Tracy-Motiv, seine Stiefel und sein Luftgewehr säuberlich zu seinen Füßen platziert.

Die Erwachsenen trinken am Küchentisch ihren Kaffee, die Kinder ihre Frühstücksmilch, und drei Monate später wird der Vater, Terry, tot sein. Der Junge, Joey, ebenfalls.

Später werden Anschuldigungen laut werden, Terry habe seine Tochter June missbraucht. Sie werden nie bewiesen werden.

Ich versuche die Vergangenheit zu studieren, zwischen den Zeilen zu lesen – Terry zuzusehen, wie er sich Kaffee nachschenkt und sich setzt, daneben die Müslischalen, die Ricky für die Kinder hingestellt hat. Wo waren Terrys Hände vergangene Nacht? Er und Pearl haben ihr Schlafzimmer aufgegeben.

Und Pearl, wenn man sie jetzt sieht, wie sie die Kühlschranktür öffnet und Joey ermahnt, mit dem Frühstück fertig zu werden: Was sieht sie? Was ist sie in der Lage zu sehen? Wovor verschließt sie die Augen? Hat sie wirklich nicht gewusst, dass Jeremys Leiche dort oben war? *Drei Tage* lang?

Dann sterben Terry und Joey. Und Pearl verschwindet mit June.

8

New Jersey, 1985

Wochen vergehen, Monate, ein Jahr. Die Erinnerung an diesen seltsam falschen Nachmittag, an dem meine Mutter schreiend über den Rasen lief, und die an das Geräusch meines Großvaters auf den Treppenstufen in der Nacht – sie sitzen beide in meinem Inneren wie in einem Kokon, der sie vor der Hitze des Sommers schützt. Ich halte von innen her den Atem an, damit das, was darin ist, nicht in Flammen aufgehen kann.

Kurz bevor wir an Ostern zum Haus meiner Großeltern fahren, wo wir um ihren großen Holztisch herum sitzen, um von meinem Großvater zubereitete Manicotti zu essen, die er in dünne Scheiben Rindfleisch eingeschlagen hat wie in Geschenkpapier, geben meine Eltern uns jedes Jahr Körbe mit jeweils einem Ei darin. Die Schalen der Eier sind aus weißem Zucker, der an den Rändern gefärbt und glasiert ist. In ihrem Inneren verbergen sich winzige Szenen aus Zuckerwerk: ein Küken im Nest oder ein Osterhase mit einem Korb. Jede dieser kleinen Szenerien ist ein delikates Kunstwerk. Aber die Schale ist, obwohl aus Zucker gemacht, nicht zerbrechlich. Sie ist hart und fest.

Das Schweigen ist genauso. Es beschützt die leuchtenden Momente ebenso wie die verwirrenden. Zum Beispiel die Nächte, in denen mein Mund ganz trocken ist vor Durst und ich meinen Mut zusammennehme und die dunkle Treppe hinuntersteige, um mir in der Küche ein Glas Wasser zu holen. Dort sitzt mein Vater mit einer großen Glasschüssel voller Kartoffelchips am weißen Küchentisch. Vor ihm steht eine leere Weinflasche und daneben eine zweite, angebrochene. Auf dem Boden zu seinen Füßen liegen leere

Eisverpackungen herum. Der Fernseher kündigt lauthals ein neues Programm an. Mein Vater lächelt schief, als ich den Raum betrete.

»Alles in Ordnung, Schatz?«, fragt er dann.

So milde ist er sonst nie, und deshalb erzähle ich es ihm manchmal. »Ich habe schlecht geträumt«, sage ich. Ich habe von Hexen geträumt, die mich im Schlaf holen kommen.

»Geh wieder ins Bett. Ich hab dich lieb. Komm her«, sagt er, und ich gehe zu ihm und küsse ihn auf die Wange.

So ist er mir am liebsten, er ist sanfter als zu irgendeinem Zeitpunkt tagsüber. Aber ich weiß, dass er sich am Morgen an nichts davon erinnern wird. Am Morgen werden diese Augenblicke schon verwischt, nichts anderes als ein ferner, unwirklicher Traum sein.

Der Morgen, voll Licht und greifbarer Wirklichkeit, ist die Zeit des Handelns. Er kauft ein neues Lautsprecherset und installiert es im Haus, mit einer gesonderten Fernbedienung für Küche und Wohnzimmer. Er putzt oben seine Schuhe, weigert sich, die Anrufe von Gläubigern entgegenzunehmen, und lässt seine Opernmusik durchs ganze Haus schallen, manchmal so laut, dass mir die Ohren wehtun. Er und meine Mutter sitzen am Küchentisch und planen Feiern, mit denen sich mein Vater bei den Menschen in dieser Stadt einen Namen machen will, und meine Mutter bringt mir bei, wie man Brie in die Mitte eines Endivienblattes schmiert, Sauerrahm auf einem Cracker anrichtet und ein perfektes Nest aus Kaviar in die Mitte setzt. Auf diesen Partys grinsen die Leute übertrieben breit, zeigen ihre Zähne, und jedermanns Atem riecht nach Wein.

In diesem Sommer beschließt mein Vater, für den Stadtrat zu kandidieren. Sie haben uns passende T-Shirts für die Parade am 4. Juli machen lassen: Sie sind rot, und die daraufgebügelten, flauschigen weißen Buchstaben formen die Worte »Mein Daddy für den Stadtrat«. Das T-Shirt meiner Mutter passt ebenfalls dazu, aber auf ihrem steht nur »Drew«. Auf dem Bild von uns, das während der Parade aufgenommen wurde, blinzeln wir in unseren roten T-Shirts, die in den Bund unserer Shorts gesteckt sind, in die Sonne. Meine

Schwester Nicola schwenkt eine winzige amerikanische Flagge. Ich stehe ein bisschen abseits vom Rest der Familie, die reflektierende Sonne auf meinen Brillengläsern verbirgt meine Augen. Meine Locken sind zu kurz geschnitten und ringeln sich um meinen Kopf. Einen Arm habe ich um meinen Oberkörper geschlungen; ich lächle nicht. Ich halte meinen Ellbogen mit der anderen Hand, versuche, mich selbst zusammenzuhalten.

Ich bin in jenem Sommer steif und unbewegt wie eine Schmetterlingslarve im Kokon. Wie verpuppt. Spüre ich, dass das Schweigen nicht ewig dauern kann? Ist es das, worauf ich warte? An den Nachmittagen, an denen mein Vater den Rasen mäht, ist die Luft plötzlich schwer vom grünen Staub des Grasschnitts, sie riecht streng und modrig, drückend und lauernd. Das Warten fühlt sich ebenso an. Es legt sich auf meine Lungen. Es drückt auf meinen Brustkorb.

Dann überschreitet der Sommer seinen Zenit und beginnt seinen langsamen Abstieg in Richtung Herbst. Im Gemüsegarten, den mein Vater angelegt hat, schießt das Basilikum in die Höhe. Die Rankgitter biegen sich unter dem Gewicht der Bohnen, deren Samen schwer herabhängen, und die Salatköpfe in ihren ordentlich angepflanzten Reihen werden fett und rund. Der Mais steht aufrecht, während die Sonnenblumen die Köpfe hängen lassen. Eine nach der anderen schneiden wir sie ab, und meine Mutter röstet die Blüten im Ofen, bis die Sonnenblumenkerne die Küche mit ihrem nussigen Duft erfüllen. Jeden Abend kommt jetzt das, was wir gemeinsam essen, aus dem Garten; es ist wie ein Wettrennen, bei dem wir versuchen, der Überfülle Herr zu werden, ehe alles verdirbt.

An einem dieser Abende sitzt meine Mutter in einem ärmellosen weißen Sweatshirt am Ende des Campingtischs. Ihre Arme sind braun von der Sonne. Ich bekomme als Kind immer Sonnenbrand, aber als ich etwa dreißig bin, werde auch ich auf einmal braun, egal, wie oft am Tag ich mich mit Sonnencreme einreibe – als ob sich meine Haut plötzlich zu meiner Mutter bekennen wollte. Mein Vater hat ihr gegenüber auf einem Stuhl Platz genommen, den wir herangezogen haben. Meine Geschwister und ich sitzen auf den Bänken, zwei auf jeder Seite. Mir fällt auf, dass das immer so ist, dass wir perfekt um unsere Besitztümer passen, dass da niemals mehr Platz ist, als wir sechs brauchen. Meine Mutter tischt Nudeln auf, Pesto, Zucchini mit Parmesan und Oregano. Der Geschmack – süß und klar und würzig – bleibt sich immer treu: Es ist der Geschmack des vergangenen Sommers und des Sommers davor und der Sommer, die kommen werden.

Aber diesmal legt sie den Servierlöffel plötzlich fort und sieht in die Runde.

Wie sie anfängt, welche Worte sie genau benutzt, weiß ich nicht mehr. In unserem Haushalt ist mein Vater sowohl der tragende Balken als auch die Axt, sowohl der zerklüftete Felsen als auch die Brandung, die sich dagegenwirft, und als Kind sind meine Antennen immer auf ihn eingestellt, auf seine Worte und seinen Gemütszustand, niemals auf meine besonnene Mutter. Der Abendbrottisch untersteht seinem Kommando, hier hält er Hof, erklärt er uns die Welt, redet er über Politik und fremde Länder und die Werte, die er uns vermitteln will. Meine Mutter ist ruhig. Jahre werden vergehen, ehe mir klar wird – mit einem Ruck, als ob mein Blick auf die eigene Welt plötzlich einen neuen, scharfen Fokus bekommt –, wie klug sie ist.

»Hörst du mir zu?«, fragt sie mich an diesem Abend. »Dein Vater und ich haben euch etwas zu sagen.«

Was für ein gewichtiger Satz. Seine Ernsthaftigkeit ist wie ein Warnschild. Etwas in ihrer Stimme sagt mir ganz deutlich: Was immer sie zu sagen hat, ich will es nicht hören. Die Luft schwirrt ohnehin schon von so viel Ungesagtem, und ich bin bis zum Rand angefüllt mit meinem eigenen Geheimnis. Etwas schnürt mir die Kehle zu. Kann sie nicht sehen, dass diese Nacht licht ist, mit einer sanften Brise und dem Widerschein der untergehenden Sonne? Geigenmusik von Vivaldi strömt aus den Lautsprechern, die mein Vater in den Zweigen der Bäume angebracht hat. Niemand streitet, mein

Vater schreit nicht, und meine Großeltern sind weit weg, jenseits der Brücke in New York.

Mach es nicht kaputt, denke ich.

»Ich brauche einen Pullover«, sage ich. Ich stürze mich mit triumphierender Stimme in diese Erwiderung, die mir wie ein Erfolg vorkommt.

»Muss das gerade jetzt sein?«, fragt sie.

»Mir ist *kalt.*«

Sie seufzt. »Beeil dich.«

»Mir ist auch kalt«, sagt meine kleine Schwester Elize.

»Dann bring deiner Schwester auch einen Pullover mit«, fordert meine Mutter mich auf. »Nimm einfach den erstbesten, den du finden kannst, es ist nicht so wichtig.« Ihre Stimme ist abgehackt und barsch – es ist die Spannung, denke ich später, der Versuch, noch eine Minute lang zurückzuhalten, was schon viel zu lange unterdrückt worden ist.

Das Haus versinkt um mich herum in formlosen Schatten. Im Halbdunkel ist das einzige Geräusch, das ich hören kann, das immer gleiche geisterhafte Knarren in den Wänden, die sich setzen, und das ständige Schwirren des Deckenventilators, dessen metallene Rillen sich oben über dem Treppenabsatz öffnen und schließen. Ich gehe diese Treppe im Dunkeln niemals alleine hinauf. Es ist undenkbar. An den Abenden, an denen wir unten in der Küche essen und eines meiner Geschwister das untere Bad benutzt, sagt mir meine Mutter manchmal, ich solle nach oben gehen. Dann verlasse ich die Küche und warte still in der Dunkelheit des Esszimmers, zähle langsam bis vierzig und gehe dann wieder hinein. Manchmal trete ich mit den Füßen fester und dann weniger stark auf, dann wieder stärker, damit es klingt, als ob ich mich entferne und wieder näher komme. Manchmal sagt sie, wenn ich mich wieder an den weißen Küchentisch setze: »Das ging ja schnell«, und dann warte ich beim nächsten Mal länger. Ich kann ihr nicht erzählen, warum ich einfach nicht nach oben gehen kann.

Ein paar Jahre später, wenn ich in der fünften Klasse bin, werde ich im Zimmer der Schulpsychologin sitzen. Es ist eine Routineangelegenheit, eine Besprechung mit jeweils zwei Kindern, die nach dem Alphabet ausgewählt wurden. Der Junge, der mit mir im Raum ist, gehört zu den beliebten Schülern: hochgewachsen, agil und braun gebrannt, einer, der den Fußball genau so trifft, dass er hoch und weit durch die Luft fliegt.

»Und, seid ihr aufgeregt, dass ihr nächstes Jahr in die Mittelschule kommt?«, will die Psychologin wissen.

Der Junge sieht sie an, als wäre sie verrückt. Er weiß schon jetzt, dass er nie wieder so beliebt sein wird wie jetzt.

»Ich freue mich«, platze ich heraus. »Da werden so viele Kinder sein.«

Sie lächelt mich an.

»Da kann ich mich unsichtbar machen«, sage ich.

Mich unsichtbar machen können, das ist es, was ich mir jedes Mal wünsche, wenn mein Großvater sich auf meine Bettkante setzt. Seine braunen Augen blicken in meine, dann verzieht er das Gesicht und spuckt seine Zähne auf seine Handfläche. Er hält sie mir hin. Die Prothese glänzt wie eine Kreatur aus dem Meer. Er grinst. Sein Mund ist plötzlich ein feuchter, pinkfarbener Rand um ein schwarzes, leeres Loch herum. »Siehst du«, sagt er, obwohl er mir das schon oft gezeigt hat. »Ich bin eine Hexe. Vergiss das nicht. Wenn du irgendjemandem etwas verrätst, werde ich kommen und dich holen. Immer. Sogar, wenn ich tot bin.«

Ich drehe meinen Kopf weg und richte meine Augen auf den gelben Rock einer Puppe, die gleichzeitig eine Lampe ist. Ihr Körper erhellt den Rock, lässt ihn zu einem formlosen, hellen Gelb verschwimmen. Es brennt im Dunkel des Raumes, und während er seine falschen Zähne auf den Nachttisch legt und seine Hände nach dem Saum meines Nachthemds tasten und dann den Stoff von meinen plötzlich ganz kalten Beinen heben, starre ich in das Gelb und versuche, in der Flamme aufzugehen, mich aufzulösen. Seine Hand wandert auf meinem Bein nach oben. Mit der anderen zieht er den Reißverschluss seiner Hose herunter. Ich blicke das Licht so starr an, dass die Luft um mich herum in Stücke bricht, zerbirst. Ich fühle, wie er meine Unterhose herunterzieht. Ich fühle seine Finger. Die Luft zersplittert in einzelne Moleküle. Es ist wieder kalt zwischen meinen Beinen, seine Hand hat sich bewegt – und dann ist sie zurück, umklammert einen dicken Teil von ihm. Er hält meine Beine auseinander. Er reibt sich an mir.

Um mich herum drehen sich die Moleküle in einem wilden Strudel. Ich fühle, wie ich mit ihnen zerbreche.

Noch heute hasse ich die Farbe Gelb.

Aber als das Kind, das barfuß in dem dunklen Esszimmer steht, während draußen der Sommerabend langsam sein Licht verliert, habe ich mehr Angst vor dem, was meine Mutter sagen wird. Und deshalb gehe ich.

Ich haste die Treppe hinauf und versuche, das Knarren der Stufen nicht zu hören. Stattdessen zwinge ich mich, mich auf das Surren des Ventilators zu konzentrieren. Seine Rillen öffnen und schließen sich in einem langsamen Brüllen, sein Atem ist ein kaltes Nichts darunter. Das Schlafzimmer meiner kleinen Schwester erinnert an einen Dachboden; es hat eine schräge Wand und ist eigentlich ein Korridor. Ich muss durch ihr Zimmer hindurchgehen, um in meines zu kommen. Es ist derselbe Weg, den mein Großvater nimmt, wenn er nachts nach oben kommt. Auf ihrer Kommode liegt ein flauschiger Pullover von der Farbe eines Kükens; seine Ärmel sind nach hinten gefaltet wie Flügel. Ich bleibe stehen. Das Gefühl, mit dem ich ihn anstarre – sein fahles Gelb in der Dunkelheit, mein Körper, der still und leer sein muss –, dieses Gefühl wird für immer da sein. Dann treffe ich eine Entscheidung: Ich werde meiner Mutter sagen, dass ich nicht gleich einen Pullover finden konnte. Ich werde ihr sagen, dass ich erst danach suchen musste. Hinter mir ist Elizes Kinderbett. In meiner Vorstellung presst sich dieses Bett gegen meinen Rücken, ich kann es spüren. Das Wissen, dass auch er hier steht. All die Male, die ich ins Zimmer meiner Schwester gekommen bin und gesehen habe, wie er sich über sie beugte. Ich kämpfe gegen die Gedanken, will ganz leer sein.

Dann muss ich wegrennen.

Ich schnappe mir in meinem Zimmer einen blauen Pullover – meine Lieblingsfarbe. Zurück durch das Zimmer meiner Schwester, unter dem Ventilator durch, die Treppe hinunter. Ich fliehe. In dem dunklen Esszimmer halte ich an, fühle den Holzboden kühl und glatt unter meinen Füßen. Mein Körper ist reglos. In der Stille ist das Schlagen meines Herzens so laut wie der Ventilator.

Zaudern. Ich zaudere immer noch.

Dann gehe ich nach draußen.

Als ich auf die Veranda hinaustrete, bemerkt mich meine Mutter und winkt mich zu sich.

»Warum hat das so lange gedauert?«, ruft sie. »Komm, setz dich.« Nach dem glatten Boden im Haus fühlt sich das Gras uneben an und sticht in meine Fußsohlen; das helle Licht hier draußen trifft mich wie aus weiter Ferne. Ich rutsche auf die Bank mit ihrem abgesplitterten Holz und reiche meiner Schwester den flauschigen Pullover. Mein Körper sitzt da, aber eigentlich bin ich nicht hier, nicht wirklich.

»Euer Vater und ich müssen euch allen etwas sagen«, sagt sie.

Es kann nicht um meinen Großvater gehen. Sie kann nichts davon wissen. Kann es noch ein anderes Geheimnis geben?

»Ihr alle hattet eine Schwester«, sagt sie. »Ihr Name war Jaqueline. Sie war Andrews und Alexandrias Drillingsschwester.«

Meine Mutter benutzt niemals unsere vollen Namen. Mein Bruder ist Andy und ich, auch wenn ich es hasse, bin Ali. Dass sie diese Worte benutzt, zeigt mir mindestens ebenso sehr wie das, was sie sagt, wie gravierend das Ganze ist. »Erinnert ihr euch, wie wir euch gesagt haben, dass Andrew und Alexandria krank waren, als sie geboren wurden?« Nicola sitzt mit großen Augen da wie eine

Schülerin im Unterricht und nickt. Das ist es, was sie uns erzählen, wenn mein Bruder ohnmächtig wird: dass er krank war, als er ganz klein war, und dass das nur die Spätfolgen davon sind. Das ist es, was sie uns erzählen, wenn plötzlich die Nachbarin auftaucht, um auf uns aufzupassen, und meine Mutter die Reisetasche aus dem Schrank zerrt. »Nun, Jaqueline war auch krank, aber bei ihr war es zu schlimm. Sie war zu klein. Sie starb, als sie fünf Monate alt war.«

Und ein höchst eigenartiges Gefühl ergreift mich: Ich wusste es bereits.

Später am Abend, nachdem unsere Eltern uns ins Bett gebracht haben, liege ich in dem Zimmer, das ich mir mit Nicola teile, wach.

»Ali?«, sagt sie. Heute Nacht lasse ich zu, dass sie mich so nennt. »Werden wir auch sterben?«

»Nein«, sage ich. »Psst. Schlaf jetzt. Wir werden nicht sterben.«

»Aber sie ist gestorben.«

Ich denke darüber nach. »Ja, aber wir nicht. An dieser Sache stirbt man nur, wenn man klein ist. Wir sind jetzt groß.« Ich bin sieben und sie fünf. »Wir sterben nicht.«

Als ich das sage, wird mir plötzlich bewusst, dass ich lüge. Dass wir alle eines Tages sterben werden. Ich hoffe, dass sie das nicht weiß. Ich hoffe, dass sie das niemals wissen wird.

»Versprochen?«, fragt sie.

»Versprochen«, antworte ich. Danach ist meine Schwester still. Aber ich liege in der Dunkelheit noch lange wach. Woher wusste ich von dem Mädchen?

9

Louisiana, 1992

Lorilei ist diejenige, die zu guter Letzt die Polizei auf Ricky Langleys Spur führt. Früh am Montagmorgen, ihr Sohn ist noch immer nicht gefunden, sucht der Sheriff sie in Melissas Haus auf und bittet sie, zur Polizeistation zu kommen, um dort einige Fragen zu beantworten. Er ist freundlich, aber entschieden. Sie muss sich einem Lügendetektortest unterziehen.

Platzieren wir sie dafür in einem kleinen Raum in der Polizeidienststelle. Von der Decke hängt eine kegelförmige Lampe, genau wie in der Küche meiner Eltern, als ich ein Kind war, die Art Lampe, die in jedem Krimi zu sehen ist, wenn ein Verdächtiger verhört wird, und die deshalb zweifellos auch über Ricky Langleys Kopf hängen muss, wenn er schließlich vor laufender Kamera sein Geständnis ablegt. Lorilei ist nicht verdächtig – »Nein, Ma'am, wir wollen nichts andeuten«, sagt der größere, stämmige Polizist mehrmals zu ihr. Die Wahrheit ist, dass es keine Verdächtigen gibt. Noch nicht.

Die Männer stellen sich ihr als Don Dixon vom FBI-Außendienst und Donald DeLouche von der Polizeiwache des Calcasieu Parish vor. »Aber Sie können mich Lucky nennen«, meint der hochgewachsene Mann. »Das tun alle.«

Lucky?, denkt sie sich bestimmt. Schönes Glück! Wo ist ihr Junge?

In den Stimmen der beiden Männer am Tisch mischen sich Freundlichkeit und Anspannung. Sie kann nicht ausmachen, ob sie glauben, dass sie etwas mit Jeremys Verschwinden zu tun hat. Wahrscheinlich ist sie auch zu müde, um sich darum zu kümmern, was sie glauben. Sie will nur ihren Jungen zurückhaben.

»Nun, Ma'am, ich muss Sie bitten, sich so genau wie möglich an alles zu erinnern.«

Sie seufzt. »Ich habe den Ermittlern doch schon alles gesagt. Ich bin nach nebenan gegangen und danach zum Haus der Lawsons. Sie haben einen Jungen und ein Mädchen; Jeremy spielt dort manchmal mit ihnen. Ein Mann hat mir die Tür geöffnet und mir angeboten, das Telefon zu benutzen, damit ich meinen Bruder anrufen konnte.«

»Wissen Sie seinen Namen?«

Es ist das erste Mal, dass ihr jemand diese Frage stellt. Zu dem Zeitpunkt, als ihr Sohn verschwand, kannte sie seinen Namen noch nicht, inzwischen aber schon. »Ricky Langley«, sagt sie.

Lucky steht auf, nimmt seinen Hut vom Tisch und verlässt den Raum. Dixon folgt ihm.

Etwa eine Minute später kommt ein anderer Polizist herein. Er ist jünger als die beiden anderen und glatt rasiert. Er nimmt den Stuhl, auf dem Lucky gesessen hat, und zieht ihn zum Tisch. »Keine Sorge«, sagt er. »Die beiden müssen nur etwas überprüfen. Mein Name ist Roberts. Also dann: Sie wollten über den Mann reden, der Ihnen die Tür geöffnet hat?«

Stundenlang behält Roberts sie da, geht den Tag in allen Details mit ihr durch. Manchmal kommt ein anderer Polizist dazu. Gemeinsam spüren sie jedem einzelnen Schritt nach, den sie getan hat. Schließlich bringen sie sie ins Büro des Sheriffs.

Dort erzählen sie ihr, dass sie ihren Sohn gefunden haben. Er ist tot.

Vierundzwanzig Stunden zuvor hätte Lucky und Dixon der Name Ricky Langley nichts gesagt. Aber am Morgen des 9. Februar, während die Suche weiterlief, waren die beiden zusammen in den Wald gegangen, um Gänse zu jagen. Später würde man ihnen vielleicht die Hölle heiß machen, weil sie jagen gegangen waren, obwohl ein Kind vermisst wurde. Später würde die ganze Sache vielleicht einen komischen Beigeschmack haben. Aber die Blässgänse kamen nur zweimal im Jahr durch diesen Landstrich, und überhaupt war der Junge höchstwahrscheinlich ertrunken und längst tot.

In aller Frühe hatten sie flache Boote mit Lockvögeln bestückt und langsam flussabwärts treiben lassen, bis sie das leise Schnattern des Schwarms hörten, mit dem die Vögel auf die Köder reagierten. Dort hatten sie die Boote festgemacht und in dem weichen Schlamm in Ufernähe zwei brusthohe Gruben ausgehoben. Nun, als sie Seite an Seite in ihren Löchern hockten, die Hände schussbereit an den Gewehren, eine Thermoskanne mit Kaffee zwischen sich, schaute Dixon in den leeren blaugrauen Himmel und sagte zu Lucky: »Was hältst du von der Sache mit dem Jungen, der immer noch vermisst wird? Macht ihr weiter mit der Suche?«

Die Gruben waren eiskalt, die Luft zu still. »Heute auf jeden Fall noch«, meinte Lucky. »Aber die brauchen mich da nicht.« Er goss Kaffee in den Plastikdeckel der Thermoskanne und nahm einen Schluck. »Sie suchen heute mit Baggern im Kanal. Die Leute von der Wache haben die Sache im Griff.«

»Ich weiß schon, dass es nicht mein Fall ist«, sagte Dixon, »aber ich glaube nicht, dass er im Wald ist. Wenn er dort wäre, hätten sie ihn mittlerweile gefunden.«

»Er ist bestimmt ertrunken. Viele Kinder ertrinken dort in der Gegend.«

»Dann hätten sie ihn auch schon gefunden.«

»Vielleicht«, antwortete Lucky. Mehr schien er nicht sagen zu wollen.

Dixon wartete eine Weile und wählte seine Worte dann mit Bedacht: »Wenn ihr die Leiche bis morgen früh nicht findet, wird das FBI sich intensiver mit der Sache befassen müssen.«

Nach dem Mord an Charles Lindberghs Baby war das Bundesgesetz zum Kidnapping in Kraft getreten, demzufolge nach vierundzwanzig Stunden von der Vermutung auszugehen ist, dass ein vermisstes Kind über die Grenze in einen anderen Bundesstaat gebracht wurde. Jeremy wurde bereits seit sechsunddreißig Stunden vermisst.

Sehr bald würde es nicht mehr Luckys Fall sein.

»Das weiß ich«, sagte Lucky.

»Sie werden die Sache an sich ziehen.«

»Ich weiß.« Lucky spielte an seinem Gewehr herum, entsicherte es und legte an. Keine Spur von den Gänsen. Er nahm die Jagdbeute ins Visier, die sich noch nicht blicken ließ. »Okay, morgen vernehme ich die Mutter.«

An diesem Abend, nachdem Lucky und Dixon zusammengepackt hatten, ohne dass die langen Stunden in den Gräben ihnen irgendeinen Erfolg beschert hätten, machte Lucky auf dem Weg nach Hause bei der Polizeiwache halt. Er wollte noch ein wenig Papierkram erledigen und alles für das Gespräch mit der Mutter am nächsten Tag vorbereiten. Er saß am Schreibtisch, und die einsame Schreibtischlampe warf ein warmes gelbes Licht auf die Akten vor ihm, als das Telefon klingelte. Am anderen Ende der Leitung war eine Bewährungshelferin. »Ich hab von dem vermissten Jungen bei Ihnen gehört«, sagte sie mit einer stark näselnden Stimme. »Es gibt da einen Mann, über den Sie Bescheid wissen sollten, er ist auf Bewährung draußen; saß in Georgia wegen Kindesmissbrauch. Nicht mein Fall, eigentlich – die haben von Georgia niemals irgendwelche Unterlagen geschickt; das letzte Mal habe ich ihn im Dezember gesehen. Danach ist er verschwunden.«

Viele Männer entzogen sich dem Bewährungsprozess. Sie meinte es sicher gut, aber wahrscheinlich hatte es nichts mit der Sache zu tun.

»Was ist die letzte Adresse, die Sie von ihm haben?«

»Lassen Sie mich nachschauen«, sagte sie. Lucky hörte das Rascheln von Papier. »Er hat bei seinen Eltern in Iowa gelebt. Iowa«, wiederholte sie. »Sie sprechen das komisch aus da drüben, nicht? Hier steht, er hat eine Vorliebe für Jungen im Alter von ungefähr sechs Jahren. Wie alt ist der Junge, den Sie suchen?«

Luckys Herz begann schneller zu schlagen. »Sechs.«

»Vielleicht sollten Sie versuchen, ihn zu finden«, riet sie ihm. »Er heißt Ricky Langley.«

Es ist kurz nach zehn Uhr am Montagmorgen, als Lucky und Dixon auf den Parkplatz der Tankstelle fahren. Der Himmel ist von klarem, leichtem Blau. Sie haben einen Haftbefehl bei sich, auf dem die Tinte der richterlichen Unterschrift noch kaum getrocknet ist – gegen Ricky Langley, wegen seines Verstoßes gegen die Bewährungsauflagen in Georgia. Dixon steigt aus dem Auto. Er sieht einen jungen Mann mit Segelohren, der auf einem Traktor sitzt und damit Muschelkalk auf dem Boden verteilt. Dixon bedeutet ihm, den Traktor abzustellen.

»Steigen Sie ab«, sagt er. Er mustert den Mann. Braune Haare, ziemlich dürr, Brille. »Ich bin Agent Dixon, und das ist Detective DeLouche. Sind Sie Ricky Langley?«

»Ja, Sir.«

Lucky hat bisher nichts gesagt, aber jetzt kommt er direkt auf Ricky zu. »Sie haben das Recht zu schweigen«, sagt er. Staub wirbelt von den zerstoßenen Muscheln auf, als er darüberläuft. »Sie haben das Recht auf einen Anwalt. Wenn Sie sich keinen Anwalt leisten können, wird Ihnen einer gestellt.« Ricky antwortet nicht, und Lucky hört nicht auf zu reden. »Verstehen Sie diese Rechte, die ich Ihnen gerade erklärt habe?« Er steht jetzt vor Ricky.

»Ja, Sir.«

»Wir werden Ihnen jetzt einige Fragen stellen«, sagt Lucky. »Sie kommen mit uns.«

Ricky wird plötzlich so still wie ein gejagtes Tier, das in die Falle gegangen ist. Dann senkt er den Blick – und das, wird Dixon später sagen, überzeugt ihn davon, dass sie den richtigen Mann gefunden haben. Wenn einer schuldig ist und bereit ist, zu gestehen, senkt er den Blick.

Schließlich sagt Ricky: »Ich hab meine Jacke da drin.«

»In der Tankstelle?«

»Ja.«

»In Ordnung, wir holen sie.«

Lucky geht zum Tankstellengebäude, um Rickys Jacke zu holen und die Stempelkarten zu untersuchen, die ihnen zeigen werden, wann Ricky an dem Tag, an dem Jeremy verschwand, in der Arbeit war. Dixon führt Ricky zum Streifenwagen. Er hätte ihm, wenn nötig, Handschellen angelegt, aber Ricky geht freiwillig mit, ein paar Schritte vor Dixon. Beide Männer gehen steifbeinig, ihre Körper sind wachsam und unter Hochspannung, wenn auch aus unterschiedlichen Gründen. Die Februarluft ist so kalt und trocken wie ein leerer Raum. Als sie am Auto ankommen, beugt sich Dixon vor, öffnet die hintere Tür und bedeutet Ricky einzusteigen. Er gehorcht. Dixon schließt den Sicherheitsgurt und sagt noch einmal: »Sie haben das Recht zu schweigen.« Seine Stimme klingt hart. Ricky lässt den Kopf wieder sinken. »Sie haben das Recht auf einen Anwalt.« Dixon sagt das alles zum zweiten Mal. Die Verhaftung muss absolut wasserdicht sein. »Verstehen Sie diese Rechte, wie ich sie Ihnen erklärt habe?«

»Ja«, antwortet Ricky. Er klingt elend.

Dixon setzt sich ans Steuer. Im Rückspiegel betrachtet er Ricky. Er registriert – dafür wurde er geschult –, dass Rickys Halsschlagader unter dem gesenkten Kinn heftig und schnell pulsiert. Registriert die Spannung in seinen Halsmuskeln und die zu Fäusten geballten Hände. Ricky sieht aus wie ein Mann, der sich verzweifelt wünscht, dass der gegenwärtige Augenblick nicht wahr ist.

Das ist der geeignete Moment, beschließt Dixon.

Er wendet sich zu ihm um. »Also, Ricky«, sagt er. Er kann Rickys Gesicht nicht sehen, nur seinen Scheitel, sein dunkles Haar. »Ich will, dass du mir in die Augen siehst, von Mann zu Mann.«

Ricky rührt sich nicht.

»Von Mann zu Mann, Ricky.« Dixon lässt seine Stimme ruhig und unbewegt klingen. Bei jemandem wie Ricky, der sein ganzes Leben als seltsam galt, einem Außenseiter, einem, den niemand respektiert, muss man ruhig klingen, das weiß Dixon. Als würde man ihn ernst nehmen. »Sieh mich an, Ricky.«

Einen kurzen Moment blickt Ricky auf, und als er seine Augen sieht, weiß Dixon Bescheid. Die Pupillen sind geweitet. Dixon hat ihn.

»Ich will, dass du mir in die Augen siehst« – Ricky schaut weg – »nein, ich will, dass du mir *in die Augen* siehst, Ricky, und mir sagst, ob du irgendetwas über das Verschwinden von Jeremy Guillory weißt.«

Ein Schauer rieselt über Rickys Schultern. Wie das Zittern, das durch einen Körper geht, der den Kampf aufgibt.

Dann, plötzlich: »Ich war es.« Ricky atmet aus. »Ich hab's getan, ich hab's getan, ich weiß nicht, warum, aber ich hab's getan.« Er verbirgt das Gesicht in den Händen. Einfach so. So einfach. Drei Tage, und dann ist es plötzlich vorbei. Schluss.

»Wo ist die Leiche?«, fragt Dixon.

»Im Schrank. In meinem Schlafzimmer.«

Ohne ein weiteres Wort dreht sich Dixon nach vorn und steigt aus dem Wagen. Steigt aus und verriegelt die Tür hinter sich.

Ricky, der gerade einen Mord gestanden hat, bleibt allein im Auto zurück.

Woran denkt er? In jener Nacht, in der Nacht nach dem Mord an Jeremy, ging Ricky alleine im Dunkeln hinauf in sein Schlafzimmer. Nachdem all die Eltern ihre Kinder abgeholt hatten und mit ihnen nach Hause gegangen waren, und nachdem Pearl ihm gesagt hatte, er solle besser die Stadt verlassen, und ihr Gesicht abgewandt hatte, als könne sie es nicht ertragen, ihn anzusehen, und nachdem sie sich neben ihrem Ehemann auf der Matratze im Wohnzimmer schlafen gelegt hatte. June und Joey schliefen gegenüber. Das Haus war still. Ricky saß auf dem Bett und lauschte der Stille.

Es war das erste Mal seit Stunden, dass er alleine war, das erste Mal, seit Jeremy am Nachmittag an der Tür geklingelt hatte. Er konnte nicht schlafen – er war viel zu aufgeregt –, und er dachte die ganze Zeit an Jeremy. Dachte daran, dass seine Augen offen gewesen waren, als Ricky ihn gepackt hatte, und dass sie sich wie von selbst geschlossen hatten. Er wusste, dass es nicht sein konnte, aber wie er da in seinem Schlafzimmer saß und wusste, dass der Junge in dem Schrank war, hatte er das Gefühl, ihn atmen zu hören. Er bildete sich ein, dass sich diese Augen wieder öffneten. Jemand beobachtete ihn.

Hinter seinem Schlafzimmer gab es eine Treppe, sieben Meter lang, die direkt in den Wald führte und sich angeboten hätte, wenn Ricky die Leiche hätte loswerden wollen. Stattdessen schlich Ricky mitten in der Nacht hinunter in die Küche und nahm eine Rolle Alufolie. Er bedeckte die beiden Fenster seines Schlafzimmers mit Folie und klebte sie fest, sodass kein Licht mehr hereinfallen oder hinausdringen konnte.

Er hätte nicht sagen können, wer ihn nicht beobachten durfte und warum es so wichtig war, dass diese Fenster nicht mehr da waren. Er wusste nur, dass er eine kleinere Welt brauchte, eng um ihn herum, verschlossen.

Dieses Gefühl muss Ricky jetzt wieder haben, im Polizeiauto, wo die klare, helle Wintersonne durch die Scheiben scheint und das Wageninnere aufheizt. Wenn nur die Welt so klein bleiben könnte, nach außen abgeriegelt. Er hüllt sich in das Gefühl, eine Zeit lang, er weiß nicht, wie lange.

Bis Dixon zurückkommt und sagt: »Wir fahren zum Haus.«

Tagelang war die Straße voll mit Menschen, Hunden, Polizeikräften und Schleppern für die Suchboote. Aber als Dixon und Lucky jetzt mit dem Streifenwagen vorfahren, ist die Straße verlassen. Ricky sitzt, noch immer mit gesenktem Kopf, in Handschellen auf der Rückbank.

»Das ist das Haus«, sagt Lucky. Dixon hält sich zurück. Nun bleibt es doch weiterhin Luckys Fall. »Der Junge ist da drin«, sagt Lucky. Es ist keine Frage, aber er sieht Ricky trotzdem dabei an.

Ricky hebt fast unmerklich den Kopf und nickt.

»Also schön«, sagt Lucky. »Gehen wir.«

Lucky ruft keinen Krankenwagen. Er beeilt sich nicht. Später wird er sich diesen Augenblick im Zeugenstand vergegenwärtigen und den Geschworenen sagen, dass er sich natürlich nicht beeilt hat, weil er ja wusste, dass der Junge tot war. Zweimal wird er das wiederholen, wie um seine Entscheidung vor sich selbst zu rechtfertigen. Es ist eigenartig, dass ihn gerade dieser Moment quält, dass er gerade darauf zurückkommt. Es hätte schließlich nichts geändert, wenn er sich beeilt hätte. Lucky hätte den Notarzt rufen oder sofort ins Haus rennen können, ja, er hätte sogar den Jagdausflug am Vortag sein lassen können – es hätte keine Rolle gespielt. Jeremy war tot. Eigenartig, an welchen Details die Gedanken manchmal hängen bleiben. Eigenartig, an welchen Stellen sie uns suggerieren, es würde irgendetwas ändern.

Lucky steigt aus dem Wagen.

Der Deputy, der mit der Videokamera auftaucht, hat Pickel im Gesicht, so jung ist er. Oder zumindest stelle ich ihn mir so vor, während ich das Transkript lese. In den nächsten paar Stunden wird dieser Mann alles, was gefilmt wird, von der Kameralinse umrahmt sehen. Er ist die einzige Person, die auf dem Band nicht zu hören ist, die nichts sagt, nicht reagiert, sondern nur aufzeichnet. Er bleibt in dem Material ein Unbekannter, aber überlegen wir, was er alles sieht. Womit er konfrontiert wird. Ich stelle mir vor, dass diese Situation neu für ihn ist; stelle mir vor, dass seine Augen sich weiten. Ich sehe die kleine Wunde in der Haut, wo er sich beim Rasieren geschnitten hat, sehe seinen dürren Hals.

Dixon taxiert ihn und schüttelt den Kopf. Er und die Polizeifotografen sind bereits oben im Schlafzimmer gewesen und haben Bilder vom Tatort gemacht. Schön und gut, dass die Polizeidienststelle begonnen hat, mit Videoaufnahmen zu arbeiten, aber sie betrachten es eher als niedere Aufgabe, die man auf die Neulinge abschiebt.

»Bereit?«, fragt Dixon. Ich sehe ihn Latexhandschuhe überstreifen und eine durchsichtige Tüte mit der Aufschrift »Beweismaterial«

entfalten. Er kann nur hoffen, dass der Junge hier schon mal eine Leiche gesehen hat. Das fehlt ihnen gerade noch, dass der Kameramann sich übergeben muss.

»Ja«, sagt der Junge. Er klingt nicht so, als ob er wirklich bereit dafür ist.

»Ich hole jetzt den Verdächtigen«, sagt Lucky, und seine Worte sind nun, da sie gleich aufgenommen werden sollen, viel förmlicher.

Er kommt mit Ricky zurück, der in Handschellen neben ihm herschlurft und nicht aufblicken will. Ehe er über die Türschwelle tritt, bleibt er abrupt stehen.

»Aufnahme an«, sagt Lucky.

Die Aufnahme läuft.

»Ich möchte, dass Sie jetzt …«, setzt Lucky an, dann hält er inne. »Was ich jetzt von Ihnen will, Jeremy, ist …«

(Dieser kleine Versprecher, die Tatsache, dass er Ricky mit dem Namen seines Opfers anspricht, ist das einzige Anzeichen dafür, dass Lucky nervös ist. Der einzige Anhaltspunkt, wie wichtig dieser Augenblick für ihn ist. Später steht an dieser Stelle im Transkript der Vermerk »[sic]«.)

»Der Kameramann wird Ihnen ins Haus folgen, und ich möchte, dass Sie mich zu dem Zimmer führen, wo es passiert ist, und ich will, dass Sie ihm den Raum zeigen und nichts anfassen, okay? Ich weiß, dass es hier drin Waffen gibt, und wie gesagt, ich will, dass Sie nichts anfassen.«

Lucky sieht Ricky erwartungsvoll an.

»Hm«, macht Ricky.

Sie gehen los.

Mit drei Leuten und dem Kameramann, der direkt hinter Ricky herläuft, ist es eng auf der Treppe. Auf dem Fernsehbildschirm wird der Film dunkel wirken – die Körper kaum mehr als Schatten, Rickys schwarzes T-Shirt ein Fleckchen Nacht in der Düsternis. Der Winkel der Kamera lässt die Decke niedriger erscheinen, die Wände enger beisammen. Die Männer steigen wortlos die Treppe hinauf, ein rascher Schritt nach dem anderen, bis sie vor der Tür des Schlafzimmers stehen.

»Hier drin?«, fragt Lucky.

Ricky nickt und erinnert sich dann, dass er laut antworten soll. »Ja.«

»Wollen Sie noch etwas ergänzen, bevor wir reingehen?«, will Lucky von Dixon wissen.

»Ja, einen Moment noch«, erwidert der. Vielleicht kommen ihm jetzt, da es so weit ist, Zweifel daran, ob es klug war, Lucky die Angelegenheit zu überlassen. Schließlich ist das hier sein Fund. Hat nicht er Lucky überhaupt erst dazu bewogen, endlich etwas zu unternehmen? Er hat Ricky dazu gebracht, die Tat zu gestehen. Oder vielleicht will er auch nur noch einmal sichergehen, dass die Verhaftung absolut wasserdicht ist. Aus welchem Grund auch immer, er geht alles noch einmal durch. »Ricky, als wir Sie an der Tankstelle festgenommen haben und Sie mit mir im Auto saßen, habe ich Sie da in irgendeiner Weise bedroht?«

Ricky schüttelt den Kopf. »Nein.«

»War ich höflich zu Ihnen?«

»Ja.«

»Und ich habe nur gesagt: ›Ricky, sehen Sie mir in die Augen, von Mann zu Mann‹, und ich habe Sie über Ihre Rechte aufgeklärt. Und alles, was Sie mir gesagt haben, haben Sie freiwillig gesagt.«

»Ja, Sir.«

»Also gut.« Dixon nickt Lucky zu. Sie sind bereit.

Die Männer betreten den Raum. »Schnitt«, sagt Lucky, und der Junge mit der Kamera stellt die Aufnahme ab. Dann zu Ricky: »Zeigen Sie mir den Schrank.« Ricky setzt sich in Bewegung. »Nein, gehen Sie nicht hin. Deuten Sie einfach darauf.«

Ricky gehorcht.

»Das Kind ist da drin?«, fragt Dixon wieder. Er kennt die Antwort. Er war schon hier oben, während Lucky Ricky aus dem Wagen geholt hat. Aber er beobachtet Ricky jetzt. Sieht die kleinen

Anzeichen von Unbehagen und Furcht, die durch seinen Körper zucken.

»Ja«, sagt Ricky.

»Ist er einfach nur so da drin oder …«

»Ich hab ihn in ein paar Decken gewickelt.«

Lucky tritt nach vorn und bedeutet Dixon und Ricky, das Zimmer zu verlassen. Dann geht er zum Schrank. Die weiße Farbe an der Tür ist schmutzig und abgeblättert. Die Tür steht weit offen. Innen befindet sich ein Bündel Decken, die gar nicht danach aussehen, als würden sie einen Körper verbergen. Einfach nur nach einem Bündel. Er wartet, bis er den Kameramann hinter sich weiß, dann nickt er. Der Kameramann startet die Aufnahme wieder. Lucky spricht langsam und deutlich. »Es ist 15.35 Uhr. Wir sind wieder in dem Raum. Es ist der 10. Februar 1992. Wir sind wieder im südöstlich gelegenen Schlafzimmer von Ricky Langley, unsere Fotografen sind mit ihren Aufnahmen fertig, und wir werden jetzt die Decke oder Überdecke entfernen oder was auch immer Ricky Langley benutzt hat, um die Leiche zu verbergen.«

Er leuchtet mit der Taschenlampe ins Innere des Schrankes. Der Lichtkegel lässt das Bündel gelb aufleuchten, ehe er weiterwandert, damit die Kamera den Umriss aufnehmen kann. Lucky tritt zurück ins Bild und fasst in den Schrank. »Wir nehmen das – ich lege hier einen Vorhang oder eine Tagesdecke in diese Tüte.«

Die Aufnahme ist von diesem Punkt an umständlich. Lucky kommentiert jeden Handgriff. Er will es offensichtlich um jeden Preis richtig machen. Lage um Lage entfernt er und zeigt der Kamera jedes Mal die entsprechende Decke, ehe er sie in die Plastiktüte packt.

Aber sehen Sie diesen ersten Sack, der dort in der Ecke darauf wartet, versiegelt zu werden, den Plastiksack mit der Aufschrift »Beweismaterial«, der keinen Zweifel daran lässt, was in der Tüte ist? Diese Tüte wird falsch beschriftet und mit einer anderen verwechselt werden, in der sich Kleidungsstücke befinden, die später sorgfältig von Jeremys Körper heruntergeschnitten werden. Sehen Sie den Sack, den Lucky als Nächstes füllt? Auch er wird falsch beschriftet und zusammen mit einer Tüte aufbewahrt werden, in der sich nichts von Bedeutung befindet.

Ich habe eine Kopie dieser Aufzeichnung gesehen. Ich habe zugesehen, wie Ricky und Lucky die Stufen zum Haus der Lawsons hinaufgegangen sind, habe Ricky in Handschellen zu derselben Haustür gehen sehen, vor der Jeremy ein paar Tage zuvor stand. Das Geständnis, das man mir in der Anwaltspraxis zeigte, das Band, das mich überhaupt erst auf diese Geschichte aufmerksam gemacht hat, wurde unmittelbar danach aufgenommen, nachdem Dixon und Lucky Ricky zurück zur Polizeiwache gebracht hatten. Ricky sah aus wie ein Kaninchen, seine Augen schossen unruhig hin und her, und er hielt seine gefesselten Hände unbeweglich im Schoß. Der Rest seiner Worte erreicht mich in einzelnen Erinnerungsfetzen, als könnte mein Körper das alles nur in geringen Dosen ertragen, immer nur ein kleiner Schluck, gefolgt von Schwärze.

Nur das Transkript – wenn ich es mir jetzt ansehe – bringt die Erinnerung dazu, sich zu setzen.

Die blaue Decke ist die letzte Lage, die Lucky entfernt und in die Kamera hält. »Um den unteren Teil der Leiche ist eine blaue Decke gewickelt, mit irgendeiner bunten Figur darauf, vielleicht Dick Tracy, die ein Gewehr in der Hand hat. Jetzt entfernen wir die Decke, um das Opfer ganz sehen zu können.«

Die Kamera hält sich nicht mit diesem Anblick auf. Sie streift das blonde Haar und strauchelt dann im Angesicht des Jungen. Aber in diesem Augenblick befindet sich auf Jeremys Lippe – zu klein, als dass die Kamera es erfassen würde, und überhaupt schaut niemand so genau hin, keiner will die Leiche so genau anschauen –, in diesem Moment befindet sich auf Jeremys Lippe ein einzelnes dunkles Schamhaar.

Später werden Proben aus Jeremys weißem T-Shirt geschnitten, Beweisstücke, an die sich Calton Pitre noch nach Jahrzehnten erinnern wird, und ihre Untersuchung ergibt, dass sich Spermaspuren auf dem T-Shirt befinden. Das Sperma wird als Rickys identifiziert. Aber dieses Haar auf der Lippe? Es stammt nicht von Ricky. Sie testen es zweimal, und zweimal kommt dasselbe Ergebnis zurück: nicht Rickys.

Ricky hat Jeremy getötet; daran gibt es keinen Zweifel. Und das Schamhaar könnte einfach von einer Decke abgefallen sein. Aber diese Decken gehören nicht alle Ricky, dazu sind es zu viele. Sie müssen auch von Joeys und Junes Bett stammen. Vielleicht ist das Haar in der Wäsche darauf gekommen.

Vielleicht aber auch nicht. Gehört das Haar zu Terry, der in diesem Moment noch am Leben ist, seinen Sohn noch nicht auf einen Motorradausflug mitgenommen hat und sich nicht im Haus, sondern an einem unbekannten Ort aufhält, während die Polizei ihre Suche vornimmt? Gehört das Haar also nicht dem verurteilten Sexualstraftäter, dem, von dem man weiß, wie gefährlich er ist, sondern dem Vater, der im Geheimen vielleicht ebenfalls ein Raubtier ist?

Lucky redet weiter. »Sie können hier eine einzelne Socke erkennen, die offensichtlich im Mund des Opfers ist. Unser Opfer trägt ein weißes T-Shirt, hellblaue oder türkise kurze Hosen mit einem gelben Streifen am Saum, weiße Socken, und die Stiefel, von denen die Mutter ausgesagt hat, dass er sie trug, waren auch hier drin.«

Aquamarin. Lorilei beschreibt die Farbe der Hose als aquamarin. Vier Tage zuvor hat sie sie aus dem Wäschetrockner genommen und zusammengelegt, sodass die beiden Seiten des Bundes sauber übereinanderlagen, hat die kleinen Hosenbeine sorgfältig zu einem Päckchen gefaltet und mit dem T-Shirt zusammen verräumt. Sie trug die Kleidungsstücke zu der Kommode, die sie und Jeremy sich in Melissas Haus teilten, und legte die Hose in die unterste Schublade, das T-Shirt in die darüber. Behutsam, als ob sie ein Kind ablegte.

All diese Kleidungsstücke, die Jeremy trägt – diese Beweisstücke –, haben eine Geschichte. Die Beweisstücke tragen etwas von ihrem gemeinsamen Leben in sich. Sie enthalten ihre Liebe.

»Außerdem kann man in der Ecke des Schrankes das Luftgewehr sehen«, fährt Dixon fort, »das laut der Mutter dem Opfer Jeremy gehörte.«

In der Polizeistation verbirgt Lorilei das Gesicht in ihren Händen und beginnt zu schluchzen.

10

New Jersey, 1986

Für diesen nächsten Teil der Geschichte muss ich auf einen einzigen knappen Bericht meiner Mutter zurückgreifen, den sie Jahre später erzählte und niemals wiederholte; ich selbst kann kaum mit eigenen Erinnerungen daran aufwarten. Lassen Sie mich die Geschichte also aus diesen Hinweisen rekonstruieren. Es ist das Jahr, nachdem meine Mutter uns von Jaqueline erzählt hat. Wir befinden uns aktuell auf der zu Massachusetts gehörenden Insel Nantucket, wo wir für den Sommer ein Haus gemietet haben. Unsere Großeltern haben wir ebenfalls mitgenommen. Elize ist vier Jahre alt, ein Püppchen mit langen blonden Haaren und einer Stupsnase. Seit einiger Zeit steht sie Modell für eine britische Kleidungsmarke, die Freunden meiner Eltern gehört, und gerade trägt sie eines ihrer typischen weißen Spitzenkleidchen. Vielleicht ist es das Kleid mit der grünen Schärpe, die zu ihrer Augenfarbe passt. Es ist früh am Abend, und das Haus ist voller Geschäftigkeit, da sich die Erwachsenen fürs Abendessen umziehen. Meine Schwester ist davongewandert, ein seltener Moment, in dem sie alleine ist, und klettert auf einen der mächtigen Polsterstühle im offiziellen Esszimmer des Hauses. Das Haus gehörte in den Walfang-Zeiten der Insel einem Seekapitän, und an den Wänden hängen dunkle Ölbilder lange verstorbener Töchter mit finsteren Mienen und goldenen Schildern darunter, auf denen ihre Namen stehen: Prudence, Virtue, Chastity – Klugheit, Tugend und Keuschheit. Meine Schwester dreht sich zu den komischen Gesichtern um und schneidet einem davon eine Grimasse. Sie versucht sich vorzustellen, was man ihr erzählt hat: dass jede dieser Frauen einst ein kleines Kind war, nicht anders als sie selbst.

Mit ihrer kleinen Faust umklammert sie eine Belohnung, die sie erst kurz zuvor bekommen hat: einen Fünfdollarschein.

Meine Mutter kommt aus der Küche herein, ein Glas Rotwein in der Hand, die Haare noch auf die weißen Plastiklockenwickler gedreht, ihr schwarzes Kleid am Rücken noch offen. »Ach, hier bist du!«, sagt sie und nippt abwesend an dem Wein. Dann bemerkt sie den Schein und fragt: »Liebling, wo hast du denn das Geld her?« Sie glaubt sicher, dass meine Schwester es aus ihrer offenen Geldbörse oder von der Kommode genommen hat. Ein kleiner Fehltritt, Anlass für kaum mehr als einen freundlichen Hinweis.

Aber die Antwort meiner Schwester ist: »Opa hat es mir gegeben.«

»Wirklich?«, fragt meine Mutter. Sie denkt immer noch, dass das hier eine harmlose Kindergeschichte ist. Es gibt auf der Insel einen Süßwarenladen, in dem man für einen Cent einen einzelnen zuckrigen Gummifisch oder einen Gummibären bekommen kann. Unser Großvater hat uns schon einmal dorthin mitgenommen, und für einen Vierteldollar durften wir eine weiße Papiertüte mit Süßkram füllen. Er verwöhnt uns, ebenso wie damals unsere Mutter und ihre Brüder, als sie klein waren. Er hatte immer Bonbons für sie in den Taschen. Meine Schwester ist ein bisschen zu jung für die Zahnfee, aber vielleicht – denkt meine Mutter – hat sie die fünf Dollar bekommen, weil sie ihm seinen Hut oder seinen Gehstock gebracht hat. Meine Mutter lässt sich auf das Spiel ein: »Und wie hast du dir das verdient?«

»Ich hab auf seinem Schoß gesessen«, antwortet meine Schwester.

Das Geflüster, das folgt, ist wie ein Messer in der Scheide, voll scharfer, aber beherrschter Dringlichkeit. Keine erhobenen Stimmen; Türen, die geschlossen bleiben. Hinter einer davon werde ich befragt, und ich weiß, dass ich nicht laut reden darf, weil meine Eltern nicht wollen, dass mein Großvater oder meine Großmutter oder mein Bruder uns hören. Ich gebe einfache Antworten: Ja, mein

Großvater hat mich angefasst. Ja, das geht schon seit Jahren so. Sie stellen mir noch mehr Fragen – wo war das, woran kann ich mich erinnern, was war um mich herum zu sehen –, um Anhaltspunkte zum Zeitraum zu bekommen. Fünf Jahre, das ist die Antwort. Ich fange an zu weinen. Nicht wegen dem, was passiert ist. Sondern weil meine Mutter jetzt Bescheid weiß. Ein Teil von mir hat genau darauf gewartet – aber in erster Linie habe ich furchtbare Angst. Ich bin überzeugt, dass wir alle in Sicherheit sind, solange sie nur nicht diese Dinge über ihren Vater weiß. Dass es die schrecklichste Sache der Welt ist, laut auszusprechen, dass ein Vater zu so etwas fähig ist.

Sie stellen erst mir, dann meinen Schwestern genügend Fragen, um sich über die groben Tatsachen im Klaren zu sein. Dann gehen wir alle zum Abendessen.

Ist das möglich? Kann das stimmen? Kann es wirklich sein, dass sie uns alle in unserem Stammrestaurant jener Jahre – es trägt den Namen meines Großvaters Vincent – an einen großen, runden Tisch mit rot-weiß kariertem Tischtuch führen und einen Stuhl für den Mann zurechtrücken, über den sie gerade so etwas erfahren haben? Können sie sich einfach so seiner Ehefrau, meiner Großmutter, gegenübersetzen, die sie schützen wollen, indem sie die Sache vor ihr geheim halten? Wie oft sehen sie während dieses Abendessens wohl auf die Hände meines Großvaters und fragen sich, was diese Hände getan haben?

Oder projiziere ich mein eigenes Interesse an der Vergangenheit auf sie? Kann es wirklich sein, dass meine Eltern ihm gegenübersitzen und sich niemals, nicht ein einziges Mal die Taten vorstellen, die hinter den Worten stehen? Ist es möglich, dass sich das Gehörte nie als Geschichte vor ihren Augen abspielt?

Ich weiß nur, was danach geschieht: Meine Eltern reden nie mit meinem Großvater über das, was sie erfahren haben. Sie erwähnen es auch meiner Großmutter gegenüber nicht. Sie lassen nie erkennen, dass irgendetwas nicht in Ordnung ist. Wir beenden den gemeinsamen Urlaub wie geplant. Wir kehren in das viktorianische Haus zurück. Meine Eltern laden die Großeltern nicht mehr ein, dort die Nacht zu verbringen, und der Missbrauch findet ein Ende, ohne dass irgendwer jemals irgendetwas sagt. Sie arrangieren die Erinnerung so sorgfältig wie ein Drehbuch.

Und wie zuvor fährt mein Vater weiterhin den großen grauen Chevrolet über die George Washington Bridge und in den Stadtteil von Queens, in dem meine Mutter aufgewachsen ist. Wie zuvor parkt er vor der braunen Tür des Ziegelhauses, in dem meine Mutter ihre Kindheit verbracht hat, in dem mein Großvater mit seinem Vinyljackett und der Schiebermütze auf dem Kopf auf seinen Ausflug wartet. Mein Vater streckt eine Hand nach meinem Großvater aus und nimmt mit der anderen seinen Gehstock entgegen. Wie zuvor bietet mein Vater meinem Großvater eine Schulter zum Anlehnen, und im Schneckentempo gehen sie zum Auto hinüber. Er hilft meinem Großvater hinein und verstaut den Stock hinter dem Sitz, dann schlägt er die Tür zu und geht zur Fahrerseite. Schließlich fährt er meinen Großvater über die Brücke zurück zu uns.

Die Menschen in dieser Geschichte wollen immer noch glauben, dass sie die Vergangenheit beherrschen können, sie ebenso säubern können, wie man einen Tatort reinigt. Sie wollen glauben, dass der Tatort, solchermaßen gereinigt, zu einem ganz normalen Schlafzimmer wird. Heute erklären mir meine Eltern, dass sie einen Psychologen konsultiert hatten, der ihnen sagte, es sei für ihre Kinder am besten, wenn sie sich selbst möglichst unbeeindruckt geben würden. Wenn sie die Dinge so gestalteten, als ob die Vergangenheit keine Macht, keine bleibende Bedeutung hätte.

Es ist nicht so, dass ich ihnen das nicht glauben würde. Nicht direkt. Aber ich wundere mich, wie gut dieser Rat ins Bild passt. Er spiegelt so exakt – zu exakt – das Schweigen wider, das ich von meinen Eltern schon kenne. Das Schweigen über die Wutausbrüche meines Vaters. Das jahrelange Schweigen über meine fehlende Schwester. Es ist ein Echo dessen – aber an dieser Stelle sind wir noch nicht angelangt –, was mit der Leiche meiner Schwester geschah.

Fürs Erste genügt es, wenn Sie Folgendes verstehen: Die beiden müssen die Vergangenheit hinter sich lassen.

Und so ist mein Großvater in meiner Erinnerung anwesend wie ein Kloß in meinem Hals, sitzt im Wohnzimmersessel am Fuß der Treppe. Er ist an Weihnachten da, er ist an Ostern da, er ist da, wenn es einfach nur Sonntag ist, und meine Großmutter sitzt neben ihm und bittet mich, mit ihr Dame zu spielen, und ich sage ihr nicht, dass ich dafür zu alt bin. Er ist da, als ich dreizehn bin und zum ersten Mal ein Erwachsenenkleid trage, aus schwarzem Samt und mit einem tiefen V-Ausschnitt. Er ist da, als ich mich auf die Zehenspitzen stelle und mich drehe, um den weiten Rock zum Schwingen zu bringen. Es ist sein heißer Atem, der nahe an meinem Hals flüstert, wie erwachsen ich aussehe, wie gut mein Körper das Kleid ausfüllt. Er ist da, als ich fünfzehn bin und beginne, wütend zu werden.

Als wir Lorilei zuletzt gesehen haben, saß sie schluchzend auf der Polizeistation, das Gesicht in den Händen verborgen. Sie ist schwanger mit ihrem zweiten Kind, dem Jungen, der im Schatten seines Bruders aufwachsen wird.

In den Monaten, die Rickys Verhaftung folgen, wird sie sich ständig auf einem schmalen Grat zwischen Wut und Trauer bewegen. Jener Drink auf der Veranda in der ersten Nacht, in der die Helfer auf der Suche nach Jeremy ausschwärmten, wird zu Monaten schweren Trinkens und des Drogenkonsums führen. Sie wird in ihre alten Gewohnheiten zurückfallen, und die Vergangenheit wird die Gegenwart überfluten. Während dieser ganzen Zeit wird in ihr ein neues Leben heranwachsen, aber sie wird nicht imstande sein, es zu hegen. Es wird nur wachsen.

Es gibt einen Zeitungsartikel, der ein Jahr später erschien und zu Loriléis Adresse passt. Wenn ich ihn lese, sehe ich eine Frau vor mir (sie weigert sich, ihren Namen preiszugeben, aber ihr Haar muss noch immer von diesem leichten Braun sein, das in der Kindheit einmal blond war), die aus der Tür eines Hauses tritt und auf die Polizisten zugeht, die eben aus dem Streifenwagen steigen. Sie hält ein Baby im Arm.

»Sie müssen nicht reinkommen«, sagt sie.

»Ma'am, wir sind hier, weil ein Anruf von den Nachbarn bei uns eingegangen ist«, sagt der Beamte. »Es geht um einen Fall häuslicher Gewalt.«

»Sie müssen nicht reinkommen«, wiederholt sie. Sie blinzelt in die Sonne. Um ihr linkes Auge ist eine beginnende Schwellung zu sehen. Das Kind in ihrem Arm wird unruhig, und sie drückt es enger an ihre Brust. Sie hat den Jungen Cole genannt. Er wird den Nachnamen seines Vaters tragen. »Hören Sie«, sagt sie. »Wenn er weg ist« – sie nickt zum Haus hinüber – »weiß ich nicht mehr, wie ich meine Rechnungen bezahlen soll.«

Sie sieht dem Beamten fest in die Augen. »Guten Tag«, sagt sie entschieden. Dann kehrt sie mit dem Kind in ihren Armen zum Haus zurück.

Ein weiteres Jahr später, als das Urteil gegen Ricky wegen des Mordes an ihrem Sohn endlich verkündet wird, ist sie nicht im Gerichtssaal. Sie sitzt in einem Hotelzimmer auf der anderen Straßenseite und wartet. Ihr Bruder Richard ist im Gerichtssaal, als die Geschworenen ihre Entscheidung verkünden. Ricky wird für seine Tat sterben.

Richard überquert die Straße und geht hinüber zu Lorilei. Es ist vorbei, sagt er ihr. Es ist vollbracht.

Als ich anfing, diese Geschichte zu schreiben, dachte ich, es sei wegen des Mannes in der Videoaufzeichnung. Ich dachte, es sei wegen Ricky. In ihm sah ich meinen Großvater. Ich wollte verstehen.

Aber jetzt denke ich, dass ich um Lorileis willen schreibe. Ihre Geschichte endete nicht an dem Tag, an dem Richard sie im Hotelzimmer umarmte, während auf der anderen Straßenseite Ricky in

Handschellen abgeführt wurde. Zehn Jahre nach dem ersten Prozess wurde die Todesstrafe gegen Ricky aufgehoben. Er wurde aus der Todeszelle ins Gefängnis des Calcasieu Parish zurückverlegt, um dort auf einen neuen Prozess zu warten.

Diese Verhandlung fand im Jahr 2003 statt. Das war der Prozess, der gerade zu Ende gegangen war, als ich nach Louisiana kam. Und weil er gerade erst zu Ende gegangen war, zeigte die Anwältin mir die Videoaufzeichnung.

Ich bin im Besitz des Transkripts. Am zweiten Prozesstag ruft die Anklage Lorilei in den Zeugenstand. Sie erzählt den Geschworenen, wie sie Jeremy sein Luftgewehr reichte. »Das war das letzte Mal, dass ich ihn sah«, sagt sie, dann verbessert sie sich: »Ich meine – es war das letzte Mal, dass ich ihn lebend sah.« Sie berichtet, wie sie zum Haus der Lawsons ging, um ihn zu suchen. Von ihrer Begegnung mit Ricky. Von dem Telefonanruf.

Der Staatsanwalt dankt ihr. Der Richter entlässt sie. Sie kehrt an ihren Platz zurück, und der Prozess geht weiter.

Aber am vierten Tag fordert die Verteidigung sie auf, in den Zeugenstand zu treten.

Die Geschworenen müssen in diesem Moment sehr verwirrt sein. Sie ist die Mutter des toten Jungen. Sie hat bereits ausgesagt. Tagelang haben sie Bilder von Jeremys Leiche angeschaut. An einer Stelle hat einer der Geschworenen bei der Betrachtung der Bilder einen Weinkrampf bekommen, und der Richter musste die Verhandlung unterbrechen. Warum ruft die Verteidigung sie auf?

Aber sie erhebt sich und geht zum Zeugenstand. Sie weiß mittlerweile alles über Rickys Leben. Jahrelang hat sie sich damit beschäftigt. Sie setzt sich auf die hölzerne Bank, glättet das Kleid über ihrem Schoß und wendet sich der Jury zu.

»Möchten Sie den Geschworenen irgendetwas sagen?«, fragt der Verteidiger. Er ist ein hochgewachsener, schlanker Brite. Er verteidigt Ricky seit vielen Jahren.

»Ja«, antwortet sie mit fester Stimme. »Das möchte ich.«

Im Saal muss es jetzt ganz still geworden sein, jeder horcht gebannt, was sie zu sagen hat. Lorilei holt tief Luft. Dies sind die Worte, die sie vorbereitet hat.

»Obwohl ich jeden einzelnen Tag den Todesschrei meines Kindes höre, kann ich auch Rickys Hilfeschrei hören.«

Es ist Ricky, für den sie aussagt. Sie versucht ihn am Leben zu erhalten.

Ich lese die Worte, die sie im Gerichtssaal gesprochen hat, und sehe meinen Vater, wie er die Finger um die Hand meines Großvaters schließt. Er fühlt das Gewicht dieser Hand in der seinen. Er stützt ihn und hievt den alten Mann ins Auto, sodass er ihn über die Brücke fahren kann. Damit er ihn heim zu uns bringen kann.

Ich will – ich muss – verstehen.

Zweiter Teil:
Die Konsequenzen

11

Arizona und Louisiana, 1964–1965

Es ist das Jahr 1964. Der vierundzwanzigjährige Alcide Langley, der spätere Vater von Ricky, steuert einen Kombi über einen Highway in Red Rock, Arizona. Um zu verstehen, ist es vielleicht nötig, ganz an den Anfang zurückzukehren, und für Rickys Geschichte muss ich an diesem Punkt beginnen. Ich stelle mir automatisch den Kombi vor, den meine Eltern hatten, als ich klein war, aber das war in den frühen Achtzigern, also denken wir uns die Vertäfelung aus Holzimitat ebenso weg wie die Servolenkung. Geben wir der Familie ein kleineres Auto, auf dessen Rücksitz sich fünf Kinder drängen – vier nebeneinander, und das Baby zwischen den Knien seiner großen Schwestern eingezwängt. Im Kofferraum befinden sich die Habseligkeiten der Familie in verschnürten Pappkisten; im Fußraum vor den Mädchen stapeln sich kleinere Kartons, sodass ihre kurzen Beine fast ausgestreckt darauf liegen. In der Ferne erhebt sich der rote Felsen, dem die Gegend ihren Namen verdankt, leuchtend rot und orange, feuriger als jeder Horizont, den Alcide, ein Kind der Sümpfe von Louisiana, je gesehen hat. Die Erde glüht wie von einem inneren Brand erhellt. Als wäre sie versengt und ausgedörrt.

Während Alcide fährt, sehnt er sich fast schmerzlich zurück nach dem üppigen Grün, dem hoffnungsvollen Blau Kaliforniens, den Farben, die seine Erinnerung ausfüllen. Dort ließ der Anblick einer Palme, deren Umriss sich scharf gegen den Himmel abzeichnete, sogar sein Leben wie einen Film erscheinen. Niemals wollte er wieder von dort weg. Der Job in der Autofabrik, den ihm sein Onkel vor fünf Jahren verschafft hatte, hatte es ihm und Bessie ermöglicht, in die Gegend von Los Angeles zu ziehen. Diese Arbeit hatte sie alle ernährt: ihn selbst, Bessie und die fünf Kinder. Aber nun, da Alcide seinen Job verloren hat, gibt es in Kalifornien nichts mehr für sie.

Bessie dreht sich zu den Kindern um, damit sie leise sind. »Hör auf damit!«, ermahnt sie Oscar, der schon wieder seine jüngere Schwester Darlene ärgert. Er knufft sie, bis sie herumzappelt und lacht, und wenn er so weitermacht, wird sie noch Vicky fallen lassen, das Baby, das zwischen ihren und Francis' Knien eingekeilt ist. Oscar, der Älteste, ist fünf Jahre alt, hat Sommersprossen, Haare, die Bessie mithilfe einer Rührschüssel geschnitten hat, und ein zahnlückiges Grinsen. Eines Tages wird ein Anwalt ein Foto von ihm neben das eines anderen kleinen Jungen mit dem gleichen Lächeln legen, und er wird darauf hinweisen, wie ähnlich sich die beiden sehen. Aber noch nicht jetzt. Noch ist es der 28. Februar im Jahr 1964, und noch hat Oscar wenigstens ein paar Augenblicke zu leben. Er stupst Darlene ein letztes Mal in die Rippen, und sie sagt: »Mama!«, und das Baby lacht. Auch das Baby wird in wenigen Minuten nicht mehr am Leben sein.

Bessie ignoriert Darlene. Die Kinder machen das schon irgendwie unter sich aus, wie immer. Auch sie ist nicht glücklich darüber, dass sie nach Hause zurückkehren, aber es wird auf jeden Fall leichter sein, wenn sie ihre Verwandten um sich haben.

Sie haben vor, sich in einer der kleinen Städte am Lake Charles in Louisiana niederzulassen – Hecker, LeBleu, Iowa –, wo Bessies Bruder lebt und Alcides Vater begraben ist. Dort waren Bessie und Alcide damals auch unterwegs, als sie anfingen, miteinander zu gehen. Vielleicht hatten sie sich hinter einem der Pekannussbäume geküsst, die den alten Friedhof umgaben, oder zusammen auf dem Parkplatz der Tankstelle gelacht. Alcide stammte aus der Gegend, Bessie war aus Indiana neu in die Stadt gekommen. Beide hatten die Schule nach der achten Klasse verlassen; er war siebzehn, sie sechzehn, als sie heirateten – aus Liebe, nicht, weil sie mussten; erst zehn Monate später, im darauffolgenden April, wurde Oscar geboren. Als die Lokalzeitung wie jedes Jahr bekannt gab, welche Kinder im Frühling zur Welt gekommen waren, stand Bessies und Alcides Sohn als »Baby der Langleys, ein Junge« auf der Liste. Sie hatten sich noch nicht auf einen Namen geeinigt, weil sie es unbedingt richtig machen wollten. Zu guter Letzt entschieden sie sich für Oscar, weil der Name auf beiden Seiten der Familie eine Geschichte hatte: Es war der Name von Bessies Vater und der des Bruders, den Alcide verloren hatte, als er selbst noch ein kleiner Junge war; er war mit achtzehn Jahren bei einem Autounfall ums Leben gekommen. Alcide war damals acht gewesen. Sein Bruder war für ihn ein Gott. Und dann war er fort.

Ein Jahr darauf war Bessie wieder schwanger. Diesmal war es ein Mädchen, und die Entscheidung für den Namen Francis fiel ihnen leichter. Noch ein Jahr darauf kam Darlene. Zu dem Zeitpunkt hatte Alcide sich in den Kopf gesetzt, mit der Familie sein Glück in Los Angeles zu versuchen. Bessie hatte schon immer weggewollt – ihr gefiel die Idee, dass man die weiten Landstriche durchqueren und fortgehen konnte. Nicht mehr mit seinen Eltern und acht Geschwistern und deren Familien an einem Ort leben musste, so fest verwurzelt, dass es einen zu ersticken drohte. Ein neues Leben, ein neues Abenteuer.

Aber dann wurde es schwieriger als erwartet. Auch einsamer. Und jetzt haben sie keine andere Wahl, als ohne Geld und ohne Zukunftspläne wieder nach Hause zurückzukehren. Auf dem ganzen langen Weg wirkt Alcide wie ein geprügelter Hund. Seit sieben Stunden fährt er auf dem endlosen Highway, weitere zwanzig Stunden liegen noch vor ihnen. Neben ihm ruht sich Bessie aus, und selbst wenn ihr Sitz einen Anschnallgurt hat (was im Jahr 1964 gerade erst Standard auf den Vordersitzen wird, während Gurte hinten so gut wie unbekannt sind), benutzt sie ihn nicht.

Wenn die Anwälte fast dreißig Jahre später beim Mordprozess gegen Alcides und Bessies noch ungeborenen Sohn diese Geschichte erzählen, werden sie die nun folgenden Ereignisse mitten in der finstersten Nacht ansiedeln, als ob es unvorstellbar sei, dass so etwas am helllichten Tag passieren könnte. Aber im Jahr 1964 ist es gerade zwei Uhr, und Alcide schwitzt in der heißen Nachmittagssonne. Das Auto hat keine Klimaanlage, und die Luft, die durch die heruntergelassenen Fenster strömt, ist heiß wie in einem Ofen. Hinter der Windschutzscheibe muss sich die Sonnenhitze stauen und Alcide fast erdrücken. Die Kinder brauchen etwas zu essen; die Kinder brauchen Kleider; die Kinder brauchen. Er kann den Kindern nicht geben, was sie brauchen. Vielleicht rinnt ihm gerade ein Schweißtropfen ins Auge, und er hebt die Hand, um ihn wegzuwischen, und vielleicht passiert es genau dann – in diesem einen Moment, in dem seine Hand sein Sichtfeld verdeckt und nicht am Lenkrad ist, in dem seine Augen nicht auf die Straße gerichtet sind. Bei den Verhandlungen werden die Anwälte die Frage stellen, ob Alcide in diesem Augenblick möglicherweise betrunken war. Hat er eine Flasche unter seinem Sitz verborgen, und muss er die Hände vom Steuer nehmen, sodass er einen Schluck Alkohol trinken kann, der alles erträglicher macht? Der es ihm erst ermöglicht, die vielen Stunden durchzustehen, in denen er seine Familie einem Ziel entgegensteuert, das das Ende all ihrer Träume bedeutet? Für manche Dinge muss man sein Herz erst stählen. Aber weil er ohnehin gleich so viel verlieren wird, will ich eine freundlichere Art finden, diese Geschichte zu erzählen: Alcide schwitzt in der Sonne.

Er sieht den Brückenpfeiler nicht.

Das Auto kommt von der Straße ab und kracht in den Pfeiler. Die Windschutzscheibe zerbirst, die Familie wird durch die Luft geschleudert. Oscar, der einzige Junge, der geliebte Junge – es trennt ihm glatt den Kopf ab. Das Baby stirbt. Die mittleren Schwestern, Francis, Darlene und Judy, überleben. Alcide überlebt; die Schwestern werden nicht ohne Vater aufwachsen. Und Bessie, die bewusstlos in einem Asphaltgraben liegt, fällt in ein Koma, das sie noch tagelang in einem tiefen, dunklen Schlaf gefangen halten wird. Aber auch sie wird leben. Die Mädchen werden eine Mutter haben.

Ihre Hüften sind zerschmettert. Ihr Becken ist gebrochen. In den Jahren, die folgen, muss sie dreißig Operationen am rechten Bein ertragen, ehe die Ärzte schließlich aufgeben und es amputieren. Und während Bessie in einem Krankenhaus in Arizona im Koma liegt, sorgt Alcide dafür, dass die Mädchen zurück nach Louisiana gebracht werden. Dieselbe Lokalzeitung, die einst Oscars Geburt verkündet hatte, bringt einen Bericht über den Unfall und den Gedenkgottesdienst, der auf dem von Pekannussbäumen umringten Friedhof im Jefferson Davis Parish abgehalten wird.

Auf dem Hebert Cemetery begräbt Alcide Oscar und das Baby in einem ungekennzeichneten Grab vor dem Grabstein seines Vaters, wo auch noch ein Platz für ihn sein wird, wenn er stirbt, und daneben einer für Bessie. Wie er da am Grab steht und seine Kinder in der Erde versinken sieht, fragt er sich bestimmt, wie bald sie diesen Platz wohl brauchen wird. Sicher beißt er die Zähne zusammen und wischt sich die Tränen aus den Augen und betet, dass er zumindest die Familie behalten wird, die ihm noch geblieben ist. Danach ziehen er und die Mädchen bei Bessies Bruder Lyle und seiner Frau Luann ein. Lyle und Luann gehören der strengen Gemeinde der Pfingstler an. Sie haben keinen Abwasserkanal im Haus, und selbst Jahrzehnte später, zur Zeit der Prozesse, werden sie noch immer keinen haben. Sie hören keine Musik. Sie nehmen Kinder bei sich auf, die Hilfe brauchen, das ist ihre Art von Güte – aber manchmal, wenn man Luanns Strenge betrachtet und die Tatsache, dass sie auch dann noch Kinder aufnehmen, wenn sie kaum mehr zu essen haben, fragt man sich, ob es wirklich Großherzigkeit ist. Vielleicht schenkt Gott ihnen einfach nicht genug Leid, damit sie ihm ihren Glauben beweisen können, und sie schaffen sich ihre Entbehrungen selbst.

Aber sie sind zur Stelle, als Alcide sie braucht. Bald hat er einen neuen Job bei einem Logistikunternehmen, für das er oft tagelang am Stück als Fernfahrer unterwegs sein wird. Ich stelle ihn mir vor an jenem ersten Morgen. Er steht früh auf, kurz vor der Dämmerung, und tritt vor das Haus, bereit zum Aufbruch. Die Meile bis zum Abholort läuft er. Es ist Oktober; das Gras ist nass und dschungelwild im Morgentau, die Erde riecht kräftig und lebendiger, als sie es in Kalifornien je tat. Dieser neue Geruch liegt ihm wie ein Klumpen Erde im Hals. Er könnte ersticken an all den Dingen, die neu sind. Darlene und Judy folgen ihm nach draußen und stehen mit großen Augen vor dem Haus, beobachten ihn schon den ganzen Morgen. Darlene ist fast vier und hat in den letzten Wochen nur wenig gesprochen. Judy ist zwei und fragt immer wieder: *Wo ist Oscar, wo ist Mama, ich will das Baby halten.*

»Ihr Mädels seid brav und macht, was Luann sagt, und ich komme bald zurück«, sagt Alcide. »Zurück«, sagt er, nicht »heim«.

Darlenes Gesicht verzieht sich; sie wird gleich anfangen zu weinen.

»Komm, Schatz, alles wird gut«, verspricht er. Er reibt sich den Nacken, wo sein Hemdkragen kratzt. Er hat das Flanellhemd schon seit Jahren, aber Luann hat darauf bestanden, die Stelle am Ellbogen zu flicken und den Kragen zu stärken, und jetzt stört ihn das steife Material. In einer Hand drückt er den Rand seiner neuen weißen Cap mit dem Logo der Transportfirma zusammen. Glättet den Schirm, knetet ihn in den Fingern, zerknittert ihn in seiner Faust, öffnet die Finger wieder. »Alles wird gut«, wiederholt er.

Dann geht er.

Um ihn mir vorstellen zu können, wie er dort auf dem Gras steht, mit der Sonne, die sein breites Gesicht bescheint, und dem Schweiß, der sich in seinen Stirnfalten sammelt, benutze ich das Foto von ihm und Bessie, das die Lokalzeitung zu ihrem fünfzigjährigen Ehejubiläum abdruckte. Sein Gesicht ist kantig, seine Haut rau, die Augen hinter den dicken Brillengläsern wirken müde, und die altersschwachen Augenlider hängen herab. Ich versuche, die verstrichene Zeit von dem Bild herunterzukratzen, alles auszulöschen, was die Jahrzehnte mit sich gebracht haben.

Doch es gibt Momente in dieser Geschichte, da ist das Berichtete so mächtig, sind die Geschehnisse so eindrücklich, dass die Tatsachen meine Vorstellungskraft überwältigen.

Zum Beispiel, was mit Bessie passiert. Als sie aus dem Koma erwacht, wird sie ins Charity Hospital in New Orleans verlegt, drei Fahrstunden von Hecker, dem Ort, an dem die Mädchen bei Luann und Lyle leben, entfernt. Es ist zu weit weg, um ihre Kinder bei sich zu haben, und viel zu nah für den Freiheitsdrang, der sie und Alcide damals nach Kalifornien getrieben hat. Sie steckt einfach fest, kann nur warten, in der Schwebe verharren.

Dort, in dem Bundesstaat, den Bessie unbedingt hinter sich lassen wollte, formen die Ärzte einen Gips, der ihren Körper zusammenhalten soll. Sie umwickeln sie von den Knöcheln bis über die Brust mit nassem Gipsverband, bis sie ganz und gar in starrem Weiß gefangen ist. An ihren Genitalien bleibt eine Öffnung, damit ihre Ausscheidungen abfließen können. Ihre Beine werden in gespreizter Position fixiert, und zwischen ihren Knöcheln wird ein Metallstab befestigt, an dem das Pflegepersonal ziehen kann, um sie zu bewegen. Nur ihre Arme bleiben frei, und als Luann ihr Darlene zu einem Besuch ins Krankenhaus bringt – die momentan noch ein Kind ist, aber eines Tages diejenige sein wird, die aufsteht und sich vorne in den Gerichtssaal stellt, um die Geschichte ihrer Familie zu erzählen –, kann Bessie die Arme nach ihr ausstrecken. »Mama«, sagt Darlene, und Bessie zieht sie zu sich heran und beginnt zu weinen. An diese Umarmung wird Darlene sich immer erinnern: der vertraute Druck der vertrauten Arme, die vertraute Mutterliebe, die beunruhigenden Tränen, die das Gesicht ihrer Mutter benetzen, und anstelle des vertrauten weichen Schoßes der Gips.

Monate vergehen, in denen Bessie im Krankenhaus liegt. Ein Monat, zwei Monate, drei. Sie liegt auf dem Rücken, eingegipst, und starrt an die Decke. Was für körperliche Qualen erleidet sie, so allein an diesem Ort? Was wird sie später noch zu ertragen haben? Sie starrt so lange an diese Decke, dass sie anfangen muss, Muster in den Deckenplatten zu sehen, in ihren Rissen und den Wasserflecken. Manchmal werden die dünnen, rostfarbenen Linien für sie aussehen wie eine Klaue, manchmal wie die Steine von gestreiftem Jaspis, die sie als Kind am Flussufer gesammelt hat. Sie liebte diese Steine, wenn sie nass waren und im Sonnenlicht glitzerten und glänzten. Aber immer wurden sie matt und farblos, wenn sie trockneten.

Hinter dem Vorhang, der um ihr Bett gezogen ist, ist Bessie alleine. Aber jenseits des Vorhangs ist der Raum voll von unsichtbaren Frauen. Krankenzimmer, die für zwanzig Betten ausgelegt sind, beherbergen hier vierzig Patientinnen. Nur ihr Stöhnen erreicht sie, dringt durch den dünnen Vorhangstoff zu ihr hindurch.

Und die Gerüche. Wie die Verwesung sich einschleicht, das Bewusstsein des nahenden Todes einem in die Nase kriecht, sich auf der Haut ausbreitet. Infektionen kommen und gehen. Jahrzehnte später wird ein Arzt sich daran erinnern, wie eines Nachts acht Frauen in einem einzigen Krankenzimmer starben, und er wird dankbar sein, dass diese Zeiten vorbei sind. Jetzt aber ist Bessie mittendrin. Sie kann nichts tun, als in ihrem weißen Kokon dazuliegen und zu warten. Möglichst nichts zu hören. Möglichst nichts zu riechen. In den Monaten, in denen sie hier liegt, bringen Wärter aus dem »Angola« genannten Staatsgefängnis von Louisiana regelmäßig Strafgefangene ins Krankenhaus. Angola, wo ihr Sohn eines Tages einsitzen wird. Es werden Geschäfte mit der Freiheit gemacht: Die Wärter und Techniker und die Ärzte, die die Insassen behandeln, werden dafür bezahlt, nicht hinzuschauen, wenn sie fliehen. Mindestens einmal liegt Bessie in ihrem Bett und hört, wie Gewehrfeuer durch das Krankenhaus schallt, nachdem ein entflohener Häftling entdeckt worden ist. Hinter ihrem Vorhang muss sie alles mitanhören.

Sie kennt den Klang der sich nähernden Schritte, kann beurteilen, ob sie schwer genug sind für einen Pfleger, der den Kopf durch den Vorhang stecken und sie zum Röntgen abholen wird. Manchmal weiß sie nicht, ob die Stimmen, die sie hört, real sind oder ob ihr Kopf sie hervorbringt, damit sie ein bisschen Gesellschaft hat. Manchmal bringen ihr die Pfleger neue Medikamente, die sie, flach auf dem Rücken liegend, schluckt. Medikamente gegen die Infektionen, Medikamente, damit sie schlafen kann, Medikamente gegen die Schmerzen. Hauptsächlich gegen die Schmerzen. Sie helfen nicht. Wenn Alcide sie besucht, bringt er Alkohol mit, und sie halten den Vorhang um sich herum geschlossen, während er den Verschluss abschraubt und einschenkt. In den ersten Monaten, als sie noch befürchten, dass die Schwestern es bemerken, schenkt er so leise wie möglich ein. Später, als ihnen klar wird, dass es niemanden kümmert, schüttet er den Alkohol schnell in die Tasse. Vorsichtig reicht er sie Bessie, und sie kippt sie ein wenig, um schlucken zu können. Der Trank brennt, als er sich im Körper der Frau verteilt, die so unterernährt ist, dass sie die Hälfte ihres Gewichts verloren hat. Aber er hilft.

An Weihnachten erlauben die Ärzte ihr, das Krankenhaus für ein paar Tage zu verlassen. Alcide borgt für die Gelegenheit einen Transporter, und mit der Hilfe der Sanitäter transportiert er sie auf ein Lager aus Decken, das Luann auf der Ladefläche für sie vorbereitet hat, und legt sie dort auf den Rücken. Luann und Lyle überlassen Bessie und Alcide ihr Schlafzimmer und übernachten im Wohnzimmer. Auf dem Bett kann sie auf Augenhöhe mit ihren Töchtern liegen. Abends legt sich Alcide neben sie, und die Kinder kommen ebenfalls und beugen sich über sie, um nacheinander einen Gutenachtkuss auf die Stirn gedrückt zu bekommen. In diesen Momenten sind sie alle zusammen wieder eine Familie – alle, die noch da sind, zumindest. Die Mädchen gehen zu Bett, und Bessie und Alcide liegen nachts beisammen. Den Jahreswechsel 1965 feiert die Familie gemeinsam. Dann kehrt Bessie ins Krankenhaus zurück.

Noch fünf weitere Monate liegt sie auf dem Rücken, eingeschlossen in ihrem Gips, fünf weitere Monate mit Röntgenbildern und Medizin gegen die Infektionen und Schmerzmitteln, die den Schmerz nicht lindern. Und fünf weitere Monate lang Whiskey. Ihr

Körper schrumpft in dem Gipskokon zusammen, bis sie weniger als siebzig Pfund wiegt und nur noch so groß ist wie ein Kind.

Aber während sie kleiner wird, beginnt der Gips zugleich zu spannen. Nicht überall. Nur um ihre Mitte herum.

Bessie ist im fünften Monat schwanger.

Aus dem Verhandlungsprotokoll, 2003

Richter: »Mir ist bewusst, dass ich keine Fragen stellen darf, aber …«

Verteidiger: »Möchten Sie, dass ich die Frage für Sie stelle?«

Richter: »Ich möchte nur wissen, wie es möglich ist, in dem Ding schwanger zu werden.«

Verteidiger: »Herr Richter, ich habe versucht, diskret zu sein und diese Frage nicht zu stellen.«

Richter: »Ich habe nur ausgesprochen, was sowieso alle denken, oder nicht? Wo ist das Problem?«

Verteidiger: »Doktor, ich glaube, wir haben entschieden, das besser der Vorstellung jedes Einzelnen zu überlassen, nicht wahr?«

Im Gerichtssaal wird die Geschichte so erzählt: Ihr Körper ist eingegipst. Sie wird schwanger.

Ricky wächst in ihr heran.

Malen Sie sich Bessies Freude aus, als die Ärzte ihr das mitteilen. Ihr Baby ist tot, und ihr kleiner Junge ist tot, und das Jahr hat unvorstellbare Trauer und Schmerz mit sich gebracht, und dennoch hat mitten in diesem Schmerz auf dem Weihnachtsbett ein neues Leben begonnen. Die Ärzte hatten ihr gesagt, sie könne nie wieder schwanger werden.

Dieses Baby ist ein Wunder.

Stellen Sie sich die Ärzte vor, wie sie an ihrem Bett stehen. Die weißen Kittel, die sie tragen, die Stethoskope, die ihnen um den Hals hängen, das Leben, das sie führen, ihre medizinische Bildung. Ja, ihnen ist klar, dass sie glücklich ist, aber diese Schwangerschaft kann wirklich nicht als Glücksfall betrachtet werden. Sie hat unzählige Medikamente bekommen, viele davon ungeeignet für schwangere Frauen. Der Fötus ist fünf Monate alt. Fünf Monate lang wuchs er gegen den harten Gips an. Sie ist unzählige Male geröntgt worden. Das hätte das Ende ihrer Schwangerschaft bedeuten können, aber der Fötus hat überlebt, und niemand weiß, wie und wodurch er überlebt hat. »Sie dürfen dieses Kind nicht austragen«, sagt ein Arzt. »Es ist nicht sicher, für Sie nicht und nicht für das Kind.«

»Das zeigt doch, dass Sie wieder schwanger werden können«, will ein anderer sie zur Vernunft bringen. »Lassen Sie Ihren Körper jetzt erst einmal heilen. Besser, Sie warten auf eine andere Gelegenheit.«

Vielleicht hält Alcide Bessies Hand, während sie zuhören, und vielleicht halten sie in ihren verschwörerisch zusammengepressten Händen auch das Wissen über den Whiskey verborgen, von dem die Ärzte womöglich nichts ahnen. Noch acht Jahre werden bis zu dem Fall Roe gegen Wade vergehen, der eine Legalisierung der Abtreibung bringt; das Charity Hospital ist ein katholisches Lehrkrankenhaus, und trotzdem bestehen die Ärzte darauf, dass dieses Kind nicht geboren werden kann.

Aber diese Mutter ist nicht bereit, ihr Kind loszulassen.

Also tun die Ärzte, was sie tun müssen. Sägen ein Loch in den Gips, aus dem Bessies Bauch wie ein Mond herausscheint. Und Bessie tut, was eine Mutter tun muss: Sie wartet in ihrem Gips. Und das Baby wächst.

Am 11. September 1965 schneiden sie Bessies Unterleib in einem langen Schnitt auf und holen das Baby aus ihr heraus. Ein Junge. Sieben Pfund, zwei Unzen. Ricky Joseph Langley nennt Bessie ihn, den Jungen, der anstelle des toten Sohnes leben wird. Alcide und Luann kommen zum Krankenhaus, um ihn nach Hause mitzunehmen, wo seine älteren Schwestern aufgeregt die Ankunft ihres neuen Bruders erwarten.

Jahre später wird ein Anwalt vor zwölf Geschworenen stehen und nach einem Leporello aus zusammengehefteten Papieren greifen; es handelt sich um die medizinischen Schwangerschaftswarnhinweise zu all den Medikamenten, die Bessie damals einnahm. Dann wird er das unterste Blatt loslassen, und die Seiten werden sich entfalten, werden fallen, bis sie auf dem Boden auftreffen. Demerol und Codein. Librium. Atropin und Chloralhydrat. Diabex und Fluothan. Imferon, Lincocin, Luminal. Menadion, Nembutal und Vistaril. Danach die ganzen Röntgenaufnahmen.

Jahre später werden diese zwölf Geschworenen den Mann, der einst jenes Kind war, zum Tode verurteilen. Er wird in eine kleine, gekachelte Zelle in einem Gefängnisblock gebracht werden, wo er insgesamt fünf Mal die Wärter zur Tür eines der anderen Männer kommen hören wird. Er wird jedes Mal hören, wie sie den Mann aus seiner Zelle in einen Raum führen, aus dem er niemals zurückkehrt. Der Mann, der jetzt ein Kind ist, wird in seiner Zelle warten und jedes Mal den Schritten des Verurteilten lauschen, die immer leiser werden. Der Mann, der jetzt ein Kind ist, wird darauf warten zu erfahren, wann er an der Reihe ist.

Aber so weit ist es noch nicht. Nicht im Jahr 1965, als eine stolze ältere Schwester die Decke lüpft und einen Blick auf ihren neuen Bruder wirft. »Zwei Arme, zwei Beine, fünf Finger, fünf Zehen«, wird Darlene viele Jahre später sagen, als sie an diesen Moment zurückdenkt.

Das Baby war perfekt. Sie hatte sich vergewissert.

12

New Jersey, 1987

Gegenstände sind es, die meine Liebe zur Juristerei wecken. Das Fensterbrett im Büro meines Vaters ist voll von ihnen: eine verbogene Radschutzkappe aus Metall, die einen Autounfall überlebt hat; das Plastikmodell einer Wirbelsäule, die nicht ganz gerade ist, vielleicht durch die Einwirkung eines Messers verrutscht; ein Paar Patronenhülsen, die ich wie Murmeln in meiner Hand herumrolle – Überbleibsel der Kugeln, die den Mandanten meines Vaters verfehlten. Als mein Vater diesen Fall gewinnt, verschwinden die Hülsen vom Fensterbrett. Ein oder zwei Wochen später überrascht ihn meine Mutter, als sie beide sich im Schlafzimmer fertig machen, um zusammen auszugehen, mit einem kleinen Kästchen, um das ein Geschenkband geschlungen ist. Er zieht das Band auf, öffnet den Deckel, und da ist sie, die Trophäe, die er noch gar nicht vermisst hat: die aufgebrochenen Patronenhülsen, die jetzt vergoldet und zu Manschettenknöpfen verarbeitet wurden. Sie lächelt ihn an, ergreift seine Hand und dreht sanft sein Handgelenk. Vorsichtig schiebt sie den metallenen Stift durch die Manschette seines Hemdes, schlägt sie dann um und befestigt sie mit den vertanen Chancen des Lebens eines anderen.

Fünfzehn Jahre später, wenn ich erwachsen sein und in den Fußstapfen meiner Eltern Jura studieren werde – in einer Zeit, in der ich mir noch sicher bin, dass ich an unser Rechtssystem glaube –, wird man mir meine Aufgaben in dem riesigen Praktikantenraum der Kanzlei in Louisiana zuweisen, während ich darauf warte, dass für mich ein Büro frei wird. Das Zimmer für die Praktikanten befindet sich im Herzen eines Gebäudes, das einem Kaninchenbau gleicht, und ist fensterlos. Es enthält eine Reihe von zusammengestellten Schreibtischen, die mich an die Tische erinnern, die meine Mutter für uns ins Spielzimmer gestellt hatte, als wir Kinder waren. Auf jedem Tisch steht ein beigefarbener Computer, der noch mit Disketten arbeitet. Die Rechner enthalten Datenbanken mit juristischen Gutachten, die wir auf all die Fälle anwenden müssen, die bei uns im Büro landen.

In einer Ecke lehnt eine Schaufensterpuppe an einem Bücherregal; sie muss dazu benutzt worden sein, die Position eines Angeklagten während einer tödlichen Schießerei zu demonstrieren. Jetzt sind bunte Perlen vom Mardi-Gras-Festival um ihren Hals geschlungen. Die Puppe ist schwarz mit einem weißen Arm, und irgendein früherer Praktikant hat ihren Arm in einer bleibend obszönen Geste an ihrem Schritt positioniert. Auf dem Boden zu meiner Linken steht ein großer, offener Karton voll gefalteter Decken. Sie sind nicht etwa für die langen Nächte gedacht, die wir manchmal im Büro verbringen – sie wären ohnehin zu warm für das sumpfige Klima, das hier herrscht. Vielmehr, so wird im Kreis der Praktikanten gemunkelt, wurden sie einmal herangezogen, um zu illustrieren, wie ein Kind erstickt wurde. Während ich Nachmittag um Nachmittag in diesem Raum arbeite und Fälle nachschlage, während Musik der Pixies aus den Lautsprechern meines Computers dröhnt, sind es einmal mehr die Gegenstände, die mich am allermeisten fesseln. Die mir dieses Gefühl aus meiner Kindheit zurückbringen, dass die Gegenstände und die Geschichten sich treffen. Neben dem Karton liegt die Replik eines weißen Gipses, der die Form des Torsos und der Beine einer Frau hat.

Bessie.

Jeden Tag starre ich die Gipsform an und erinnere mich dabei an die Patronenhülsen an den Handgelenken meines Vaters, in denen eine alte Geschichte verwahrt ist. Ist es möglich, dass Bessie – in ihrem Gipskokon liegend, eingesperrt und unbeweglich – mit Alcide schlafen wollte, dass Ricky aus dem verzweifelten Versuch heraus geboren wurde, das wiederzugewinnen, was ihnen der Unfall genommen hatte? Oder war es Alcide – schon immer ein Trinker mit einem Hang zu Wutausbrüchen –, der es wollte, jetzt nach dem Unfall umso mehr? War das, was da geschah, was der Anfang von Ricky war, Liebe? Vergewaltigung? Oder etwas dazwischen, das sich nicht in Worte fassen lässt?

Als ich zwölf Jahre alt bin, beschließt meine Mutter, Juristin zu werden. In Windeseile breitet sich das Rechtswesen überall im Haus aus. In den Bücherregalen finden sich Memoiren tatkräftiger Anwälte, die mein Vater bewundert. Er lässt Kassetten mit ihren Abschlussplädoyers laufen, während er auf dem Teppich am Treppenabsatz Liegestütze macht oder auf den Stufen sitzt und seine Schuhe mit einer Holzbürste poliert. Meine Mutter ist jetzt Anfang vierzig und studiert Jura nicht auf der Abendschule, sondern tagsüber in Vollzeit, zusammen mit Studenten Anfang zwanzig. Abends, wenn das Essen auf dem Herd köchelt, breitet sie ihre Bücher auf dem weißen Resopaltisch aus. Es sind alles zehn Zentimeter dicke, weinrote Hardcover. Sie schlägt eines davon auf und lehnt sich über seine telefonbuchdünnen Seiten, die sie umblättert, nachdem sie sich über den Ringfinger leckt. Manchmal legt sie den Finger auf eine Stelle im Text und sieht sich suchend nach einem gelben Textmarker um. Dann kommt einer unserer Schulbleistifte der Stärke HB dazu. Sie macht sich eine Notiz am Rand, lehnt sich zurück und kaut auf der Mitte des Bleistifts herum. Ich habe dieselbe Angewohnheit. Unser Haus ist voll von Bleistiften, die in der Mitte beinahe durchgesplittert sind. Noch Jahre später erinnere ich mich an den wachsartigen Geschmack der gelben Farbe, den Papiergeschmack von zersplittertem Holz und den scharfen metallischen Geschmack von Graphit. Wenn das Essen fertig ist, ruft sie uns. Wir stellen unsere Teller auf die andere Seite des Tisches und essen, während meine Mutter lernt.

Wie sich herausstellt, hat meine Mutter ein Talent fürs Rechtswesen. Ihre Noten sind gut, und sie nimmt an Übungsverfahren des

Moot Court teil. Bald kümmert sich mein Vater ums Abendessen, wickelt Schweinekoteletts in Schinken und Käse ein, brät sie in Fett aus und kippt Ketchup darüber. Wir sind mit den Regeln meiner Mutter aufgewachsen, bekamen Johannisbrot statt Schokolade und lernten als Kleinkinder, dass mit »Süßigkeit« eine Banane mit ungesüßtem Joghurt gemeint ist – zumindest so lange, bis wir in den Kindergarten kamen und unsere Freunde uns eines Besseren belehrten. Das heiße, würzige Fett in Verbindung mit dem kühl herabgleitenden Ketchup ist ein Schock für unsere Geschmacksnerven. In jenem Jahr macht mein Vater auch unsere Halloweenkostüme und wirft sich mit der Begeisterung eines Novizen in die Arbeit. Mit einem Tacker und gelbem Stoff verwandelt er mich in den feigen Löwen aus dem *Zauberer von Oz*. Und weil in jenem Herbst die Fernsehserie *ALF* über einen zottigen braunen Außerirdischen mit Schweinenase beliebt ist, heftet mein Vater für meinen Bruder braunen Filz zusammen und bastelt aus einer leeren Rolle Toilettenpapier eine Schnauze. Im Jahr darauf sind die Kaufhäuser voll von *ALF*-Kostümen, aber als sich in diesem Jahr die Kinder an Halloween in der Stadthalle aufstellen, läuft der Angestellte der Stadt, der als Juror fungiert, an sämtlichen Kindern vorbei, die als Clowns oder Hexen verkleidet sind, an all den schwarzen Ninjas und den Märchenprinzessinnen in Pink, und heftet meinem Bruder das blaue Siegerband an die Brust. Wenn wir Ferien haben, während an der juristischen Fakultät noch unterrichtet wird, hat mein Vater Pause von uns, und meine Mutter nimmt uns mit zu ihren Vorlesungen – und in die Mensa. Mein Bruder ist noch immer beängstigend dürr; alles, was er freiwillig isst, ist ein Grund zur Freude, und später werden wir uns darüber unterhalten, wie sehr wir die Fakultät lieben, aber was wir eigentlich meinen, ist, dass wir Makkaroni mit Käse lieben.

Aber es sind die Professoren, die bei mir einen bleibenden Eindruck hinterlassen. Ich sitze mit zusammengepressten Knien auf einem hartlehnigen Stuhl an einem Klapptisch, um mich herum unglaublich erwachsen wirkende Jurastudenten, und starre eine Frau mit kurz geschnittenem grauen Haar an, die ein burgunderrotes Jackett und einen passenden Rock trägt. Ich habe noch nie eine Frau im Kostüm gesehen. Sie steht vor einer riesigen, dreiteiligen Tafel, klopft einmal mit der Kreide darauf und beginnt: »Stellen Sie sich vor …« Sie instruiert ihre Studenten, indem sie anfängt, eine Reihe von Umständen zu beschreiben. Ich weiß noch nicht, dass das, was ich aus ihrem Mund höre, eine hypothetische Situation ist, eine von jenen schnell dahingeworfenen Gedankenskizzen, mit denen Juraprofessoren ihren Studenten vermitteln, wie man ein Rechtsprinzip analysiert und auf verschiedene Umstände anwendet. Ich erkenne ihre Worte als das, was sie sind: Geschichten.

Der Studienkredit meiner Mutter ist ein Glück. Meine Eltern haben Geld immer geliebt, hielten immer an dem Glauben fest, dass mehr Geld auftauchen wird, wenn sie es ausgeben. Sie nehmen uns mit in die französische Karibik, wo sie ein Haus auf einer Klippe mieten. Wie sich herausstellt, haben sie sich verrechnet: Allein das Abendessen am ersten Tag kostet so viel, wie sie für die ganze Woche eingeplant haben. Aber wir sind nun schon einmal da, die Reise hat bereits begonnen, und bald bekommt die Woche etwas Magisches.

Tagsüber rennen wir barfuß am Strand herum und versuchen, an den Kokospalmen hochzuklettern, schaffen aber nur ein paar Fuß, ehe wir lachend in den Sand zurückfallen. Wir sammeln die abgefallenen Kokosnüsse unter den Stämmen und schlagen sie gegen Steine, um uns den Weg ins süße Innere der Frucht zu bahnen. Im Haus hat mein Vater Lautsprecher angeschlossen, und nachts lässt er sentimentale französische Liebeslieder über die Terrasse wehen. Er und meine Mutter halten einander an den Händen und küssen sich, während sie der Musik lauschen. Meine Schwestern und ich stehen auf der Veranda, deren Fliesen sich glatt und kühl an unseren bloßen Fußsohlen anfühlen – eine ganze Woche, so kommt es uns vor, müssen wir niemals Schuhe tragen –, und drehen uns abwechselnd im Kreis. Die Röcke aus türkisfarbener Seide, die meine Mutter uns gekauft hat, gleiten kühl unsere Beine hinauf, und unser Gelächter fliegt hinaus über die Wellen des Ozeans. Wir alle sind leicht und glücklich und weit, weit fort von zu Hause.

Am letzten Tag stehen wir auf dem Asphalt des Flughafens und warten auf die Maschine, die uns nach Hause bringen wird – zurück zu diesen Samstagen, an denen meine Großeltern zu uns kommen, zurück zu den Nächten, in denen mein Vater stundenlang am Küchentisch sitzt und trinkt oder der Kies in der Einfahrt fortstiebt, wenn er mit dem Auto in die Dunkelheit rast. Ich erinnere mich an eine neue Schwere in meinem Körper, aber vielleicht ist das nur der Blick zurück durch die Zeit. Die Strahlen der Inselsonne werden von den silbernen Bäuchen der auf der Rollbahn wartenden Flugzeuge zurückgeworfen, so hell, dass mir die Augen wehtun.

Mein Bruder steht vor mir. Er ist noch immer dünn, noch immer nicht ganz den Gefahren nach unserer Geburt entwachsen, und die Kurzhaarfrisur, die meine Mutter ihm vor dem Urlaub schneiden ließ, betont noch die Form seines Schädels, betont die großen, verwundert wirkenden Augen. Während wir warten, macht er seine Hände unter dem Kinn rund wie Pfoten und schiebt den Unterkiefer vor. Mit seinen großen Augen und dem kleinen Kopf sieht er exakt wie ein Backenhörnchen aus. Meine Schwestern und ich lachen. Schon jetzt ist er ein Alleinunterhalter; er, der als Kind so lange krank war, will jetzt nichts anderes, als andere zum Lachen bringen. Als Nächstes erzählt er einen Witz, in dem sieben chinesische Brüder vorkommen. Die Pointe ist, dass einer von ihnen auf dem elektrischen Stuhl verbrutzelt.

»Was ist das?«, frage ich. Ich bin ein stolzes Kind und hasse es, Fragen stellen zu müssen, aber etwas an der Formulierung »elektrischer Stuhl« erfordert eine Erklärung.

»Er hat die Todesstrafe gekriegt«, sagt mein Bruder.

Sowie mir klar geworden ist, was seine Worte bedeuten, bin ich gegen die Todesstrafe. Der Tod ist das, wovor ich Angst habe. Der

Tod ist es, an den wir meine Schwester verloren haben; der Tod ist es, der mir Albträume bereitet. Die Bücher meiner Mutter und die Geschichten meines Vaters haben mich dazu gebracht, unsere Verfassung als ein Dokument der Hoffnung zu verstehen. Und dieses Recht, das ich so liebe, kann auch den Tod verhängen? Das ist für mich der Ausgangspunkt: blankes Entsetzen. Von diesem Augenblick an werde ich die Todesstrafe immer ablehnen.

Um ihr bestandenes Examen zu feiern, lässt mein Vater für meine Mutter ein weißes Zelt in unserem langen Garten aufstellen. Am Abend der Party hüllt Dunkelheit das Zelt ein, und es gibt einen Moment, in dem die Band aufhört zu spielen, die Gäste verstummen und ein Kellner mit einem Kuchen voll brennender Kerzen aus dem Dunkel auftaucht, den er mit großer Geste auf einem Tisch abstellt. Die Augen meiner Mutter glänzen feucht im Kerzenschein, als sie uns Kinder heranwinkt. Zusammen blasen wir die Lichter aus, und plötzlich wird klar, was auf dem Kuchen steht: L & M-L. Mein Vater, groß und schmuck in seinem Frack, drückt ihre Hand. Er und meine Mutter werden gemeinsam die Kanzlei leiten.

Sie finden im Zentrum unserer Stadt, neben der stillgelegten Bahnlinie, jenseits der alten Bahnstation, ein Gebäude zur Miete. Mein Vater übernimmt den dritten Stock für seine Fälle: Strafrecht und ärztliche Kunstfehler. Im zweiten Stock arbeitet meine Mutter als Familienanwältin. Auf der anderen Seite des Bahnhofs ist die große katholische Kirche. Und nur wenige Schritte von ihrem neuen Büro entfernt befinden sich das Kino und ein Zeitungskiosk, der Kaugummi, *Archie*-Comics und Rätselbücher verkauft. Um die Ecke steht das Apartmenthaus, wo die einzige Magnolie im Ort jedes Frühjahr üppige Blüten hervorbringt.

Ich wachse mit dem Gesetzbuch auf wie andere Kinder mit der Bibel. Wenn meine Geschwister und ich uns im Familienkreis zum Essen um den Tisch versammeln, beugen wir nicht die Köpfe, um ein Tischgebet zu sprechen. Stattdessen richten wir uns auf, spitzen die Ohren und versuchen die Worte zu erhaschen, die zwischen meinen Eltern hin- und herfliegen – über die Rosenkriege in den Scheidungsfällen, an denen sie arbeitet, über die misshandelten Frauen, für die sie in diesen ersten Jahren kämpft, in denen sie auch noch wenig lukrative Fälle annimmt. Über die Prozesse wegen ärztlicher Kunstfehler; diese Fälle bringen meinem Vater nichts ein, wenn er verliert, aber sehr viel – ein Drittel dessen, was er erstreitet –, wenn er gewinnt. Ein Glücksspiel, das sich manchmal auszahlt und zudem seine Neugier befriedigt. »Ich mag das Rechtswesen, weil ich über alles ein bisschen was lerne«, verrät er mir. Ich erkenne etwas von mir selbst in seinen Worten wieder – und etwas von meiner Liebe für die Gegenstände auf seinem Fensterbrett.

Als Kind lerne ich das Schreiben auf langen Rechtsblöcken, die ich aus dem Büro meiner Eltern habe mitgehen lassen. Ich liege auf dem knubbeligen Teppich auf dem Bauch und versuche die linierten Seiten des Blocks mit meiner Schrift zu füllen. Ich habe eine Figur erfunden, die ich Cassie nenne; sie lebt auf der Insel, die wir jeden Sommer besuchen, und sieht dort Filme im selben Kino wie wir. Der Unterschied ist, dass Cassie einen Jungen liebt, Bobby, und folglich ganz anders ist als ich.

Ich bin zehn und bin elf und dann zwölf Jahre alt, und obwohl alle meine Freundinnen über Jungs reden, habe ich nie einen Schwarm. Ich denke, dass Liebe dummes Zeug ist, das vom Wesentlichen ablenkt, und wenn meine Freundinnen sich darüber auslassen, fühle ich abwechselnd Mitleid und Verachtung für sie. Ich mag keine Popmusik, weil alle Lieder immer von der Liebe handeln, und die Jugendmagazine vom Comicladen finde ich albern, weil es darin nur um Schwärmereien geht. Es liegt nicht nur daran, dass ich mich mit meinem welligen Haar in einer Stadt voll blondem, glattem Haar als zu groß, zu ungeschickt, zu dunkel empfinde und glaube, dass mich deshalb kein Junge je mögen wird. Es geht viel tiefer als das, auch wenn ich nicht sagen kann, was es ist. Das Gefühl gleicht der Antwort, die ich ein paar Monate nach Weihnachten meiner Mutter gebe, als sie mich fragt, was aus meinem neuen Stofftier geworden ist. »Psst«, sage ich und deute in eine Ecke meines Zimmers. »Es schläft.« Als sie mich ein paar Tage später fragt: »Ist es noch nicht aufgewacht?«, muss meine Antwort wohl von einem Ort in mir stammen, an dem ich mehr über meinen Bruder weiß, als mir selbst klar ist. »Es ist im Koma«, sage ich.

Aber das ist eine Geschichte, die mir meine Mutter später erzählt, bei der ihr Gesicht immer einen etwas verwirrten Ausdruck annimmt und ihr Tonfall immer ein bisschen zu leicht ist. Ich erinnere mich daran, wie ich in jenen Jahren neben meinem Bett stehe; durchs offene Fenster dringen der würzige Geruch von gemähtem Frühlingsgras und das Brummen des Rasenmähers meines Vaters herein, und das Sonnenlicht, das durch das Glas in den Raum fällt, fühlt sich wie etwas weit Entferntes an. Ich klettere auf die Matratze und stehe aufrecht darauf, obwohl das eigentlich verboten ist. Ich drücke meine nackten Füße fest in die weichen Decken, um mein Gleichgewicht zu halten. Ich balle meine kleinen Hände zu Fäusten, die ich in meine Hüften stemme, die Ellenbogen nach außen, und stelle mir vor, ein Kämpfer zu sein, und in dieser Haltung schwöre ich mir selbst Treue. Ich werde mich nie verlieben, mich nie auf diesen ganzen rosaroten Blödsinn einlassen, den alle Mädchen, die ich kenne, so wichtig finden. Ich werde nicht das aufgeben, was mich ausmacht, werde mich nicht abschleifen lassen. Niemals. Ich weiß selbst kaum, was ich mir da gelobe, nur dies eine: ein anderes Leben. Ich trage das Bewusstsein dieses Ziels wie ein Geheimnis in mir; wie einen Kredit, von dem niemand weiß; wie eine Zukunft, die ich mir selbst schuldig bin.

Dieses Schweigen erscheint mir keineswegs seltsam. Überall um mich herum sind unausgesprochene Geheimnisse. Jenseits dessen, was gesagt werden kann, ist da immer noch der Widerhall einer Welt spürbar, die im Verborgenen liegt. Meine Schwestern und ich reden nicht über die Nächte der vergangenen fünf Jahre, die verschwunden sind, als hätte es sie nie gegeben. Wenn mein Vater nachts manchmal klagt und sich auf sein Bett wirft, begreife ich, dass dieser Teil von ihm nichts mit dem Leben zu tun hat, das meine Eltern in ihrem Büro im Zentrum der Stadt führen. Wenn ich nachts hinunter in die Küche komme und er nicht mehr sanft ist, sondern wütend, wütend auf mich oder auf das Leben, wenn er flucht oder mir sagt, dass er sterben will, dann begreife ich, dass all das niemals passiert ist. Auch die Nächte, in denen sein Auto aus der Einfahrt schießt, während meine Mutter im Morgenmantel an der Eingangstür steht und schluchzt, haben nie stattgefunden. Immer wenn ich meine Mutter am nächsten Morgen an ihrem Schminktisch mit den Glühbirnen um den Spiegel sehe, die ihr Gesicht beleuchten, und sie sich die Augenbrauen nachzieht, dann sagt sie zu mir: »Ich bin sicher, das hat dein Vater nicht gesagt«. Oder: »Da muss dich deine Erinnerung trügen.« Ich begreife, dass von mir erwartet wird, genauso ausdruckslos zu sein, wie es mein Gesicht an den Samstagnachmittagen ist, an denen die Türglocke geht und meine Großeltern kommen, die mein Vater vor dem Haus abgesetzt hat, um in Ruhe das Auto in der Einfahrt abstellen zu können. Wenn ich manchmal nachts nicht schlafen kann, weil ich das Licht beobachte, das unter meiner Tür hereindringt, und auf ein Knarren der Treppen horche, ist mir klar, dass ich das am nächsten Morgen nicht erwähnen werde. Im Alter von zwölf Jahren nässe ich noch immer ins Bett, und auch wenn ich nicht in Worte fassen kann, warum, würde ich sagen, dass ich mich so sicher fühle. Dass ich, wenn ich das Bett warm und nass um mich herum spüre, weiß: Nichts und niemand wird mich in der Nacht heimsuchen. Niemand würde das wollen. Am Morgen packe ich die stinkenden Laken zusammen, klappe den Matratzenschoner über die feuchten Stellen, sodass sie mich nicht berühren, drehe die Nase weg und schleppe das Bündel zur Kellertreppe. Dort kann ich es von mir werfen, an den Fuß der Treppe, und das Hausmädchen, das meine Eltern angestellt haben, wird sich darum kümmern. Sie ist diejenige, die morgens die leeren Weinflaschen und Eisverpackungen aufräumt, die mein Vater am Küchentisch hinterlassen hat.

Jeden Morgen, während meine Familie oben noch schläft, sorgen gründliche und diskrete Dienste dafür, dass das Haus reingewaschen wird und von vorne anfängt.

Vielleicht ist das der Grund, weshalb ich die Gegenstände im Büro meines Vaters zu lieben beginne: Egal, welches Geheimnis sie in sich verborgen halten, es kann nicht ausgelöscht werden. Da sind handfeste Beweise, die auf eine Zukunft warten, in der jemand nach ihnen sucht.

13

Louisiana, 1965–1983

Das Zuhause, das die Familie nach dem Unfall für sich aufbaut, hat seine Dämonen, aber es ist beständig. Bessie bleibt nach Rickys Geburt noch monatelang im Krankenhaus. Dann darf sie endlich nach Hause, und sie und Alcide leben mit Lyle und Luann in deren Haus mit den beiden Schlafzimmern. Luann kümmert sich um die vier Kinder, Lyle verdient das Geld, und Alcide ist für das Lkw-Unternehmen auf den Straßen unterwegs. Wenn er nachts zu Hause ist, schlafen Lyle und Luann im Wohnzimmer und überlassen Alcide und Bessie ihr Ehebett. Es ist kein einfaches Arrangement. Sie waren in Kalifornien daran gewöhnt, eigenständig zu leben. Jetzt hat Luann zu allen Fragen der Kindererziehung eine Meinung, und wer kann es ihr verdenken, ist sie doch diejenige, die sie aufzieht. Bessie schafft es gerade so, sich mit ihrer Krücke im Haus zu bewegen, mit den ständigen Schmerzen irgendwie durch den Tag zu kommen, sich mit Luanns Hilfe ihre Medikamente zu spritzen. Es ist leichter, nicht aufzubegehren. Bessie war immer wilder als Luann, aber jetzt beugt sie sich deren pfingstlerischer Lebensweise. Keine Musik. Kein Fernsehen. Kein Alkohol. Luann füllt das Schweigen, indem sie von Gott redet. Sie muss den Alkohol an Bessie riechen, muss ahnen, was Alcide ihr von den Autohöfen mitbringt. Aber Luann gibt sich ebenfalls Mühe. Sie beißt sich auf die Lippen, um die Worte zurückzuhalten, hält die andere Wange hin, so wie die Bibel es ihr gebietet. Die beiden Frauen werden niemals Freundinnen sein, aber schweigend schaffen sie es, miteinander auszukommen.

Für Alcide ist es vielleicht schwieriger. Mit seinen siebenundzwanzig Jahren will er der Versorger sein. Die Kosten für die medizinische Behandlung, die Bessie im Charity Hospital erhält, werden teilweise übernommen, und die Arbeit in der Lkw-Firma ist nicht schlecht bezahlt, aber sein Lohn wird dennoch aufgefressen von dem, was an Arztkosten noch zu begleichen ist. Sie sind Gäste in Lyles Haus, tragen kaum etwas zum Lebensunterhalt bei. Er versucht, sich davon nicht verbittern zu lassen. Er wird ebenfalls schweigsam. Wartet. Legt Geld beiseite, wann immer es geht. Sagt sich, dass er noch jung ist, dass er immer noch genug Zeit für einen Neuanfang hat. Wenn er unterwegs eine Kaffeepause einlegt, bemerkt er zweifellos die Werbeflyer für Grundstücke, die zum Verkauf stehen; in jedem Truck Stop Diner sind sie in einem Gestell neben der Tür zu finden. Sicher nimmt er die Angebote mit zu seinem Tisch und blättert sie durch, wenn die Kellnerin seinen Kaffee auffüllt. »Alles okay bei Ihnen?«, fragt sie. Er nickt abwesend, schaut auf die winzigen, körnigen Fotos von Grundstücken auf dem Land, und sein Geist ist schon ganz woanders, malt sich die Zukunft aus. Vielleicht der Bauplatz mit dreißig Morgen Grund draußen bei Moss Bluff mit seinem langen Krabbengras und dem Bach, der durch den hinteren Teil des Areals fließt? Einen Moment lang stellt er sich Bessie am Bach vor – nicht Bessie, wie sie jetzt ist, auf Krücken gestützt, das Gesicht vom Schmerz gezeichnet, sondern die Bessie von vor zehn Jahren, ein sechzehnjähriges Mädchen, dessen Haare die Farbe von Seegras haben und dessen Zähne so glänzen wie sein weißes Baumwollkleid. Ein Lächeln, das ihn immer daran erinnert hat, wie er als kleiner Junge mit seinen Brüdern gelacht hat. Oder vielleicht studiert er auch diese andere Anzeige: ein kleines, schmales, längliches Haus in New Orleans, mit Zimmern, die alle nebeneinander liegen; vielleicht kann er Bessie dazu überreden, es mal mit dem Stadtleben zu versuchen. Einen Moment lang sieht er im Geist, wie Bessie versucht, von einem Zimmer ins nächste zu gelangen. Noch kann er nicht wissen, dass die Ärzte ihr Bein in ein paar Jahren amputieren werden, aber schon jetzt ist es ständig entzündet, sodass sie kaum laufen kann. Er seufzt und legt den Flyer weg. Stürzt den Kaffee hinunter, stellt den leeren

Becher ab, fischt einen Dollar aus der Tasche und wirft ihn auf den Tisch, bereit zum Gehen. Die Ärzte sagen, dass sie drei Operationen pro Jahr vor sich hat, und die Schmerzen liegen bereits wie ein Nebel über ihr. Schmerz oder Kummer, wer kann das sagen? Es wird lange dauern, bis er seine Frau wiederhat. Wenn er sie überhaupt jemals zurückbekommt. Er setzt die Cap mit dem Logo seiner Firma auf, sammelt die Anzeigen zusammen und lässt sie ein wenig zerknittert in dem Gestell neben der Tür zurück. Soll ein anderer Mann träumen.

Und so ist es eine Erleichterung, muss es eine Erleichterung sein, als er sich wieder in die Fahrerkabine hinaufschwingt, den Motor mit seinem tiefen Brummen startet und den Lkw langsam vom Parkplatz steuert. Hoch oben in seinem Führerhaus klärt sich sein Geist, Meile um Meile auf schwarzem Asphalt. Keine Vergangenheit hinter ihm, keine Zukunft vor ihm, nur die Straße. Seine einzige Pflicht besteht darin, weiterzufahren, und sie ist so klar und deutlich wie die weißen Straßenmarkierungen. Manchmal, vielleicht bei Nacht, wenn es draußen keine Ablenkung mehr gibt, oder vielleicht, wenn die Nachmittagssonne hoch und hell über ihm steht und sich die Hitze hinter der Windschutzscheibe sammelt, bis er schwitzt und fühlt, wie das harte Leder des Lenkrads unter seinen Händen glitschig wird, muss er bestimmt an den Unfall zurückdenken. Die heiße, erstickende Erinnerung an jenen Nachmittag. Seine Hand, die sich zu seiner Stirn hebt, um den Schweiß fortzuwischen. Der Beton, der durch die Windschutzscheibe auf ihn zurast, als wäre es der Brückenpfeiler, der sich dem Zusammenstoß entgegenwirft, nicht er. Nicht das Auto. Nicht seine Familie. Dann Bessies Schrei. Der Schock des Aufpralls traf ihn durch das Lenkrad, schoss ihm durch die Hände in die Knochen. Der verbrannte Geruch. Der letzte Anblick von seinem Oscar.

Aber Alcide ist ein pragmatischer Mann, darauf ist er stolz, und er definiert sich darüber, dass er einfach weitermacht – eine Fähigkeit, die er nach dem Tod seines Bruders bei einem Motorradunfall früh gelernt hat. Eine Fähigkeit, die er jetzt braucht.

Und so geht es ihm an den meisten Tagen einigermaßen gut. Er geht auf Tour; liefert Waren aus; kehrt zurück, wenn er kann, und küsst seine Frau auf die Stirn und sitzt in Lyles Haus an Lyles Tisch und isst das Essen, das Lyles Frau zubereitet hat. Wenn die Trauer kommt und sich anfühlt wie Ärger, schnappt er sich eine von Bessies Whiskeyflaschen und schluckt das Schweigen herunter. Er vergisst nicht, seine Töchter zu küssen, er vergisst nicht, seine gebrochene Frau zu lieben, und er vergisst nicht, die leeren Flaschen vor Luann zu verbergen. Es sind schwierige Jahre, aber in ihnen keimt eine Art Hoffnung. Er wartet auf einen Neubeginn. Wartet darauf, von vorne anzufangen.

Dann wird Ricky vier Jahre alt, und die Gelegenheit ist da. Sie haben ein neues Baby, Jamie. Einen Sohn, dessen Leben nichts mit dem Unfall zu tun hat. Die Ärzte mussten Bessie wieder aufschneiden, um ihn herauszuholen, und es zeigt sich, dass Jamie auf einem Auge blind und zudem schwerhörig ist, aber das Kind ist für sie vollkommen. Zwei Jungen, drei Mädchen und eine Gehaltserhöhung, die endlich ein bisschen mehr Geld bringt. Alcide lässt einen Katalog mit Fertighäusern kommen, und er und Bessie wählen das einzige Modell, das sie sich leisten können. Nichts Besonderes – ein quadratischer Grundriss mit vier Zimmern, keine Extras –, aber es wird ihr Heim sein. Der Herbst ist klar und sonnig, gutes Bauwetter. Alcide ist nicht naiv oder närrisch genug zu glauben, dass sie weit fort ziehen könnten. Er träumt nicht länger von Kalifornien. Jemand muss sich um die Kinder kümmern, wenn Bessie ihre Operationen hat. Aber zumindest können sie nach nebenan ziehen. Er wird auf Luanns und Lyles Grundstück bauen.

Alcide ist immer noch stark – die Muskeln in seinen breiten Schultern werden ihm bleiben, auch wenn er beginnt, um die Körpermitte ein wenig auseinanderzugehen. Er und Lyle arbeiten viele Stunden lang, bis die Sonne untergeht. Sie bauen das Fundament des Hauses und ziehen Mauern hoch. Mit jedem Holzbalken, mit jedem Nagel, den er in das Holz schlägt, legt er den Grundstein seines neuen Lebens.

Wenn ich ihn mir dort vorstelle, wie er neben dem Gerüst seines Hauses kniet, einen Nagel zwischen den Zähnen, und auf ein Brett schlägt, während die heiße Sonne niederbrennt und ihm der Schweiß in Bächen über Stirn und Rücken läuft, sehe ich meinen Vater, der im Garten einen Sägebock für eine der Reparaturen am Haus aufgerichtet hat. Ich höre den Lärm eines Baseballspiels aus den Boxen eines alten Radios, das Geräusch, mit dem der Ball geschlagen wird, und das Gebrüll der Massen als Antwort. Ich stehe am Rand der Wiese, die Grashalme piksen ein wenig und sind doch weich zwischen meinen Zehen, und so wird auch Ricky dagestanden und zugesehen haben, wie Alcide in der Hitze hämmerte. Der älteste Sohn. Mit vier Jahren sieht Ricky normal aus. Ein bisschen große Ohren, ein bisschen dürr. Aber er lacht, wenn Darlene oder Judy ihn kitzeln. Und er ist jetzt ein großer Bruder.

Ricky stapft zu Alcide hinüber, der sicher aufblickt und seinen Sohn im Schein der Nachmittagssonne leuchten sieht. Im Radio hat Waylon Jennings gerade eine letzte einsame Liedzeile gesungen, und die Gitarrenakkorde gehen im Applaus einer Zuhörermenge unter. Ricky ist seinem Vater gegenüber immer noch scheu. Er steht nur da und wartet. In Alcide blitzt eine Erinnerung auf, wie Oscar im Alter von vier Jahren auf ihn zugerannt kommt, um ihn an der Haustür zu begrüßen, und wie er selbst in die Knie geht, um ihn aufzufangen und mit ihm zu ringen.

Jetzt nimmt Alcide den Nagel zwischen seinen Zähnen heraus und hält ihn Ricky hin. »Na, hilfst du mir damit, mein Sohn?«

Ricky nickt. Er beugt sich nach vorne und nimmt den Nagel entgegen, das Gesicht ernsthaft und wachsam.

»Halte ihn genau da hin«, sagt Alcide. Er deutet auf das Brett. »Genau da hin, so ist es richtig.« Das Kind tappt näher.

Alcide führt langsam den Hammer zum Nagel und klopft vorsichtig darauf, um Rickys Finger nicht zu treffen. »Gut, gut. Geh und bring mir den nächsten, ja?« Er wird später noch einmal nacharbeiten und die Nägel tiefer ins Holz schlagen müssen. Aber gerade jetzt steht die Sonne hoch, das Bier ist kalt, die Musik gut, und er ist hier mit seinem Sohn, seinem lebenden, gesunden Sohn. Er wartet, bis Ricky einen weiteren Nagel aus der Kiste gefischt hat. Der Nachmittag könnte ewig dauern. Alcide hätte nichts dagegen. Er hätte nichts dagegen, wenn der Nachmittag mitten hinein in ein neues Leben reichen würde.

Alcide schlägt die letzten Nägel in den Rahmen des Hauses. Er und Lyle tauchen Pinsel in den Lack, der das Holz vor der hohen Luftfeuchtigkeit Louisianas schützen soll. Die Sonne beginnt langsam zu sinken, und Ricky trottet zurück zum Haus, weil Bessie ihn ruft. Wie viel von der Vergangenheit versiegeln sie, während sie die essigsaure Flüssigkeit auf die Balken streichen? Wie viele von Alcides Erinnerungen haben ihren Weg in das Haus gefunden, das er baut, wie viel davon ist durch die Türen hineingekrochen? Man mag über die Trinkerei, darüber, wie der Alkohol in der letzten Zeit den Ärger nicht mehr zurückhalten kann, wie der Kummer aus ihm herausbricht und Alcide aus heiterem Himmel trifft, denken, was man will. Über die Situationen, bei denen er sich gerade noch fangen kann, wenn er mit der Faust auf den Tisch schlägt und plötzlich merkt, wie die Ader an seiner Stirn pocht, die blinde Wut in seinem Bauch sitzt, während Ricky sich klein und zitternd gegen den Türrahmen kauert. Über die Art und Weise, wie Bessie sich manchmal in ihrem Zimmer einschließt und schluchzt, und er sie nicht fragen muss, warum: Oscars Lächeln scheint durch Rickys hindurch, Rickys Stimme ist wie ein Echo. Man mag darüber denken, was man will, aber es ist eine Tatsache, dass dieselbe Zeitung, in der die Artikel über den Unfall, der die ganze Familie hätte auslöschen können, zu lesen waren, dereinst über Bessies und Alcides fünfzigjähriges Ehejubiläum informieren wird. Mag sein, dass das Haus von der Vergangenheit heimgesucht wird. Aber sie überleben.

Der Geist kommt im Traum zu Ricky, und Ricky, der mittlerweile fünf Jahre alt ist, hat keine andere Wahl, als die Hand der Erscheinung zu nehmen und ihr zu folgen. Sie fliegen in den Nachthimmel hinein, die Sterne des Oriongürtels und des Perseus funkeln über ihnen, und die einzige Stadt, die Ricky bisher kennt, liegt schläfrig und dunkel unter ihnen. Aus dieser Höhe wirken die Dächer, eins neben dem anderen, wie die Oberseiten der Grüfte auf den Friedhöfen von Louisiana, und die Entfernung lässt die Häuser der Lebenden so klein und vollkommen aussehen wie die Wohnungen der Toten. Die Erscheinung und Ricky fliegen eine sehr lange Zeit, so kommt es ihm vor. Ricky kann ihr Gesicht nicht sehen, fühlt nur, wie ihre weißen Gewänder sich im Wind aufbauschen, und obwohl er im Traum ängstlich und müde ist, wagt er es nicht, ihre Hand loszulassen, nicht, wenn die Erde so weit unter ihnen liegt. Immer noch fliegen sie, die kalte Luft pfeift um sie herum, und auf dem Boden tief unten sieht er rosa- und lilafarbene Blüten, die irgendwie selbst in der Dunkelheit leuchten. Er weiß, dass es die Blumen sind, an die sich seine Mutter aus Kalifornien erinnert, die in ihren Geschichten aus glücklicheren Tagen vorkommen.

Sie fliegen weiter.

Dann sieht er, weit unten auf dem Boden, einen Mann, der im Schneidersitz am Straßenrand eines Highways sitzt und etwas in seinem Schoß wiegt, vor und zurück, vor und zurück. Sein Vater Alcide ist ein junger Mann, jünger, als Ricky ihn jemals gesehen hat, mit vollem dunklen Haar und einem starken, schlanken Körper. Neben ihm steht ein langer brauner Kombi, dessen Motorhaube vorne völlig eingedrückt ist, so wie Ricky es aus Cartoons kennt; zerbrochenes Glas glitzert wie Sterne überall darum herum.

Sein Vater hält den Kopf eines Jungen im Arm und singt für ihn. Braune Haare wie Rickys, dunkle Augen wie seine, ein blutiger Ring um den abgetrennten Hals. Aus irgendeinem Grund weiß er, dass der Junge fünf Jahre alt ist, genau wie er. Aber der Junge ist nicht tot – der Kopf wendet sich ihm zu, die braunen Augen öffnen sich und blicken direkt in Rickys. Der Junge lächelt. Lächelt Ricky an, als ob er sein Freund sei.

Lange Zeit verwirrt dieser Traum Ricky. Selbst dreißig Jahre später wird er sich daran erinnern und ihn in einem Raum voller Justizvollzugsbeamter erzählen. Mit seinen fünf Jahren denkt er immer wieder darüber nach, und dann, eines Tages, als er von seinem Mittagsschlaf aufwacht, fragt er Bessie, wer der Junge ist. Der Junge mit dem braunen Haar, der aussieht wie er.

Als ich ein Kind war, hatte meine Mutter einen weißen Aktenschrank in dem großen Spielzimmer, das ich mir mit meinen Geschwistern teilte. Der Rest des Raumes gehörte uns, war unzweifelhaft das Reich von uns Kindern: der Boden war ein Labyrinth aus Bauklötzchen, und die alte Knete in den Ritzen zwischen den Dielen verlieh dem Raum ein ganz leicht salziges Aroma. In einer Ecke stand das Klavier, das meine Eltern in der Hoffnung gekauft hatten, dass wenigstens einer von uns vieren sich als so musikalisch erweisen würde, wie sie selbst es nicht waren; es war immer verstimmt, weil wir so hart auf die Tasten schlugen. Hoch oben an einer der Wände hingen zwei laminierte Landkarten: eine von allen Kontinenten, eine von den Vereinigten Staaten. Immer wenn die Familie von einer Reise zurückkehrte, versammelten wir Kinder uns unter diesen Karten, wandten unsere kleinen zufriedenen Gesichter nach oben und sahen zu, wie unser Vater mit einem dicken schwarzen Stift einzeichnete, wo wir gewesen waren, und so unsere Abenteuer in der weiten Welt dokumentierte.

Das Spielzimmer war besetztes Land, gehörte uns allein. Und doch wusste ich, ohne dass es mir jemals gesagt worden wäre, dass das nicht den weißen Aktenschrank einschloss. Der gehörte zu meiner Mutter, zu einem anderen Zuhause und einem anderen Leben, bevor wir geboren waren. Der Schrank war von einem stählernen, glänzenden Weiß, war kalt, wenn man ihn anfasste, und hatte eine einzige, störrische Schublade, die man erst unten stützen und dann ruckartig herausziehen musste. Ich beobachtete meine Mutter immer wieder dabei, wie sie dieses Manöver mit der flachen Hand ausführte. Was sie dort hineinlegte, kam nie wieder heraus. Kopien unserer medizinischen Untersuchungen, Zeugnisse, Kopien unserer Geburtsurkunden und, am häufigsten, die Fotos, für die wir erst Tage zuvor gelächelt hatten – all das wurde hineingestopft und von dem Schrank verschluckt. Mein Vater erzählte uns oft Geschichten aus seiner Kindheit, aber meine Mutter nur selten, und ich verband mit dem Schrank dasselbe Gefühl wie mit ihrer Vergangenheit. Beides blieb sorgfältig vor mir verborgen und übte dadurch den Reiz aus, den alles Verbotene hat, aber gleichzeitig war da ein Schweigen, so unverrückbar wie ein Fels.

Und so ahmte ich an einem der seltenen Nachmittage, an denen ich allein in dem Raum war, die Bewegung meiner Mutter nach, wie sie mit der Handfläche die Schublade anhob und öffnete. Als ich eine Krankenakte entdeckte, die, wie mir schnell klar wurde, sich nicht auf mich oder meine Schwestern bezog, sondern auf ein anderes Mädchen, erzählte ich niemandem davon. Ich hatte nicht nach der Akte gesucht. Ich hatte nicht gewusst, dass sie existierte und man danach suchen konnte. Und doch war sie da: der Beweis für ein Baby, für die Schwester, die jetzt fort war.

Bessie stützt sich mit der Hand am Türrahmen ab und lehnt sich schwer auf ihre Krücke. Die Zimmer sind klein, aber sauber, die Tapeten neu. Sie hat die Betten in Darlenes und Rickys Zimmer frisch bezogen, und die Anstrengung, dabei das Gleichgewicht zu halten, hat sie erschöpft. Das Baby hat sie zum Mittagsschlaf hingelegt. Die Mädchen und Ricky sind aus der Schule zurück; Ricky ist vor dem Fernseher auf der Couch eingeschlafen, und als er aufwacht, läuft er zu ihr und zieht am Saum ihres Hauskleids. Sie registriert seinen entgeisterten Gesichtsausdruck. Er muss wieder diesen Traum gehabt haben. »Mama«, fragt er, »wer ist der Junge?«

Sie will ihm gerade erzählen, dass der Traum nur ein Traum ist, nicht real, und dass der Junge auch nicht wirklich existiert. Weder sie noch Alcide haben mit den Kindern über den Unfall gesprochen. Aber als sie den Mund aufmacht, kommen andere Worte heraus. »Komm mit, Schatz.« Wer weiß, warum die Vergangenheit genau in diesem Moment durchbricht; warum ein Geheimnis plötzlich zu groß wird und nicht mehr gewahrt werden kann? Sie hat mit den Kindern noch nie über Oscar geredet. Der Nachmittag liegt gefährlich lang vor ihr, all diese gähnend leeren Stunden, die angefüllt werden wollen. Vielleicht ist es die Zeit, die die Vergangenheit einlässt. Oder vielleicht hatte sie immer vor, es ihnen zu erzählen. Vielleicht hat sie es so vertraulich geplant, dass sie es sogar vor sich selbst geheim hielt.

Francis, Darlene, Judy und Ricky folgen ihr in ihr Schlafzimmer. Darlene ist neun, und ich stelle sie mir übermäßig verantwortungsbewusst vor, eine kleine Erwachsene, diejenige, die die Erzählung ihrer Familie formen wird. Sie ist etwas kräftig für ihr Alter und kommt damit nach Bessie. Judy ist acht und so störrisch, dass sie lieber im Wohnzimmer schläft, als sich ein Zimmer mit ihrer Schwester zu teilen. In Judy sehe ich den jungenhaften Gang meiner Schwester und mein typisches Stirnrunzeln – aufgrund der Art und Weise, wie sie vierzig Jahre nach diesem Moment ihre Antworten im Zeugenstand kurz und knapp halten wird. Francis ist elf und bleibt zurück, hat einen Fuß schon wieder halb aus der Tür.

Und dann ist da Ricky.

Bessie deutet in den Schrank. »Darlene, warum probierst du nicht, ob du an diesem Griff da ziehen kannst?«

Darlene ist tief beeindruckt. Sie hat den Koffer, auf den ihre Mutter zeigt, schon gesehen, aber nur, weil sie durch die im Schrank hängenden Kleider spitzt, wenn Bessie sich am Morgen anzieht. Er ist immer wie ein Schatten ganz hinten im dunkelsten Eck des Schrankes gewesen. Sie kniet sich vor den Schrank und zieht und zieht, kann den Koffer aber nicht bewegen. Judy hockt sich neben sie, und gemeinsam rucken und rütteln sie den Koffer vorwärts, während Bessie zusieht. Als sie es fast bis zur Schranktür geschafft haben, sagt sie: »Gut, das reicht«, und die Kinder lassen die metallenen Schnallen los und treten wartend zurück.

Bessie lässt sich auf dem Boden nieder, ein umständliches, aber vertrautes Unterfangen. Als Erstes nimmt Darlene ihrer Mutter die Krücke ab und hält sie vor sich wie ein Wachmann ein Gewehr, das Gesicht abgewandt und die Nase gerümpft, um den Geruch des Tuches zu vermeiden, das über den obersten Teil gerollt und mit Gummis befestigt wurde, um Bessies Achselhöhle etwas zu schonen. Francis steht auf ihrer anderen Seite, und sobald Bessie beginnt, ihre Knie zu beugen, positioniert sich Francis so, dass ihre Mutter sich auf ihrer Schulter abstützen kann. Dann eine Wendung, Francis fängt sie mit Judys Hilfe auf, und Bessie wird langsam auf dem Boden abgesetzt. Die Mädchen kauern sich neben sie. Ricky, immer ein wenig scheu, hockt sich ein Stück entfernt auf den Teppich.

Der Kofferverschluss ist angerostet, lässt sich aber von Bessies Hand leicht öffnen. Die Kinder sehen gebannt zu. Sie wissen, dass ihre Mama manchmal an diesen Koffer geht. Sie wissen es, so wie Kinder manchmal wissen, was sich hinter verschlossenen Türen abspielt. Aber sie durften noch nie dabei zusehen.

Im Inneren des Koffers sind Massen von Papieren. Fotos, Dutzende Fotos, schwarz-weiß und sepiafarben und ein paar neue Polaroids. Einige davon stecken in Folientaschen. Wer sind diese seltsamen Gesichter, müssen sich die Kinder fragen, diese Gesichter in Schwarz-Weiß mit den komischen dunklen Kleidern?

Darlene steckt den Daumen in den Mund und lutscht daran, eine alte Angewohnheit. Francis sitzt mit einem angezogenen Knie und einem ausgestreckten Bein da, und jetzt verändert sie ihre Position, um besser sehen zu können. Niemand sagt etwas. Etwas an Bessies Stille, an ihren methodischen Bewegungen, teilt sich den Kindern als Spannung mit. Sie warten, auch wenn sie nicht wissen, worauf.

Bessies Hände wissen, wohin. Sie lässt ihre rechte Hand an der gegenüberliegenden Seite des Koffers entlanggleiten, auf die hintere

Ecke mit dem Scharnier zu, und holt zwei Bilder hervor. Dann setzt sie sich wieder zurück und legt sie offen auf ihren Schoß.

Die Kinder drängen näher heran. Das eine Foto zeigt einen Säugling in einem weißen Taufmützchen auf einer Decke. Das Bild ist schwarz-weiß, aber Lippen und Wangen des Babys sind rosa gefärbt worden. Es sieht aus wie eine Puppe.

»Das ist eure Schwester Vicky.«

Auf dem anderen Foto ist ein kleiner Junge mit braunen Haaren zu sehen, der zahnlückig in die Kamera grinst.

Ricky erkennt ihn sofort: »Das bin ich!«, sagt er entzückt und springt vom Boden auf, um Bessie das Bild aus der Hand zu nehmen.

Sie gibt es ihm nicht. »Nein, mein Schatz«, sagt sie. »Das ist dein Bruder Oscar Lee.«

Bruder. Das Wort muss schwindelerregend um Ricky herumsummen, diesen einsamen Jungen, dessen einziger lebender Bruder ein Baby ist, zu jung, um mit ihm zu spielen, und der Tag für Tag mit Bessie und den Mädchen verbringt. Um diesen Jungen, der immer nach etwas hungern wird. Bruder. »Wo ist er?«, fragt Ricky, aber noch während er die Worte ausspricht, weiß er es bereits. Er erkennt ihn wieder. Das braune Haar, das Lächeln. Es ist der Junge aus seinem Traum.

»Er ist gestorben, Schatz. Er und Vicky sind beide gestorben, bevor du geboren wurdest.«

Sicherlich muss sich bei diesen Worten in den Köpfen von Francis, Darlene und Judy eine Erinnerung regen. Sie waren vier, drei und zwei Jahre alt an jenem Tag im Auto. Das Quietschen der Reifen, als Alcide in die Gegenwart zurückgerissen wurde, das Sonnenlicht, dann der helle, heiße Aufprall. Schmerz. Niemand hat über Oscar gesprochen, seit er gestorben ist, oder über das Baby, aber die Erinnerung muss irgendwo in Darlene vorhanden sein: ihre Hände unter den Achseln des Babys, die es aufrecht hielten, der Brustkorb so klein wie der eines Vogelbabys. Darlenes Knie, die sich gegen die von Francis pressten, während sie Vicky zwischen sich hin- und herschaukelten und zum Lachen brachten. Dann flog das Auto nach vorne. Der Ruck. Sie ließ los.

Drei Jahrzehnte später erzählt Darlene als Erwachsene bei Rickys Verhandlung im Zeugenstand von dem Nachmittag mit dem Koffer und benutzt dafür ganz einfache Worte: »Dann hat Mama uns von dem Unfall erzählt.«

Ricky kehrt wieder und wieder zu dem Koffer zurück, um das Foto des kleinen Jungen zu betrachten. Mit seinen fünf Jahren ist Ricky immer noch klein für sein Alter, dürr und mit hervorstehenden Zähnen. Er stottert und nässt sich ein, wenn er nervös wird. Er hat keine Freunde. Oscar wird sein Freund. Eines Tages stiehlt Ricky das Foto, und von jetzt an gehört es ihm. Wenn er im Wald spielt, lehnt er es an die Wurzeln eines Baumes und unterhält sich lange mit ihm. Er trägt es in seiner Tasche, wenn er zur Schule geht, tätschelt es mit marmeladenverklebten Fingern, wenn er niemand anderen hat, der mit ihm zu Mittag isst. Manchmal hört eine seiner Schwestern ihn in einem Zimmer, in dem außer ihm niemand ist, reden, und als sie ihn fragen, mit wem er da spricht, antwortet er: »Oscar«. Manchmal bittet Darlene ihn, das Fenster neben seinem Bett zu schließen, weil ihr kalt ist, und er sagt, das geht nicht. Kann sie nicht sehen, dass Oscar draußen im Baum sitzt? Er will nicht, dass Oscar einsam ist. Die Familie kommt zu dem Schluss, dass Oscar harmlos ist, ein eingebildeter Freund für den Jungen, der keine Freunde hat.

Dann beginnt das Weinen. Bessie entdeckt Ricky auf dem Teppich vor dem Fernseher, auf dem normalerweise ein gerahmtes Bild mit betenden Händen steht. Er hat es umgeworfen, verdeckt, als wolle er das Bild von sich fernhalten. Ricky wiegt sich auf seinen Knien, seine Hände in die Haare gekrallt. »Mach, dass er aufhört!«, sagt er. »Mach, dass Oscar mich nicht sehen kann!«

Als sie ihm sagt, dass da niemand ist, weint er noch heftiger.

Aussagen von Reportern und Justizvollzugsbeamten, 2003

> Ricky sagte, er sei in einem Traum von einem Geist heimgesucht worden, der ihn zu der Stelle des Autounfalls gebracht habe. Nach diesem Traum habe er angefangen, Fragen zu stellen, und habe von dem Unfall und von seinem Bruder erfahren. Er behauptete, sein Bruder sei sein »Quälgeist/bester Freund« gewesen. Er sagte, der Bruder habe Ricky gepeinigt, weil der seinen Platz in der Familie eingenommen habe.
>
> Der Bruder war bei einem Autounfall gestorben, ehe Ricky geboren wurde. Er sagte, sein Bruder sei ihm ein Dorn im Fleisch gewesen, und er habe ihn loswerden wollen.
>
> Er sagte, er habe Oscar Lee aus seinem Leben entfernen müssen.

Dann, eines Nachmittags, als Ricky in der sechsten Klasse ist, nimmt Bessie einen Telefonanruf von seiner Lehrerin entgegen. »Madam, wer ist Oscar Lee?«, fragt sie. Als Bessie erschüttert fragt, warum sie das wissen will, erzählt ihr die Frau, dass Ricky im Klassenzimmer nach vorne gegangen sei und vor der ganzen Klasse an die Tafel geschrieben habe: »Ich bin Oscar Lee Langley.« Der erwachsene Ricky wird rückblickend sagen, er habe etwa zu dieser Zeit begonnen, jüngere Kinder sexuell zu belästigen. Er fing im Alter von neun oder zehn Jahren damit an, wird er sagen. Es sei einfach gewesen; die Erwachsenen schickten die Kinder ständig weg, damit sie miteinander spielten. Luann nahm Kinder auf, als seien sie streunende Katzen. Es waren immer welche da.

Darlene wird die Sache anders erzählen. Ricky sei so dürr gewesen und habe sich mit seinen großen, dicken Brillengläsern und den abstehenden Ohren nicht wohlgefühlt in seiner Haut. Er habe keine Freunde gehabt. Dass alles in Ordnung gewesen sei – dass Ricky *nicht* abnorm war – war eine Behauptung, die von der ganzen Familie immer wieder bekräftigt wurde, um ihn zu schützen. »Er war einfach nur unser Ricky, wissen Sie«, wird sie im Zeugenstand sagen, als der Verteidiger sie fragt, ob Ricky krank schien, und vielleicht will sie eigentlich sagen: *Na ja, er war nicht normal, aber* … Ja, es ist wahr, dass Bessie trank, und ja, es stimmt, dass an manchen Tagen, wenn die Kinder in der Schule waren, ihre Cousine mit einer Flasche Whiskey in der Tasche auftauchte, weil Bessie nicht gut genug zu Fuß war, um ihn selbst zu holen, und ja, es kam vor, dass sie schon betrunken und Alcide bereits wütend war, als die Kinder nach Hause kamen. Aber wer konnte ihr einen Vorwurf machen? Dieses Bein entzündete sich immer und immer wieder, ehe die Ärzte es endlich amputierten. Sie machten das Beste aus der Situation. Luann und Lyle waren da, und das bedeutete, dass Ricky vier Eltern hatte, nicht nur zwei. Man kümmerte sich um die Kinder, wird Darlene sagen. Sie waren glücklich.

Aber die Worte an der Tafel fordern, derart öffentlich, ihre Aufmerksamkeit. Alcide hält nichts von Therapeuten und denkt, das Einzige, was mit Ricky nicht stimmt, ist, dass er ein bisschen merkwürdig und wahrscheinlich »vom andern Ufer« ist – und definitiv nicht ganz richtig im Kopf. Obwohl Bessie ihm gegenüber normalerweise nachgibt, bleibt sie diesmal standhaft. Stellen Sie sich also Ricky vor, einen kleinen Jungen, der auf einer Couch sitzt, verwirrt darüber, dass sie zwar bei einem Doktor sind, aber keine Untersuchungsliege zu sehen ist und der Arzt keinen weißen Kittel trägt. Der Doktor erklärt Ricky, dass Oscar tot ist. »Und deshalb tut es deiner Mama weh, wenn du über ihn redest, mein Junge. Du wirst jetzt ein guter Sohn sein, ja? Gönn deiner Mama ein bisschen Frieden.«

Vielleicht versteht Ricky ihn. Oder vielleicht kommt bei ihm nur die Botschaft an, dass er, wenn er für normal gehalten werden will, besser nicht mehr über Oscar redet. Wie auch immer, die Worte des Arztes zeigen Wirkung, und Ricky erwähnt Oscar nicht mehr. Die Familie glaubt, damit ist es ausgestanden.

Aber es ist nicht vorbei. Es wird nur nicht mehr ausgesprochen. Mit achtzehn ist Ricky eines Abends mit zwei anderen Jungs zum Trinken unterwegs: drei Freunde in einem geborgten Lieferwagen, die gerade die eine Flasche Pfefferminzschnaps, die sie sich gemeinsam leisten konnten, in der Führerkabine des Lkws hin- und hergehen lassen, um sich zu betrinken. Louisiana ist bei Nacht erfüllt vom Sternenhimmel und dem Gesang der Zikaden; alles Menschengemachte ist zum Schweigen gebracht, sodass sich plötzlich Möglichkeiten vor einem auftun. Das Führerhäuschen ist einer jener engen, umfriedeten Orte, an denen sich Ricky sein Leben lang sicher fühlt. Seine Freunde sind bei ihm. Er hat jetzt Freunde. Als die Flasche zu ihm zurückkommt, als er die klebrige Süße an seinen Lippen fühlt, bekommt er plötzlich Mut. Er weiß noch nicht, dass seine Freunde die gleichen Probleme mit Kindern haben wie er. Er kann nicht in Worte fassen, welches geheime Erkennungszeichen sie zusammengeführt hat, welches geheime Wissen. Er muss den Alkohol für sich arbeiten lassen.

Er sagt: »Ich denke die ganze Zeit Dinge, die ich nicht denken will.« Er sagt: »Ich glaube, ich brauche Hilfe.«

In der Psychiatrischen Klinik reagiert ein Mitarbeiter der Nachtschicht auf die Nachricht von der Rezeption. Stellen wir uns vor, was er sieht. Auf dem Linoleum des Korridors steht ein betrunkener Teenager mit abstehenden Haaren und dicken Brillengläsern; seine Statur ist schmächtig und etwas verwachsen, sein Gesicht aus Selbstschutz zu einer verächtlichen Grimasse verzogen. Ricky muss aussehen, als ob er spottet, als er sagt: »Ich brauche Hilfe.« Hinter ihm kann der Psychologe durch die Glastür einen rostigen Lieferwagen sehen, in dem zwei weitere Jungs sitzen: die Fenster sind heruntergelassen, die Scheinwerfer durchschneiden gnadenlos die Dunkelheit, und laute Musik ist zu hören. Irgendjemand hält das offensichtlich für witzig. Teenagerstreiche. Es ekelt ihn an, was diese Jungs für Spaß halten. Noch bevor Ricky den Satz zu Ende gesprochen hat, wirft der Psychologe ihn raus.

Wenn diese Jungs zu Männern geworden sind, wird einer von ihnen bei Rickys Verhandlung aussagen. Ricky meinte es ernst in jener Nacht, wird er sagen. Ricky suchte Hilfe.

Aber der Staatsanwalt Wayne Frey wird darlegen, dass das Wort des Freundes nicht viel bedeutet – denn er ist selbst ein verurteilter Pädophiler, verurteilt von Frey. »Also, was war das damals?«, wird Frey verächtlich fragen. »Ein kleiner Missbrauchsclub oder was?«

Mit achtzehn, in der Kabine des Trucks, redet Ricky nicht mehr über Oscar. So wie auch niemand über Bessies Alkoholismus spricht oder über Alcides Schweigen. Aber es hat sich etwas in ihn hineingegraben. Etwas liegt auf der Lauer und wartet.

14

New Jersey, 1990–1994

Von einem einsamen Kind entwickle ich mich zu einem einsamen Teenager. In dem Sommer, ehe ich in die siebte Klasse komme, mieten wir wieder ein Haus in Nantucket, und dort werden meine Schwestern und ich von Zecken gebissen und mit Borreliose infiziert – aber wir wissen das noch nicht. Nicola und Elize fangen sich beide eine Bronchitis ein, und die Antibiotika, die sie einnehmen, löschen die Borreliose aus, ehe sie überhaupt entdeckt wird. Ich hingegen bin den ganzen Sommer gesund, liebe es, lange Spaziergänge um die Innenstadt herum zu machen und im Gehen ein Buch vor mir herzutragen und zu lesen. Ich verbringe Stunden zusammengekauert im hintersten Eck der Eisdiele und des Cafés, wobei ich die irischen Jungs beobachte, die dort arbeiten. Ich teste im Geist die Vorstellung, mich in sie zu vergucken. Erst als wir wieder in dem grauen viktorianischen Haus sind und die Schule begonnen hat, zeigt es sich, dass etwas nicht stimmt. Seit ein paar Jahren mache ich Sport, habe mich Nicola im Basketballteam der Stadt angeschlossen, binde mir zum Footballspielen die Haare zusammen. Nicola ist ein Naturtalent, doch ich war nie die Schnellste im Team, diese Art Energie hatte ich nie. Aber wenn ich jetzt versuche zu rennen, geben meine Knie unter mir nach, wie um meinen Körper zu zwingen, das bisschen Energie, das ich habe, aufzusparen. Ich bin erschöpft, und mein Körper schmerzt tief im Inneren. Jede Nacht, wenn ich im gelben Licht der Puppenlampe wach in meinem Bett liege, bin ich alleine, aber ich fühle die Hände meines Großvaters über mich kriechen. Und so scheint es mir nur natürlich, dass mein Körper wehtut. Es gibt keine Möglichkeit, den Erinnerungen zu entkommen, wenn sie doch in mir selbst wohnen.

Der Schlaf, in den ich hineintaumle, ist schwer und unnachgiebig. Wenn meine Mutter kommt, um mich für die Schule zu wecken, wende ich meinen Kopf zur Seite und atme in die gestärkte Baumwolle des Kissens. Ich kämpfe darum, nicht aufzuwachen, die Dunkelheit festzuhalten. Ich fehle einen Tag, dann eine Woche, dann einen Monat in der Schule. Der wiederholte Test auf Pfeiffer'sches Drüsenfieber ist negativ – zu meiner Erleichterung. In der Schule nennen die Kinder es die »Knutschkrankheit«. Ich weiß, dass ich niemanden geküsst habe – mit Ausnahme jener Zeiten, an die ich nicht denken mag –, aber ich bin nicht neugierig, woher mein Schlafbedürfnis kommt. Ich will mich einfach nur ausruhen.

Schließlich machen meine Eltern einen Spezialisten ausfindig und bringen mich in ungewohnter Geschlossenheit gemeinsam zu ihm. Das Gesicht des Doktors über seinem Kittel ist streng, seine Hand, die meine Schienbeine packt und mein Knie streckt und anwinkelt, ist kalt. Er sieht meine Kniescheibe an, klopft dagegen, dann gegen meine Hüfte. Er bedeutet meinen Eltern, ihm aus dem Raum zu folgen.

Als sie zurückkommen, stellt sich meine Mutter neben die Untersuchungsliege und nimmt meine Rechte in ihre Hand. Ihre Hand ist warm; meine Hände sind immer kalt, sodass mir ihre immer warm vorkommen. Ich blicke zu ihr auf, aber sie schaut weg und drückt meine Hand.

Borreliose ist neu zu diesem Zeitpunkt, nahezu unbekannt. Der Arzt hat mich nicht darauf getestet. Wir erkennen nur das, wofür wir einen Namen haben. Jetzt hockt er sich vor die Liege. Seine Augen sind eisblau, zu hell. »Dir fehlt nichts«, sagt er, und seine Stimme ist unnatürlich hoch, als würde er mit einem Kind reden. »Jedenfalls nicht körperlich. Manchmal, wenn eine Person sehr traurig ist …«

In meinen Ohren ist ein Rauschen. Ich hasse ihn. Hasse ihn von diesem Moment an.

Wut und Trauer kämpfen in mir, und ich versuche, nicht zu weinen. Was hat er gesehen, als er mich ansah? »Meine Knie tun weh!«, sage ich. »Das ist keine Einbildung!« Meine Augen sind heiß und brennen, als wir am Auto ankommen. Ich bemühe mich, die Tränen zurückzuhalten. »Ihr glaubt ihm doch nicht, oder?«

Mein Vater lässt den Motor an, entsperrt das Lenkrad. Er überlässt meiner Mutter die Antwort. Eine Minute lang herrscht Schweigen, während mein Vater fährt. Dann dreht sich meine Mutter in ihrem Sitz zu mir um. Noch immer sieht sie mir nicht in die Augen. »Schatz«, sagt sie, »wir können nichts ausschließen.«

Bei dem Versuch, mich jetzt an jenes Jahr zu erinnern, kommen nur einzelne Bilder zu mir, seltsam fern wie die aus einem Traum. Die geschäftigen Geräusche, die meine Geschwister verursachen, wenn sie sich morgens für die Schule fertig machen, die Lippen meiner Mutter auf meiner Stirn, ehe sie das Haus verlässt, die Stunden, die ich schlafend in der warmen Sonne verbringe, die durch das Fenster fällt. Ich, wie ich die pinkfarbene Tagesdecke, die meine Großmutter zu meiner Geburt gehäkelt hat, zum Sofa im Wohnzimmer schleife, wo ich viele Tage in ihrer kratzigen Umarmung verbringe. Der Steingutbecher, den ich mit starkem Zimttee fülle, um mich von innen zu wärmen. Auf diesem grauen Sofa gleite ich zwischen Schlaf und Wachsein hin und her, auf der einen Seite eine Art glückselige Leere, auf der anderen die eiskalte Langeweile, weil ich immer noch in diesem Haus bin und die Zeit nicht schnell genug voranschreitet. Nicht einmal dann, wenn ich sie verschlafe.

Meine Eltern finden einen anderen Spezialisten, und er diagnostiziert die Borreliose und verschreibt intravenöse Antibiotika. Jetzt ist an den Nachmittagen, nachdem die Schule aus ist, fast immer jemand zu Besuch, eine Klassenkameradin, die von der Schule mit einem dicken Ordner voll Arbeitsblätter aus dem Unterricht vorbeigeschickt wurde. Die Eingangstür, die meine Eltern eingebaut haben, besteht aus massiver Eiche und hat in der Mitte ein buntes Glas mit Lilien, und mein erster Blick auf die Mitschülerinnen, die zu Besuch kommen, fällt immer durch die Lilie hindurch, die ihr Gesicht wie auf einem Bild von Picasso in Einzelteile zerbricht. Ich öffne die Tür. Das Mädchen trägt Strumpfhosen und den Rock der Schuluniform, und seine Haare sind zu einem ordentlichen, glänzenden Pferdeschwanz gebunden. Sie lächelt und hält mir den Ordner hin. »Die sind für dich«, sagt sie.

Ich sehe mich selbst wie von außen. Die dunklen Jogginghosen und das übergroße Sweatshirt, in denen ich lebe – in Nantucket waren sie für kühle Sommernächte am Strand gedacht, aber jetzt will ich darin verschwinden. Mein Haar, seit Tagen ungewaschen, steht mir in wirren Strähnen vom Kopf ab. Die Plastikschläuche von meinen Infusionen kriechen aus den Venen meiner Hand und sind in einem Bogen um meinen Arm festgeklebt. Nehme ich in ihren Augen das Unbehagen wahr, den Instinkt, mit dem sogar ein Kind spüren kann, wenn jemand krank ist und aufgehört hat zu kämpfen? Ich fühle es. Ich fühle mich entblößt.

Und dennoch geht es mir irgendwie gut. Die Welt, zu der ich jetzt gehöre, ist die der Bücher, die ich lese. Ich verbringe all meine wache Zeit lesend. In meinem Englischbuch gibt es eine frühe Erzählung von Fitzgerald, und ich lese erst sie und dann seine anderen Geschichten, und dann *Der große Gatsby*, und verfolge dabei die Entwicklung von Fitzgeralds ausgesponnenen Träumen. Ich weiß, dass meine Mutter Zelda liebte, und die Bücher erlauben es mir, meine Mutter als jüngere Frau in einem Studio in New York vor mir zu sehen, mit all den glänzenden Brunch-Veranstaltungen, von denen sie mir erzählt hat. Im Bücherregal meines Vaters finde ich James A. Michener, und in diesen Tausenden von Seiten die größere Welt der Entdeckungen, nach der er hungerte. Ich lerne beide Elternteile durch ihre Lieblingsbücher neu und anders kennen. In Büchern finde ich die Essenz von allem, was unaussprechlich ist. Die Charaktere weinen so, wie ich es gern tun würde, lieben, wie ich es will, sterben, schlagen sich auf die Brust, strotzen vor Leben. Meine Tage sind voll von klebrigen Spinnweben, die der Schlaf um mich webt.

Als es wieder Sommer wird, beschließt mein Vater, dass er es satthat, immer nur nach Nantucket zu reisen. Einmal sind wir zwar alle zusammen nach Frankreich gereist und verbrachten einen idyllischen Monat in einem Steinhäuschen, gelegen an einer Bergstraße in der Nähe eines Häuschens, auf dem noch immer der Mädchenname meiner Mutter, Zanne, über der Tür steht – aber, erklärt mein Vater, wir haben Amerika noch nicht kennengelernt. Er ist wieder verliebt, in den Westen verliebt, Garth Brooks ertönt einmal mehr aus den Lautsprechern zu Hause, und erneut trägt mein Vater Jeanshosen mit Schlag über seinen Cowboystiefeln. Über Monate hinweg breitet er Landkarten auf dem Resopaltisch aus und macht Notizen auf den kleinen gelochten Karten, die er während meiner gesamten Kindheit zusammen mit einem Füllfederhalter in seiner Hemdtasche trägt, für Notizen. Es sind Karteikarten, die ihm niemals ausgehen, die ich ihn niemals kaufen sehe und die ich erst vermisse, als er ein alter Mann ist und plötzlich Hemden in einem anderen Stil trägt und sie nicht mehr da sind.

Auf diesen Kärtchen zeichnet er seine Pläne auf. Wir werden in den Westen fliegen und einen Campingwagen mieten. Wir werden in Arizona meine Cousins und Cousinen einsammeln, zum Grand Canyon fahren, dann hoch durch Utah, dann am Rand von Kalifornien entlang, um die Nationalparks zu besuchen. Er und meine Mutter schließen einen Kompromiss: eine Nacht verbringen wir in einem Hotel, die am Grand Canyon. Ansonsten: der Campingwagen. Nacht für Nacht schmiedet mein Vater Pläne.

Die Reise ist ein Traum, und die Reise ist ein Desaster. Wenn ich jetzt zurückblicke und ihn mir auf dem erhöhten Fahrersitz vorstelle, neben ihm die Frau, die er liebt, und die vier Kinder, die sie zusammen hervorgebracht haben, im hinteren Teil des Wagens, kann ich den Rausch fühlen, der dieser Sommer für ihn gewesen sein muss. Was für ein Triumph, dass diese Welt ihm gehörte. Dass er, der keinen Vater gehabt hatte, dessen Mutter immer hatte kämpfen müssen, uns Amerika schenken konnte. Er will uns die kräftigen Rostfarben des Bryce Canyon zeigen, will uns zeigen, wie die Sonne mittags auf den roten Fels trifft und die überhängenden Klippen Schatten werfen. Er will uns die ungeheure Größe des Grand Canyon und die Pfade der Ureinwohner sehen lassen, die an seinem Fuß in den Stein gegraben sind. Mein Vater, dessen Frau von französischen und italienischen Einwanderern abstammt, dessen eigene Familie polnische und russische Wurzeln hat, er kann all das für sich beanspruchen. Amerika. Seine Begeisterung kennt keine Grenzen.

Aber als Kind liege ich zusammengerollt auf einer dünnen Matratze auf dem metallenen Rahmen des Campingbusses und sehe die Landschaft durch ein milchiges, dreißig Zentimeter großes Fenster. Ich nehme mittlerweile auf ärztliche Anweisung über zwanzig Aspirin am Tag, damit die Schwellungen in meinen Gelenken zurückgehen. Der Schmerz, der von der Klimaanlage verursacht wird, beginnt als ein Brennen in meinen Knien und Fingern und breitet sich zu einer prickelnden, Übelkeit erregenden Qual aus. Mein Vater lässt die Klimaanlage auf Hochtouren laufen, und obwohl ich mich bei ihm und meiner Mutter darüber beklage, hört er mir entweder nicht zu oder glaubt mir nicht. Und was er damit sagt, ergibt auch Sinn: Ihm ist heiß, und mir tut alles weh, aber warum sollten meine Schmerzen schwerer wiegen als sein Unwohlsein wegen der Hitze?

Dies ist die Logik, die ich niemals werde nachvollziehen können. In meiner Familie ist ein Schmerz immer mein Schmerz oder deiner, das eine wird gegen das andere gesetzt und abgewogen, aber nie ist es ein gemeinsamer Kummer der Familie. Ist das, was in einer Familie geschieht, das Problem der Familie oder das des Individuums, das am meisten darunter leidet? Diese Art von aggressivem Individualismus hat ihren Preis. Und doch bin ich diejenige, die Cowboystiefel und eine große Gürtelschnalle tragen wird, wenn ich größer bin, obwohl ich in Massachusetts lebe. Ich werde dieser Liebe, die er mir zeigen wollte, nachjagen.

Die achte Klasse beginnt. Nicht in die Schule zu gehen fühlt sich für mich mittlerweile normaler an, als hinzugehen. Ich verbringe meine Tage, indem ich langsam die Runde mache, über die Treppe, den Raum, wo wir als Kinder gespielt haben, mein Schlafzimmer. Jede Woche fährt mein Vater nach Queens und bringt meine Großeltern mit zurück über die Brücke in unser Haus. Jeden Samstag spielt meine Schwester Nicola mit meinem Großvater Mühle auf der Veranda, genauso wie ich früher. Ich kann das nicht mehr. Ich kann ihnen nicht einmal beim Spiel zusehen. Mir ist viel zu bewusst, dass ich zusehen musste, wie er sie in unserem Schlafzimmer angefasst hat. Mir ist viel zu bewusst, dass er mich berührt hat. Dieses Wissen kriecht über meine Haut. Ich kann nicht einmal das Bad benutzen, ohne an seine Hände zu denken, daran, wie er sich selbst umfasst, die Bewegung, die ich nicht verstand. Aber ich weiß, dass ich das nicht sagen darf, ebenso wenig, wie ich meinen Freunden in der Schule erzählen darf, was passiert ist. Meine Mutter hat gesagt, das würde die politische Karriere meines Vaters zerstören. Mein Vater hat gesagt, es würde meiner Mutter wehtun. Beide verbieten mir, meiner Großmutter davon zu erzählen, weil es ihr und meinem Bruder wehtun würde. Er steht meinem Großvater sehr nahe, und als einziger Junge in einem Haus voller Mädchen braucht er ihn.

Und so scheint es, als müsste ich den Schmerz allein tragen. An Halloween, wenn Geister und Hexen in den Dekorationen der Stadt auftauchen, werde ich immer nervös und bekomme Schlafstörungen, als ob mein Unterbewusstsein glauben würde, was mein Großvater uns zu erzählen pflegte: dass er eine Hexe ist und mich eines Tages holen kommen wird.

Ich fange an mich zu verstecken. Ich färbe meine Haare feuerrot, manchmal lila, einmal grün, lege mir einen Stil mit langen, übergroßen Röcken in knalligen, sich beißenden Farben zu und trage rostrote Doc Martens, als ich in die High School komme, die so groß sind, dass die anderen Kinder sie als »Clownsschuhe« bezeichnen. Das ist jetzt meine Methode zu verschwinden: Ich präsentiere den Leuten etwas zum Anstarren, nämlich die Kleider, die ich trage, damit sie mich nicht ansehen. Ich schwänze die Schule, verpasse so viele Tage, dass die Schule mir keine Noten geben will. Meinen Freunden ist aufgefallen, dass ich mich ungern berühren lasse. Wenn jemand mich mit einer Umarmung überrascht, reagiert mein Körper automatisch, und sie bekommen meinen Ellbogen in den Magen – oder ich bin plötzlich ganz leer, mein Körper starr und reglos. Am Geburtstag meiner Großmutter besucht die ganze Familie ein Restaurant in New York, und dort, mit meiner Großmutter zu meiner Linken und dem heißen Atem meines Großvaters zur Rechten, wird das, was in mir ist und nicht hinausdarf, auf einmal unerträglich. Ich gehe auf die Toilette, und dort bringe ich mich dazu, mich zu übergeben. Mich leer zu fühlen ist eine unendliche Erleichterung, und von diesem Tag an habe ich ein neues Geheimnis. Meine Eltern müssen die leeren Essensverpackungen in der Küche bemerken, die Sauerei, die ich manchmal im Badezimmer hinterlasse. Sie müssen bemerken, dass ihre Tochter schweigsam und abweisend geworden ist. Aber wir sprechen nicht darüber. Ebenso wenig wie wir über die Narbe sprechen, die mein Bruder auf dem Bauch hat, oder über die Schwester, die nicht mehr da ist, oder darüber, dass das Telefon manchmal abgestellt ist. Und wenn es eingeschaltet ist, rufen Tag und Nacht Gläubiger bei uns an, kratzen an dem Leben, das meine Eltern sich aufgebaut haben, als ob die Vergangenheit, vor der sie beide geflohen sind, sie einzuholen droht, jetzt, wo der Jähzorn meines Vaters so schlimm geworden ist, dass sogar die Kanzlei in Schwierigkeiten gerät. Wenn wir nur die glücklichen Dinge anerkennen, wird es vielleicht nur sie wirklich geben.

Eines Abends berufen meine Eltern eine Familienbesprechung am Küchentisch ein. Im Raum hängt immer noch die Tapete, die meine Mutter ausgesucht hat, als wir Kinder waren, und deren bunte Farbstreifen aussehen wie Kreidestriche. Die Wanduhr besteht aus hölzernen Kreidegriffeln. An Zugschnüren über dem Tisch hängen drei Kegellampen in freundlichen hellen Farben: eine ist rot, eine blau, die dritte gelb. Jeder Lampenschirm wirft einen genau umrissenen Lichtkegel, wie in einer Verhörszene.

»Oma und Opa ziehen nach Tenafly«, verkündet meine Mutter. »Auf diese Weise werden wir sie viel öfter sehen können.« Beim Aufschreiben dieser Erinnerung merke ich, dass ich ihren Gesichtsausdruck erforschen will, frustriert über die Schatten – aber sie sitzt außerhalb des Lichtkegels, und die Erinnerung ist versiegelt. Meine Großeltern ziehen in die Innenstadt von Tenafly, in das Apartmenthaus mit dem Magnolienbaum davor, das an der Hauptstraße liegt, die in die Stadt und aus ihr heraus führt. Wenige Wochen nach dem Umzug rutscht meine Großmutter im Bad aus. Während ihres Aufenthalts im Krankenhaus erleidet sie einen Schlaganfall. Drei Tage später stirbt sie. Er bleibt zurück, alleine in dieser Wohnung.

»Warum besuchst du Großvater nie?«, fragt mich mein Bruder Andy. Wir sind sechzehn und stehen im Korridor vor unseren Schlafzimmern. Meine jüngere Schwester Nicola und ich sind aus dem Zimmer im hinteren Teil des Hauses, das wir uns früher geteilt haben, ausgezogen. Jetzt schläft sie in dem Durchgangsraum, in dem meine jüngste Schwester Elize vorher war, und ich habe den Raum oben am Treppenabsatz übernommen, der einst das Schlafzimmer meiner Eltern war. Ich habe mein Bett abgeschafft – eine Matratze auf dem Boden kommt meinem Traum von einem Loft in New York City näher – und auch die Stereoanlage auf den Boden gestellt. Es gibt zwei große, grüne Papasansessel, in denen ich mich zusammenrollen und lesen kann, und Weihrauch, den ich in großen Paketen kaufe, obwohl ich von dem Geruch Kopfschmerzen bekomme. An einer Wand habe ich aus Bildern, die ich aus Zeitschriften ausgeschnitten habe, eine Collage gestaltet: die gespreizten Beine eines Pin-up-Girls, Texte, geschrieben in fetter schwarzer Schrift, Rosen. Mit einer Sprühdose male ich ganze Gedichte auf die anderen Wände. Marianne Moore: *Deine Dornen sind dein bester Teil.* E. E. Cummings: *Bemitleide dies geschäftige Monster, die Unmenschheit, nicht.*

Richard Eberharts *Grübelei* schreibe ich an die Decke über meinem Bett, sodass die Worte das Letzte sind, was ich am Abend sehe, und das Erste, worauf mein Blick am Morgen fällt: *Der Tod hat dies getan und wird mir dies tun und wird seinen Atem wehen lassen, meinen Ton zu brennen.* Ich mag Rosen und Bilder von Gewehren und Gitarren. Ich mag die Steve Miller Band und Kassetten von Johnny Cougar aus der Zeit, bevor er zu John Mellencamp wurde, doch Fernsehen und Kino interessieren mich nicht besonders. Ich freunde mich mit Leuten an, die zur *Rocky Horror Show* gehen, und einmal wage ich mich auf die Bühne und stehle einem Typen ein Kirschbonbon aus dem Mund, weil ich das Gefühl habe, das sei die Art von Verhalten, die man von Teenagern wie mir mit meinen Netzstrumpfhosen und Doc Martens erwartet. In mir drin bin ich so schüchtern, dass es mir schwerfällt zu sprechen, so scheu, dass es sich anfühlt, als ob mir jemand den Mund mit kleinen Angelhaken zugenäht hätte, zwei saubere Reihen kleiner Stiche, und meinen Mund zu bewegen ist ein langsames und mühsames Unterfangen. Das Zimmer meines Bruders auf der anderen Seite des Flurs hängt voll mit Filmplakaten, schon seit er acht Jahre alt ist. Jeden Monat kommen neue hinzu, ohne dass er die alten jemals abnehmen würde, wodurch sich die Wände an manchen Stellen von all den Postern der letzten sechs, sieben, acht Jahre ausbeulen. Er wird das so machen, bis er ins College geht, und dann wird der Raum wahrhaftig etwas kleiner wirken, wird auf jeder Seite ein paar Zentimeter verloren haben durch die schiere Masse all seiner Poster.

Jetzt stehen wir uns im Korridor gegenüber, er vor seiner Zimmertür, ich vor meiner. Er gibt immer noch gern den Alleinunterhalter und ist so mager wie eh und je. Seine Locken quellen unter seiner Baseballcap hervor. Die Jeansjacke, die er trägt, ist fast überall mit Souvenirabzeichen bedeckt – von Ausflügen nach Disneyland, mit Walen aus Nantucket und einem Abzeichen aus der Zeit, die der Onkel meines Vaters in der Armee verbracht hat. Der Mann war nach seiner Heimkehr ein berühmter Boxer geworden. Als mein

Bruder einmal einen Baseballspieler trifft, den er verehrt, erkennt dieser den Namen auf dem Abzeichen und grinst, und er und mein Bruder beginnen ein Gespräch über die großen Tage jenes Boxers. Wer weiß schon, wie die Mitglieder einer Familie ihre Rollen finden, ob ihnen ihr Platz zugedacht ist oder ob sie ihn wählen, ob es damit zu tun hat, dass selbst Geschwister, ja sogar Zwillinge, in unterschiedlichen Familien aufwachsen, unterschiedliche Vergangenheiten haben? Während ich mich winde und zapple, um meiner Vergangenheit zu entkommen, pflastert sich mein Bruder damit zu. Er wird als Chronist der Familie aufwachsen, derjenige sein, der sich an alle Geburtstage und Jahrestage erinnert, der jedes Jahr die Liste mit Weihnachtskarten erstellt, die geschrieben werden müssen, der Stunden damit verbringt, Familienfotos, die ich nicht einmal ansehen kann, zu Fotobüchern zu verarbeiten.

»Warum besuchst du ihn nie?«, fragt er noch einmal. Er macht sich gerade auf den Weg dorthin. Ich forsche in seinem Gesicht, rechne damit, einen Vorwurf zu sehen oder Neugier. Aber in seinen braunen Augen – einem Braun, das er von meiner Mutter und meinem Großvater geerbt hat, diesem Braun, das sie in der Familie verbindet – ist nichts davon zu sehen. Es ist einfach Teil seiner Rolle, mir diese Frage zu stellen, mir, die ich mich absondere in dieser Familie, die verwirrt und unberechenbar und voller Wut ist und schon jetzt einfach nur wegwill. Sind wir schon jetzt diejenigen, die wir immer sein werden?

Einen Moment lang gibt es vielleicht eine andere Möglichkeit. Eine Chance. Eine Welt, in der ich ihm zu diesem Zeitpunkt alles erzähle, in der es anschließend einen schrecklichen Krach gibt, nach dem wir dann aber alle darüber reden. Meine Eltern würden verstehen, welche Bürde ich trage. Mein Bruder würde begreifen, woher unsere Entfremdung kommt und warum ich so wütend auf die Familie zu sein scheine, die ihm so am Herzen liegt.

Für einen langen Augenblick sehe ich ihm ins Gesicht. Dann wende ich mich ab und schließe meine Schlafzimmertür hinter mir.

15

Louisiana, 1984–1985

In den Beobachtungen, die die Mitarbeiterin der Psychiatrischen Klinik bei seiner Aufnahme notiert – ein Dokument, das später in die Gerichtsakten aufgenommen wird –, beschreibt sie den neunzehnjährigen, braunhaarigen Mann vor sich als depressiv, unterwürfig und »übermäßig fügsam«. Ricky Langley will es allen recht machen, schreibt die Sozialarbeiterin, aber sie scheint zu spüren, dass Ricky nicht recht weiß, wie das geht. Hinter seinen dicken Brillengläsern sind Rickys Augen zu unbewegt, in einer Weise starr, die auf eine tief sitzende Abkoppelung vom Leben schließen lässt, auf eine fundamentale Hoffnungslosigkeit. Er ist nie aufgeregt und nie wütend, er ist einfach nur. Die Sozialarbeiterin händigt ihm ein kopiertes Blatt aus, auf dem Probleme stehen, die Ricky möglicherweise hat, und bittet ihn, die einzukringeln, die er gerade im Moment erlebt. Er umkreist *Nervosität, Depression, Schuldgefühle, Unglücklichsein, Wertlosigkeit, Rastlosigkeit, meine Gedanken.* Er umkreist nicht die Begriffe *Bildung, Wut, Freunde, Selbstkontrolle, Ängste, Kinder.* Er beginnt einen Kreis um *Stress,* vollendet ihn aber nicht und streicht den Bogen wieder aus. Der Stift hinterlässt eine Kurve auf dem Papier. Er beginnt, *sexuelle Probleme* zu umkreisen, hält inne, streicht den Bogen aus – doch dann weist ihn sein Verstand zurecht, der Teil von ihm, der es besser weiß, und gesteht es durch einen Kreis ein. Die Seite gibt Zeugnis von seinem inneren Kampf. Den Kreis um die Worte *will jemandem wehtun* zieht er so eng, dass die Linie beinahe alle Buchstaben berührt, so eng, als wolle er im gleichen Atemzug, in dem er die Regung zugibt, das Geständnis ersticken.

Ein Jahr ist seit jener trunkenen, sternklaren Nacht vergangen, in der er Hilfe finden wollte. Jetzt ist er hier, weil er muss. Nein, kreuzt er auf dem Aufnahmebogen an, er ist kein Kriegsveteran. Nein, er hat kein Einkommen. Er erhält keine Sozialleistungen. Wie lange ist es her, seit er Arbeit hatte? Zwei Jahre. Manchmal, verrät er der Sozialarbeiterin, stiehlt er sich hinunter zum Ufer des Calcasieu River, um dort zu schlafen. Die Zweige der Bäume beschirmen ihn; das Wasser rauscht, und sein Geist wird ruhig. Wenn er aufwacht, jagt er und fängt Fische, um seinen Hunger zu stillen, und geht dem nach, was er sein Hobby nennt: »archäologische Ausgrabungen«. Dann durchsucht er den Schlick am Ufer nach einer Pfeilspitze oder einer Glasscherbe, nach irgendeinem noch so kleinen Überrest von früher. Die Vergangenheit zieht ihn an. Sie kann sich wirklicher anfühlen als die flüchtige Gegenwart, so wie Oscar früher. Sein Kopf tut, wie er der Sozialarbeiterin mitteilt, »immerzu weh«. Nur der Fluss beruhigt ihn, oder wenn er sich auf dem Friedhof schlafen legt. Die Toten sind genauso friedlich wie der Fluss.

Auch Alkohol macht es besser. Ja, kreuzt er an, er trinkt oft oder berauscht sich, um mit Stress fertigzuwerden. Aber nein, nicht bevor er ausgeht oder in Gesellschaft. Die Frage nach Partys kann er auslassen. Nein, er hat nicht wegen Drogen oder Alkohol in der Schule oder der Arbeit gefehlt, weil er gar nicht zur Schule oder zur Arbeit geht. Sein Trinken verursacht keine Konflikte mit Freunden, weil er keine hat. Wie oft muss er es noch sagen? Er ist lieber alleine. *Wie ist es mit Geschwistern?*, heißt es im Fragebogen. »Ganz ehrlich, ich bin mit niemandem so eng.«

Ich trinke/berausche mich oft alleine. Das wiederum kreuzt er an.

»Wer hat Sie aufgezogen, Ricky?«, fragt die Sozialarbeiterin. Ricky hat gerade im Aufnahmebogen angegeben, dass er allein lebt. Die Sozialarbeiterin bessert es aus: Er lebt mit Bessie und Alcide und Jamie zusammen, sie sind zu viert in einem beengten Campingwagen. Die Behandlungskosten brachten Bessie und Alcide sowohl um das Land, auf dem sie gebaut hatten, als auch um das Haus darauf.

Ich stelle mir die Sozialarbeiterin als eine junge Frau vor, die eben erst von der Schule in Baton Rouge gekommen ist; ihre Haare sind zu einem Pferdeschwanz gebunden, und auf dem Schreibtisch steht ein Bild von ihrem Freund in einem silbernen Plastikrahmen. Sie will nach draußen, eine rauchen; die bräuchte sie jetzt dringend. Sie will, dass ihr Freund sie am Freitag zum Essen ausführt, und sie will überall lieber arbeiten als hier.

Er antwortet nicht.

Sie seufzt: »Ricky, wer hat Sie aufgezogen?«

»Luann und Lyle.«

Wie er Bessie und Alcide einfach auslöscht. Man kann den Ärger des jungen Mannes gut zwischen den Zeilen lesen. Von Mal zu Mal werden seine Antworten auf die Fragen kürzer. Man kann sich leicht vorstellen, dass seine Hand in seinem Schoß zur Faust geballt ist, sein Kopf tief gesenkt, als könnte sie ihn nicht sehen, wenn sie seine Augen nicht sieht. Er muss nicht antworten. Er hat versucht, sich an einem siebenjährigen Jungen im Allen Parish zu vergreifen. »Versuchter Missbrauch« lautet die Anschuldigung. Als der Junge sich wehrte, drohte Ricky, er werde ihn erschießen. Der Vater des Jungen erstattete Anzeige gegen Ricky. Deshalb ist er jetzt hier.

Ein weiterer Beweis dafür, dass alle denken, mit ihm würde etwas nicht stimmen. Er weiß nicht, was schlimmer ist, die Scham oder die Wut. Manchmal kann er beides nicht einmal unterscheiden, er weiß nur, wie es sich anfühlt, wenn seine Ohren rot anlaufen und sein Herz schmerzhaft in seiner Brust klopft, wenn es in ihm rauscht. Er kann nicht hören, nicht sehen, nicht denken. Dieses Gefühl – die Tatsache, dass er dieses Gefühl nicht fühlen will – ist der Grund, warum er keinen Schulabschluss hat. Als er in der neunten Klasse war, gab es ein Missverständnis bezüglich eines Autos, das der Schule gehörte. Man hatte ihm gesagt, er könne das Auto benutzen, um einen Auftrag für die Schule zu erledigen – Ricky schwört, dass es so war, doch man muss seinem Wort nicht einmal glauben, weil der Lehrer für Autoreparaturen es bestätigte. Aber irgendjemand vergaß, das den Verantwortlichen in der Schule mitzuteilen, die das Auto als gestohlen meldeten. Ricky wurde verhaftet. Schwerer Autodiebstahl. Die ganze Sache wurde aufgeklärt, bevor Anklage erhoben werden konnte – es war ein Irrtum gewesen, darin waren sich alle einig –, aber es brannte so unerträglich in Ricky, dass er niemals zurückkehrte.

Denn ihm wurde klar: Sie trauten ihm tatsächlich zu, ein Auto zu stehlen. Seinen Schwestern hätte man mit Sicherheit geglaubt, wenn eine von ihnen das Auto genommen hätte.

Er ging einfach nicht mehr hin. Wenn die anderen in der Schule waren, fischte er unten am Fluss. Er hatte nie viele Freunde gehabt, aber der Schulabbruch kappte auch noch die letzten Verbindungen. Als ob der Weg sie von da an in zwei unterschiedliche Richtungen führte. Alle anderen in die eine Richtung. Ihn in die andere.

Die Sozialarbeiterin trommelt mit den Fingern auf den Schreibtisch. »Sie haben also keinen Schulabschluss, Ricky. Das geht vielen Leuten so. Aber haben Sie einen Job?«

»Ich hab aufgehört mit Arbeiten.«

Auf diesen Formularen der Psychiatrischen Klinik von Lake Charles bestreitet Ricky Mitte der Achtziger, dass er jemals körperlich misshandelt wurde. Er bestreitet, je sexuell missbraucht worden zu sein. Aber zehn Jahre später wird ein Sozialarbeiter einen Bericht zusammenstellen, der vor Gericht eine große Rolle spielen wird. In dem Bericht heißt es, seine Schwester Judy habe gesagt, dass sowohl Lyle als auch Alcide Ricky geschlagen hätten. Ricky wandte sich von Alcide ab, aber offensichtlich konnte oder wollte er der Familie nicht ganz den Rücken kehren und kam immer wieder zu Lyle zurück. Einmal, sagte Judy, habe Lyle Ricky so heftig zusammengeschlagen, als der an seiner Tür aufgetaucht sei, dass sie ihn mit einem Gewehr bedrohen musste, damit er aufhörte. Judy erzählte das dem Sozialarbeiter, der schrieb es für die Verteidigung auf, die gab es an den Experten weiter, der beschrieb es während der Verhandlung, und ein Journalist im Gerichtssaal notierte es sich – ich spiele hier eine Runde Stille Post mit der Vergangenheit.

Ricky hat im Juli fünf Gesprächstermine und geht zu jedem hin. Er sagt, er habe nach seiner Verhaftung im letzten Monat vierzig Aspirin, die er sich in der Apotheke besorgt hatte, auf einmal genommen und darauf gewartet zu sterben. Sich umzubringen schien der einzige Weg, die schlechten Gefühle loszuwerden. Aber die Tabletten verursachten ihm nur Übelkeit und ein Klingen in den Ohren. Und so ist er jetzt hier. Wütend, aber bemüht. Manchmal ritzt er sich lange Schnitte in die Arme und sieht sich dabei zu, wie er blutet. Er trinkt Haushaltsreiniger und läuft mitten in den Verkehr, wie um die Autos dazu aufzufordern, ihn zu überfahren. Jetzt erklärt er der Sozialarbeiterin, dass er eingewiesen werden will, damit er niemanden mehr belästigen kann. »Ich hab das Gefühl, je mehr ich versuche, es nicht zu tun, umso mehr muss ich es tun.«

Aber sie nehmen ihn nicht stationär auf. Er ist sauber und in gutem Zustand, bestätigt die Sozialarbeiterin. Er benimmt sich angemessen. So krank ist er nicht. Statt ihn einzuweisen, gibt man ihm einen Platz bei einer ambulanten Therapie.

Und deshalb läuft Ricky davon. Er wird nicht noch länger auf einem Stuhl herumsitzen und darüber reden; sie hören ihm ohnehin nicht zu. Er wird jemandem wehtun. Er muss eingesperrt werden, aber sie wollen ihn einfach nicht ernst nehmen. Unglücklich in seinem Körper, unfähig, still zu sitzen, versagt er darin, einen Job zu behalten, versagt er darin, sich umzubringen, versagt er darin, Hilfe zu bekommen – ihm bleibt nur die Flucht. Er reist per Anhalter durch die Sumpflandschaften von Louisiana, durch die Pinienwälder von Texas und hinein in die trockene Wüste von Arizona, wo die Landschaft aus roten Steinen heißer glüht als alle Steine, die er je gesehen hat. Sie brennen fast wie die Sonne. Er bekommt einen schweren Sonnenbrand, aber es ist ihm egal. Die Farbenglut ist wunderbar und die trockene Luft leicht in seinen Lungen. Er bewegt sich weiter Richtung Westen. Es ist, als müsste er den Weg zurück zum Anfang finden.

Wenn er Kalifornien erreicht, wird er dort bleiben. Kalifornien ist da, wo die glücklichen Fotos herkommen, die seine Mutter in dem schweren Koffer verborgen hielt, als er ein Junge war. Aus einer Zeit vor alldem, was Bessie zum Trinken treibt, was Alcide so wütend macht. Er wird in Kalifornien bei seinem Onkel leben. Er wird sich ein besseres Leben aufbauen.

Die Aufzeichnungen der Sozialarbeiterin gehören zu den ersten überhaupt, die ich über Ricky gelesen habe. Nach dieser Lektüre kehrte ich über Weihnachten ins Haus meiner Eltern zurück. Auf dem Weg dorthin dachte ich an ihn, an sein Verlangen fortzukommen und an seine Hoffnungen.

Normalerweise sehe ich meine Eltern auf neutralem Terrain in Hotels und Restaurants. Aber über die Feiertage kehre ich gerne zu dem grauen Haus zurück. Mein Vater und Andy hängen an der Schnitzerei am First Lichter auf. Seit meine Familie in dem Haus wohnt, haben sie jedes Jahr mindestens eine kleine Plastikfigur gekauft, und jetzt steht im Vorgarten eine Armee von Weihnachts- und Lebkuchenmännern, Spielzeugsoldaten und Schneemännern. Davon abgesehen ist das Haus mit der Zeit heruntergekommen; die Reparaturen, die Greg vor so vielen Jahren durchgeführt hat, müssten ihrerseits repariert werden, aber das Licht verwandelt das Haus in etwas, das gleichzeitig neu und vertraut ist.

Meine Eltern luden die ganze Nachbarschaft zu einer Weihnachtsfeier ein. An jenem Abend kam ich gerade die Treppe herunter, eine Hand um ein Weinglas, die andere um das Treppengeländer geschlossen. Um mich herum vermischten sich die Weihnachtslieder aus den Lautsprechern und die Stimmen der Menschen, die ich schon mein ganzes Leben lang kenne. Und alles wurde übertönt von der Stimme meines Vaters, der Hof hielt. Ich hörte, wie er einer Gruppe von Leuten erzählte, dass ich dabei sei, ein Buch zu schreiben über etwas, das in der Vergangenheit geschehen sei. »Aber wenn Sie je davon hören, machen Sie sich keine Sorgen«, sagte er mit vom

Alkohol verwaschener Stimme. »Alexandria ist die Einzige, die sich daran erinnert.«

Ich erstarrte auf den Treppenstufen. Meine Familie hatte nie über den Missbrauch geredet. Aber bislang hatte niemand je in Zweifel gezogen, dass er stattgefunden hat.

Mein Vater redete weiter. Dieser Augenblick, der alles in mir verändert hatte, hatte in ihm nichts bewirkt.

Geh nach Hause, sagt Rickys Onkel zu ihm. Es gibt hier kein neues Leben. Ricky kann nicht in Kalifornien bleiben. Der Onkel kauft ihm ein Busticket, mit dem er die ganze Reise hierher zunichtemacht. Als Ricky nach Louisiana zurückkehrt, ruft er seinen Bewährungshelfer an. Der sagt zu ihm: »Das nächste Mal, wenn Sie verreisen, sagen Sie mir vorher Bescheid.«

Die Gedanken beginnen wieder. Wenn er schläft, sieht er ein Kind. Das Kind ist nackt, und er berührt die junge, reine Haut, und erst hinterher, nach der Berührung, erwacht er unter schuldigem Keuchen in zerwühlten Laken. Das bedeutet, dass er es wieder getan hat, wenn auch nur im Traum. Als er der Sozialarbeiterin von diesen Gedanken erzählt, beschreibt er sie als Albträume – nicht als Wünsche oder Fantasien. Aber einmal in der Woche masturbiert er. Er kann das nur, indem er an Kinder denkt, sagt er. Ricky hatte noch nie ein Date. Er ist Jungfrau. Die einzige Freundin, die er jetzt hat, ist ein sechzehnjähriges Mädchen, und er sagt, die Freundschaft ist platonisch. Manchmal, erzählt er der Sozialarbeiterin, hat er kleine Kinder, sowohl Jungen als auch Mädchen, dazu gezwungen, sich auszuziehen und Fellatio an ihm auszuführen. Dann hat er sich selbst ausgezogen. Er hat es bei ihnen getan. Beim letzten Mal hat der Junge sich geweigert, und er hat gedroht, ihn zu erschießen. »Ich weiß nicht, warum ich das tun wollte.«

Aber all das liegt in der Vergangenheit, sagt Ricky; all das ist vorbei. Er hat mit diesem Leben abgeschlossen. (Er muss damit abgeschlossen haben. Er ist erst neunzehn. Wenn es nicht vorbei ist – was wird sein Leben für ihn noch bereithalten?) Er hätte bereits einen Job, wenn er in Kalifornien geblieben wäre, erzählt er der Sozialarbeiterin, erzählt er seiner Mutter, erzählt er jedem, der es hören will. »Solange ich was zu tun habe, ist alles okay mit mir.«

Er beginnt einen Fernkurs für die Reparatur kleiner Motoren. Er will ein Handwerk erlernen, sagt er. Er will aus dem Campingwagen seiner Eltern ausziehen und alleine leben. Es ist nicht recht, dass ein erwachsener Mann mit seinen Eltern und seinem kleinen Bruder zusammenleben muss. Sein Bruder Jamie ist sechzehn Jahre alt und normal. Darüber muss sich Ricky im Klaren sein, ebenso wie er weiß, dass er selbst nicht normal ist. Jahre später, nach den Prozessen, druckt die Justizvollzugsanstalt eine Liste mit den Namen der neun Menschen aus, die ihn besuchen dürfen. Bessie, Alcide, Darlene, Judy, Francis und sogar die Ehemänner der Schwestern stehen auf der Liste, aber nicht Jamie. Neun ist eine eigenartige Zahl, besonders für das Gefängnissystem, das gerade Zahlen bevorzugt. Wahrscheinlich hätte Ricky um mehr Besucher bitten dürfen. Aber der Name seines Bruders wird nicht auf der Liste sein.

Ein Monat vergeht bis zu seinem nächsten Termin in der Klinik. Er ist gerade zwanzig geworden. Er berichtet, dass er endlich einen Job angenommen hatte – bei einem Autohaus –, aber dass er ihn zwei Wochen später hingeworfen hat. Er erklärt der Sozialarbeiterin, dass er nicht weiß, warum er aufgehört hat; es war ihm einfach danach. Die Sozialarbeiterin fragt noch einmal nach dem Grund. Diesmal verrät er ihn ihr: Jeden Tag lief er auf dem Weg zu seiner Arbeitsstelle an spielenden Schulkindern vorüber, und auf dem Heimweg kam er wieder an ihnen vorbei. Er sah die Kinder, und er spürte das Verlangen. Es *verlangte ihn*. Ricky will aufhören zu wollen. Er kündigte den Job, nur um nie wieder an diesen Kindern vorbeigehen zu müssen. Solange er etwas zu tun hat, geht es ihm gut – aber jetzt hat er nichts zu tun. Nichts ist in Ordnung.

Bessie begleitet ihn zum nächsten Termin. Ich stelle mir vor, dass sie ihr gutes Hauskleid anhat, aber aus Verlegenheit trotz der

Hitze einen offenen Mantel darüber trägt. Sie ist froh, dass ihr Sohn wieder zu Hause ist, erzählt sie der Sozialarbeiterin, aber es ist auch anstrengend, ihn dazuhaben. »Ich habe das Gefühl, wenn ich ihn nur eine Minute aus den Augen lasse, zieht er los und belästigt jemanden.« Sie hat ihm verboten, abzuhauen und am Fluss zu leben, aber er ist erwachsen. Was kann sie schon tun? Alcide ist in dieser Angelegenheit keine Hilfe.

Stellen Sie sich Ricky vor, wie er dort neben Bessie sitzt. Beide auf harten Metallstühlen, die Sozialarbeiterin auf einem Bürostuhl, den sie im rechten Winkel zu ihnen platziert hat. Es muss erniedrigend sein, hier mit seiner Mutter zu sitzen, mit ihrem einen Bein und immer noch mit der uralten Krücke, weil sie sich nichts Besseres leisten können. Er sollte sie zum Arzt begleiten, nicht andersherum. Ein Mensch kann wütend sein und sich gleichzeitig schämen. Ein Mensch kann vor Hass auf seine Mama brennen und sie trotzdem so lieben, dass er sie unbedingt stolz machen möchte. Ein Mensch kann überwältigt sein von all den Dingen, die er gerne wäre, und doch keinen Weg finden, sie zu erreichen. »Ich hab darüber nachgedacht zu sterben oder jemanden dazu zu bringen, mich zu töten«, bricht es jetzt aus ihm heraus. Er trinkt mehr in diesen Tagen, jetzt, da er mit Bessie und Alcide zusammenlebt. Ganze Flaschen Pfefferminzschnaps. Letzte Woche war es Alkohol im Wert von fünfzig Dollar. »Ich habe ihn gewarnt, dass Alkohol seine Urteilsfähigkeit beeinträchtigen könnte«, schreibt die Sozialarbeiterin.

In der Akte gibt es ein letztes Blatt, das mit »Kein-Selbstmord-kein-Mord-Kontrakt« überschrieben ist. *Ich, der Unterzeichnende, erkläre hiermit freiwillig und stimme zu, dass ich während meiner Therapie (Behandlung) in diesem Therapiezentrum weder mir selbst noch irgendjemand anderem bewusst und willentlich Schaden zufügen werde.* Ricky unterschreibt. Es ist eine Standardübereinkunft, die wahrscheinlich jedem Patienten vorgelegt wird, aber wenn man sie jetzt liest, ist es schwer, dem Wort »während« nicht eine besondere Bedeutung beizumessen. Die letzte Therapiesitzung, die Ricky besucht, findet am

1. Oktober 1985 statt. Am 24. Februar 1986 folgt die Empfehlung, seinen Fall abzuschließen. Am 16. Mai 1986 wird die Angelegenheit offiziell für beendet erklärt. Wieder verlässt Ricky sein Zuhause, diesmal, um nach Georgia zu gehen.

16

New Jersey, 1994–1996

Als ich sechzehn bin, mag ich einen Jungen namens Luke. Er ist zweiundzwanzig und lebt in Colorado in einem Vorort, in dem sich laut den Fotos, die er mir schickt, mehrstöckige Farmhäuser aneinanderreihen. Dazwischen sind jede Menge Kirchen zu sehen. In den Chatrooms des Mailproviders AOL, in denen ich Mitglied bin, weil ich immer noch nicht regelmäßig zur Schule gehe, schreibt er mir, dass er seine Exfreundin Chrystal immer noch liebt, sie aber nichts mehr mit ihm zu tun haben will. Er muss von ihr wegkommen, und das scheint er mit mir zu tun. Um seinen Abschluss zu machen, besucht er Kurse in einem Community College. In den Bücherregalen meines Vaters habe ich Bücher von Robert Heinlein entdeckt, in denen utopische Science-Fiction-Welten beschrieben sind, und Luke kennt und mag diese Bücher auch. Er sagt, er will mich kennenlernen. Er will, dass ich ihn kenne. Er schickt mir Stapel von Fotografien, die er im Abstand von ein paar Stunden gemacht hat, mit bleistiftgeschriebenen Nummern auf der Rückseite, sodass ich seine Tagesabläufe nachvollziehen kann. Der Parkplatz der McDonald's-Filiale, die er leitet, liegt grau und öde in der Nachmittagssonne. Er grinst, während er die Kamera ausgestreckt vor sich hält. Auf dem Kopf trägt er einen Hut aus Pappe, der mich an die Origamiboote erinnert, die ich als Kind gebastelt habe.

Das nächste Bild zeigt den Parkplatz vor seinem College – ich beginne zu begreifen, dass es in seinem Colorado eine Menge Asphalt gibt. Dann die scheußliche gemusterte Couch im Wohnzimmer seiner Eltern. Das geöffnete Maul und die kleine, rosafarbene, heraushängende Zunge des schwarzen Terriermischlings, mit dem er aufwuchs. Es gibt auch ein Bild von Chrystal, das ich mir genauer ansehe. Sie ist zierlich, hat dünnes, glattes Haar, das ihr ins Gesicht fällt, und trägt ein kleines goldenes Kreuz um den Hals. Ich gestatte mir die Erkenntnis, dass sie gewöhnlich aussieht und nicht viel älter ist als ich. Dann Bilder von seinem Schlafzimmer am Abend, von seiner Stereoanlage und den Pink-Floyd-Postern an seiner Wand. Ich begreife, dass er noch bei seinen Eltern leben muss, und obwohl er sechs Jahre älter ist als ich, erscheint er mir plötzlich nicht mehr so anders. Ich habe meinen Eltern endlich von meiner Essstörung erzählt, und sie haben ein Therapieprogramm für mich gefunden, wo ich meine Tage zum Teil verbringe. Ich fühle mich in dem Programm nicht wohl genug, um dort Freunde zu finden, und ich habe mit niemandem mehr aus meiner Schule Kontakt. Aber Luke und ich führen acht-, neun-, zehnstündige Ferngespräche, die ganze Nacht hindurch und in den Morgen hinein. Manchmal schlafe ich mit dem Telefon neben mir auf dem Kissen ein, während ich ihm beim Atmen zuhöre. Seine Stimme ist leise und dunkel, und weil sie das Einzige von ihm ist, das ich kenne, scheint sie mir seine ganze Persönlichkeit zu umfassen; ich denke, dass er so zuverlässig und freundlich sein muss wie seine Stimme.

Die Telefonrechnungen sind exorbitant, in einem Monat sogar siebenhundert Dollar hoch. Mein Vater schreit mich an, zahlt sie aber.

Luke fliegt zu mir. Meine Eltern haben einmütig beschlossen, dass er im Haus eines Freundes schlafen wird, aber in der ersten Nacht bleibt er in meinem Schlafzimmer, und dort übernachtet er dann auch den Rest der Woche. Ich weiß nicht, ob meine Eltern es einfach nicht bemerken oder ob sie, wie ich es manchmal tue, denken, dass es ohnehin zu spät ist, mich zu schützen. Im echten Leben ist Luke etwas kleiner als ich und hat leichte Akne auf dem Kinn. Vielleicht, um das zu kompensieren, sagt er: »Du hast Glück, dass es mir nichts ausmacht, wie groß du bist. Manche Kerle hätten damit ein Problem, aber ich nicht.« Er sagt das, als wir gerade unter einer Straßenlaterne im Zentrum meiner Heimatstadt stehen. Die Strategie, auf diese Weise seine Unsicherheit zu verbergen, ist so offensichtlich, dass sogar ich als Sechzehnjährige das sehe, aber ich kann auch nicht wirklich etwas dagegen sagen. Ich will, dass er mich liebt. Ich will es, so wie man einen Preis gewinnen will, weil es das ist, was man von mir erwartet zu wollen, und weil es mich retten wird. Auf dem Parkplatz am Ententeich der Stadt küsst er mich zum ersten Mal, und als seine Lippen meine berühren, schnürt es mir den Atem ab. Es ist keineswegs mein erster Kuss. Schon vorher liegt mir der Geschmack meines Großvaters feucht im Mund.

Als ich siebzehn bin, mag ich einen Jungen namens William. Er hat ein Football-Stipendium an einem College in der Bronx, und jetzt, da er Bob Marley und Drogen für sich entdeckt hat, rasselt er durch seine Prüfungen. Er ist groß und locker, blond, mit einem runden Gesicht wie Charlie Brown – aber manchmal habe ich am Morgen nach einem unserer Dates blaue Flecken an den Armen, dort, wo er mich zu fest umklammert hat, und manchmal, wenn ich ihn sehe, stockt mir der Atem von einer Furcht, die ich nicht benennen kann. Es ist, als schwämme ich blind in unbekannten Gewässern; ich kann mich an die Stunden nicht einmal erinnern, während ich sie durchlebe.

Die Aufmerksamkeit der Jungs befreit mich, sodass ich mich geliebt fühlen kann. Die Jungs sind eine Bedrohung. Ich weiß nicht, wie ich zwischen Liebe und Verletzung unterscheiden kann. Mehr kenne ich von ihnen nicht. Ich kann nicht erkennen, wer sicher ist und wer nicht oder was Sicherheit überhaupt bedeutet. Ich weiß nur, dass ich unbedingt jemanden brauche, der es ist.

Dann, als ich achtzehn bin, finde ich jemanden, der wirklich sicher ist. Dima ist ein Cellist aus der Ukraine. Seine Familie ist von Kiew nach New York gezogen, um ihm eine Bewerbung am Juilliard Konservatorium zu ermöglichen. Doch als es so weit war, versagte er beim Vorspielen. Jetzt, mit dreiundzwanzig, studiert er am Community

College in der Stadt. Seine Hände sind dort, wo er Zigaretten ausgedrückt hat, von hässlichen roten Malen gezeichnet, und über seine weißen Unterarme ziehen sich Schnitte, aber zu mir ist er immer sanft. Nachts, wenn wir auf seinem Bett liegen und uns küssen, legt er seine Hand auf meinen unteren Bauch, und ehe ich begreife, was passiert, ist er nicht mehr Dima. Panik packt mich, und ich schnappe unter seiner Berührung nach Luft. Tränen rinnen mir aus den Augen, bis sich mein Brustkorb hebt und meine Augen brennen. Dann sinke ich unter die Rinde des Schweigens, irgendwo tief unter der Realität des Tages. Ich löse mich auf.

Er lässt seine Hand vollkommen still auf meinem Körper liegen. Er wartet. Seine Hand ist warm, und unter ihrer Berührung fühle ich, wie mein Körper sich langsam beruhigt. »Atme«, sagt er dann, und ich tue es, und mit dem Atmen gehört mein Körper wieder mir. Nacht für Nacht bewegen wir seine Hand weiter nach unten. Nacht für Nacht grabe ich mich durch die Schichten meiner Erinnerung zurück ans Licht, und dann ist er da. Wir schlafen in der kleinen Wohnung in Bay Ridge in Brooklyn, wo er mit seinen Eltern und seinem jüngeren Bruder wohnt. An den Wänden seines Schlafzimmers hängen überall Kassettenregale wie Tapeten, die alle Musiker, die er liebt, in alphabetischer Reihenfolge enthalten. Im Wohnzimmer gibt es ein großes Aquarium aus Glas mit geschnitzten Mahagonistreben darum, in dem ein einzelner Karpfen schwimmt. Sein Vater hat ihn in einer Plastiktüte voll Wasser aus der Ukraine eingeschmuggelt, hielt den Fisch auf der Reise durch Rumänien, Italien, über das Meer und bis in die Vereinigten Staaten verborgen. Für den Fisch und für Dima empfindet sein Vater eine große Liebe. Während Dima und ich uns in seinem Schlafzimmer verkriechen und er mir Musik von Alpha vorspielt und seine Hand sich die ganze Zeit weiter und weiter nach unten bewegt und ich keuche und atme und zuletzt wieder ruhig werde, schwimmt der Karpfen in trägen Kreisen in seinem Aquarium. Ich betrachte Dimas Geschichte als Beweis, der so hell leuchtet wie ein Feuer in der

Nacht: Er hat nicht das geschafft, was seine Familie von ihm erwartete, und trotzdem liebt sie ihn.

In der Woche, in der ich die Schule abschließe, geben meine Eltern für meinen Bruder und mich eine Abschlussfeier auf der hinteren Terrasse, die sie gerade bauen. Die Pfeiler sind erst zur Hälfte errichtet und die Planken noch nicht gesichert, sodass die ganze Nacht seltsam schief wirkt.

Es ist eine ausufernde Party voll weißer Lichter und lauter Musik und einem Dancefloor im Garten. Mein Bruder ist sehnig und dünn, aber gesund. Während ich immer versucht habe, mich am Rand des Geschehens zu verstecken, hat er seinen Platz beim Schultheater gefunden, und egal, in welcher Gesellschaft er sich bewegt – mit seinen großen Gesten und seinem Bühnenlachen steht er immer im Mittelpunkt. Heute Nacht ist er angetrunken, ebenso wie seine Freunde.

Also verkriechen Dima und ich uns in der Küche und reden um den heißen Brei herum. Es gibt etwas, das er mir nicht sagen kann: Er will, dass ich in der Nähe bleibe, bei ihm bleibe, dass ich mit ihm in New York aufs College gehe. Es gibt etwas, das ich ihm nicht sagen kann: Der Grund, warum ich heute Abend lächeln kann, warum die Welt für mich plötzlich heller aussieht, ist die belebende Erkenntnis, dass ich endlich wirklich und wahrhaftig von hier wegkann.

»Komm her«, sage ich zu ihm und lehne mich an den Kühlschrank.

»Die anderen sind alle da draußen«, sagt er.

»Das ist mir egal«, antworte ich, und es ist wahr. Dieses eine Mal treffen seine Lippen auf meine, und es ist, als löschten sie die Vergangenheit aus, als löschten sie die Erinnerung an die Schleimschmatze meines Großvaters aus, und wenn ich mich auf das dunkle, feuchte Gefühl seiner Zunge in meinem Mund konzentriere, kann ich alles andere ausblenden. Die Art und Weise, wie ich in dieser Nacht mit meiner Vergangenheit ringe, gleicht einem Tanz – erst fühle ich Dima, dann die Vergangenheit, dann winde ich mich in seinen Armen, und es ist wieder er. Jedes Ich, das ich jemals gewesen bin, ist mit mir in der Küche, den Rücken gegen die kühle, glatte, weiße Oberfläche des Kühlschranks gepresst. Das Mädchen, das ich mit sechs Jahren bin, das nachts in die Küche kommt und mit seinem Vater redet und genau weiß, dass es das Einzige, was es wirklich sagen muss, nicht aussprechen kann. Dann das Mädchen, das ich mit neun Jahren bin, als ich in die Küche komme, um das Wasserglas meiner Großmutter aufzufüllen. Ich nehme einen Eiswürfel aus Plastik, in dem ein Insekt eingeschlossen ist, aus dem Eisfach und lasse ihn in das Glas fallen – es ist ein Trick, ein Spiel, das meine Geschwister und ich spielen, wir, die auch Furzkissen lieben und winzige Elektroschocker und Blumenklemmen aus Plastik, aus denen Wasser spritzt und auf die nie jemand hereinfällt. Plötzlich ist mein Großvater hinter mir, sein heftiger Atem, und ich fahre herum, will nicht, dass er das Glas sieht und mir meinen Streich verdirbt. Aber es ist nicht das Glas, sondern mein Körper, den er offen anstarrt. Durch das Fenster dringen die Stimmen der Menschen, die ich schon mein ganzes Leben lang kenne, ziehen über unsere Köpfe hinweg, als Dima und ich uns auf den Boden sinken lassen. Einen Augenblick lang fühle ich mich, als säße ich auf einem schmalen Grat zwischen dem Jetzt und einer Zukunft, in der dieses Jetzt längst vorbei ist, in der dieses Haus nicht länger meine Welt ist, in der ich etwas Neues und Unbekanntes für mich erschaffe und in der ich es schaffe – in der ich endlich fortgehen kann.

Der Sex, den wir auf dem Küchenboden haben, ist ein Höhenflug. Ich sollte uns stoppen, das ist mir klar; ich sollte mir Sorgen machen, weil jederzeit jemand hereinkommen und uns auf dem Linoleumboden meiner Kindheit sehen könnte, mein Kleid bis zur Hüfte hochgeschoben, meine Zähne in Dimas Schulter. Aber ich betrachte uns wie aus der Vogelperspektive, wie unsere Gliedmaßen sich wie die von Schwimmern über den Boden bewegen, und ich weiß, aus irgendeinem Grund weiß ich, dass nichts uns heute Nacht verletzen kann. Nicht, nachdem wir schon so viel Schmerz erlitten haben. Das hier, das ist endlich mein Entkommen. Es ist der Moment, in dem ich die Vergangenheit abwerfe.

Gebt mir Normalität, das ist alles, was ich will. Alles andere kann zum Teufel gehen.

17

Indiana, 1986

Ruths Telefon klingelt um kurz nach elf Uhr abends, als sie zwar schon aufgestanden, aber noch im Pyjama ist; noch hat sie nicht ihre weiße Schwesterntracht angezogen, noch hat sie nicht die Kaffeemaschine eingeschaltet. Sicherlich denkt sie kurz darüber nach, nicht ranzugehen. Niemand ruft um diese Uhrzeit einfach so an. Um diese Zeit kann man keine guten Nachrichten erwarten. Aber das Telefon klingelt in der Küche vor sich hin, und sie geht über den gefliesten Boden hinüber und nimmt den Hörer ab.

»Ja?«

»Tante Ruth?«

Sie erkennt Rickys Stimme zuerst nicht. Sie und Bessie stehen sich nicht sehr nah; ihre Kinder hat sie kaum kennengelernt. Im Zeugenstand wird sie acht Jahre später bei seiner ersten Verhandlung sagen, sie habe Ricky nur einmal gesehen, bevor er in jener Nacht des Jahres 1986 unerwartet auftauchte; dann wird sie sich verbessern und sagen, ja, natürlich, sie muss ihn wohl als Heranwachsenden bei ihren wenigen Besuchen bei Bessie über die Jahre hin und wieder gesehen haben. Er muss eines der Kinder gewesen sein, die dort auf dem Hof herumlungerten. Aber Sie müssen verstehen, es waren so viele; Luann nahm ja ständig irgendwelche Gören auf. Und Ruth interessierte sich nicht für Kinder. Es war ihre Schwester Bessie, die dieses Leben wollte: einen Mann, Kinder. Ruth war zu dieser Zeit vollkommen zufrieden damit, alleine zu leben. Das Geld war mehr als knapp; sie arbeitete Nachtschichten im Krankenhaus, und tagsüber arbeitete sie schwarz, wann immer sie eine Schicht im häuslichen Pflegedienst ergattern konnte. Aber sie verdiente genug, um die Miete und die Stromrechnung zu zahlen und sich sogar ein Auto leisten zu können. Sie liebte das Gefühl, für sich selbst sorgen zu können und sich nur um sich selbst kümmern zu müssen.

»Ja?«

»Tante Ruth, hier ist Ricky. Bessies Sohn. Ich bin …« Er klingt, als ob er tief Luft holen muss, um nicht zu weinen. »Ich bin in Indianapolis. An einer Tankstelle in der Innenstadt.« Der Junge – sie kann sich nicht erinnern, wie alt er ist, zwanzig vielleicht? Um Himmels willen, sind sie und Bessie wirklich schon so alt? »Kannst du mich abholen?«

Sie ist so überrascht, dass die Worte einfach aus ihrem Mund herausdrängen. »Ich muss jetzt zur Arbeit, Ricky.« Sie zuckt zusammen. Sie wollte nicht schroff klingen.

»Bitte.«

Also tut sie es. Sie zieht sich hastig an, zieht im Stockdunkeln ihre Strumpfhosen hoch. Lässt die Kaffeemaschine aus. Steigt ins Auto, schaltet die Scheinwerfer ein, fährt eine halbe Stunde durch leere Straßen zu der Tankstelle, die er beschrieben hat, und fragt sich die ganze Zeit, warum er hier ist und ob ihre Schwester Bescheid weiß. Als sie das letzte Mal mit Bessie telefonierte, war er in Georgia, wo er seine Schwester Francis besuchte. An der Tankstelle halten keine Busse. Ist er den ganzen Weg per Anhalter gefahren? Aber dann ermahnt sie sich selbst, nicht allzu viel wissen zu wollen. Auf diese Weise wird man nur in anderer Leute Probleme hineingezogen. Als sie bei ihm ankommt, stelle ich mir vor, wie er unter dem Vordach der Tankstelle kauert, sein grauer Kapuzenpulli tropfnass vom Regen, nur eine kleine Reisetasche in der Hand. Er öffnet die Beifahrertür und will einsteigen.

»Moment«, sagt sie.

Er hält inne.

»Hast du ein Handtuch?«

Hat er nicht, und so bringt sie ihn dazu, erst mal ein T-Shirt aus der Tasche zu nehmen und über den Sitz zu breiten. Es gibt keinen

Begrüßungskuss und keine Umarmung. Sie fragt nicht, was er hier macht. Sie hält vor ihrer Wohnung an und gibt ihm ihren Schlüssel. »Ich bin um acht wieder da«, sagt sie. Wenn sie sich beeilt, kann sie es noch rechtzeitig zur Arbeit schaffen.

Er bleibt ein paar Monate bei ihr wohnen. Sie und Bessie stehen sich vielleicht nicht nahe, aber das heißt nicht, dass sie ein Familienmitglied einfach wegschicken kann. Anfangs sitzt er nur im Haus herum, starrt auf den Fernseher und treibt ihre Stromrechnung nach oben, aber dann findet er etwas bei der Rennstrecke für das Indy-500-Rennen. Es ist nur ein Kurzzeitjob für maximal drei Wochen, aber bald kann er über nichts anderes mehr reden als über die Rennwagen und die Typen an der Strecke. Er ist so stolz auf sein Poloshirt und die Schirmmütze, die man ihm zugewiesen hat, dass man glauben könnte, es handle sich dabei um eine militärische Uniform. Vielleicht beginnt sie, ein paar Minuten früher aufzustehen, um sein Hemd zu bügeln, nur um die Freude in seinem Gesicht zu sehen. Er ist manchmal wie ein Kind, so stolz und so schnell zu begeistern. Wie sie ist auch er eine Nachteule, scheint nicht zu schlafen, sodass er manchmal immer noch wach ist, wenn sie von ihrer Schicht nach Hause kommt. Er macht ihr einen Kaffee, und sie sitzen zusammen und unterhalten sich über den vor ihnen liegenden Tag.

Sie mag ihn. Das überrascht sie möglicherweise am meisten: wie gern sie ihn um sich hat.

Das ist der Grund, weshalb es sie so nervös macht, als er ihr eines Nachmittags, nachdem er erst ein paar Wochen da ist, einen an Bessie adressierten Umschlag gibt. Erst denkt sie sich nichts weiter, sagt nur: »Klar, den kann ich aufgeben« und verstaut ihn in ihrer Tasche. Dabei fällt ihr ein, dass sie die Miete zahlen muss, und sie fischt ihr Scheckbuch aus der Ankleidekommode, schreibt am Küchentisch den Scheck aus und frankiert einen Umschlag dafür. Die alte Frau, um die sie sich heute kümmert, wohnt auf der anderen Seite der Stadt.

Sie ist im Auto, fährt gerade auf dem Highway, als der Brief in ihrer Tasche sie zu beunruhigen beginnt. Etwas war komisch an Rickys Blick, an der Art, wie er sie nicht ansah, als er ihr den Brief reichte. Sie hat schon vorher versucht, von ihm zu erfahren, was er hier sucht, aber er wich ihren Fragen aus – er brauche eine Veränderung, müsse was Neues sehen. Jetzt wird ihr bewusst, dass er ihr nie eine richtige Antwort gegeben hat. Und dann ist da noch die schlichte Tatsache, dass er ihr nie zuvor einen Brief für Bessie gegeben hat. Dass er den Umschlag nicht selbst zur Post bringen wollte, ist nicht so ungewöhnlich. Er hat zwar einen Job, aber bei Dingen wie der Wäsche, Rechnungen und grundsätzlichen Planungen scheint er trotzdem jemanden zu brauchen, der sich um ihn kümmert. Es stört sie weniger, als sie gedacht hätte. Es ist schön, gebraucht zu werden.

Aber der Brief. Etwas stimmt nicht, das weiß sie einfach. Sie hält an der nächsten Tankstelle und sagt sich derweil selbst, dass nichts ist, dass sie sich albern aufführt. Der Motor läuft noch, und sie hält den Brief in der Hand und zögert. Sie liest anderer Leute Post nicht. Niemals. Sie ist keine neugierige Person. Und sie muss zur Arbeit.

Trotzdem öffnet sie den Brief vorsichtig mit einem Finger. Sie kann ihn mit Tesafilm wieder zukleben, ehe sie ihn an Bessie schickt, die niemals erfahren wird, dass es nicht Ricky war, der ihn zugeklebt hat. In dem Umschlag ist ein einzelnes loses Blatt, auf dem in Rickys enger Schrift, die sie von seinen Einkaufszetteln kennt, steht: *Es tut mir leid, ich weiß, das wird dir und Dad wehtun, aber ich kann einfach nicht mehr.*

Die Fahrt zurück zu ihrer Wohnung dauert eigentlich eine halbe Stunde, aber sie pfeift auf die Geschwindigkeitsbegrenzung und schafft es in zwanzig Minuten. An jeder roten Ampel betet sie leise vor sich hin, und ihr Kopf füllt sich mit schrecklichen Bildern von dem, was sie daheim vorfinden wird.

Aber als sie die Tür öffnet – mit klopfendem Herzen, weil sie nicht weiß, was sie sehen wird –, ist er noch am Leben. Er ist noch am Leben, steht an der Küchentheke und umklammert mit einer

Hand den Telefonhörer, mit der anderen hält er sich ein Fleischermesser ans Handgelenk.

»Ich wollte es dir nicht erzählen«, sagt er später. Später, nachdem sie ihn dazu gebracht hat, das Telefon wegzulegen, und nachdem sie ihm das Messer weggenommen hat, alle Messer im Haus genommen und in ihrem Schlafzimmer verstaut hat. Dann brachte sie ihn dazu, sich neben sie ins Auto zu setzen, und nahm ihn mit zu ihrer Arbeit im Haus der alten Dame; sie traute ihm nicht genug, um ihn alleine zu lassen. Ich sehe ihn vor mir, wie er im Sessel der alten Frau sitzt und in ihren Handarbeitszeitschriften und in ihrer Bibel blättert. Ich sehe Ruth, wie sie ihn beobachtet, als er auf die Bibel starrt, den Finger auf die Seite gepresst, den Mund offen, während er die Worte halblaut mitliest. Jedes Mal, wenn Ruth vom Zimmer der Dame in die Küche geht, um das Wasserglas aufzufüllen, oder wenn sie Laken in den Wäscheraum trägt, nachdem die alte Frau sich beschmutzt hat, wird Ruth nach ihm schauen. Nur um sicherzugehen, dass er immer noch da ist. Dass alles in Ordnung ist. Jetzt sitzen sie wieder am Küchentisch, wo der Kaffee, den er ihnen gemacht hat, in den Tassen kalt wird, und Ricky starrt elend hinunter auf die Tischplatte, anstatt sie anzusehen. »Ich mag kleine Jungs«, sagt er. »Ich versuche so sehr, es nicht zu tun, aber – sexuell.«

Sie schluckt. Ihre Gefühle in diesem Moment müssen eigentümlich sein. Als ob sich in der Luft um sie herum ein Vakuum geöffnet, als ob jemand tief in ihr einen Pausenknopf gedrückt hätte. Was er sagt, ist nicht möglich.

»Ich wollte nicht, dass du es weißt«, spricht er weiter.

Es ist nicht so, dass sie sich wieder fassen würde, und sie weiß auch nicht, was sie sagen soll. Sie kann nichts anderes mit seinen Worten anfangen, als sie aufzunehmen. Sie muss die Entscheidung getroffen haben, bevor sie überhaupt registriert, dass sie sich entscheidet: Sie wird ihn nicht fragen, ob er etwas Schlimmes getan hat. Sie kann es nicht. Sie will es nicht wissen.

Stattdessen steht sie auf und geht um den Tisch herum. Sie beugt sich über ihn und umfasst seine knochigen Schultern in einer unbeholfenen Umarmung. »Sch, Ricky, es ist alles gut.« Es ist das erste Mal, dass sie sich berühren.

Am nächsten Morgen wacht sie auf, bevor der Wecker klingelt, den Kopf voller Gedanken. Er braucht Hilfe. Er sollte mit jemandem reden. Ohne ihn gefragt zu haben, weiß sie, dass er keine Krankenversicherung hat. Und sie hat kein Geld übrig. Aber es gibt karitative Krankenhäuser, und wenn sie oft genug anruft, werden sie ihm dort einen Termin geben. Sie wird Hilfe für ihn organisieren.

Aus dem Verhandlungsprotokoll, 1994

Staatsanwalt: Also, Sie haben ihn zum Krankenhaus gebracht. Und waren Sie bei dem Gespräch mit dem Therapeuten anwesend?

Zeugin: Nein.

Staatsanwalt: Also können Sie nicht gewusst haben, dass er dem Therapeuten erzählt hat, er habe an dem Morgen [an dem er das Messer in der Hand hatte] die Polizei angerufen, um sie wissen zu lassen, wo er sich aufhielt. Oder dass er dem Therapeuten sagte, er habe geplant, die Polizisten mit dem Messer anzugreifen.

Verteidiger: Euer Ehren, wir bitten um eine kurze Besprechung.

[Besprechung]

Verteidiger: Sie weiß nichts davon. Deshalb ist mir nicht klar, wie sie darauf antworten können soll.

Staatsanwalt: Sehen Sie, das ist eines der Probleme, wenn man all diese Aussagen zulässt, die auf Hörensagen beruhen. Ganz offensichtlich hat er jemand anderem eine andere Geschichte erzählt. Und wenn ich das

> nicht aufzeigen darf, bekommen die Geschworenen einen falschen Eindruck von dem, was an dem Tag passiert ist. Ich meine, sie hat ihrer Meinung Ausdruck verliehen, dass er sich in ihrer Küche umbringen wollte.

Einen Monat lang – sie kann später nicht genau sagen, wie lange – fährt sie ihn einmal in der Woche zur Therapie im Wohltätigkeitskrankenhaus. Sie reden nicht darüber, warum er dorthin geht. Sie fährt ihn nur. Dann kommt sie eines Tages von der Beerdigung einer Cousine, mit der sie aufgewachsen ist, nach Hause, ihre Augen und ihr Kopf sind vernebelt vom Weinen, und das Haus ist leer. Er sitzt nicht auf dem Sofa. Er ist nicht in der Küche. Stattdessen liegt auf dem Tisch ein Stück Papier, das er von einer Einkaufstüte abgerissen hat, mit einer hastig daraufgekritzelten Mitteilung: Die Polizei ist gekommen und hat ihn in ihrem Haus verhaftet, um ihn zurück nach Georgia zu bringen, wo ihm der Prozess gemacht werden soll. Der ganze Druck der vergangenen Wochen, die Belastung durch das, was sie wusste, sich aber nicht zu wissen gestattete, die Belastung, sich Sorgen um ihn zu machen und das nicht zu wollen und sich trotzdem zu sorgen, all das überfällt sie wie eine schwere Übelkeit, und sie ist auf einmal unsagbar müde. Sie unternimmt nichts, ruft nicht an und versucht nicht, mehr herauszufinden. Sie akzeptiert einfach nur, dass er so plötzlich aus ihrem Leben verschwunden ist, wie er aufgetaucht war. Ich sehe sie ein Papiertaschentuch unter den Wasserhahn halten und als kühle Kompresse verwenden. Sie nimmt es mit in ihr Bett und schläft die Morgendämmerung fort, und als sie erwacht, ist der nächste Tag da, und die Sonne knallt durchs Fenster herein, und ihr Kopf ist schwer, und ihr Herz ist schwer bei dem Gedanken an das Begräbnis am Tag zuvor. Es muss ihr fast so vorkommen, als sei sie in ihrem alten Leben erwacht, dem Leben, bevor er auftauchte. Sie muss die Einsamkeit mit solcher Gewissheit erwarten, dass sie

sie nicht einmal bemerkt. Es dauert Wochen, bis sie die Energie aufbringt, Bessie anzurufen und zu fragen, was passiert ist. Er ist verhaftet worden, weil er in Georgia ein junges Mädchen unsittlich berührt haben soll – seine zweite Verhaftung wegen sexueller Belästigung nach dem Jungen, den er gedroht hatte zu erschießen –, und wegen Autodiebstahls. Als sie ihn an der Tankstelle aufsammelte, befand er sich auf der Flucht. Er hatte das Haus des Mädchens verlassen und gerade den Chevrolet ihrer Mutter abgestellt.

Als Ruth 1994 den Gerichtssaal in Baton Rouge betritt, muss ihr Blick als Erstes auf den Hinterkopf des Mannes fallen, der auf der Anklagebank sitzt. Es ist Jahre her, und trotzdem berührt er etwas in ihr. Ricky ist jetzt erwachsen. Die dunklen braunen Haare haben sie ihm im Gefängnis sehr kurz geschnitten, die Brillenbügel liegen über seinen Ohren. Sie stählt sich, um seinem Blick zu begegnen, aber er dreht sich nicht um. Stattdessen winkt ihr von links eine Frau mit rundem Gesicht und braunem Pony zu – seine Schwester Darlene, erkennt sie überrascht. Auch sie ist mittlerweile erwachsen. Ruth setzt sich neben Darlene und streckt zu ihrer eigenen Verwunderung ihre Hand nach ihr aus, um sie zu drücken.

Dann bemerkt sie vor der Geschworenenbank das zu einem Poster vergrößerte Bild des kleinen blonden Jungen. Ricky wird angeklagt, ihn umgebracht zu haben. Sie muss sich an Rickys leise Stimme erinnern, diese furchtbaren Worte, die er sagte: »Ich mag kleine Jungs – sexuell.« Sicher erinnert sie sich auch an die Entscheidung, keine Fragen zu stellen, die sie damals traf. Während sie so im Gerichtssaal sitzt, die Bank unter ihr so fest wie eine Kirchenbank, sehe ich sie für einen Moment die Augen schließen. Dann zwingt sie sich dazu, sie wieder zu öffnen. Sie blickt in die Augen des Jungen auf dem Foto. Was ist mit ihm passiert?

Doch noch während sie sich das fragt, sind es bestimmt Rickys Augen, an die sie sich erinnert. An jenem Nachmittag war sie den ganzen Weg mit überhöhter Geschwindigkeit gefahren. Sie hatte so große Angst, als sie die Tür öffnete. Erst sah sie das kalte Glänzen des Messers in seiner Hand, dann seine Augen über der Schneide, so groß und rund wie die eines Waschbären. Geweitet, als wäre er in die Falle gegangen, als könnte er nicht recht glauben, was er gleich tun würde. Er brauchte sie. Sie musste ihn retten.

Sie liebte ihn in dem Moment, das weiß sie jetzt. Die Jahre, die seitdem vergangen sind, haben sie das begreifen lassen. Mit ihm zu leben, sich um ihn zu kümmern, hat sie verändert. Wenn sie sich an seine Augen erinnert, dann erinnert sie sich natürlich an die Furcht und die Schuld darin – aber wie könnte sie in Worte fassen, dass es etwas anderes war, das sie seither begleitet, das ihr die Augen geöffnet hat und ihr noch immer das Herz bricht? Es war die Tatsache, dass sie Erleichterung in seinen Augen sah. Seine Erleichterung darüber, dass sie ihn gefunden hatte. Dass sie ihn rettete. Erleichterung, dass vielleicht endlich jemand da war, der ihn dazu bringen würde zu bleiben.

»Die Verteidigung ruft Ruth McClary auf.« Sie erhebt sich und glättet ihren Rock. Vom Zeugenstand aus beantwortet sie die Fragen des Anwalts. Ja, Ricky kam zu ihr, um bei ihr zu wohnen. Nein, zu dem Zeitpunkt wusste sie nicht, warum. Aber er war höflich und hilfsbereit, er arbeitete fleißig. »Ich liebe Ricky«, hört sie sich selbst sagen. »Er ist ein guter Junge.« Ihr Körper ist den Geschworenen zugewandt, und sie spricht in das Mikrofon, damit der Gerichtsreporter sie hören kann; ihre Anwesenheit hier und heute ist für all die anderen gedacht. Aber im Inneren muss er es sein, den sie ansieht. Ihre Worte gelten ihm. Sein Kopf ist gesenkt, sodass sie die Stelle an seinem Hinterkopf sehen kann, wo sein Haar einen Wirbel bildet wie bei einem kleinen Jungen. Seine Hände sind so fest zusammengepresst, dass seine Schultern beinahe zittern. Sie sagt leise: »Ich habe ihn sehr lieb gewonnen. Als ob er mein eigener Sohn wäre.«

Als die Polizei Ricky 1986 nach Conyers in Georgia zurückbringt, kommt es nicht zu einer Verhandlung. Vielmehr bekennt er sich eines nicht näher benannten sexuellen Vergehens an einer Minderjährigen schuldig – es handelt sich um das zweite Sexualverbrechen, das von ihm aktenkundig ist –, und der Zwanzigjährige wird in die Justizvollzugsanstalt für jugendliche Straftäter geschickt.

In Georgia ist Ricky dem Vernehmen nach ein mustergültiger Gefangener. Er hat etwas gelernt, als er bei Ruth lebte und ein paar Wochen auf der Rennbahn arbeitete. Es hat etwas Befriedigendes für ihn, wenn ihm gesagt wird, was er tun soll, und er diesen Anforderungen gerecht wird. Es macht ihn stolz. Im Mai 1987 schafft er im Alter von zweiundzwanzig Jahren seinen Schulabschluss. »Ricky Langley war ein sehr guter Schüler, und ich hätte ihn gerne als meinen Gehilfen«, schreibt der Lehrer in seinem Schlussgutachten. »Ich könnte wirklich einen brauchen.« Ein Jahr später bietet sich Ricky die Chance, auf Bewährung freizukommen.

Am Morgen seiner Anhörung bringt er bestimmt mit etwas Wasser Ordnung in sein Haar, wischt seine Brille sauber und glättet das Hemd seiner Gefängniskluft, damit es faltenlos über seinem dürren Oberkörper hängt. Er will diese Bewährung. Träumt schon die ganze Zeit davon. Träumt davon, wieder zum Calcasieu River hinunterzugehen und dort die Nachmittage beim Angeln und die Nächte am Ufer mit dem Geräusch des fließenden Wassers zu verbringen. Er wusste nicht, wie es im Gefängnis sein würde. Wie sich herausstellte, ist es ganz in Ordnung, aber es ist trotzdem ein Gefängnis. Es ist zu laut, all das Geschrei und das Stöhnen und die Typen, die keinen anderen Weg sehen, sich Gehör zu verschaffen, als Tag und Nacht gegen die Gitter zu schlagen. Manchmal ist es ihm, als ob sich der Gefängnislärm mit den Geräuschen in seinem Kopf vermischt und alles zu einem einzigen, riesigen, unverständlichen Gebrüll wird, innen ebenso wie außen, und dass der Krach ihn schier zerreißt. Eingesperrt zu sein macht es ihm unmöglich, sich selbst zu entkommen, dem Selbst, das in seinem Inneren immer viel zu laut ist.

Und außerdem – dieser Stolz, den er fühlt? Er will, dass andere ihn sehen können. Er will kein Häftling mehr sein. Er will als freier Mann wahrgenommen werden.

Aber das Gremium verweigert ihm die Freilassung auf Bewährung.

Ricky kocht vor Zorn. Zunächst ist sein Zorn nur Ärger. Dann wird er zu Empörung. Seit sie ihn verhaftet haben, hat er alles richtig gemacht. Was hätte er denn sonst noch tun sollen? »Er ist der Meinung«, schreibt ein Betreuer in seiner Akte nieder, »dass seine Vergangenheit sich nicht auf die Bewährungsentscheidung auswirken sollte.« Ricky beklagt sich wieder und wieder, und schließlich sagt einer der anderen Häftlinge, der es nicht mehr hören kann, zu ihm: »Völlig egal, dass sie dich nicht rausgelassen haben, spätestens in einem Jahr wärst du eh wieder hier drin gewesen.« Zuerst reagiert Ricky, wie er es immer tut: mit jäh aufflammender Wut. Aber er kann den Mann leiden, vertraut ihm vielleicht sogar ein bisschen, und seine Worte machen ihn neugierig. So ein Gerede würde er von den Wärtern erwarten – aber von einem anderen Insassen? Einem Typen, der eigentlich auf seiner Seite sein sollte?

Also reagiert er diesmal anders. Er fragt: »Warum?«

Der Häftling erklärt, dass das bei Pädophilen oft so ist. Dass Ricky nicht der Einzige ist, der schon sein ganzes Leben lang zu kämpfen hat. Es ist bekannt, dass Pädophilie nichts ist, womit man einfach aufhören kann.

Vielleicht bittet Ricky um weitere Therapien, vielleicht erkennt das System endlich, dass er sie nötig hat – auf jeden Fall verschaffen ihm die Ärzte in den nächsten zwei Jahren, in denen er zwischen drei verschiedenen Gefängnissen in Georgia hin- und hergeschoben wird, etwas ganz Neues: eine Möglichkeit zu verstehen, wer er ist. In seinen Therapiesitzungen lernt er, was Pädophilie bedeutet. Er lernt, dass das, was er hat, als Störung gilt, und er lernt darüber hinaus, dass Missbrauch Kinder schädigt. Nachts träumt er. Nicht die Träume von früher, in denen die Haut der Kinder wie Alabaster im Mondlicht glänzte und er schwitzend und keuchend erwachte und wusste, dass er sie angerührt hatte. Jetzt geht er in seinen Träumen zu einer Lichtung im Wald. Sonnenlicht erfüllt die Luft um ihn herum, und der Geruch des Grüns ist so machtvoll, dass es ihm fast den Atem nimmt. Ein Teppich aus vertrockneten Piniennadeln federt seine Tritte ab. Als er die Mitte der Lichtung erreicht, bleibt er stehen und wartet. Ein Kind erscheint. Er erkennt es, und sein Herz schlägt schneller. Eines nach dem anderen betreten die Kinder, an denen er sich vergriffen hat, die Lichtung. Erst zögern sie, und ihre Augen weiten sich, als sie ihn bemerken, aber dann sehen sie die anderen Kinder und werden plötzlich selbstbewusst. Jedes Kind ergreift die Hand des Kindes neben sich, bis sie sich alle an den Händen halten, alle in einem Kreis miteinander verbunden sind, jeder einzelne Junge und jedes einzelne Mädchen, und er steht im Mittelpunkt des Kreises. Er wendet sich hierhin und dorthin, aber er ist umzingelt.

Warum?, fragt ein Kind. *Warum hast du das getan*? Dann ein anderes: *Warum ich? Warum wir?* Er öffnet den Mund, um zu antworten, aber in seinem Mund ist nichts als Luft. Er kann sich nicht einmal selbst beantworten, warum. Sie fragen weiter, bis ihre Stimmen in seinen Ohren dröhnen wie das Blut, das durch seine Adern pulsiert. Er erzittert.

Dann bricht er aus dem Kreis aus. Er reißt einen der Jungen an der Hand mit sich und rennt und zieht den Jungen hinter sich her, tiefer und tiefer in den Wald, bis sie alleine sind und niemand sie sehen kann. Er kann sein Beben nur auf eine Art und Weise stillen. Er umschließt den Hinterkopf des Jungen mit der Hand, fühlt die kühle Berührung seines Haares. Er lässt seine Hose herunter und presst den Kopf des Jungen gegen sich.

Als er erwacht, ist er verschwitzt, er zittert und ihm ist übel, aber er schreibt den Traum in sein Notizbuch. Er bringt das Notizbuch zu seinen Therapiesitzungen mit und händigt es der Therapeutin aus. »Lassen Sie mich bloß niemals hier raus«, sagt er.

»Wenn Sie ein anderes Leben wollen, Ricky«, sagt sie, »müssen Sie es zu etwas anderem machen.«

Der Lehrer, bei dem er seinen Schulabschluss absolviert hat, ist ein Laiengeistlicher, und Ricky besucht nun seinen abendlichen

Bibelkurs. Zunächst ist er schüchtern, still. Dem Lehrer fällt auf, dass er manchmal mit zerknitterter Kleidung, zerwühltem Haar und dunklen Ringen unter den Augen kommt. Ricky scheint ein Mann zu sein, der mit sich kämpft, wird der Lehrer sich später erinnern. Aber mit der Zeit beginnt er in den Bibelstunden zu reden. Als Ricky in ein anderes Gefängnis verlegt wird, schreibt er ihm Briefe, stellt ihm Fragen zu geistlichen Angelegenheiten, die ihn quälen. Die meisten kreisen um das Problem der Schuld. Der Lehrer nimmt seine Fragen ernst, recherchiert sogar, wenn er etwas nicht weiß, und beschäftigt sich zwei oder drei Wochen lang mit jedem der Briefe, auf die er lange Antworten verfasst, über denen Ricky dann in seiner neuen Zelle brütet. Die Fragen sind allgemein und die Antworten dogmatisch, aber sowohl Ricky als auch der Pfarrer wissen, dass sie über Rickys Seele sprechen.

Er bittet darum, in das Programm zur Behandlung sexueller Straftäter im Erwachsenengefängnis in Valdosta aufgenommen zu werden. Zweieinhalb Jahre, nachdem er seinen Schulabschluss geschafft hat, erhält er ein Abschlusszeugnis für einen der Ausbildungskurse, die dort angeboten werden. Einen Monat später erwirbt er das Zertifikat des Lernprogramms zur Reparatur von Maschinen, in dem ihm bescheinigt wird, dass er 863 Lehrstunden hinter sich gebracht hat und jetzt als Elektrikergehilfe für Privathaushalte arbeiten kann. Auf dem Häftlingsevaluationsbogen wird sein Sozialverhalten den Mitarbeitern gegenüber als »überdurchschnittlich« bezeichnet. Zum ersten Mal in seinem Leben sind alle Kategorien mit »überdurchschnittlich« bewertet.

Im September 1990 wird Ricky Langley, der Mustergefangene, auf Bewährung aus dem Gefängnis entlassen.

Wenn die von der Verteidigung herangezogenen Experten auf diese Zeit zurückblicken, sind sie beeindruckt, wie viel er während seiner Haft in Georgia gelernt hat. Wenn die Vertreter der Anklage dasselbe tun, rümpfen sie die Nasen. Ein Jahr und fünf Monate, nachdem er aus dem Gefängnis in Georgia entlassen wurde, tötete er Jeremy. Wie viel kann er da wohl gelernt haben? Schließlich erinnert sich ein Mithäftling aus Georgia daran, dass er gesagt hat, es sei ein Fehler gewesen, das Mädchen am Leben zu lassen. Beim nächsten Mal werde er sichergehen, dass das Kind tot sei. Aber das sei nicht fair, wenden die Experten der Verteidigung ein. Zweifellos habe der andere Häftling seine Gründe, das zu sagen. Und außerdem würden Kinderschänder in Gefängnissen generell zu Zielscheiben. Es könne durchaus sein, dass Ricky versucht hat, sich abgebrüht zu geben, um sich selbst zu schützen.

Was diese Jahre vor dem Mord angeht, so läuft es wie immer bei Ricky auf die Frage hinaus: Was sehen wir in ihm? Glauben wir, dass er sein Bestes gegeben hat? Ist das hier die Geschichte eines Mannes, der wieder und wieder versucht, professionelle Hilfe zu erhalten, der versucht, sich zu ändern, sein verändertes Selbst mit hinaus in die Welt zu nehmen und einen Neuanfang zu schaffen? Ist es die Geschichte eines Mannes, der es immer und immer wieder versucht und zuletzt an der unumstößlichen Tatsache scheitert, dass er so ist, wie er ist? Oder ist es die Geschichte eines Mannes, der immer und immer wieder Behandlungen abbricht, der sich niemals wirklich bemüht, der immer wieder davonläuft? In der Verhandlung streiten sich die Anklage und die als Zeugen für die Verteidigung bestellten Psychiater genau darüber:

> *Staatsanwalt*: Also, während er [1984] unter der Auflage auf Bewährung draußen ist, sich im Psychiatrischen Krankenhaus in Lake Charles therapieren zu lassen, verlässt er den Bundesstaat und bricht die Behandlung ab, richtig?
> *Psychiater der Verteidigung*: Das ist korrekt.
> *Frage*: Er traf die Entscheidung, das zu tun, ja?
> *Antwort*: Ja, das stimmt.

Frage: Er traf die Entscheidung, das zu tun?
Antwort: Soweit er die Entscheidungsfreiheit hatte, entschied er sich dazu, ja.
Frage: Wollen Sie behaupten, er war nicht in der Lage, das frei zu entscheiden?

Und:

Staatsanwalt: Er ging also nach Indianapolis, bemühte sich dort aber nicht um eine Behandlung?
Psychiater der Verteidigung: Nein.
Frage: Und in Georgia?
Antwort: Sprach er auch mit niemandem.
Frage: Er bemühte sich nicht um irgendeine Form von Therapie?
Antwort: Nein.
Frage: Aber er wusste um sein Verhaltensmuster und verstand es auch, haben Sie gesagt.
Antwort: Er hatte eine gewisse Einsicht, was sein Verhalten betraf, ja.
Frage: Ihm war klar, dass er es hätte tun müssen, ist es nicht so, Herr Doktor?
Antwort: Ich denke, dass er das wusste.
Frage: Und er traf die Entscheidung, es nicht zu tun?
Antwort: Das ist richtig.
Frage: Suchte er in der Woche vor Jeremy Guillorys Tod irgendjemanden auf?
Antwort: Nein.
Frage: Das heißt, er ist schlau genug, um zum Arzt zu gehen, wenn er eine Bronchitis hat, aber als er anfängt, mit seinen sexuellen Gefühlen Jeremy gegenüber zu kämpfen, hat er keinen blassen Schimmer, dass er vielleicht Hilfe braucht?

Antwort: Ich glaube, er wusste, dass er Hilfe brauchte. Ich glaube, es ist ein großer Unterschied, ob man wegen einer Bronchitis etwas unternimmt oder wegen seiner seelischen Gesundheit. Es tut mir leid, ich wünschte, es wäre anders, aber es ist nun einmal so.

Frage: Warum? Warum ist es anders?

Der Mann, der im Mittelpunkt dieses Prozesses steht, der endlos diskutiert und besprochen und in beinahe dreißigtausend Aktenseiten dokumentiert und seziert wird – er wird in mancherlei Hinsicht immer ein Rätsel bleiben. Was wir in Ricky sehen, hat vielleicht mehr damit zu tun, wer wir selbst sind, als damit, wer er ist.

Aber als er im Jahr 1990 aus dem Gefängnis in Georgia entlassen wird, als er rehabilitiert und frei ist – bis auf die Verpflichtung, mit seiner Bewährungshelferin in Kontakt zu bleiben – und sich plötzlich sein ganzes Leben vor ihm zu öffnen scheint, muss Ricky eine Entscheidung treffen. Sicher, er hat lange vom Calcasieu River geträumt, aber die Jahre in der Therapie haben in ihm ein Interesse für seine Vergangenheit und seine Familiengeschichte geweckt. Er will wissen, woher er kommt und wie er zu dem wurde, der er ist. Es gibt aus diesen Jahren keine Berichte, denen zufolge ihn sein toter Bruder besucht oder er Oscars Stimme gehört hätte. Es ist das Interesse eines Historikers, eines Genealogen – und ein ganz persönliches. Während seiner gesamten Haftzeit trug er Kopien von Oscars und Vicky Lynns Geburtsurkunden mit sich herum, die er aus Bessies Koffer in Hecker entwendet hatte. Während er in Valdosta einsaß, schrieb er an den Gerichtsmediziner in Red Rock, Arizona, dem Ort, an dem der Autounfall stattfand, der zu Bessies Aufenthalt im Krankenhaus und seiner Geburt führte. Beim ersten Mal erhielt er keine Antwort auf seinen Brief, nicht einmal einen Hinweis darauf, ob er sich überhaupt an die richtige Stelle gewandt hatte, aber im Gefängnis hatte er alle Zeit der Welt, und so recherchierte er in der

Gefängnisbibliothek Adressen und Formulare und versuchte es erneut. Schließlich erhielt er per Post Kopien der Sterbeurkunden von Oscar und Vicky Lynn. In den darauffolgenden Jahren sammelt er auf diese Weise weitere Dokumente: von seinen Eltern und Großeltern und deren Eltern, Steuerbescheide und Zeitungsberichte und Sterbeurkunden. Er wird ein gründlicher Kenner seiner Familiengeschichte. Fünfundzwanzig Jahre später werde ich bei meinen Recherchen zu dieser Geschichte bei der genealogischen Gesellschaft wenige Meilen von Rickys Geburtsort und dem Ort entfernt, an dem Jeremy Guillory starb, auf ein Buch über die Geschichte der Langley-Familie stoßen, das von einem Hobbygenealogen aus Louisiana im Eigenverlag veröffentlicht wurde. In den Danksagungen am Ende des Buches werde ich folgende Worte finden: *Ein ganz besonderer Dank gebührt Ricky Langley, der eine unschätzbare Hilfe bei der Beschaffung der meisten in diesem Buch verwendeten Todesanzeigen war. Ich wünsche Ricky alles Gute.*

Im Jahr 1990 trifft Ricky, der ganze Bündel von fotokopierter Vergangenheit mit sich herumträgt, eine Entscheidung. Er wird nach Kalifornien zurückkehren. Nach wie vor ist Kalifornien der Ort, von dem die glücklichen Geschichten stammen, die Geschichten, die Bessie ihm erzählt hat, als er ein Junge war. Im Juni dieses Jahres reist er per Anhalter dorthin, auf der Suche nach einer Vergangenheit, die ohne ihn stattgefunden hat.

18

Chicago, 1996

Am College erfinde ich mich neu. Ich werde so tun, als hätte es die Vergangenheit nie gegeben. Chicago scheint weit weg von dem grauen Haus, so weit, dass ich davon frei sein kann. Die hohen neugotischen Gebäude der Universität entsprechen meinen Träumen davon, wie ein College aussehen muss: Efeu wuchert an den steinernen Torbögen und den Zinnen hoch, während in der Mitte ein großer Innenhof liegt, der von knorrigen Wurzeln durchzogen ist – ein perfekter Ort, um auf dem Rücken zu liegen und, überschattet von den Baumkronen, zu lesen. Es gibt eine Campuslegende, die besagt, die Familie Rockefeller habe eine eigene Stiftung eingerichtet, um Wachstum und Pflege des Efeus zu finanzieren, weil dieser in Chicago nicht auf natürliche Weise wächst. Mit der City von Chicago, die am jenseitigen Ufer des weiten, blauen Lake Michigan in der Sonne glänzt, und dem wuchernden grünen Efeu zwischen den Blättern der Bäume, die im Wind rascheln, scheint das College der Beweis dafür zu sein, dass man sein kann, wer immer man möchte. Jeden Tag laufe ich über diesen Hof und gehe dabei in meiner Rolle als eifrige Studentin auf. Ich schwänze niemals den Unterricht. Ich schreibe mich für so viele Kurse wie möglich ein, nicht, weil ich muss, sondern weil ich verliebt bin in all die Ideen, die darin auf mich einstürmen, und meine Hausaufgaben erledige ich unmittelbar nach den Stunden, sodass ich sie vor der nächsten Sitzung noch einmal machen muss. In den ersten Wochen, die ich dort verbringe, stirbt mein Großvater, und nachdem meine Eltern es mir mitgeteilt haben, lege ich den Hörer auf und erzähle keiner Menschenseele davon. Dieses alte Leben ist vorbei. Ich sehe nicht einmal mehr aus wie mein altes Ich, dieses Mädchen mit dem bunten Haar und den zerrissenen, weiten Kleidern. Ich habe mir eine neue Garderobe zugelegt und mein Haar wieder braun gefärbt, und mit den knappen Röcken und den eng anliegenden Oberteilen peile ich einen entschlossenen Retrolook à la Mary Tyler Moore an; die schwarze Vinylhose allerdings erinnert eher an Uma Thurmans Charakter in *Pulp Fiction*, zumindest, wenn man sich die Adrenalinspritze im Herzen wegdenkt. Was ich jedoch in Wahrheit anpeile, ist Glücklichsein.

Und ich falle jemandem auf. Eines Tages kommt im Speisesaal ein Junge auf mich zu. Er sagt, er ist im Footballteam. Sein braunes Haar fällt über sein eines Auge, und unter der Haarsträhne schaut er mich jetzt an. Seine Studentenverbindung feiert eine Party – ob ich sein Date sein möchte?

Er benutzt tatsächlich das Wort »Date«. Es ist wie in einem Hollywoodfilm, einem Film, den ich mir selbst erträumt habe, und am Freitagabend lege ich eine Funk-CD ein und singe mit, während ich mich umziehe. Das Partymotto sind die Siebziger, und ich wähle eine enge Schlagjeans mit niedrigem Bund und einen Rollkragenpullover, der meine Kurven betont. Ich föhne und glätte meine Haare, dann setze ich eine wollene, karierte Schirmmütze verkehrt herum auf, um, so hoffe ich, einen unerwarteten, kessen Effekt zu erzielen.

Die Feier findet in einem der aus Stein und Ziegeln erbauten Verbindungshäuser an der South University Avenue statt; ich bin dort schon öfter vorbeigelaufen, ohne zu erwarten, dass ich jemals eines davon betreten würde. Ich trinke aus Prinzip nicht. Darauf bin ich stolz. Ich will nicht sein wie mein Vater. Doch was macht man auf einer Studentenparty, wenn man nicht trinkt? Im Haus lehnen Pärchen knutschend an Türrahmen. Leute in Glockenröcken und langen Hippieperücken fläzen sich auf Sofas und dem Boden. Etwas Silbernes glänzt in der Ecke – ich erkenne ein Fass, und mir wird bewusst, dass ich bisher immer, wenn meine Mitschüler von Bierfässern geredet haben, ein Holzfass vor Augen hatte.

Der Junge, der mich eingeladen hat, ist mit einer Ballonmütze und einem Flanellhemd über einem weißen T-Shirt aufgetaucht. Jetzt füllt er einen roten Plastikbecher, den er schräg hält, damit sich nicht zu viel Schaum bildet, und streckt ihn mir hin.

»Nein, danke.« Ich bin froh, hier zu sein, aber ich habe trotzdem nicht vor zu trinken.

Seine Gesichtszüge entgleisen. Er sieht nicht einfach nur enttäuscht aus, sondern verwirrt, und ich weiß augenblicklich, dass ich einen Fehler gemacht habe. Ein Teenager aus einem Hollywoodfilm hätte nicht so gehandelt. Er trinkt den Becher in einem einzigen langen Zug aus, füllt einen weiteren Becher und stürzt ihn ebenfalls hinunter. Dann geht er davon, und als er nach einer ganzen Weile zurückkommt, um nach mir zu schauen, bin ich ziemlich sicher, dass er betrunken ist. Und er kann definitiv sehen, dass ich es nicht bin. Ich komme zu dem Schluss, dass mir nichts anderes übrig bleibt, als zu gehen. »Ich fühle mich nicht so gut«, sage ich. Ich habe die ganze Stunde sittsam auf einem Sofa gesessen und versucht, anderer Leute Ellbogen auszuweichen. »Vielleicht gehe ich besser heim.«

»Ich begleite dich.«

Das ist das Letzte, woran ich mich erinnern kann, abgesehen von den Bäumen, die aus dem dunklen Gräsermeer der Promenade herausragen und sich in den schwarzen Himmel bohren. In meiner Erinnerung gibt es kein Licht. Da sind keine Sterne und keine Menschen. Auch er ist nur nebelhaft vorhanden, und meine Erinnerung setzt erst wieder damit ein, dass ein anderer Junge meinen Arm umfasst, mir aufhilft und fragt: »Bist du okay? Geht es dir gut?«

Der Footballspieler hat mich zu Boden gedrückt. Das wird mir klar, als ich aufstehe und die von der Erde feuchten Grashalme von meiner Kleidung und aus meinen Haaren schüttle. Er hat mich nicht vergewaltigt; auch das begreife ich. Ich trage noch immer meine Kleider. Ich war in Gefahr, aber ich kann nicht einschätzen, wie groß die Gefahr war. Mein Körper wird von Furcht geschüttelt. Obwohl ich nüchtern bin, erinnere ich mich an nichts.

»Jeder hier kennt seinen Ruf«, sagt der Junge. »Aber keiner wusste, wie er es dir sagen sollte. Du schienst so aufgeregt. Darum dachte ich mir, ich komme lieber mit und vergewissere mich, dass bei dir alles okay ist.«

Von diesem Moment an bin ich statt mit dem Footballspieler mit dem Jungen zusammen, der mitgekommen ist. Ben ist fast zwei Meter groß, aber zumindest in meiner Erinnerung geht er nicht krumm wie so viele sehr große Menschen, sondern wirkt aufrecht und tapfer. Er leidet unter einer seltenen Krankheit, dem Marfan-Syndrom. Sie hat dafür gesorgt, dass er schlaksig und beinahe schmerzhaft dünn ist. Die Gelenke seiner Daumen stehen im rechten Winkel von seinen Handtellern ab, genauso wie bei Abraham Lincoln, der die gleiche Krankheit hatte. Lincoln, erzählt Ben mir in einer der ersten Nächte, in denen wir vollständig bekleidet auf seinem oder meinem Bett im Wohnheim liegen, wäre selbst dann innerhalb weniger Monate gestorben, wenn er nicht an jenem schicksalhaften Tag im Ford's Theatre erschossen worden wäre. Die Krankheit hatte seine Herzmuskulatur angegriffen. Der Gedanke, dass die Zukunft ungesehen in der Gegenwart eingepflanzt ist, die Gegenwart unsichtbar in der Vergangenheit wurzelt, beeindruckt mich unmittelbar.

Bens Herz ist sicher – wenn es etwas gibt, das ich über Ben weiß, dann dies: dass sein Herz sicher und weit und lebendig ist –, aber durch das Syndrom tritt sein Brustkorb spitz hervor, und das bereitet ihm Unbehagen. Deshalb trägt er schon lange, bevor das Wetter in Chicago umschlägt und es richtig kalt wird, dicke Pullover. Das erinnert mich daran, dass ich sogar im Sommer immer unter einer Bettdecke liegen muss, um schlafen zu können. Seine Haut ist so dehnbar, dass er sie an seinem Hals mehrere Zentimeter weit weg ziehen kann. Sie fühlt sich ein wenig wächsern an, wenn man sie berührt, ungefähr so, wie ich mir die Wachsfiguren bei Madame Tussauds vorstelle. Seine Größe, seine Haut, seine ungewöhnlich hervorstechenden Knochen, all das macht ihn zu jemandem, der auffällt. Es ist kein Kostüm und keine Verkleidung, wie es meine gefärbten Haare und zerrissenen Kleider früher waren, wie es auch meine stromlinienförmigen Kleider jetzt sind. Für ihn ist es eine Identität, die ihm aufgezwungen wurde. Während ich einst versuchte, meinen inneren Schmerz äußerlich sichtbar zu machen, in der Hoffnung, dass jemand ihn bemerken würde, und jetzt so tue, als gäbe es keinen Schmerz, hat Ben keine andere Wahl, als offen zu zeigen, dass er anders ist.

Das, wird mir klar, hat ihn zu einem freundlichen Menschen werden lassen. Er lacht oft und bringt noch öfter andere zum Lachen, und seit ich mit ihm gehe, stehe ich plötzlich im Mittelpunkt des Lebens im Wohnheim. Als unser Haus einmal eine Wohltätigkeitsveranstaltung organisiert, hat Ben den Einfall, um Mitternacht in der Eingangshalle Milchshakes an die Studenten zu verkaufen. Die Studenten hier sind dafür bekannt, bis in die Nacht hinein zu lernen, und gerüchteweise schließt die Mensa nur deshalb an einem Abend in der Woche, damit die Studenten gezwungen sind, auch mal auszugehen. Ich selbst bin so verliebt in Kaffee, dass ich ihn kurzzeitig mit koffeiniertem Wasser koche, und so steuere ich die Idee bei, Kaffee-Eis für die Shakes zu benutzen und zusätzlich löslichen Kaffee dazuzugeben. Was dabei herauskommt, ist ein dunkles, zähes Gebräu, das so körnig ist, dass man meinen könnte, feuchten, gezuckerten Sand zu trinken, aber als der Tag des Verkaufs gekommen ist, ist die Schlange der Studenten im Eingangsbereich lang. Gut zehn Jahre vor dem Aufkommen von Red Bull ist dieser trinkbare, hochkoffeinierte Schlamm an einer Universität, an der sich die Studenten gegenseitig mit Klagen darüber übertreffen, dass sie vor lauter Lernen nicht zum Schlafen kommen, ein echter Hit. Wir nutzen die ersten Umsätze, um mehr Instantkaffee zu kaufen, und werben damit, dass die nächste Runde Milchshakes noch stärker wird. Dass sie abscheulich schmecken, verleiht ihnen nur einen noch größeren Reiz.

Und ich kann das gut verstehen. Auch ich selbst werde mich beweisen, werde das scheußliche Zeug trinken und immer den schwierigsten Weg wählen. Es wird Jahre dauern, bis ich den Wert von Milde begreifen lerne. Noch immer schmerzt mein Körper von der Borreliose, und auf den Winter in Chicago bin ich vollkommen unvorbereitet. Wenn meine Knie mir den Dienst versagen, hebt Ben mich hoch und trägt mich. Wenn es mir gut genug geht, um zu stehen und mich zu drehen, nimmt er mich zum Tanzen mit. Er erweist sich als hervorragender Tänzer, der mich herumwirbeln und hochheben kann. Ich lebe in einem Traum, dem Traum, geliebt zu sein.

Aber wir sind kaum mehr als Kinder, ich achtzehn und er neunzehn, und wir haben nicht genug Erfahrung, um die heraufziehende Gefahr rechtzeitig zu erkennen. Obwohl ich glücklich bin – ich schwöre, dass ich mich glücklich fühle –, kann ich seit der Nacht auf der Promenade nicht mehr richtig essen. Zuvor, in der High School, aß ich, bis mir von innen alles wehtat, und dann übergab ich mich, um die Erleichterung zu fühlen, um loszuwerden, was sich in mir staute. Jetzt aber ist es plötzlich und unerklärlicherweise beängstigend für mich, etwas im Magen zu haben. Nur Äpfel, fettarmer Joghurt, vegetarische Burger ohne Brötchen und grüner Salat gehen. Ich habe niemandem in Chicago davon erzählt, was mit meinem Großvater war, und ich bin entschlossen, es auch weiterhin nicht zu tun. Das ist Vergangenheit. Mein Großvater ist tot, und ich bin im College und frei. Nachts liegen Ben und ich auf seinem Bett, und mit einer einzigen Fingerspitze fährt er an meinen Hüftknochen entlang, die durch die Jeans hindurch hervortreten, und dann am Rücken über meine Wirbelsäule hinauf bis zum Nacken, der länger wirkt, jetzt, da so wenig von meinem Körper da ist. Erfreut darüber, wie dünn ich neuerdings bin, trage ich viel Schwarz, versuche, die New Yorkerin zu sein, die ich sein will. Diesem Jungen aus Kansas komme ich sehr kultiviert vor. Über die Monate hinweg haben wir nur ein- oder zweimal Sex, aber es scheint ihm nichts auszumachen. Keiner von uns ist sich bislang darüber im Klaren, dass wir beide homosexuell sind. Keiner von uns weiß, wie sehr wir einander ein rettender Hafen sind. Er mag meine Rollkragenpullover und mein

Gesicht mit den zarten Knochen und sogar mein Schweigen. »Du bist wie eine Ballerina«, sagt er.

Aber ich belasse es nicht dabei, sondern schlittere über »Ballerina« hinaus, weiter in den gefährlichen Bereich. Als ich an Thanksgiving nach Tenafly zurückkehre, habe ich nicht die fürs erste Collegejahr typischen fünfzehn Pfund zugenommen, sondern seit dem Semesterbeginn Ende August dreißig Pfund abgenommen. Auf dem Foto, für das meine Geschwister und ich vor dem Kamin posieren und das später das Bild für unsere Weihnachtskarten wird, trage ich einen weichen schwarzen Pullover mit kurzen Ärmeln. Meine Oberarme sind so dünn wie Handgelenke. Meine Handgelenke sind die eines Kindes. Meine Eltern schicken mich zu meinem alten Kinderarzt. In meiner Erinnerung sagt er mir, dass ich unbedingt mehr essen muss, aber kein ernsthaftes Problem habe.

Heute erscheint mir das seltsam, ja unmöglich. Wer würde einer magersüchtigen Jugendlichen erklären, dass sie kein ernsthaftes Problem hat? Im Rückblick stelle ich mir vor, wie meine Eltern mit weit aufgerissenen Augen und offenen Mündern am Rand eines Highways stehen und Zeugen eines Autounfalls werden. Mein Vater trinkt noch immer zu viel. Er leidet noch immer unter Depressionen. Meine Mutter hat im Gerichtssaal ihre Stimme gefunden, aber zu Hause ist sie noch stiller geworden. Noch immer haben sie zwei Töchter großzuziehen, einen Ruf in der Stadt zu bewahren und eine Kanzlei zu leiten. Und mehr als alles andere sind wir Gefangene der Geschichte, die wir über uns selbst erzählen, dieser Geschichte, in der die von armen Einwanderern abstammenden Eltern es geschafft haben, in der sie jetzt die Cadillacs und die schönen, erfolgreichen Kinder haben und an Weihnachten die meisten Lichter auf der Veranda. Es geht uns um jeden Preis so gut, dass es für sie eine Überforderung sein muss, eine Tochter zu haben, der man plötzlich so deutlich ansieht, dass mit ihr eben nicht alles in Ordnung ist. Und welch eine Erleichterung ist es für uns alle, als ich wieder zum College zurückkehre.

Etwa einen Monat vor den Frühjahrsferien klopft die für mein Wohnheim verantwortliche Tutorin an meine Tür und drückt mir einen weißen Briefumschlag mit einem Zettel darin in die Hand. Ich habe noch mehr Gewicht verloren, und das College verlangt, dass ich eine Ernährungsberaterin aufsuche. Ich habe bereits widerwillig ein paar Therapiesitzungen hinter mich gebracht, auch wenn ich nicht glaube, dass eine Therapeutin viel für mich tun kann. Ich bin überzeugt, dass mir eine Ernährungsberaterin noch weniger bringen wird. Es ist nicht so, dass ich nicht begreifen würde, dass ich Nährstoffe brauche. Ich bilde mir auch nicht ein, gut auszusehen – das ist vorbei. Ich ziehe mich vor Ben nicht mehr aus. Nur alleine in meinem Zimmer stelle ich mich nackt vor den Spiegel. Ich hatte immer schon markante Hüftknochen, aber jetzt treten sie messerscharf hervor; da ist so offensichtlich nur eine dünne Hautschicht über den Knochen, dass mir von dem Anblick übel wird. Mein Hintern scheint geschrumpft zu sein. Als ich in der fünften Klasse war, sollte ich eines Tages im Kunstunterricht ein Porträt von mir selbst malen. Die anderen Kinder malten sich mit Kreide goldene Kringel als Haare, schraffierten ihre T-Shirts mit Rot aus. Ich erinnere mich an meine Verwunderung, als ich ihre Bilder anschaute. Sie schienen alle so genau zu wissen, wie sie aussahen. Ich hatte das Einzige gezeichnet, was mir möglich war: einen schwarzen Wirbel, der von der Mitte des Zeichenpapiers ausging wie eine der Wolken, die in Alfred Hitchcocks Film *Vertigo* die Leinwand verdunkeln. Gefangen in dem Wirbel malte ich ein Gewehr, einen elektrischen Stuhl und Hände, die nach mir griffen, der Stoff meiner Albträume. Das war das einzige Porträt von mir, das ich mir vorstellen konnte: was ich dachte und fürchtete. Was mich zu verschlingen drohte. Mein Körper war ein unbegreifliches Artefakt, eingehüllt in dunkle, schlabbrige Kleidung, etwas, woran ich möglichst nicht denken wollte.

Doch im College fällt es mir seltsam leicht, mich allein vor dem Spiegel anzusehen. Ich widere mich selbst an mit meinen Knochen und den Knubbeln auf meinem Rücken und den blauen Flecken, die sich, wenn ich zu lange auf einem harten Stuhl sitze, auf dem Hautsack bilden, der einmal mein Hintern war. Dieser Ekel ist tröstlich. Ich fühle mich nicht attraktiv, aber ich fühle mich sicher.

Der Raum in der collegeeigenen Arztpraxis, in dem ich mich mit der Ernährungsberaterin treffe, ist klein, fensterlos und ganz entschieden beige. »Es ist aufgefallen«, sagt sie, dass ich jedes Mal, wenn ich meine Familie besuche, noch mehr abnehme. Wem es aufgefallen ist, lässt sie offen. Sie sitzt auf einem weißen Plastikstuhl mit Armlehnen aus verblichenem hellen Holz und gibt sich so sorgfältig neutral wie ihre Umgebung. In der Woche zuvor hielt mich der Angestellte in der chinesischen Reinigung auf, als ich nach meiner Kleidung an der Stange griff. »Haben Sie«, fragte er und lächelte. Ich lächelte zurück. Wir tauschten immer ein wortloses Lächeln aus, wenn ich die Reinigung betrat, aber nun sah er nervös aus. »Haben Sie«, begann er erneut, »das AIDS?« Am nächsten Tag entfaltete ich in der Mensa einen Zettel, den man zu mir durchgereicht hatte. *Ich weiß, du denkst, du siehst gut aus, aber …* Und als ich erwähnte, dass ich mich zur Blutspende anmelden wollte, sagte eine Freundin aus dem Wohnheim: »Du musst fünfzig Kilo wiegen, um Blut spenden zu dürfen.« Ich hielt meine automatische Antwort zurück, dass ich eins fünfundsiebzig groß sei und natürlich fünfzig Kilo wiege. Aber am selben Abend stieg ich auf die Waage und musste feststellen, dass das nicht stimmte. »Vielleicht«, sagt die Ernährungsberaterin, »könnten Sie die nächsten Ferien irgendwo anders verbringen?«

Und so kommt es, dass ich im Führerhäuschen eines alten Ford Pick-ups sitze, mit Ben neben mir und seinem Bruder hinter dem Steuer. Der Sonnenaufgang in Kansas ist anders als alles, was ich je gesehen habe, eine Kaskade von Sprenkeln in Lila- und Rosatönen, die bis zum Himmel und vielleicht noch weiter reichen und die Erde in eine Farbexplosion von beinahe obszöner Schönheit tauchen. Ich bin davon ebenso überwältigt wie von dem Gedanken, dass die Menschen in den Häusern, an denen wir vorbeirauschen, diese Schönheit jeden Tag vor Augen haben. Wie viele unterschiedliche Lebensweisen es gibt! Auch die Gebäude überraschen mich. Keines ist höher als zwei Stockwerke, allerhöchstens drei, und obwohl sie mit ihren tagsüber ausgeschalteten Neonschildern heruntergekommen wirken, gibt es nichts, was mit dem herrlich lebendigen Himmel hier mithalten kann. »Wunderschön, nicht?«, fragt Bens Bruder. Ich nicke stumm.

Eine Woche verbringe ich bei seiner Familie. Bens Vater ist ein notorisch schwieriger Mensch mit festen Überzeugungen, der kein Blatt vor den Mund nimmt. Aber er ist lang und dünn, und keine seiner Ansichten ist so unumstößlich wie sein Hass auf dicke Leute, also kann er mich leiden. Bens Mutter scheint mich unablässig zu beobachten und behandelt mich mit so viel Zartgefühl, als bestünde ich aus Glas. Sein Bruder ist freundlich. Seine Schwägerin ist nur wenige Jahre älter als Ben und ich, und ich erfahre, dass sie eigentlich Roberta heißt, aber niemand nennt sie so. Alle nennen sie nur »die Braut« seines Bruders, obwohl sie schon vor zwei Jahren geheiratet haben.

Roberta ist diejenige, die zu guter Letzt zu mir durchdringt. Nicht durch das, was sie sagt, sondern weil sie ist, wer sie ist. Sie wirkt anmutig, freundlich und lächelt immer, ist zufrieden, in dieser winzigen Stadt zu leben, nicht zu arbeiten und mit dem Namen des Mannes angesprochen zu werden, den sie geheiratet hat.

Aber auch wenn ich mir bei dem Gedanken kleinlich und gemein vorkomme, weiß ich doch, dass mich ein solches Leben niemals glücklich machen könnte. Mir wird klar, dass ich krank bin, und wenn ich keine Möglichkeit finde, wieder gesund zu werden, werde ich am Ende viel früher verheiratet sein, als ich will. Denn die Wahrheit ist, dass ich im Moment tatsächlich jemanden brauche, der sich um mich kümmert. Woher soll Ben oder irgendein anderer wissen, dass das hier nicht mein richtiges Leben ist; ich warte immer noch darauf, dass es anfängt. Woher soll er wissen, dass ich in meinem richtigen Leben niemanden nötig habe, der mich rettet?

In diesem Sommer mache ich mit Ben Schluss, auf die feige Art, per Telefon. »Aber … aber«, sagt er, und ich kann hören, wie seine Verwirrung sich in Verärgerung wandelt, wie bei einem neugeborenen Kalb, das auf die Beine kommt. »Ich bin derjenige, der mit dir hätte Schluss machen müssen.«

Das lässt mich zusammenzucken, aber seine Worte entsprechen der Wahrheit. In ihnen schwingen die Gespräche mit, die er mit seinen Freunden über mich geführt haben muss und an die ich bisher nie gedacht habe.

Ich widme mich mit voller Kraft dem Ziel, dass es mir besser geht: Wenn das Problem darin besteht, dass ich nicht gegessen habe, werde ich eben essen. Mein Körper wird fülliger. Er wird weicher. Der Sommer vergeht, und als ich zurück ins College komme, können die Leute gar nicht aufhören, mir zu sagen, wie gut ich aussehe.

Ich kann es nicht ertragen. Kann nicht ertragen, wie sichtbar ich mich fühle. Wie gefährdet.

Ich werfe das Studium hin.

Ich wollte so verzweifelt Mitgefühl mit Ricky empfinden, wie er da in Indianapolis im strömenden Regen neben Ruths Autotür steht, die Kapuze über den Kopf gezogen, eine Hand in der Tiefe seiner Tasche vergraben, in der anderen die blaue Reisetasche, den Kopf nach vorne gebeugt, damit ihm der Regen nicht in die Augen rinnt. In jenem Moment war sein Leben aus der Bahn geworfen, abgekommen von dem, was er sich erträumt hatte. Er versuchte etwas zu finden, das ihn retten, ihn normal machen würde. Ich verstehe diesen Wunsch. In Rickys Akte gibt es einen Therapieaufnahmebogen aus den Jahren nach der Zeit in Calcasieu. Darin behauptet Ricky, er sei nicht länger Jungfrau und habe schon einmal eine Freundin gehabt. Ich stieß neben diesem Hinweis auch auf den, dass das Mädchen in Georgia – an dem er sich vergriff, als er zwanzig war – vierzehn war.

Und ich musste an Luke aus Colorado denken.

Luke, der im Alter von zweiundzwanzig Jahren seine eigenen Gründe gehabt haben muss, einer Sechzehnjährigen im Internet den Hof zu machen. Gründe dafür, ihr sorgfältig zusammengestellte

Päckchen mit Fotografien und Musikkassetten zu schicken, dafür, quer durch das Land zu fliegen, um sie zu besuchen, als sie noch in der High School war, also in einem Leben, das er schon seit Jahren hinter sich gelassen hatte – wobei das nicht ganz stimmt, denn er lebte noch immer daheim in seinem Kinderzimmer und war noch immer so verloren wie als Teenager. Luke, der mich, ganz egal wo im Land ich mich aufhalte, trotzdem alle paar Jahre online findet und mir eine Mail schreibt, in der er erklärt, dass wir eine ganz besondere Verbindung hatten, eine, die er seither nie wieder gefunden hat, und können wir bitte, bitte wieder in Kontakt miteinander treten?

Ich schreibe niemals zurück.

Ich war sechzehn und wusste nicht, dass ich zu jung für ihn war. Seine Aufmerksamkeit bedeutete für mich nur, dass ich es wert war, geliebt zu werden, dass man mich lieben konnte und dass ich nicht zerbrochen war. Wenn man einen Rettungsring findet, macht man sich keine Gedanken darüber, ob es der richtige ist. Man ergreift ihn und hält ihn fest.

Und so fragte ich mich, als ich in den Akten zu der Geschichte mit dem Mädchen in Georgia kam, ob es sich bei dem, was hier geschehen war, ähnlich verhalten hatte. Ob sie für ihn jenes Mädchen gewesen war. Ob auch nur die geringste Möglichkeit bestand, dass sie, als er den Chevrolet ihrer Mutter stahl, um nach Indianapolis zu fliehen, nichts davon gewusst hatte. Dass vielleicht ein bisschen Wahrheit in seiner Beschreibung steckte, sie habe es gemocht, wenn er sie mit der Zunge berührte, ihn gefragt, ob er es bitte, bitte noch einmal machen könnte. Ob wenigstens in diesem einen Moment in Rickys Leben die Beziehung zwar vielleicht unangemessen und unbedacht gewesen war, eine schlechte, unkluge Wahl – aber doch nicht so schlimm wie das, was mein Großvater getan hatte. Etwas, das eher dem glich, was Luke gesucht hatte.

Ich musste das glauben, weil es mir nur so möglich war, die Akten zu lesen. Nur so konnte ich diese Zeit mit ihm teilen. Um zu verstehen, was ich versuchen muss zu verstehen.

Erst als ich das Protokoll von Rickys erstem Prozess bekam, in dem das Mädchen aus Georgia ausgesagt hatte, wurde mir mein Fehler klar.

Sie war vierzehn, als sie beim Prozess aussagte. Im Jahr 1986 war sie fünf gewesen.

19

Kalifornien, 1990–1991

In Kalifornien scheinen sich Ricky unbegrenzte Möglichkeiten aufzutun. Hier ist er frei, frei von Georgia, von Iowa, frei, sein eigenes Leben zu erfinden. Dieses Leben ist neu, aber es löst vielleicht auch die Versprechen ein, die bei Bessies und Alcides Umzug vor so vielen Jahren ebenso unerfüllt blieben wie bei seinem eigenen Versuch als Teenager, hier Fuß zu fassen. Er mag die offene Landschaft, die Palmen, und er liebt es, dass die Küste immer in der Nähe ist, auch wenn er nicht direkt am Meer wohnt. Er erinnert sich wieder an die Geschichten, die Bessie ihm zu erzählen pflegte, die über die Wildblumen und darüber, dass der Schriftzug mit dem Wort »Hollywood« auf dem Hügel für jeden zu sehen war, selbst für sie. Die Stadt scheint eine einzige große Chance zu sein. Die glänzenden neuen Autos auf den breiten Straßen! Wohin er sieht, überall verdienen die Leute Geld! Los Angeles ist eine Stadt von Menschen, die alle von woandersher kommen und hier ihr Glück machen. Genau wie er.

Er findet Arbeit als Handwerker bei einem Bauunternehmer namens Mike. Mikes Freundin heißt Ellen, und die drei beginnen, ihre freie Zeit miteinander zu verbringen; nach getaner Arbeit trinken sie zusammen ein paar Bier und erzählen sich Witze. Mike scheint Ricky vertraut, denn auch er entstammt einer Arbeiterfamilie, die sich immer irgendwie durchschlagen musste. Aber Ellens Familie hat Geld, und zweifellos beobachtet Ricky sie genau. Nicht weil sie hübsch ist, sondern um zu lernen. Als sie ihn einmal anruft und fragt, ob er Mike und sie auf eine Party bei ihren Eltern begleiten möchte, hat er genug verstanden, um sie zu fragen, was er anziehen soll.

»Ach, einfach irgendetwas Angemessenes«, sagt sie. »Du musst dich nicht schick machen.«

»Was denn zum Beispiel?«

»Ach, du weißt schon, halt etwas Angemessenes.« Er spürt, dass sie nicht bei der Sache ist, und einen Moment lang denkt er, dass es Mike ist, der sie ablenkt, und fühlt beinahe so etwas wie Eifersucht. Es ist ihm zu peinlich, sie noch einmal zu fragen. Er weiß nicht, was sie mit »angemessen« meint.

Ich sehe ihn unter einer Gruppe Palmen stehen. Jemand hat eine Kette weißer Lampions an den ausgefransten Blättern angebracht, und der Lichtschein spiegelt sich in Rickys Haar. Er hat es mit einer Dose Haargel aus dem Ramschladen nach hinten geglättet. Er lächelt nicht, dazu ist er zu nervös, aber in seinen Augen kann man sehen, wie begeistert er ist, hier zu sein. Und an der Anspannung in seinen Fingern, als er den Sitz des hellblauen Polyesteranzugs prüft und glättet und noch einmal prüft. Es ist der Anzug, den Ellen Smith vier Jahre später bei seinem ersten Prozess beschreiben wird. Die Lichter funkeln, und sein Haar glänzt, und die schwarzen Abendschuhe, die er bei Payless gekauft hat, schimmern, wo er sie poliert hat. (»Das ist eine kalifornische Schuhkette«, erklärt Ellen Smith hilfsbereit, als sie 1994 bei dem ersten Mordprozess in Louisiana aussagt, wo es Payless zu diesem Zeitpunkt noch nicht gibt.) Sogar die schwarze Lederweste, die er aus dem Goodwill Store hat und jetzt unpassenderweise unter dem blauen Sakko trägt, glänzt. Er hat sie ebenfalls poliert. Ricky ist zu dünn, der Anzug zu groß, und er sieht aus wie ein Kind, das sich verkleidet hat. Unter dem Anzug zittert er vor Aufregung. Er ist sechsundzwanzig, aber er war noch nie auf einer Party wie dieser. Kleine runde Stehtische mit frischen weißen Tischdecken sind in dem großen Garten verteilt. Jemand hat die Tischdecken gebügelt, das kann er sehen. Selbst das Gras sieht aus, als hätte es eine Maniküre hinter sich – sein leuchtendes Grün ist so ebenmäßig, dass es beinahe unecht wirkt. Ellens Eltern lächeln ein echtes, breites, entspanntes Lächeln und nehmen sich langstielige

Weingläser. Sie ergreifen die Hände ihrer Gäste herzlich und drücken sie an ihre Brust und sagen, wie großartig es ist, sie zu sehen, wie schön. Als sie das zu ihm gesagt haben, erstarrte er wie ein Opossum, das sich tot stellt. Und jetzt gerade versteckt er sich hier im Schatten des Palmenwäldchens und sieht zu.

Ellen hingegen ist in ihrem Element. Sie bewegt sich zwischen den Gästen, beantwortet Fragen. Nein, sie und Mike haben nicht vor zu heiraten. Nein, sie wollen noch keine Kinder haben. Sie findet es großartig, dass ihre Eltern jeden zu Feiern wie dieser einladen. Jeden einladen würden. Da ist sie sich sicher. Deshalb hat sie Ricky mitgebracht. Sie hat ihnen nicht erzählt, dass Ricky wegen eines Sexualverbrechens verurteilt wurde. Mehr hat er ihr nicht verraten: »ein Sexualverbrechen« – und was, denkt sie im Geheimen, kann an Sex so schlimm sein? Aber selbst, als er ein paar Jahre später des Mordes angeklagt ist, wird sie im Zeugenstand schwören, dass ihre Eltern ihn trotzdem willkommen geheißen hätten, auch wenn sie gewusst hätten, welches Verbrechens er sich schuldig gemacht hatte. Sie sind eben typische Kalifornier, für die es egal ist, was du getan hast, was in der Vergangenheit war; es kommt nur darauf an, wer du jetzt bist. Und Rick – so nennt Ellen ihn, nennt ihn bei dem Namen, den er angenommen hat, seit er hier ist, und er liebt die kühle Härte des Vokals am Ende, der beweist, dass er endlich erwachsen geworden ist –, Rick arbeitet hart. Wie ihr Mike.

Mike. Während der Party wird sie nach ihm Ausschau halten, ihn ansehen und lächeln. Er steht am Rand des Geschehens, eine Bierflasche in der Hand, ohne mit den Gästen zu reden. Ricky ist bei ihm, ebenfalls mit einer Flasche. Die beiden haben sich unter dem Baum getroffen und halten sich von den Freunden von Ellens Eltern fern. Wie Brüder, die beiden. Sie lächelt wieder, dann taxiert sie Rickys Anzug. Registriert seine Kleidung so sorgfältig, dass sie sie noch Jahre später beschreiben kann. Sie denkt sicher einen Moment lang über sein Leben nach, wundert sich, was für ein Leben ihm diese Kleidungsstücke beschert hat. Wie beschreibt sie ihn für sich, in ihren Gedanken? Was für eine Tat stellt sie sich vor – und vergibt sie ihm im selben Moment?

Der Sommer vergeht, der Herbst. Eines Abends sitzen Ellen, Mike und Ricky an einer Bar und unterhalten sich darüber, welche Weihnachtsgeschenke sie kaufen werden. Ellen sagt, ihr Vater wird von ihr einen Golfpullover bekommen. Mike besorgt seiner Mutter Blumen.

»Die *eigentliche* Frage«, sagt Ellen dann wohl und sieht Mike über den Rand ihres Glases an, »ist, was der da mir schenken wird.«

Mike zwinkert Ricky zu. »Ha, Rick, du verrätst nichts, oder? Wir haben unsere Geheimnisse.«

»Das ist unfair!«, sagt Ellen. »Er weiß auch, was ich für dich habe! Ich glaube, er weiß zu viel!«

Dieser Augenblick – Ricky würde ihn wie eine Trophäe an die Wand nageln, um sie jeden Tag anzuschauen, wenn er könnte. In diesem Moment hat er Freunde.

»Was wirst du kaufen, Rick?«, will Ellen wissen.

Er schluckt sein Bier hinunter, und das Bier gibt ihm Mut. »Ich habe ein bisschen Geld gespart.« Er denkt nicht mal an die vielen Dinge, die sie nicht über ihn wissen. Über seine Herkunft. »Meine Mama – sie haben ihr vor fünfzehn Jahren das Bein abgenommen, und sie geht immer noch an Krücken.« Sicher erinnert er sich daran, wie Bessie versucht, ihren Körper durch den engen Wohnwagen zu wuchten, ohne dabei an das Sofa oder ein Tischbein zu stoßen. Diese Krücken sind zu Hause schon schlimm genug, aber er weiß, dass sie innerlich geradezu zurückschreckt, wenn sie mal irgendwo hinmuss. »Ich werde«, sagt er, und er mag den Geschmack des Wortes »werde« in seinem Mund, es hört sich so endgültig an. »Ich werde ihr einen Rollstuhl kaufen.« Die Worte fühlen sich richtig an. Sie fühlen sich wahr an.

»Das ist gut, Mann!« Mike klopft ihm auf die Schulter. »Guter Sohn, den deine Mutter da hat.« Er erhebt seine Bierflasche. »Auf deine Mutter. Wie heißt sie?«

»Bessie.«

»Auf Ricks Mom Bessie«, sagt Mike, »und auf ihren Rollstuhl.« Die drei stoßen an.

Zwei Wochen lang spornt dieser Gedanke ihn an. Freitags, wenn Zahltag ist, löst er vielleicht seinen Scheck ein und steckt ein paar zusammengefaltete Banknoten in eine alte Kaffeedose, ehe er einen Schein nimmt und zum Getränkemarkt geht und eine kleinere Flasche Schnaps als sonst kauft. Wann immer er die Banknoten in die Dose legt, fühlt er Stolz. Er kann das schimmernde Chrom des Rollstuhls vor seinem geistigen Auge sehen, die großen, leichtgängigen Räder. In der ersten Woche sieht er sich selbst das Metall polieren, ehe er Bessie das Gefährt präsentiert. Er wird es zum Glänzen bringen. Er wird ein großes rotes Geschenkband mit Schleife darumbinden, wie in einem Film. In der zweiten Woche hat er eine noch bessere Idee. Vielleicht könnte er eine Anzahlung für einen elektrischen Rollstuhl mit Steuerhebel machen. Ein bisschen Luxus in Bessies Leben bringen, zum ersten Mal etwas Luxus. Er stellt sich vor, bei ihr in Iowa zu sein, wenn sie das Geschenk erblickt. Wie vorsichtig sie sich auf den Sitz sinken lassen wird. Er wird ihr zeigen, wie man die Steuerung bedient, und sie wird es versuchen und die Entfernung falsch einschätzen und mit dem Rollstuhl gegen das Sofa fahren, und oh, wie werden sie lachen und lachen.

Aber als es Weihnachten wird, haben sich seine Träume in Luft aufgelöst. Vielleicht hat Mike keine Arbeit mehr für ihn, vielleicht ist er schon so daran gewöhnt weiterzuziehen, dass er nicht mehr anders kann, oder vielleicht ist etwas passiert, und Ellen und Mike wollen ihn nicht mehr um sich haben. Er geht fort, und es gibt keine Aufzeichnungen darüber, warum. Ellen wird später im Zeugenstand keinen Grund angeben, sondern nur erzählen, dass er unbedingt einen Rollstuhl für Bessie kaufen wollte und dann fortgegangen ist. Mike sieht er nie wieder, Ellen nur beim Prozess. Bessie wird ihren Rollstuhl nie bekommen. Er zieht in einen anderen Teil Kaliforniens, aber ein paar Monate später ist er wieder unterwegs. Er kehrt nach Georgia zurück, um bei seiner Schwester Judy zu leben. Dort sucht er in aller Stille einen Psychiater auf, wie vom Gericht in Georgia angeordnet, aber die Aufzeichnungen darüber werden nie gefunden, weil sie entweder vernichtet wurden oder vielleicht nie existiert haben. Im Dezember 1991 verlässt er Georgia und zieht zurück zu seinen Eltern nach Iowa, Louisiana.

Ein paar Monate später wird Ricky Jeremy ermorden. Und danach werden seine Anwälte, die Gutachter und auch Ricky selbst alle erklären, dass er sich »ein ganzes Jahr« lang gut benommen hat, dass er ein ganzes Jahr lang niemanden belästigt hat.

Doch er wurde nicht ein Jahr zuvor aus dem Gefängnis in Georgia entlassen, sondern anderthalb Jahre zuvor. Und vor seiner Entlassung verbrachte er vier Jahre im Gefängnis – wo er kaum die Möglichkeit gehabt haben dürfte, sich an einem Kind zu vergreifen. Folglich müssten es eigentlich fünf Jahre sein, nicht eines. Es muss etwas geben, das nicht in die Rechnung mit eingegangen ist, etwas, womit sich die Justiz nicht beschäftigen kann, weil es keine Beweise und keine Aufzeichnungen darüber gibt. Lassen Ricky und seine Anwälte etwas – jemanden – aus? Ein Jahr, das ist um den Zeitpunkt herum, als er von Ellen und Mike wegging. Ein Jahr, das ist die Zeit, als er Kalifornien verließ.

Als Ricky zum letzten Mal bei Bessie und Alcide einzieht, ist er sechsundzwanzig. Er ist immer noch dünn, kaum größer als jemand im vorpubertären Alter, und den Angaben der Ärzte zufolge hat er die emotionale Reife eines Elf- oder Zwölfjährigen. Aber er hat auch genügend Kränkungen während seines Erwachsenenlebens erfahren, um zu begreifen, welchen Eindruck er auf andere macht. Er hasst es. Er versteht jetzt, dass er ein Pädophiler ist. Bei seinem Entlassungsgespräch in Georgia, ehe er auf Bewährung freikommt, beruhigt er den Beamten, versichert ihm, ja, er kann nach Louisiana ziehen und bei seinen Eltern leben. Sie werden Verantwortung für ihn übernehmen. Bessie nimmt an dem Gespräch teil. Sie muss sehr nervös sein. Ich stelle sie mir in einem der pastellfarbenen Kleider vor, die meine Großmutter zu tragen pflegte, ein besseres Kleidungsstück als das Hauskleid, mit einem gehäkelten Spitzenkragen und vielleicht Spitzenmanschetten am Ärmel. Sie sitzt dem Bewährungshelfer auf einem Klappstuhl gegenüber, ihre Krücke lehnt an der Wand hinter ihr, und sie hat den Stumpf ihres Beines ein wenig nach innen gedreht, sodass ihre Knöchel brav gekreuzt wären, wenn sie noch beide hätte.

»Ma'am, ich möchte, dass Sie und Ihr Ehemann wissen, worauf Sie sich einlassen.«

Sie sieht ihn nur an. Denkt vielleicht daran, wie Ricky ein kleiner Junge war und sie den Anruf aus seiner Schule bekam, nachdem er behauptet hatte, Oscar gesehen zu haben. Denkt an die Familienfeste, bei denen er immer so bereitwillig auf die Kinder aufpasste. Es gibt in den Aufzeichnungen einen Hinweis, nur einen, der besagt, dass Ricky einmal ein Familienmitglied sexuell belästigt hat. Wen, das erfährt man nicht. Sie muss es wissen. Kann sein, sie erinnert sich, wie sie dem Psychologen in der Psychiatrischen Klinik in Lake Charles fünf Jahre zuvor gebeichtet hat, welche Last es geworden war, Ricky zu beaufsichtigen. Dass sie ihn keine fünf Minuten alleine lassen konnte, ohne dass er loszog und »irgendjemanden belästigte«. Jetzt, fünf Jahre später, nach der Bewährungsstrafe und dem Aufenthalt im Gefängnis, ist ihr die Wahrheit dieser Worte noch viel klarer.

Aber Bessie glaubt daran, dass man sein Kreuz im Leben tragen muss, und Ricky ist ihr Liebling und ihr Kreuz zugleich. Würde sie ihre Entscheidung von damals, die Schwangerschaft nicht abzubrechen, jetzt zurücknehmen, wenn sie könnte? Jetzt, da er drei Kinder missbraucht hat, von denen sie weiß, und wer weiß, wie viele andere noch, von denen sie keine Ahnung hat? So denkt man nicht. Sie denkt nicht so. Höchstwahrscheinlich kann sie die Qualen dieser Kinder – dieser Fremden – nicht mit der gleichen Intensität nachfühlen, mit der sie Rickys Präsenz neben sich spürt. Er ist ihr Sohn. Eine Familie hält zusammen.

Und so blickt sie dem Beamten schließlich ins Gesicht und sagt: »Ja, Sir. Sein Vater und ich, wir wissen Bescheid.«

Es ist dieses Gespräch, in dem Ricky sagt: »Ich habe eine Vorliebe für blonde Jungen. So um die sechs Jahre alt.« Und er muss stolz sein, dass er das jetzt in Worte fassen kann, dass er sich selbst gut genug versteht, um das zu wissen. Der Beamte schreibt Rickys Worte nieder, aber nicht, ob Bessie sich zu diesem Zeitpunkt ebenfalls im Raum befindet. Hört sie, was Ricky da sagt? Jagen seine Worte ihr einen Schauer über den Rücken? Stockt der Stift des Beamten wie von einer Vorahnung, oder bemerkt er es nicht einmal, weil das Gespräch für ihn nur eine Formsache ist? Niemand – nicht Bessie, nicht der Bewährungshelfer, und allem Anschein nach nicht einmal Ricky – achtet darauf, dass wenige Meilen von dem Campingwagen, in dem Ricky seine Bleibe haben wird, ein kleiner blonder Junge lebt. Er ist sechs Jahre alt, liebt sein Luftgewehr und wohnt mit seiner Mutter in einem Haus, in dem sie darum kämpfen müssen, dass ihnen die Heizung nicht abgestellt wird.

20

Massachusetts, 2002

In der Nacht, nachdem ich zum Jurastudium angenommen wurde, begehe ich einen Einbruch.

Jetzt, gegen Mitternacht, ist der Harvard Yard in eine leere Dunkelheit getaucht. Das Licht der Straßenlaternen auf dem Platz sickert zwischen den Ästen der Bäume hindurch. Ich stehe auf einem verlassenen hölzernen Vorbau und erschauere. Die Nacht ist kälter, als ich erwartet habe, windstill, klar und ruhig, eine typische Nacht für Boston, bei der ich immer daran erinnert werde, dass die Stadt am Wasser gebaut ist und dass Wasser zu Eis wird.

Mit dreiundzwanzig habe ich im zweiten Anlauf endlich meinen Abschluss am College gemacht und lebe jetzt zusammen mit meinem Freund Adam und dem Hund, den wir adoptiert und »Professor« getauft haben, in New Jersey. Wir teilen uns eine Wohnung im ersten Stock eines Hauses, das zwischen einem Highway und einer Autobahnausfahrt eingeklemmt ist. Die Straße, auf der man in anderthalb Fahrtstunden vom Haus meiner Eltern zu dem kommt, in dem Adam und ich leben, ist von Fabriken gesäumt, die im Scheinwerferlicht der Autos auf dem Highway hell und grau aufleuchten wie das glatte, glänzende Fell auf dem Rücken einer Ratte. Der Jersey Turnpike, der mautpflichtige Highway, riecht das ganze Jahr über so, als würde man im Hochsommer über einem Abfluss stehen. Unser Haus ist ganz nett, hat einen pfirsichfarbenen Anstrich und sogar einen Palisadenzaun, der einmal weiß gewesen ist, aber bei Nacht liege ich im Bett, während Adam neben mir schläft, und höre stundenlang zu, wie sich das Ehepaar nebenan anschreit. Die Stimmen machen mir Angst. Diese ganze ranzige Bitterkeit darin.

Es ähnelt zu sehr meinen eigenen Gefühlen, nachdem ich noch immer in New Jersey lebe, noch immer um das Haus meiner Eltern und um die Erinnerungen kreise, die ich nicht in mir haben will und denen ich doch nicht entkommen kann. Nachdem ich ein Jahr bei ihnen im Haus gewohnt hatte, kehrte ich ans College zurück, diesmal an die Columbia in New York. Ich war erfolgreich, bekam die besten Noten, aber noch ehe zwei Jahre vergangen waren, war ich wieder bei ihnen eingezogen und pendelte jeden Tag über die Brücke, um meine schulische Ausbildung zu beenden. Es deprimiert mich jedes Mal, wenn ich in dem grauen Haus wohne, aber wenn ich Depressionen habe, fühlt es sich richtig an, dort zu sein. Als ob seine Mauern die Erinnerungen bestätigen und verstärken würden. Nach meinem Abschluss zog ich bei Adam ein, aber das half auch nicht. In meiner Verzweiflung setzte ich alles auf eine Karte und bewarb mich für ein Jurastudium. Immerhin war das die Strategie, die bei meinen Eltern funktioniert hatte. Meine alte Kindheitsliebe. Und es zeigte sich, dass all die Nachmittage, die ich als Kind damit verbracht hatte, im Büro meiner Eltern bäuchlings auf dem Teppich zu liegen und Logikaufgaben aus den Rätselheften vom Kiosk zu lösen, mich gut auf die Aufnahmeprüfungen vorbereitet hatten: Und so wurde ich in Harvard angenommen.

Jetzt stehen wir unter dem Bewegungsmelder auf der Veranda in Cambridge, und zu Adams Füßen befindet sich eine Tasche mit zwei zusammenpassenden Pullovern von einem Kiosk am Harvard Square, dem einzigen Laden, der um die Zeit noch offen ist. Der Brief mit der Zulassung kam heute Nachmittag an, während Adam in der Arbeit war. Als er heimkam, saß ich noch immer im Schneidersitz auf dem Teppich und starrte mit offenem Mund wie in Schockstarre auf den Brief. »Baby!«, sagte er und wirbelte mich herum, bis meine Tränen versiegten und ich lachte. »Wie willst du das feiern?«

Sobald er die Frage ausgesprochen hatte, wusste ich es. Ich wollte einen Unipullover, einen kastanienbraunen Sweater in den

Collegefarben, auf dem »Harvard« stand. Als ich sechs Jahre alt war, berief mein Vater mich einmal zu einer Besprechung an sein Bett. Er lehnte sich gegen sein Kissen, seine Lesebrille lag neben ihm auf dem Laken. Er sah so ernst drein, dass ich an der Türschwelle zögerte. Er winkte mich heran. Ich setzte mich auf die Bettkante, und er griff nach dem Stapel Zeitungen, der während meiner ganzen Kindheit immer neben seinem Bett war und der sich noch heute neben seinem Bett befindet. Er nahm einen Umschlag von dem Stapel, setzte die Brille auf, öffnete ihn feierlich, und wir diskutierten über die Frage, ob dieses mein erstes Zeugnis mich darauf vorbereitete, dereinst in Harvard zu studieren. Mein Vater kam aus einer Einwanderercommunity in New Jersey und hatte immer staatliche Schulen besucht. Harvard wäre für ihn gleichbedeutend mit: Wir haben es geschafft. Mit sieben hatte ich einen kastanienbraunen Pullover, den ich ständig trug, aber mit siebzehn hätte ich mich auch dann nicht in Harvard beworben, wenn ich mit all den Fehlzeiten in meinem High-School-Bericht überhaupt eine Chance gehabt hätte, genommen zu werden. Für mich steht Harvard für eine Zeit, ehe die Dinge sich zum Schlechten wendeten.

Adam setzte sich sofort ins Auto, und wir fuhren die sechs Stunden dorthin. Jetzt stehen wir vor einem Gebäude, von dem ich ziemlich sicher bin, dass es zum Campus der juristischen Fakultät gehört, auch wenn ich im Dunkeln keine Beschilderung finden kann. Es sieht genauso aus, wie ein Gebäude der juristischen Fakultät meiner Meinung nach aussehen sollte: große rote und hellbraune Ziegelsteine, hölzerne Säulen, Erkertürme, die aus den Seiten herauswachsen. Adam bläst auf seine Hände, um sie zu wärmen, und schaut mich an, als warte er darauf, dass ich die Initiative ergreife. »Sollen wir wieder heimfahren?«, fragt er. In acht Stunden muss ich in dem Buchladen stehen, in dem ich arbeite. »Oder«, er rollt das r und zieht eine Augenbraue hoch, »willst du reingehen?«

»Rein.« Wenn man uns erwischt, werde ich so tun, als sei ich eine Studentin. Bald wird das ohnehin der Wahrheit entsprechen.

Auf dem Foto, das Adam in dieser Nacht von mir aufnimmt, liege ich auf den braunen Bänken in der Austin Hall der juristischen Fakultät von Harvard auf dem Rücken, den schwarzen Mantel noch immer bis zum Hals zugeknöpft, und über dem Mantelkragen spitzt der rostrote Rollkragenpullover hervor, den ich heute zufällig anhabe. Meine Haare liegen lose um meinen Kopf herum, meine Augen sind halb geschlossen. Ich sehe aus, wie ich mich fühle: friedlich, endlich in Sicherheit.

Ich habe plötzlich eine Idee. »Stehst du Schmiere für mich?«, frage ich.

»Immer doch«, grinst Adam.

Ich entdecke eine schmale Treppe, die aussieht, als würde sie bis ganz nach oben führen. Im ersten Stock ist alles dunkel, aber gewiss ist irgendwo ein Wachmann. Noch ein Stockwerk höher, nur um sicherzugehen. Ich probiere es an der ersten Tür, die ich dort finde. Sie öffnet sich.

Der Seminarraum ist erstaunlich klein, abgeschieden, mit einem einzigen postkartengroßen Fenster und nicht mal einem Dutzend Stühlen, die in kleinen, ordentlichen Reihen aufgestellt sind. Und einer grünen Tafel. Mit Kreide. Wage ich es? Ja. »Danke, dass Sie mich hereingelassen haben!«, schreibe ich.

Ich meine damit: Danke, dass ich Einlass gefunden habe. Nicht nur in die juristische Fakultät, sondern in das Rechtswesen.

Monate später, als Adam mit unserem Hund in New Jersey zurückgeblieben ist und ich in die Stadt gezogen bin, die so eiskalt werden kann, blühe ich auf. Um mich herum sind die Bücher, die ich mir aus dem Regal meines Vaters ausgeliehen habe, lebendig geworden. Meine Professorin in Zivilrecht ist eine dürre Frau, ängstlich wie ein Kaninchen vor der Schlange und mit der beunruhigenden Angewohnheit, ihre beiden Kleinkinder als Beispiele für ihre hypothetischen Situationen zu nutzen. »Stellen Sie sich vor«, sagt sie, »dass meine Tochter Marguerite eines Tages die Straße überquert, wo eine

Stunde zuvor ein Öltransporter ein Leck hatte. In der Explosion verliert sie ihren Fuß.« Im Schadensersatzrecht – in dem es im Grunde darum geht, wie man den Schaden, den eine Person einer anderen zufügt, bewertet, wie man Verantwortlichkeiten klärt und Kausalität versteht – geht ständig jemand in Flammen auf, verliert Gliedmaßen oder wird anderweitig geschädigt. In meinem Lieblingsfall »Palsgraf gegen die Eisenbahngesellschaft von Long Island« springt ein Mann auf einen abfahrenden Zug auf und lässt dabei ein Gepäckstück auf die Schienen fallen. In dem Karton befinden sich Feuerwerkskörper, die explodieren. Am anderen Ende des Bahnsteigs fällt eine Gepäckwaage auf eine Frau. Es ist eine Verkettung von Ereignissen, und die eigentliche Frage ist, wie man die Geschichte erzählt. Wie Kausalität funktioniert. An dem Tag, an dem wir erfahren, dass Marguerite, der Tochter der Professorin, tatsächlich ein Fuß fehlt, dass diese Extremität, die ihr in all diesen Geschichten abhandenkommt, schon längst nicht mehr da ist, sitzen wir schockiert und unangenehm berührt da. »Sie können ruhig lachen«, sagt die Professorin. »Es ist ja auch komisch.« In den Stunden zum Eigentumsrecht geht es nicht darum, jede Menge Regeln auswendig zu lernen, sondern um die Frage, was man überhaupt besitzen kann; im Verfassungsrecht um die Verpflichtungen, die wir eingegangen sind, und darum, was uns als Nation verbindet.

Meine Mitstudenten und ich lieben Ideen. Nachts diskutieren wir in den Zimmern unseres Wohnheims bei Bier und in den Bars bei einem Glas Rotwein. Manchmal kleben wir weiße Papierbogen zusammen und erstellen Karten unserer Denksysteme, auf denen wir versuchen, unsere Ideale so zu verorten, als handle es sich um Gedankenlandkarten. Wir schätzen Folgerichtigkeit und Kohärenz, Vernunft und Treue zu den eigenen Idealen, sodass sie sich einfügen in das akkurate Mosaik unserer Gedanken. Ich will mich ausschließlich von meinen Idealen leiten lassen. Deshalb bin ich hier. In meinem Bewerbungsschreiben für die Uni beschrieb ich, wie ich als Kind auf dem Rollfeld des Flughafens stand und unvermittelt begriff, dass ich gegen die Todesstrafe bin. Warum betrachtete man es nicht als grausam und unmenschlich, einem Menschen das Leben zu nehmen? Ich wollte Jura studieren, so schrieb ich, um zu begreifen.

Als es an der Zeit ist, mich für ein Sommerpraktikum zu bewerben, wende ich mich gezielt an Kanzleien, die sich gegen die Todesstrafe einsetzen. Ich finde zwei Anwaltsbüros, die nur an Fällen mit Todesstrafe arbeiten und nach Jurastudenten suchen, die den Sommer über bei ihnen arbeiten wollen. Eine davon hat ihren Sitz in Kalifornien, und der Sommer, den mir der Anwalt dort am Telefon skizziert, klingt vielversprechend – ich würde wirklich gerne in San Francisco leben –, aber das Büro berbeitet momentan nur einen einzigen Fall. »Sie würden an gemeinsamen Treffen teilnehmen, in denen Ideen und Vorschläge gesammelt werden«, sagt er.

Der Anwalt der Kanzlei in Louisiana klingt kurz angebunden und gestresst. »Lassen Sie mich Ihnen eine Frage stellen, mal sehen, was Sie daraus machen«, sagt er. In Jefferson, einer Gemeinde, die aus Weißen besteht, die New Orleans verlassen haben, tragen die Staatsanwälte neuerdings bei den Verfahren gegen junge schwarze Männer, denen die Todesstrafe droht, Krawatten mit aufgedruckten Schlingen. Ich bin schockiert darüber – Galgenschlingen im Jahr 2003? Ich stammle, dass das offensichtlich diskriminierend ist, muss aber zugeben, dass mir keine Bestimmung einfällt, die das verbieten würde.

Er bellt ein scharfes Lachen. »Uns auch nicht. Ich lasse Sie es wissen, wenn wir eine Idee haben. Aber wir haben mehr Arbeit, als wir bewältigen können. Wir hätten jede Menge für Sie zu tun.«

Bis zum zweiten telefonischen Bewerbungsgespräch zwei Wochen später ist mir klar, dass ich für die Kanzlei in Louisiana arbeiten will. Ich nehme den Anruf in meinem Einzelzimmer im Wohnheim entgegen, einem ehemaligen Hotel, wo auf den Innentüren immer noch Anweisungen für den Abreisetag stehen, die schweren Paisley-Vorhänge gewachst sind und im Badezimmer ein Handtuchhalter hängt. Ich hatte beschlossen, im Wohnheim zu leben, in der Hoffnung, dort Freundschaften schließen zu können, aber dazu hatte ich mir das falsche Wohnheim ausgesucht – ich landete ausgerechnet in dem mit den ehrgeizigen Strebern. Meine Mitstudenten kochen nicht in der Gemeinschaftsküche und halten sich nicht in den Gemeinschaftsräumen auf. Es gibt hier keinen gutmütigen Klatsch oder spätnachts eine gemeinsame Pause vom Arbeiten. Bei meinem Einzug trug ich zerrissene Jeans und ein Sweatshirt und mühte mich gerade ab, einen Karton voller Kleidungsstücke in den Aufzug zu schleppen, als ein Mann mit einer fahrbaren Kleiderstange an mir vorbeikam. Sein Haar war exakt gescheitelt, und er trug ein blaues Oxfordhemd und Khakihosen, die offensichtlich frisch gebügelt waren. An der Stange hingen fünf weitere, exakt gleiche Hosen und noch mehr identische blaue Oxfordhemden. Während ich die Aufzugtür aufhielt, rollte er obendrein eine Wäschepresse herein.

Aber ich habe hier andere Freunde gefunden, Idealisten wie mich. Sie sind der Grund, weshalb ich mir Sorgen mache, welche Fragen man mir bei dem Bewerbungsgespräch wohl stellen wird. Denn nach einem Jahr Jurastudium und nächtlichen Debatten unter Freunden ist mir klar geworden: Ich glaube tatsächlich nicht, dass ich die Todesstrafe aus Vernunftgründen ablehne oder dass irgendjemand aus Vernunftgründen dafür ist. Es ist immer noch die einfache, grundlegende Überzeugung, die ich schon immer hatte: dass jeder ein menschliches Wesen ist, egal, was er getan hat, und dass es falsch ist, ein Menschenleben zu beenden.

Aber am Telefon fragt die Anwältin überhaupt nicht, warum ich gegen die Todesstrafe bin. »Erklären Sie mir«, sagt sie mit einer leisen Stimme, die gleichzeitig formell und seltsam intim klingt, »wie es Ihnen damit gehen würde, jemanden zu verteidigen, der schuldig ist?«

»Ich hege keinerlei Illusionen, dass alle meine Klienten unschuldig sein werden«, antworte ich. Selbst für meine Ohren klingen die Worte gestelzt, aber die Frage ärgert mich auch ein wenig. Ich will über Vernunftgründe reden, nicht über Gefühle. Ich bin froh zu wissen, dass es in der Kanzlei auch Anwältinnen geben wird – anders als die meisten anderen Rechtsgebiete ist die juristische Welt der Todesstrafe hauptsächlich von Männern besetzt –, aber ihre Worte wirken auf mich herablassend. Denkt sie wirklich, dass ich so naiv bin?

»Wie stehen Sie dazu, jemanden zu verteidigen, der des Mordes angeklagt ist?«

»Ich glaube, dass jeder einen Anwalt verdient«, sage ich. Es ist eine Kanzlei mit Fällen, in denen es um die Todesstrafe geht. Natürlich werden manche Klienten dort wegen Mordes angeklagt sein.

»Sie werden sich möglicherweise mit Angeklagten treffen müssen. Ihnen gegenübersitzen müssen.«

Ich wechsle die Taktik. »Mein Vater ist Anwalt für Strafrecht. Ich bin mit seinen Klienten aufgewachsen.« Im frühen Teenageralter hielt ich mich einmal im Büro meiner Eltern eine komplette Weihnachtsfeier lang in der Nähe eines groß gewachsenen, schlanken Mannes auf, dessen Zähne blitzten, wann immer sein Gesicht sich zu einem weiten Lächeln verzog. Den ganzen Abend über bot ich ihm Käsewürfel von einem Tablett an oder eine frische Serviette statt der, die er in der Hand hielt; ich tat alles, um mich in seinem Lächeln baden zu können. Später wurde mir klar, dass er ein Klient war, von dem mein Vater mir erzählt hatte, ein Auftragsmörder der koreanischen Mafia. Nach der Party wurde er in ein Zeugenschutzprogramm aufgenommen. Mein Vater verteidigte immer die schlechten Menschen. Mehr als einmal sagte er zu mir, sein Beruf bestehe darin, amoralisch zu sein, niemals darüber nachzudenken, was die Leute, die er verteidigte, getan haben. »*Falls* sie es getan haben«, fügt er immer hinzu, Verteidiger durch und durch.

Die Anwältin fährt fort: »Einige sind nicht nur wegen Mordes, sondern zusätzlich wegen anderer Verbrechen angeklagt.«

»Das ist mir *klar*.« Ich stehe auf und gehe unruhig im Raum auf und ab. Wie kann ich sie dazu bringen, mir zu glauben? »Hören Sie, ich glaube an das, was Ihre Kanzlei tut. Ich bin schon immer gegen die Todesstrafe gewesen. Ich möchte meinen Teil beitragen und dagegen kämpfen.«

»Unsere Klienten sind nicht unbedingt die beliebtesten Menschen.« Sie spricht jetzt leiser. »Wir haben zum Beispiel gerade einen Fall abgeschlossen, in dem wir einen Mann verteidigten, der vorher wegen sexuellen Missbrauchs an Kindern verurteilt worden war. Können Sie einen Kinderschänder verteidigen?«

Mein Großvater ist seit acht Jahren tot, aber plötzlich sehe ich ihn vor mir, und mein Körper versteift sich. Ich sehe ihn lebend vor mir, wie er eine seiner Schirmmützen auf dem Kopf hat und einen violetten Bonbon lutscht, und ich sehe mich als die Erwachsene, die ich jetzt bin; ich sitze mit ihm zusammen, auf dem Schoß einen Schreibblock, auf dem ich mir Notizen machen will, aber alles, was ich wahrnehme, sind diese Hände, die mich angefasst haben, der Körper, den ich nur zu gut kenne. In der Vision halte ich meine Knie ganz still, um nicht versehentlich seine zu berühren. Dann bin ich plötzlich wieder ein Kind und sehe sein Gesicht vor mir, nachdem er gerade sein Gebiss herausgenommen hat; ein Grinsen entblößt sein Zahnfleisch, und sein Atem ist feucht und modrig, mit einem Hauch von Lavendelduft. Ich bin sehr klein, so klein, dass die plötzliche schwarze Leere in seinem Mund mich gleichzeitig fasziniert und abstößt. Die Puppenlampe hüllt sein Gesicht in gelbes Licht, als er mich angrinst. »Ich bin eine Hexe«, sagt mein Großvater. »Du weißt, was das bedeutet.«

Dieser Job wird ein Test sein: Wenn ich wirklich gegen die Todesstrafe bin, dann muss ich sie für Männer wie ihn ablehnen.

»Ja«, sage ich. »Ich kann einen Kinderschänder verteidigen.«

21

Louisiana, 1991–2000

Anfang Dezember 1991 hält Ricky das Zusammenleben mit Bessie, Alcide und seinem jüngeren Bruder Jamie noch für ein paar letzte, unerquickliche Wochen aus, obwohl er es hasst. Wieder hier zu wohnen ist, als ob er in die Vergangenheit zurückreisen würde. Er nimmt jeden Aushilfsjob an, den er kriegen kann, und verbringt den Rest seiner Zeit damit, am Flussufer Gras zu rauchen und nicht darüber nachzudenken, wie gut Jamie in seinem Leben vorankommt, während ihm das bisher nicht gelungen ist.

Dann aber hat er Glück. Bei der Tankstelle im Ort wird ein Hausmeisterposten frei. Vielleicht erhält er den Tipp von einem der Jungs am Fluss, oder vielleicht hält Ricky eines Tages dort an, um eine Cola zu kaufen, und sieht das handgeschriebene Schild mit den Worten »Aushilfe gesucht« im Fenster. Auf jeden Fall geht er hinein. Er kann mit einem Besen umgehen, und er kann Anweisungen ausführen, zumindest jetzt, da er einen guten Eindruck machen will. Er ist stolz auf das Polohemd, das man ihm gibt. Vielleicht wird ihm das jetzt einmal für mehr als nur ein paar Wochen gehören.

Sobald der erste Zahltag gekommen ist, löst er seinen Scheck ein und zieht in ein Motel. Er denkt nicht sehr klar – das Zimmer wird seinen Lohn schneller aufzehren, als er ihn verdienen kann. Aber als ihn damals in Georgia sein Betreuer im Gefängnis bat, eine Liste mit seinen Zielen zu erstellen, schrieb er »eigene Wohnung« darauf, und die hat er jetzt. Das Zimmer ist nicht groß, aber es ist seins. Alleine zu leben fühlt sich großartig an. Iowa ist voll von Wohlfahrtsmotels für längere Aufenthalte, und sein Zimmer ist wie gemacht für einen Mann, der gerade eine Durststrecke hat und sich neu erfinden will.

Er hat eine Kaffeemaschine, eine Kochplatte und Bettwäsche, für die er ein paar Dollar extra zahlt, einen kleinen Fernseher, den er so laut aufdrehen kann, wie er will, und er kann in seinem Zimmer sogar rauchen. An den Abenden liegt er auf dem Bett, den Kopf gegen die Kissen gestützt, und raucht eine Zigarette nach der anderen. Er drückt die Kippen in dem schwarzen Aschenbecher auf dem Nachttisch aus und hat eine Flasche Pfefferminzschnaps und einen Plastikbecher am Kopfende des Betts stehen. Es fühlt sich nicht wie Einsamkeit an, wenn es die beste Art von Alleinsein ist, die man je erlebt hat. Selbst die Geräusche aus den anderen Zimmern stören ihn nicht: der Mann ein paar Türen weiter, der seine Frau und seine Kinder schlägt, und die Leute, die zu jeder Nachtstunde Drogen und wer weiß was sonst noch verkaufen. Es ist völlig anders als im Gefängnis. Es ist auch ganz anders, als mit Bessie, Alcide und Jamie in dem Wohnwagen zu leben, wo alles angefüllt ist mit Emotionen und Erinnerungen und altem Schmerz. Dieses Zimmer sieht vielleicht nicht nach viel aus, aber hier drinnen ist er frei.

Dann, eines Abends, geht er hinaus auf den Parkplatz, um eine Zigarette unter den Sternen zu rauchen.

Eine Frau steht dort im Freien. Vielleicht lehnt sie an der Hauswand, eine Hand auf dem Deckel des Mülleimers, und legt den Kopf zurück, um auszuatmen, hinauf in den nächtlichen Himmel. Müde Haut und angespannte Augen, Haarsträhnen, die sich aus ihrem Pferdeschwanz lösen – und doch ist sie auf eine zugeknöpfte Weise hübsch. Sie hat so ein Gesicht, das viel vom Leben gesehen hat, das Geheimnisse verbirgt.

Die Frau schaut wieder nach vorne; sie drückt die Zigarette auf dem Deckel der Mülltonne aus und betrachtet ihn eine Weile. »Ich kenn dich von der Tankstelle, oder? Du arbeitest draußen?«

Ricky nickt.

»Ich heiße Pearl«, sagt sie. »Ich arbeite dort an der Kasse.« Es ist vielleicht die spätherbstliche Nacht, die sie dazu veranlasst, miteinander zu reden, nachdenklich zu werden; das Geschenk kühler, trockener Luft in einem Bundesstaat, in dem es den größten Teil des Jahres über heiß und feucht ist, das Geschenk der Dunkelheit für zwei Menschen, die sich zu diesem Zeitpunkt in ihrem Leben nichts so sehr wünschen, wie unsichtbar zu sein. Wie sie da auf dem Parkplatz steht, möglicherweise nach einer weiteren Zigarette fischt und sich vielleicht bewusst ist, dass sie sich erst mal keine neue Schachtel leisten kann, aber dennoch nach einer Zigarette lechzt; wie sie versucht, den Lärm nicht zu hören, den ihre Kinder veranstalten, die hinter der Tür zum Motel miteinander ringen, während Terry den Fernseher mal wieder viel zu laut gestellt hat, um ihren Krach zu übertönen. Pearl ist knapp bei Kasse, und die Kinder machen sie fertig. Sie ist klug genug, um zu erkennen, dass das Motel sie, Terry und die Kinder an die Grenzen ihrer Belastbarkeit bringt, aber sie können sich nichts anderes leisten, nicht mit ihrem Gehalt. Ricky fühlt sich in seinem Zimmer frei. Sie aber fühlt sich eingesperrt.

Das muss sie denken, während sie Ricky unter dem Nachthimmel zuhört. Möglicherweise erzählt er ihr, dass er irgendwann ein Stückchen Land am Ufer des Calcasieu River haben will, wo er leben kann, ohne jemandem in die Quere zu kommen. Er wird jagen und fischen und an der Tankstelle etwas Geld verdienen, gerade genug, damit er sich Zigaretten und Alkohol leisten und die Raten für das Grundstück bezahlen kann, sodass es wirklich ihm gehört. Wenn Ricky träumt, träumt er nicht von Freunden. Er träumt von einem Ort, an dem er der sein kann, der er ist, wo niemand ihn mit diesem schrecklichen anderen konfrontiert: normal zu sein. Wo nur er ist, und *er* der Normale ist. Sicher, wenn ein Mann alleine am Fluss lebt und mit niemandem redet, wird er für die Kinder in der Gegend leicht zur Zielscheibe des Spotts oder Gegenstand unheimlicher Geschichten. Aber dieser Gedanke gefällt ihm fast ein wenig, weil es vielleicht irgendwann einen Jungen wie ihn geben wird, einen, der nirgends hinpasst und einfach nur wegwill, und dann wird er von Ricky hören und wissen, dass das möglich ist.

Pearl hört zu, ehe sie die zweite Zigarette auf den Asphalt wirft und mit der Schuhspitze ausdrückt. Sie kaut nachdenklich auf ihrer Lippe herum. Schließlich sagt sie: »Ich will ein Haus.« Das ist ihr Traum: sie, Terry und die Kinder in einem richtigen Haus, in dem die Kinder ein eigenes Zimmer haben und sie nicht alle ständig aufeinandersitzen wie in dem Motelzimmer, wo sie sich andauernd gegenseitig den Platz streitig machen. Ein bisschen Privatsphäre und die Chance, nachts gut zu schlafen. Sie haben über ein Haus geredet, aber um es sich leisten zu können, müssten sie beide mehr arbeiten, und wer passt dann auf die Kinder auf? Vielleicht könnte Ricky bei ihnen ein Zimmer mieten, so für fünfzig Dollar die Woche, und dafür mit den Kindern aushelfen.

So, sagt Ricky, habe es also angefangen, als die beiden sich unter den Sternen unterhielten. Sie freundeten sich an, und als er bei ihr und ihrem Mann und den Kindern einzog, wurden er und Terry engere Freunde. Bevor er zu ihnen zog, verriet er ihnen von seiner Bewährungsstrafe wegen Kindesmissbrauchs. Aber sie konnten sehen, dass er sich bemühte. Sie nahmen ihn an. Sie vertrauten ihm.

Und Pearl? Sie erwähnt diese Nacht nicht ein einziges Mal. Nicht die Zigaretten oder die Sterne oder dass Ricky über seine Träume gesprochen oder sie ihm ihre verraten hat. Sie sagt, Ricky habe sich mit Terry angefreundet, und deshalb hätten die beiden ihm angeboten, bei ihnen zu wohnen. Nicht ein einziges Mal sagt sie aus, er habe ihr erzählt, dass er ein Kinderschänder sei. Nicht, als der Sohn einer Freundin vermisst wird und sie ihn auffordert zu gehen. Nicht, nachdem man den Jungen tot in ihrem Haus gefunden hat. Nicht einmal, nachdem ihr Sohn und ihr Ehemann mit einem Amtrak-Zug kollidiert sind und sie allein mit ihrer Tochter zurückgeblieben ist, mit der sie nach New Mexico flieht, wo selbst die Anwälte sie lange Zeit nicht aufspüren können.

Aber sie sagt auch zu keinem Zeitpunkt, dass sie nicht davon gewusst hat.

Ein paar Wochen lang hat Ricky das Leben, das er sich wünscht. Er, Pearl und Terry mieten ein großes, weißes, zweistöckiges Haus an einer Straße, die der Eigentümer Watson Road nennt. Eigentlich hat die Straße keinen richtigen Namen – sie ist so klein und abgeschieden, dass sie genauso gut im Wald sein könnte. Das Haus ist heruntergekommen und sieht seltsam aus mit der Treppe, die hinter dem Haus vom zweiten Stock aus in den Wald hinunterführt. Aber es ist das einzige Haus in der Gegend, das zwei Geschosse hat, und das macht es zu etwas Besonderem. Pearl und Terry zahlen für die Aktivierung der Telefonleitung. Sie haben das einzige Telefon in der Nachbarschaft, auch das macht das Haus außergewöhnlich. Ricky geht zur Arbeit bei der Tankstelle, passt auf June und Joey auf und achtet gut auf seine Khakihosen und Polohemden, die er wäscht und manchmal sogar bügelt, und wann immer er ein bisschen Geld übrig hat, kauft er sich eine Flasche Schnaps und geht zum Fluss, um dort zu fischen, und plötzlich ist er kein komischer Kauz mehr, sondern ein Arbeiter, der in einem ordentlichen Haus lebt und an seinem freien Tag die wohlverdiente Ruhe genießt.

Ricky ist normal.

Doch nichts in diesem Leben ist von Dauer. Eines Tages kommt Joeys Freund Jeremy vorbei. Ricky lässt für Jeremy und Joey ein Bad ein. Er bringt ihnen Seife, heißt es in den Akten. Vielleicht ruft Joey ihm zu, dass sie welche brauchen. Oder vielleicht geht Ricky – sich halb darüber im Klaren, was er da tut – zum Regal und nimmt ein frisches Stück Seife heraus, bringt es ins Badezimmer, wo er Jeremy in der Wanne sieht und sagt: »Oh, ich dachte, ihr braucht Seife.«

In dieser Nacht schläft Ricky schlecht. Er muss immerzu an Jeremy denken. Am nächsten Abend sitzen er und Pearl auf den Sesseln im Wohnzimmer und schauen eine True-Crime-Show, ihre Lieblingssendung. Behutsam und so beiläufig wie möglich fragt er: »Zu wem gehört der blonde Junge, der gestern da war?«

»Das war Loris Sohn«, antwortet sie.

Sie soll nicht merken, wie interessiert er ist, also wartet er ab.

Ich stelle mir vor, dass auf dem Bildschirm gerade die Schauspielerin gezeigt wird, die das Opfer spielt. Als Nächstes werden sie den Mordfall nachstellen. Ricky sieht zu, dann fragt er: »Wo wohnen sie?«

»Bei Melissa, am anderen Ende der Straße.«

Die Schauspielerin liegt jetzt auf dem Sofa und bemerkt den Mann, der am Fenster steht, ostentativ nicht. »Denkst du, Joey lädt ihn bald wieder ein?«

Diesmal wirft Pearl ihm einen seltsamen Blick zu. Sie antwortet nicht.

Als Ricky einen Tag darauf die Tür öffnet und Jeremy auf der Schwelle steht, während Terry Lawson mit June und Joey beim Angeln und Pearl nirgends zu sehen ist, denkt er bei sich: *Oh, du solltest besser schnell weglaufen, Junge!* Er ahnt, was geschehen wird. Ab jetzt gibt es kein Zurück mehr.

Er könnte die Tür schließen, aber stattdessen öffnet er sie noch ein Stück weiter. Jeremy tritt über die Schwelle ins Haus.

Wo Ricky ihn tötet.

Ricky wird den Rest seines Lebens damit verbringen, über seine Tat zu rätseln. Eine Stunde, nachdem Lucky und Dixon ihn verhaftet haben, gesteht er den Mord, behauptet aber zugleich, Jeremy nicht missbraucht zu haben. Eine weitere Stunde später folgt ein Geständnis mit anderen Details, in dem er erklärt, es doch getan zu haben. Auf drei Videoaufnahmen und in den Aufzeichnungen der Gefängniswärter, die im Laufe der nächsten drei Monate immer wieder eilig mitschreiben, wenn Ricky noch etwas zu sagen hat, finden sich unterschiedliche Versionen des Mordes. Ricky beschreibt, dass er Jeremy ausgezogen habe, um sich an ihm zu vergehen. (Als Jeremy gefunden wurde, war er bekleidet.) Er sagt, er habe Jeremy getötet, um sich nicht an ihm vergehen zu müssen. (Möglich, aber auf Jeremys T-Shirt befand sich Rickys Sperma.) Er sagt, das Verbrechen habe nichts mit Sex zu tun gehabt; eigentlich habe er ein Gewehr nehmen und damit zur Grundschule gehen wollen, um

»ein bisschen um mich zu schießen«. (Das ist zwar denkbar, aber es waren nicht Gewaltfantasien, gegen die Ricky jahrzehntelang angekämpft hat, sondern seine pädophilen Neigungen.) Er sagt, er habe Jeremy getötet, weil er »von dem Gefühl überwältigt« worden sei, verhindern zu müssen, dass Jeremy genauso würde wie er. Zehn Jahre später hat er immer noch nicht aufgehört zu gestehen, kann er immer noch nicht damit aufhören, die Geschichte auf unterschiedliche Weise zu erzählen. Er wirft die Netze nach Geschichten aus, als würde er damit nach seiner Identität fischen wollen; wie um herauszufinden, wer er ist und was das für die Frage bedeutet, wer er in Zukunft sein wird.

An dem Tag, an dem er in Handschellen zu seiner Anhörung im örtlichen Gefängnis gebracht wird, wartet ein Kamerateam in einem Bus auf den Streifenwagen. Lucky holt ihn aus dem Auto, und die Reporter eilen herbei, richten die Kameras auf Rickys Gesicht. Ricky blickt hinein und grinst breit, ehe er sich zu erinnern scheint, dass er das nicht tun sollte, und den Blick senkt. Sein Körper ist ungelenk; er schlurft, und es wirkt, als wolle ein Teil von ihm gesehen werden, während ein anderer sich verstecken möchte. Hinter ihm scheint die Sonne klar und hell und lässt den orangefarbenen Overall vor dem blauen Himmel und dem kurzen Gras und den Bäumen aufleuchten. Das Gefängnis ist ein massives Gebäude aus rotbraunen Ziegeln und institutionellem Beige. An einer Seite stehen lässig einige Gefängniswärter herum und rauchen. Als sie die Reporter bemerken, heben sie die Köpfe und starren Ricky an. Einer von ihnen ist der zweiunddreißigjährige Sergeant Larry Schroeder, der als Wärter für Gefangenentransporte arbeitet. Seit fünf Jahren verbringt er seine Tage damit, Häftlinge durch Louisiana zu begleiten. Heute ist er unter anderem für einen Mann namens Jackson verantwortlich. Larry ist von hier, lebt in Lake Charles, wo er seine Kinder großzieht. Deshalb erkennt er Ricky sofort. Iowa ist nur acht Meilen entfernt. Larry ist nicht »einer von denen, die immer nur die Lokalnachrichten schauen«, wie er später sagen wird, er bevorzugt

CNN, aber jeder hier weiß, wer Ricky ist. Sein Foto war überall im Bundesstaat zu sehen.

Nachdem sie alle hineingegangen sind und die Vernehmungen begonnen haben, sitzt Larry im Gang vor dem Gerichtssaal auf einem Klappstuhl und wartet, bis Jackson an der Reihe ist, als er auf einmal lautes Klopfen hört. Der Hilfssheriff, der für die Zellen verantwortlich ist, winkt ihn zu sich her. Es ist Jackson, der heftig und aufgebracht gegen die Tür der Gruppenzelle hämmert. Als er Larry sieht, hält er inne. Seine Augen treten hervor. »Mann, Sie müssen mich hier rausholen. Bringen Sie mich woandershin oder so.«

»Geben Sie Ruhe«, sagt Larry. »Wenn Sie nicht still sind, kommen Sie in die Arrestzelle, wenn wir zurück sind.«

»Holen Sie mich hier raus.«

»Beruhigen Sie sich«, sagt Larry und geht zu seinem Stuhl zurück. Die Häftlinge sollen bloß nicht glauben, dass sie sich etwas erlauben können, nur weil er nicht ihr üblicher Wärter ist. Das können sie sich abschminken.

Aber dann bittet der Hilfssheriff ihn, kurz auf die Häftlinge aufzupassen. Larry geht wieder hinüber und lehnt sich gegen die Zellentür. Als Erstes fällt ihm auf, dass sich alle Gefangenen auf den Bänken der einen Seite der Zelle drängen. Auf der anderen Seite sitzt Ricky alleine auf einem Stuhl. Jackson sitzt in der Reihe, die Ricky am nächsten ist, und bewegt sich noch immer aufgewühlt auf seinem Platz vor und zurück. »Mann, lass mich in Frieden!«, sagt Jackson. »Lass mich in Ruhe.«

Dann bemerkt er Larry. »Sarge, Sie müssen sich anhören, was dieser kleine Typ zu sagen hat!« Es ist die Formulierung, die sich Larry einprägt. »Kleiner Typ.« Denn auch wenn Jackson, der Ricky deutlich überragt, es nicht lassen kann, auf dessen Größe anzuspielen, fällt Larry doch vor allem sein Tonfall auf: Jackson hat offensichtlich richtig Angst. So viel Angst, dass er sie nicht verbergen kann, selbst wenn die anderen Häftlinge ihn später deswegen fertigmachen werden.

Oder vielleicht auch nicht, denkt Larry, wenn man sich anschaut, wie sie alle auf der anderen Seite des Raumes kauern.

An Ricky gewandt sagt Jackson: »Erzähl dem Sarge, was du gerade zu mir gesagt hast, wie du das Kind umgebracht hast.«

Von seinem Klappstuhl aus sagt Ricky mit nach vorne gebeugtem Oberkörper und einer Stimme, die laut genug ist, dass alle in der Zelle ihn hören können, es habe ihm Spaß gemacht, Jeremy zu töten. »Es hat auch Spaß gemacht, die anderen zu töten«, sagt er. »Die Bullen werden nie alle finden.« Er behauptet, dass er Jeremy missbraucht habe und dass er selbst von seinem Vater Alcide missbraucht worden sei. »Aber ich bin nicht böse auf ihn, überhaupt nicht. Ich weiß, dass es ihm gefallen hat. Mir hat es auch gefallen.«

»Das ist krank, Mann!«, brüllt Jackson. Und zu Larry sagt er: »Sperren Sie mich bloß nicht zusammen mit diesem Typen ein!«

Was läuft hier vor unseren Augen ab, als die Häftlinge sich von Ricky absondern wie früher seine Schulkameraden? Was sehen wir, wenn er wieder und wieder die Geschichte des Mordes erzählt? Anders erzählt? Ich habe jedes Dokument gelesen, das ich über Rickys Leben finden konnte. Ich habe die Berichte der Psychologen aus der Todeszelle gelesen und sogar seine Formulare mit Bestellungen im Gefängnisladen in Calcasieu, um in all dem Datenwust, den sein Leben hervorgebracht hat, zu erkennen, wer Ricky wirklich ist, und noch immer ist er für mich ein kaum zu lösendes Rätsel, noch immer weiß ich nicht, was ich glauben soll. An dieser Stelle sagt er zum ersten und einzigen Mal, Alcide habe ihn missbraucht. Ein weiteres Mal sagt er aus, er sei missbraucht worden – von wem, sagt er nicht –, aber bei allen anderen Gelegenheiten bestreitet er es. Dies ist auch das einzige Mal, dass er behauptet, er habe noch andere Kinder getötet. Gleich nach seiner Verhaftung sagte er dagegen: »Ich hätte nie gedacht, dass ich das überhaupt tun könnte, es war das erste Mal.«

Und doch gibt es Themen, die immer wieder auftauchen. Er erwähnt gerne, dass er nur Kinder auswählte, die sowieso schon Probleme hatten. Dass er etwas in ihren Augen sah, das ihm verriet, dass sie schon Misshandlung erlebt hatten. Er behauptet, das auch bei Jeremy gesehen zu haben.

Er hat die Geschichte auf so viele Arten erzählt, dass man nicht weiß, was man von der Sache halten soll, die nun folgt.

Es gibt in Louisiana ein Grab, in dem der Leichnam von Oscar Lee Langley liegt, der Körper eines fünfjährigen Jungen, der am Rand einer Straße in Arizona geköpft wurde. Sein Vater brachte ihn heim nach Louisiana, damit er dort neben den Verwandten begraben werden konnte, die ihn nur als Baby gekannt hatten. Seit Jahrzehnten liegt das tote Kind dort begraben.

Doch wenn man Ricky Langley zuhört, wird er einem erzählen, dass am 7. Januar 1992 der fünfjährige Oscar Lee Langley in einem Schlafzimmer im ersten Stock des Hauses der Lawsons erschienen und um den sechsjährigen Jeremy Guillory herumgetanzt sei. Ricky wird sagen, dass Oscar das zahnlückige Grinsen eines kleinen Jungen gegrinst habe, aber nicht spielen wollte. Er sei in das Haus gekommen, um Ricky zu quälen. Oscar habe ihm zu verstehen gegeben, dass er jetzt das Sagen habe, wie immer schon, und dass er Ricky dazu zwingen werde, Jeremy zu missbrauchen, sich an ihm zu vergehen, obwohl er sich seit Monaten gut gehalten habe. Ricky schrie und stritt mit ihm – und das, so sagt er, habe Jeremy so viel Angst gemacht, dass er versuchte, wegzurennen. Ricky packte Oscar am Hals – an dem Hals, der Jeremy gehörte. Er wollte, dass Oscar still ist, wollte die Stimme zum Schweigen bringen, die er in seinem Kopf gehört hatte, seit er ein Kind war. Ricky packte Oscar so fest um den Hals, dass er in der Luft baumelte – aber es war Jeremys Körper, der in seinen Händen hing. Es war Jeremy, der aufhörte zu atmen.

Schenkt man Ricky Langley Glauben, wurde ihm erst dann klar, wen er getötet hatte.

Es wird ein kurzer Prozess. Die Geschworenen sprechen Ricky Langley des Missbrauchs und Mordes an Jeremy schuldig und verurteilen ihn nach nur dreistündiger Beratung zum Tode. Zu dem

Zeitpunkt, als Ricky im Todestrakt von Angola, dem Staatsgefängnis von Louisiana, ankommt, werden in den Zellen dort etwa achtzig Männer gefangen gehalten. Unmittelbar hinter den Eingangstoren liegt das weiße, achteckige Gebäude, von dem die Zellentrakte ausgehen. In jedem dieser Korridore gibt es vierzehn Zellen. Sie sind aus Beton und haben eine schmale, vergitterte Öffnung zum Gang hin. Alle Öffnungen blicken in dieselbe Richtung; die Männer können einander nicht sehen. Dafür sehen sie Tag um Tag denselben Korridor und die vorbeikommenden Gefängniswärter und denselben Beton. Sie hören die gleichen Geräusche: das Geschrei, das Schnarchen, die endlos laufenden Toilettenspülungen. Jeder der Männer ist dreiundzwanzig Stunden am Tag in seiner zwei mal drei Meter großen Zelle eingesperrt. In der verbleibenden Stunde lässt man Ricky in einen kleinen vergitterten Käfig, wo er herumstehen und die Sonne auf seinem Gesicht fühlen kann. Dann wird er in seine Betonzelle zurückgebracht, in der die Temperaturen im Sommer regelmäßig beinahe fünfzig Grad erreichen. Die Hitze, die Eintönigkeit, die Geräusche – was die Männer rettet, sind ihre Rasierspiegel. Wenn sie diese durch die Gitterstäbe schieben und genau im richtigen Winkel halten, können sie einander sehen. Um sie herum ist alles eng, laut und erstickend, aber auch wenn man von Todeszellen spricht – hier leben Menschen.

Im Jahr 1995 wird einer der Männer, Thomas Lee Ward, hingerichtet. 1996 ein anderer: Antonio G. James. 1997 folgt John Ashley Brown Jr. und 1999 Dobie Gillis Williams, von dem weithin angenommen wird, dass er unschuldig war. Schwester Helen Prejean, die das Buch zu *Dead Man Walking* schrieb und im Film von Susan Sarandon dargestellt wird, wird über ihn das Buch *The Death of Innocents* verfassen. Dann kommen im Jahr 2000 die Wärter zu Feltus Taylors Zelle. Feltus ist im selben Korridor untergebracht wie Ricky, der die Wärter an Feltus' Zellentür hören kann. Jeder der Männer in diesem Trakt weiß, zu wessen Tür die Gefängniswärter gekommen sind. Jeder von ihnen weiß, warum sie gekommen sind. Feltus ist an der Reihe mit Sterben. Er ist drei Jahre älter als Ricky, hat einen kahlen Kopf und ein Lächeln wie Mr. T., der Schauspieler in der Serie *Das A-Team*; er ist bei Wärtern und Insassen beliebt. Auf dem Foto, das bei seiner Ankunft von ihm gemacht wurde und das jetzt neben den Fotos aller anderen dort hingerichteten Männer im Gefängnismuseum hängt, ist er ein junger Mann mit sehr muskulösen Armen. Man sieht nur das Weiße in seinen Augen, als wollte er sich keinesfalls der Aufnahmeprozedur beugen, sich partout nicht an die Wand mit der Messlatte stellen lassen. Aber heute? Heute ist Feltus gutmütig und redselig und spricht offen über seine Schuld – er hat einen Kollegen umgebracht – und darüber, wie sehr es ihm leidtut. Feltus ist der Beweis dafür, dass Menschen sich ändern können.

Dann ist Feltus tot. Um acht Uhr am nächsten Morgen machen die Wärter ihre Runde durch die Korridore. Ricky, der in seinem Overall geschrumpft ist, der im Todestrakt Gewicht verloren hat, dessen Gesicht eingefallen und dessen Hals sehnig ist, die Augen zu groß in ihren Höhlen, Ricky weigert sich, von seinem Bett aufzustehen. »Er nimmt die Hinrichtung letzte Nacht gut hin«, schreibt ein Gefängniswärter.

Aber um zehn Uhr kocht Ricky vor Zorn. Die Wärter, sagt er, würden sie verhöhnen. Die freien Männer – so nennen sie im Todestrakt die Wärter, deren entscheidendes Merkmal nicht ist, dass sie Aufseher, sondern dass sie frei sind –, würden diesen Scheiß lieben. Wann immer Ricky anfängt, solche Äußerungen von sich zu geben, werden die anderen Insassen nervös. In den Todeszellen werden aufsässige Gefangene mit Tränengas gefügig gemacht, und das bleibt nicht nur in der einen Zelle, in die es gesprüht wird. John Thompson, der Mann in der Nachbarzelle, rüttelt an den Gitterstäben, um Rickys Aufmerksamkeit auf sich zu lenken, aber Ricky reagiert nicht. »Ricky, bitte!«, sagt Thompson. »Beruhige dich. Komm runter.«

Ricky will nicht auf ihn hören. Die Wärter, sagt er, würden Hinrichtungstage lieben. Es würde ihnen Spaß machen, die Häftlinge einen nach dem anderen auszuschalten. Sie wären erst glücklich, wenn sie alle tot sind, jeder Einzelne. Feltus hat diesen Witz gemacht, den er jetzt voller Bitterkeit wiederholt: »Du hältst mich wahrscheinlich für paranoid«, pflegte er zu sagen, »aber ich glaube, jemand will mich umbringen.«

Als das nächste Mal ein freier Mann vorbeikommt, brüllt Ricky: »Ihr hättet mich stattdessen umbringen sollen!« Er ist bereit zu sterben. Er ist das Warten leid; er hätte dran sein sollen. Es ist, als ob ihm plötzlich klar geworden ist, dass sie hier festgehalten werden, weil sie sterben sollen. Der Wärter ist durch die plötzliche Veränderung bei Ricky so beunruhigt, dass er einen Antrag auf eine professionelle Beurteilung ausfüllt. Die Formulierung, die die Ärzte in seiner Akte notieren, die sie wieder und wieder für ihn verwenden werden, lautet: »Stimmung ist der Situation angemessen.« Wie schon in Georgia ist auch hier das Gefängnis wohl der Ort, an dem Ricky am wenigsten seltsam erscheint.

Während Ricky zwischen Wut und Resignation schwankt und Tag um Tag in seiner Betonzelle verbringt, ohne zu wissen, wann sein Todestag festgesetzt werden wird, nimmt draußen ein Anwalt den Kampf für ihn auf. Clive Stafford Smith ist ein schlaksiger, eins achtzig großer Mann mit Raubvogelnase und so durchdringend blauen Augen, dass er stets darauf achtet, seine Brille abzunehmen, ehe jemand ein Foto von ihm macht, damit sein Blick, wie er scherzhaft bemerkt, durch die Vergrößerung nicht völlig irrsinnig wirkt. Er wurde 1959 geboren und war damit sechs Jahre alt, als seine Heimat Großbritannien 1965 die Todesstrafe abschaffte – gerade alt genug, um mitzubekommen, worüber die Erwachsenen alle redeten. Dieses Kindheitsentsetzen verließ ihn nie wieder. Er machte sein juristisches Staatsexamen in den USA und widmete seine gesamte Karriere dem Kampf gegen die Todesstrafe im Süden Amerikas. Nun, im Alter von dreiundvierzig Jahren, ist er mit seinem scharfen britischen Akzent und seinen Umgangsformen, die so betont schicklich und höflich sind, dass sie zuweilen jeder Höflichkeit spotten und bizarr anmuten, ein ungewöhnlicher Anblick in den hiesigen Gerichtssälen. Als der Ankläger ihn einmal wegen einer auf Hörensagen beruhenden Äußerung angeht, beruft er sich auf das Römische Reich. Bei der Beschreibung eines staatlichen Hinrichtungsversuchs sagt er: »Man hat meinen Klienten sehr unfreundlich behandelt.« Einmal, als die Rollen vertauscht sind und er sich ausnahmsweise im Zeugenstand befindet, fragt ihn ein Anwalt: »Wo sind Sie augenblicklich angestellt?« Und Clive beginnt seine Aussage mit den Worten: »Abgesehen von Ihrer falschen Verwendung des Wortes ›augenblicklich‹ …«, sodass dem Anwalt nichts anderes übrig bleibt, als ihn zu unterbrechen und zu beweisen, dass er das angemessene Wort kennt. »Derzeit.«

Auch die Bilanz seiner Karriere ist außergewöhnlich. In zwei Jahrzehnten im Süden verliert er von den mehr als sechshundert Fällen, in denen die Todesstrafe droht, nur sechs, die mit der Hinrichtung seiner Klienten enden. Seine Bemühungen haben ihm einen von der Queen persönlich verliehenen Orden des Britischen Empire eingebracht. Diese Medaille hängt um den Hals einer Zeus-Statue an der rot gestrichenen Wand des Hauses, in dem er mit seiner Frau Emily lebt – ein Haus, das nicht in dem wohlgeordneten Garden District von New Orleans liegt, sondern im Stadtbezirk des Lower Ninth Ward. Noch ist es Jahre hin, bis Hurrikan Katrina die Gegend heimsuchen wird. Der Ninth Ward ist nicht mehr jener eher ländliche Stadtteil auf der anderen Flussseite, der er einst war, nicht mehr jener von kleinen Bauernhöfen und Gärten geprägte Ort. Drogen haben das Viertel überflutet, und mit ihnen kamen die Gangs. Die Straßen des Bezirks haben nach wie vor keine funktionierenden Straßenlaternen. In einer Stadt mit einer ohnehin notorisch hohen Zahl an Morden hat der Ninth Ward die höchste Mordrate. Auch indem Clive bewusst einen Wohnort gewählt hat, an den die meisten anderen Bewohner nur durch widrige Umstände gebunden sind, erweist er sich als ein Mann, der sich nicht nur mit Hingabe seiner Arbeit widmet, sondern der durch sie definiert wird.

Und er ist entschlossen, Rickys Leben zu retten. Er fängt an zu recherchieren und findet heraus, dass die Geschworenen eine Bibel in ihren Beratungsraum mitnahmen und gemeinsam beteten, ehe sie Ricky zum Tode verurteilten. Das ist nicht verfassungsgemäß, aber in Louisiana stehen die Chancen schlecht, dass das reicht, um das Urteil anzufechten. Stattdessen gelingt es ihm mit einer in diesem Bundesstaat noch nie vorgebrachten Begründung, Rickys Verurteilung und die ausgesprochene Todesstrafe aufheben zu lassen: Obwohl Ricky ein Weißer ist, hatte er ein Recht auf mindestens einen Schwarzen unter den Geschworenen, den es aber nicht gab. Die Richter des Obersten Gerichtshofs von Louisiana geben seinem Antrag widerwillig statt: *Glücklicherweise wird Langley wahrscheinlich nicht freikommen.* Ricky wird aus dem Todestrakt zurück ins Gefängnis von Calcasieu gebracht, um dort auf seinen neuen Prozess zu warten.

In manchen Jahren wird die Kanzlei, die Clive gründet, die Hälfte der Männer im Todestrakt von Louisiana vertreten. Aber selbst dann wird er immer, wenn Reporter ihn zu seiner Karriere interviewen, auf Rickys Geschichte zurückkommen. Etwas an diesem Fall ist für Clive ungewöhnlich, etwas, das gerade erst beginnt. Sein Vater war geisteskrank. Wenn er Ricky ansieht, sieht er seinen Vater. Kann Clive zu diesem Zeitpunkt bereits ahnen, wie weit ihn diese Vision treiben wird?

Weil es einen ziemlichen rechtlichen Hickhack inklusive Streit über Einlassungen und Verhandlungsorte gibt, weil die schnellen Räder der Justiz in Wahrheit Mühlen sind, die langsam mahlen, und weil niemand wirklich weiß, ob sie auch tatsächlich für Gerechtigkeit sorgen, dauert es noch Jahre, bis Rickys Fall abgeschlossen ist.

Lange genug, um mich nach Louisiana zu bringen.

22

Louisiana, 2003

Als ich bei der Adresse ankomme, die mir die Anwältin am Telefon gegeben hat, finde ich kein Schild am Haus, sondern nur eine Tür aus Milchglas ohne Hausnummer sowie Fenster mit heruntergelassenen Jalousien. Die anderen Gebäude des Häuserblocks sind allesamt grau, dieses ist lila angestrichen. Aber die Farbe betont nur den verlassenen Eindruck, den die Gegend vermittelt, die Leere, als wäre es Nacht oder Wochenende, dabei ist es neun Uhr am Montagmorgen. Es ist niemand hier. Vielleicht ist es doch nicht das richtige Haus; weil ich aber nur diese Adresse habe, drücke ich den Klingelknopf.

Ein Mann öffnet die Tür. Der Raum hinter ihm ist so dunkel, dass er wie ein übrig gebliebenes Stück Nacht wirkt. Der Mann trägt Jeans und ein Hemd mit Button-down-Kragen anstelle eines Anzugs, und jetzt frage ich mich wirklich, ob ich hier richtig bin. Dazu kommt seine dunkle Haut, denn als die Anwälte am Telefon von den Krawatten mit den Galgenschlingen sprachen, wurde mir durch die Art und Weise, wie sie redeten, bewusst, dass es sich bei ihnen ausnahmslos um Weiße handelte – und bei den meisten ihrer Klienten um Schwarze. Sie würden doch wohl keinen Klienten schicken, um die Tür zu öffnen?

Falls dem Mann bewusst ist, wie verunsichert ich bin, zeigt er es nicht. Er lächelt. »Kommen Sie rein. Sie sind eine Praktikantin, oder? Die anderen sind oben.«

Der Mann ist John Thompson, der im Todestrakt ein Jahr lang in einer Zelle neben Ricky verbrachte und insgesamt vierzehn Jahre dort war, ehe seine Unschuld bewiesen wurde. Vielleicht nennt er mir an dieser Stelle seinen Namen, vielleicht streckt er mir die Hand zum Gruß hin und stellt sich mir vor, aber dieser Moment hinterlässt in meiner Erinnerung keine Spuren. Sein Name hat für mich noch keine Bedeutung. Stattdessen gilt meine Aufmerksamkeit dem Büro, das auf einmal sichtbar wird: Ich nehme wahr, dass sich der Boden hinter der Tür absenkt und dass die beiden schwarzen Kunstledersofas im Wartebereich schon bessere Tage gesehen haben; dass die Zeitschriften alt und staubig sind und dass der Schreibtisch, an dem die Empfangsdame sitzt, hinter einer dicken Kunststoffscheibe steht, die aussieht, als wäre sie kugelsicher. Das hier ist kein Empfangsraum, in dem man tatsächlich jemanden empfängt. Es ist nicht wie in der Kanzlei meiner Eltern, wo glänzende Mahagonimöbel Eindruck machen wollen. An einer Wandtafel steht ein Dienstplan mit einer alarmierend langen Liste an Namen, die zum Teil verschmiert sind. Es gibt eine Spalte für »anwesend« und eine für »abwesend«; Magnete, die wie Pokerchips aussehen, sollen anzeigen, welche Anwälte gerade verfügbar sind. Aber nur wenige Magnete sind genau einer der Spalten zugeordnet; die übrigen sind willkürlich über das ganze Bord verteilt. Ähnlich wie der Eingangsbereich wirkt auch die Tafel, als habe sie jemand vor langer Zeit mit anfänglicher Begeisterung gestaltet, bevor sie dann in Staub, Zeit und zu viel Arbeit unterging.

»Die Bibliothek ist gleich die Treppe rauf«, sagt John Thompson.

Der Mann, der Ricky kannte, wird also zu demjenigen, der mich zu seiner Geschichte führt.

Mit einer Hand auf dem zierlichen Geländer steige ich die Stufen hoch, die schmal und eng sind. Die Balkendecke darüber ist so niedrig, dass ich fast nicht aufrecht gehen kann. Das Zimmer, das ich verlasse, und das Zimmer, auf das ich mich zubewege, sind beide schummrig. Den ganzen Sommer lang wird es mir seltsam vorkommen, aus dem zu stark klimatisierten Büroraum hinter mir in die heiße, stickige Dunkelheit dieser Stufen zu treten. Erst Jahre später, als ich die Fotos in Rickys Akte durchgehe, werde ich eine andere Treppe entdecken, die ganz genau dasselbe Gefühl in mir weckt, und überrascht innehalten. Die Treppe im Haus der Lawsons, auf der Lucky und Dixon Ricky folgten. Die Treppe also, die Ricky hinaufstieg, als er Jeremy folgte. Das Foto ist in einem bestimmten Winkel aufgenommen, und ähnlich verwinkelt wird meine Erinnerung an diese Treppe hier sein.

Oben öffnet sich der Flur zu einem riesigen, höhlenartigen Raum mit einem breiten Tisch in der Mitte. Ledergebundene Bücher erklimmen die Wände, als wollten sie die unglaublich hohe Decke erreichen. Fallregister. Diese Bücher enthalten die Quellen all der Fallbeispiele, die ich so liebe, der Fälle, die die Grundlage der Welt bilden, die ich gerade betrete.

Acht weitere junge Leute sitzen bereits am Tisch – Jurastudenten wie ich, die den Sommer über hier in der Kanzlei arbeiten werden. Am Kopfende des Tisches steht eine dünne Frau mit britischem Akzent, die ein schwarzes Kostüm trägt. Wir tauschen Höflichkeiten aus und stellen uns vor. Den ganzen Tag sitzen wir um diesen Tisch herum. Wir erfahren etwas über die Geschichte der Kanzlei. Wir lernen, welche Methoden hier verwendet werden, um die Akten zu ordnen. Wir lernen, was wir bei Gesprächen mit Klienten tragen sollen.

Am nächsten Morgen tritt die dünne Frau erneut vor uns. Heute, erklärt sie, hätten wir eigentlich ihren Ehemann Clive Stafford Smith, den Gründer der Kanzlei, kennenlernen sollen. »Aber Clive ist noch in Texas – der aufgeweckte Anwalt in dem Fall mit dem schlafenden Anwalt.«

Wir lachen ziemlich beeindruckt. Alle kennen den Fall, bei dem ein Verurteilter eine Neuverhandlung gefordert hat, weil sein Anwalt in dem ursprünglichen Prozess, in dem er zum Tode verurteilt wurde, tatsächlich eingeschlafen war. Wir alle am Tisch kommen von Universitäten im Norden des Landes. Wir alle am Tisch stammen aus dem Norden. Bis jetzt hat sich dieser Fall für uns wie etwas weit Entferntes angefühlt. Aber wir sind wirklich hier, am Ort des Geschehens.

»Stattdessen«, sagt sie, »werden wir Ihnen das hier zeigen.« Sie hält eine Videokassette hoch. »Das ist die Aufzeichnung des Geständnisses des Mannes, dessen Wiederaufnahmeverfahren wir gerade zu Ende gebracht haben, aufgenommen im Jahr 1992. Vor neun Jahren wurde er zum Tode verurteilt, aber diesmal haben die Geschworenen ihm das Leben geschenkt.« Sie hatte offensichtlich nicht vorgehabt, uns die Aufnahme zu zeigen. Aber wir sind hier und müssen die Zeit irgendwie füllen, und was eignet sich besser als Ausblick auf die Arbeit, die vor uns liegt, als uns zu zeigen, wen wir hier verteidigen werden?

»Könnten Sie bitte das Licht ausmachen?«, fragt sie einen anderen Anwalt.

Auf dem Bildschirm flackert ein Gesicht auf.

Eine runde Brille mit sehr dicken Gläsern. Übergroße Ohren, eine Folge von Bessies Alkoholkonsum. Die braunen Augen, die das Letzte waren, was Jeremy sah.

Er redet darüber, wie er Kinder missbraucht. »Manchmal, wissen Sie, reibe ich meinen Penis an ihnen«, sagt er – und die Hände meines Großvaters fingern an meinem weißen Flanellnachthemd mit den kleinen blauen Sternen herum; er schiebt den Saum nach oben und zieht meine Unterhose herunter und öffnet den Reißverschluss seiner Hose.

Ich bin hierhergekommen, um meinen Teil dazu beizutragen, den Mann auf dem Bildschirm zu retten. Ich bin hier, um dabei zu helfen, Männer wie ihn zu retten. Ich bin hier, weil meine Ideale und meine Identität unabhängig sind von dem, was in meiner Vergangenheit geschehen ist. Sie müssen unabhängig davon sein, denn wenn sie es nicht sind, was bleibt von meinem Leben dann noch übrig?

Aber ich sehe den Mann auf dem Bildschirm, ich fühle die Hände meines Großvaters auf mir, und ich weiß. Allem, wofür ich ausgebildet wurde, zum Trotz, den Gründen, die mich hierhergeführt haben, zum Trotz, meinen Überzeugungen zum Trotz.

Ich will, dass Ricky stirbt.

Dritter Teil:
Der Prozess

23

Als ich an jenem Tag vom Konferenztisch aufstand, wusste ich ganz genau, wessen Geständnis ich gerade gesehen hatte. Aber schon eine Stunde später wusste ich den Namen des Mannes nicht mehr. Ich konnte mich nicht daran erinnern. Immer wenn ich es versuchte, flackerte Dunkelheit am Rande meines Gesichtsfelds auf, und der Name war plötzlich weg. In den darauffolgenden Wochen arbeitete ich nicht an dem Fall dieses Mannes mit, aber an vielen anderen, und danach fühlte ich mich verändert. Mittlerweile waren es die Opfer, deren Namen ich in den Akten registrierte, die Opfer, die mich auf einmal beschäftigten.

Mir war klar, wie seltsam es war, dass ich mich an den Namen des Mannes nicht erinnern konnte. Etwas passierte in meinem Inneren. Wieder und wieder las ich in seiner Akte und versuchte mich dazu zu bringen, ihn mir einzuprägen, doch mein Blick schrammte immer an den Buchstaben vorbei – warum konnte ich sie nie richtig festhalten? Immer war es, als ob meine Sicht ein wenig verrutschte, wie bei einer Kamera, die auf einmal den Fokus verliert. Ein Adrenalinschub überschwemmte meinen Körper. Sekunden später erinnerte ich mich nicht mehr an den Namen, den ich gerade gelesen hatte. Er war sauber aus meinem Bewusstsein ausgeschnitten, und nur eine schwarze Leere zeigte an, wo er gewesen war.

Als der Sommer vorbei war, kehrte ich nach Boston zurück. Ich beendete mein Jurastudium. Und dann kehrte ich dem Rechtswesen den Rücken – wie hätte ich Anwältin werden können, nachdem ich diesen Mann hatte sterben sehen wollen? Meine Ablehnung der Todesstrafe hatte ursprünglich dazu beigetragen, mich dem Jurastudium zuzuwenden, und ich lehnte sie noch immer ab – oder glaubte es zumindest. Doch wie konnte ich für meine Überzeugungen kämpfen, wenn meine Gefühle sich änderten, sobald ein Verbrechen für mich zu einer persönlichen Angelegenheit wurde? Jedes Verbrechen ging irgendjemanden persönlich an. Ich ging zurück an die Uni und belegte dort stattdessen einen Schreibkurs. Aber ich musste noch oft an den Jungen denken, den der Mann getötet hatte, Jeremy, und an Lorilei, die Mutter des Jungen. Dass sie zugunsten seines Mörders ausgesagt hatte, erweckte in mir widersprüchliche Gefühle: Bewunderung, aber auch Ärger. Und doch war ich vor dieser Komplexität davongelaufen, das war mir klar. Ich war ein Feigling, und ich konnte mich noch immer nicht an den Namen des Mannes erinnern.

Das ist der Grund, warum ich zwölf Jahre nach jenem Tag in der Kanzlei unter dem riesigen Schild einer Lkw-Raststätte stehe. Weil ich unmöglich zulassen kann, dass die Vergangenheit mich weiter heimsucht. Auf dem Schild steht CASH MAGIC. Die Sonne scheint nicht, und so wirft das Schild keinen Schatten. Es ist der August des Jahres 2015, fünfunddreißig Grad bei einer Luftfeuchtigkeit von fünfundneunzig Prozent, und der Himmel sieht aus wie Mörtel im Eimer eines Bauarbeiters. Westlich von Lake Pontchartrain wichen die überschwänglichen Lila- und Gelbtöne von New Orleans, seine Neonanzeigen und Plakatwände, im Schilfgras erstickenden Sümpfen. Zweihundert Meilen jenseits von New Orleans, dort, wo sich die I-10 durch den unteren Teil von Louisiana Richtung Iowa schlängelt, laufen Straße und Himmel am Horizont ineinander und verschmelzen zu einem gewaltigen, formlosen Grau. Ich habe mir einen großen Teil der Gerichtsakten über jenen Mann beschafft und Tausende von Aktenseiten gelesen, um bis hierher zu kommen. Ich habe seinen Namen wieder und wieder gelesen, bis das Zittern sich legte und ich ihn mir merken konnte.

Ricky Langleys Fall endete nicht mit der Neuverhandlung, um die Clive gekämpft hatte. Nicht, als Lorilei den Geschworenen erklärte, sie könne seinen Hilfeschrei hören. Das Urteil in jenem Prozess wurde angefochten, und 2009 wurde Ricky noch einmal zu einer lebenslänglichen Haftstrafe verurteilt. Also waren es drei Prozesse. 1994 das Todesurteil. 2003 lebenslänglich. 2009 lebenslänglich. Vor dem Prozess 2009 hatte das Berufungsgericht festgelegt, dass Ricky nicht noch einmal die Todesstrafe drohen durfte, nachdem er ihr zuvor schon einmal entronnen war.

So war es die Neuverhandlung 2003, bei der Lorilei für Ricky aussagte und die zu Ende gegangen war, kurz bevor ich in Louisiana ankam, die über sein Schicksal entschied. Warum hatte es dann überhaupt eine dritte Verhandlung gegeben? Er hatte den Mord begangen, daran gab es keinen Zweifel. Wer also hatte sich für einen neuen Prozess eingesetzt? Und wie war Lorilei imstande gewesen, für Ricky zu kämpfen, wo er doch ihren Sohn getötet hatte – während ich das trotz meiner Ablehnung der Todesstrafe nicht fertiggebracht hatte? Ich hoffte, die Gerichtsakten würden mir Antworten auf meine Fragen geben. Ich hoffte, sie würden mir helfen zu verstehen.

Aber beim Lesen wurde mir bald bewusst, dass ich dafür auch all das brauchte, was nicht den Weg in die Gerichtsakten geschafft hatte. Die Gefühle. Die Erinnerungen. Die Geschichte. Die Vergangenheit.

Die Vergangenheit – die hier stattgefunden hat, auf dem Parkplatz der Cash Magic, der ehemaligen Tankstelle. In der Hitze ist der Platz fast leer. Er wirkt, als hätten hier mindestens sechzig Autos und ein Dutzend Lkws Platz, aber jetzt ist nur ein dunkelroter, verbeulter Truck mit Allradantrieb hier, an dessen Heck das lila- und goldfarbene Lilienwappen der Universität von Louisiana prangt, und eine schlammige weiße Limousine mit verrosteten Radkappen. Ein einsamer schwarzer Lkw parkt am anderen Ende quer über vier Plätze hinweg. Nahebei stehen zwei Müllcontainer, einer blau, einer grün, beide mit orangenen Rostflecken. Die Hintertür der Tankstelle ist schwarz angestrichen und in weißen Buchstaben mit der Aufschrift »Zutritt nur für Erwachsene« versehen worden. Am späteren Abend wird Cash Magic zum örtlichen Casino werden, und die Einheimischen werden versuchen, den Jackpot zu gewinnen und ihr Glück zu machen.

Schweiß perlt auf meiner Stirn. Mein Mund fühlt sich an, als hätte ich an einem nassen Lumpen gesogen. Ich hebe die Kamera und nehme das grüne CASH MAGIC-Schild über den Bäumen in den Fokus. Auf dem Schild ist ein glänzender schwarzer Hut abgebildet, aus dem die behandschuhte Hand eines Magiers ein Kaninchen zaubert. Klick. Die Bäume auf der anderen Straßenseite scheinen in der Hitze zu zittern, die Zweige wedeln wie Arme, die winzigen Blätter wirken wie Finger voll kostbarer Ringe. Klick. Die Blätter strecken sich über den Beton aus, als sei das Land bereit, sich zurückzuholen, was ihm gehört. Klick.

Durch die Kameralinse hindurch rahme ich das rote Metallschild über den Benzinpumpen ein. Ich halte die glänzenden silbernen Zapfsäulen ebenso fest wie den dunklen Asphalt, der hinter ihnen ausgebreitet liegt. Vor dreiundzwanzig Jahren war dieser Platz noch nicht asphaltiert. Vor dreiundzwanzig Jahren saß ein blasser, dürrer, sechsundzwanzigjähriger Mann mit Segelohren und einer Brille, die sein halbes Gesicht verschluckte, auf einem Traktor und verteilte Muschelkalk auf dem Boden, auf dem ich jetzt stehe. Wenn ich die Augen zusammenkneife, kann ich beinahe Lucky sehen, wie er aus dem Streifenwagen steigt und seine Mütze abnimmt.

Es ist alles hier. Genau, wie es vor dreiundzwanzig Jahren war. Genau wie in den Akten. Dann setzt das Gefühl wieder ein. Das Gefühl, das – ungeachtet all der rationalen Gründe, die ich mir immer wieder vorsage – das ist, was mich eigentlich nach Louisiana zurückgebracht hat. Warum ich nicht anders konnte. Mir wird heiß, meine Haut fühlt sich angespannt an und kribbelt, mein Herz schlägt hart, und sein Klang hallt in meinem Kopf wider. Ich lasse die Kamera sinken, und ohne den Schutz, den die Linse bietet, scheint das Bild vor meinen Augen zu verschwimmen und undeutlich zu werden. Alles hängt in der Schwebe. Als würde ich in der Zeit zurückgeworfen.

Zwei Nächte, bevor ich hierherkam, war ich mit meiner Freundin Janna im Bett. Nach dem Studium hatte ich mich als lesbisch geoutet. Es war beinahe so, als ob mich die Abkehr vom Rechtswesen – das Loslösen von dem Leben, das ich für mich geplant hatte – dazu gezwungen hätte, auch den Rest von dem zu akzeptieren, was ich war. Jahrelang hatte ich gefürchtet, wenn ich mich outen würde, würde jeder, der erfuhr, dass ich als Kind missbraucht worden war, das für den Grund halten. Als ob mich das lesbisch gemacht hätte. In meinem Herzen wusste ich, dass das nicht stimmte. Als ich das erste Mal mit einer Frau schlief, war es, als würde sich mein ganzer Brustkorb öffnen. Bis zu jenem Moment war mir nicht bewusst gewesen, wie beengt ich mich gefühlt hatte. Ich bin lesbisch, weil ich Frauen liebe, so einfach ist es. Aber lange Zeit sorgte die Furcht, dass jemand auch nur etwas anderes denken könnte, dafür, dass ich das verborgen hielt.

Janna und ich sind völlig unterschiedlich. Ich habe die schmalen Schultern und die ausladenden Hüften meiner Mutter, den mediterranen Teint und die dunklen, gelockten Haare meines Großvaters. Janna ist breitschultrig und muskulös, ihre Hüften schmal wie die eines Jungen, und auch das blonde Haar ist so kurz, ihr nordischer Teint so blass, dass er fast durchscheinend wirkt. Nachdem ich mich als lesbisch geoutet hatte, verschwand meine Essstörung, als hätte mein Körper nur darauf gewartet, dass ich mich endlich als die annahm, die ich war. Jetzt koche ich gerne und reichlich. Janna hingegen würde sich von Proteinriegeln und koffeinhaltigem Kaugummi ernähren, wenn sie könnte – Hauptsache, sie bringt alles in einem Wanderrucksack oder im Fahrradgepäck unter. Vielleicht laufen unsere Unterschiede darauf hinaus, dass ich eine Autorin bin und sie eine Wissenschaftlerin. Doch oft scheinen die oberflächlichen Unterschiede etwas viel Größeres widerzuspiegeln: die Art und Weise, wie wir Zeit erfahren. Ich als ein Geflecht aus verschiedenen Lagen. Und sie als gegenwärtigen Augenblick. Wir sind noch nicht lange zusammen – nur etwas mehr als ein halbes Jahr –, aber ein Teil dessen, was wir einander zu geben haben, ist die Möglichkeit, einen anderen Blickwinkel einzunehmen.

In jener Nacht lagen wir auf meinem Bett und küssten uns. Meine Wohnung in Cambridge ist winzig, aber es ist eine bezahlbare Möglichkeit, in Laufweite von Harvard zu wohnen, wo ich jetzt literarisches Schreiben unterrichte. Überall stehen Bücherstapel herum, und in der Mitte des Raums ist das Bett. Wir lagen auf den Decken, waren noch nicht wirklich zusammen ins Bett gegangen, leugneten aber auch nicht, dass wir es vorhatten. Ich stützte mich auf die Ellenbogen, sodass ich über ihr war, und beugte mich zu ihr, um sie zu küssen. Ich liebe es, sie zu küssen. Mein ganzer Körper scheint sich in Empfindungen aufzulösen, die nichts von der Vergangenheit enthalten; da ist nur der Moment, und ihr Mund und meine Zunge. Wir küssten uns wieder und wieder, und bald nestelten meine Finger an ihrer Bluse. Sie ließ ihre Hand an meinem Rücken emporgleiten und machte sich am Verschluss meines BHs zu schaffen, während ich das elastische Band von ihrem mit einem Ruck über ihren Kopf zog. Dann ließ ich meinen Körper nach vorne auf ihren fallen und schloss die Augen, um mich ganz auf das Gefühl der Begegnung von meiner Haut auf ihrer zu konzentrieren. Ich küsste sie erneut, und ihre Zunge fand meinen Mund. Ich tastete zwischen ihre Beine, und sie zwischen meine, um mich zu berühren, und dann bewegten wir uns gemeinsam, und es fühlte sich gut an, und ich stöhnte, und es fühlte sich noch einmal gut an.

Und dann plötzlich nicht mehr.

Wenn das geschieht, nehme ich es so ähnlich wahr, wie wenn das Wasser in der Dusche plötzlich zu heiß geworden ist, eine unsichtbare Grenze überschritten hat und einen plötzlich zu verbrühen droht. Und während es in so einer Situation viel schlauer wäre, einfach aus der Dusche zu steigen – was macht es schon, wenn die verdammte Duschmatte nass wird? –, steht man unter dem Wasserstrahl, der jetzt sengend heiß ist, und sucht und tastet nach dem Drehknopf.

»Oh, fuck!«, sagte ich, als ich begriff, dass ich dabei war, von der Erinnerung verschlungen zu werden. Es war das Einzige, was ich sagen konnte, ehe die Panik mich überwältigte. »Oh, fuck.«

Mein Atem ging schneller. Ich rang nach Luft, griff wild nach etwas, woran ich mich festhalten konnte. Weil Janna da war, klammerte ich mich an ihr fest, aber in dem Moment war ich so weit fort, dass ich einfach irgendetwas zum Festhalten brauchte. »Halt mich!«, keuchte ich und fühlte, wie ihre Arme sich um mich schlossen.

Wohin zieht sich das Bewusstsein zurück, wenn der Körper bebt? Für mich ist es ein weiß glühender Sog der Vernichtung, ein zeitloses, ortloses, menschenloses Nichts. Einst war es ein spezifisches Gefühl, ein einzelnes, konzentriertes, quälendes Gefühl: die heiße, glatte Oberfläche des Penis meines Großvaters an meiner Hand zum Beispiel, oder die ganz spezielle Farbe, die sein Penis hatte, eine Mischung aus Lila und Rosa, die mich noch heute unruhig macht, ganz egal, in welchem Kontext ich sie sehe, auch wenn das Unbehagen jetzt weniger konkret ist, ein Signal, das nicht länger direkt auf seinen Ursprung verweist, von dem nur noch die Auswirkung spürbar ist. Aber während die Jahre diesen Ursprung verwischt haben (und ich bin dankbar dafür), haben sie auch die dazugehörigen Bilder ausgelöscht, als wäre der Film der Erinnerung so oft abgespielt worden, dass er rissig und fleckig geworden ist. Jetzt muss ich nur das panikerfüllte Nichts aushalten. »Oh, fuck«, sage ich, als die Welle der Empfindungen über mir zusammenschlägt, in mir wütet, und dann atme ich heftiger, um mit dem panischen Rasen meines Körpers mitzuhalten, mit dem Klopfen des Herzens und meinem Atem. Die Welle türmt sich auf, türmt sich immer höher auf, erreicht ihren Höhepunkt und bricht.

(Es klingt, als würde ich etwas anderes beschreiben, nicht wahr? Aber das hier ist kein Orgasmus. Es ist blankes Entsetzen, nackte Angst.)

Als die Welle bricht, beginne ich zu weinen. Sie strömt aus mir heraus, und ich kann die Tränen warm auf meinem Gesicht spüren, obwohl ich kein Bewusstsein davon habe, sie geweint zu haben, kein Bewusstsein eines Gefühls der Traurigkeit. Ich bin ein Sandsack, den eine Welle überschwemmt hat, und jetzt muss das Wasser herausfließen. Ich bin ein Gefäß gewesen; jetzt bin ich nichts als ein Durchlauf. Wer ich jenseits dieses Gefühls sonst noch bin, ist in diesem Moment so bedeutungslos wie die Zeit.

Ich hatte vorgehabt, mir in einiger Entfernung von Iowa ein Hotelzimmer zu nehmen. Ich wollte mich in Lake Charles einquartieren, wo zwar der Prozess, aber keines der schlimmeren mit dem Mord verbundenen Ereignisse stattgefunden hatte. Ich hatte mir vorgestellt, irgendwo in sicherer Entfernung zu übernachten und jeden Tag einmal den Fuß ins Wasser der Vergangenheit zu tauchen, so bequem und gefahrlos, wie man vom festen Standpunkt eines gefliesten Bodens aus die Temperatur des Badewassers testet. Ich buchte nicht einfach das günstigste Hotelzimmer. Ich las Kundenbewertungen. Ich recherchierte Adressen. Ich wollte einen sauberen, sicheren Ort, ein Refugium, in das ich mich zu Beginn und am Ende jedes Tages zurückziehen konnte.

Ich flog nach Baton Rouge, nicht nach New Orleans, entschlossen, mir nur die kürzestmögliche Autofahrt zuzumuten. Als ich zwei Stunden vom Flughafen entfernt war und laut dem Navigationsgerät meines Handys nur noch wenige Hundert Meter vor mir hatte, bemerkte ich das Schild mit den Worten CASH MAGIC. Hoch über mir ragte es in den aschfarbenen Himmel. Mein Atem raste, und ich fühlte die Kälte in meinem Brustkorb.

Wie in einem Traum passierte ich das Schild. Ich hatte mir die Adresse des Motels doch zuvor angesehen! Wie hatte ich einen solchen Fehler begehen können? Ich hatte fernab des Mords buchen wollen – wie konnte es sein, dass ich jetzt genau in seinem Zentrum gelandet war? Da, zu meiner Rechten, war die Theke, an der Pearl gearbeitet hatte, waren die Zapfsäulen, die Lanelle für die Autofahrer freigeschaltet hatte, waren die Fensterscheiben, durch die sie

Ricky einen ganzen Tag lang beobachtet und sich gefragt hatte, ob er auf eine Art und Weise »nicht normal« war, die zum Mord an einem Kind führen konnte. Zu meiner Rechten war der Boden asphaltiert, wo früher Muschelkalk gewesen war.

Mein Motel befand sich einen Häuserblock entfernt auf der anderen Straßenseite. Von seinem Eingang aus konnte ich noch immer CASH MAGIC auf dem grünen Schild lesen. An der Rezeption nannte ich dem Portier meinen Namen – jedenfalls muss es so gewesen sein –, gab ihm meine Kreditkarte und tauschte mit ihm die typischen Belanglosigkeiten aus, und dann nahm ich meinen Schlüssel in Empfang und ging zu meinem Zimmer. Ich ließ mich auf das Bett fallen und schlief dreizehn Stunden lang wie tot.

Diese Geschichte zieht mich immer wieder durch das an, was fehlt. Seltsame schwarze Flecken des Vergessens, die mich von Zeit zu Zeit überfallen. Sie enthüllen, was in mir noch unerlöst ist. Katapultieren mich auf das zu, was ich so verzweifelt zu vermeiden suche.

Ricky hat mich zu dieser Geschichte gebracht. Er ist derjenige, über den ich ständig nachdenke, dem ich in dem Versuch nachjage, zu begreifen. Aber jetzt, da ich hier bin, nach dem, was in jener Nacht passiert ist, als ich mit Janna im Bett war, wird mir klar, dass ich mit Jeremy anfangen muss. Er war es, der Rickys Verbrechen im Körper trug.

Zuerst höre ich die Vögel. Wo ich lebe, werden sie normalerweise übertönt vom Lärm vorbeifahrender Autos, von Fußgängern mit ihren Handys, von Musikfetzen, die durch geöffnete Autofenster dringen, vom Klang der Hupen und dem künstlichen Zirpen der Ampeln, die verkünden, wann es sicher ist, die Straße zu überqueren, vom Geschwätz meiner eigenen Gedanken, das mich durch den Tag begleitet. Großstadtgeräusche. Um den Consolata Cemetery zu erreichen, wo Jeremy begraben liegt, bin ich von Cash Magic aus fünfzehn Meilen nach Westen gefahren, vorbei am Südrand von Lake Charles mit seinen Hochhäusern und am Südufer des Sees entlang.

Hier, in den westlichen Außenbezirken der Stadt, quält sich, was von Menschenhand geschaffen ist, während die Welt der Natur nach Luft ringt: heruntergekommene Werkstätten für landwirtschaftliche Geräte und Hinweisschilder für Wäschereien, das Gras zu beiden Seiten der Straße unter den Rädern verrosteter Anhänger flachgedrückt. Vogelgesang bricht sich immer wieder Bahn, so wie eine Melodielinie sich über die tieferen Töne erhebt, ein leichter Kontrapunkt.

Die Bäume müssen unglaublich viele Vögel anziehen. Der Consolata Cemetery erscheint jenseits des Asphalts wie eine Oase künstlicher Schönheit, mit dicken Eichen voll lichter, rauschender Blätter und starker brauner Äste. Ein Ort unnatürlicher Ruhe. Hier gibt es keine aufrecht stehenden Grabsteine, wie ich sie aus dem Nordosten kenne, denn der Friedhof ist keine fünfzig Meilen vom Golf von Mexiko entfernt und von Seen umringt, und Hochwasser würde sie bald zu Fall bringen. Ohne sie gibt es fast nichts, was die ebene Fläche unterbricht. Nur eine Bank steht wartend unter einer einsamen Eiche.

Ich betrete das Gras. Aus diesem Blickwinkel kann ich sehen, was die Sonne und mein Standpunkt zuvor verbargen: dunkle Metallplatten sind überall in den Rasen eingelassen, blitzen im Grün auf. Die Toten. Dass die Hinweise auf sie so unauffällig sind, verstärkt den Eindruck der Stille noch. Aber die Vögel singen weiter. Wenigstens sie leisten Jeremy Gesellschaft.

»Kann ich Ihnen helfen?«, ruft mir ein Mann zu, der am Lenkrad eines Golf Caddys sitzt.

»Danke.« Ich gehe zu ihm hinüber. »Ich bin auf der Suche nach einem bestimmten Grab.«

»Welche Nummer hat es?«

Auf diese Frage war ich nicht gefasst. »Ich weiß es nicht.« Ich trage seine Geschichte seit so langer Zeit mit mir herum, dass etwas in mir erwartet hat, meine Intuition würde mich schon zur richtigen Stelle führen. Dass ich mich einfach treiben lassen würde, bis ich seinen Namen entdecke. Aber die Metallplatten liegen so flach auf dem Boden, dass man sie erst lesen kann, wenn man sich direkt über die Toten beugt. »Sein Name war Jeremy Guillory.«

Nichts regt sich im Gesicht des Mannes.

Was habe ich erwartet? Dass er nur, weil mich dieses Rätsel hierhergetrieben hat, den Namen eines Jungen, der seit zwei Jahrzehnten tot ist, ebenfalls sofort präsent hat?

»Ich frage nach«, sagt er. Die Position des Grabes wird durch den knisternden Lautsprecher übermittelt. Er lässt den Motor an und bedeutet mir einzusteigen. »Wann ist er gestorben?«

»Zweiundneunzig.«

»Ein alter Mann?« Das ist offenbar typisches Friedhofsgeplauder. Zu unserer Linken erscheint ein Meer von Gräbern, der Boden übersät von Reihen kleiner schwarzer Gedenktafeln. Der Friedhof ist größer, als ich dachte, und einen Moment lang verstummt mein Herz angesichts der Ausmaße. Ich bin hierhergekommen, um einen Menschen zu finden. Eine Geschichte. Aber um uns herum liegen so viele begraben.

»Nein«, sage ich. »Ein Kind.«

»Wie traurig.«

Wir fahren schweigend weiter. Der Himmel hat eine dunklere graue Farbe angenommen, der Vogelgesang wird drängender, durchsetzt mit kleinen schrillen Schreien, und ich frage mich, ob die Vögel etwas ankündigen. Reihe um Reihe kommen die Gräber auf uns zu, Reihe um Reihe metallener Gedenktafeln, Reihe um Reihe unbekannter Namen und ungesehener Toter, die darunter liegen. Auf einmal will ich, dass der Mann etwas mehr über die Geschichte erfährt. Dass er weiß, worüber er hier wacht. »Jeremy wurde ermordet.«

Er stößt einen leisen Pfiff aus. »Wann, sagten Sie, war das?«

»Zweiundneunzig.«

»Wie traurig«, sagt er wieder. »Wirklich schlimm. Und von hier?«

»Iowa.«

Er schüttelt den Kopf. »Dann kann ich mich nicht daran erinnern.« Der Wagen hält an. »Die Reihe hier, links runter. Soll ich es Ihnen zeigen?«

»Danke, ich komme zurecht.«

Er fährt davon.

Jeremy und ich bleiben alleine zurück. Die Stille trifft mich mit schockierender Kraft, sobald das Motorengeräusch nicht mehr zu hören ist. Es sind die Vögel, fällt mir jetzt auf. Sie haben aufgehört zu singen. Die Stelle, die der Friedhofsmitarbeiter mir gezeigt hat, liegt gleich hinter einer Einfassung in der ersten Reihe dieses Grabfelds. Das Gras unter meinen Füßen ist feucht und weich. Der Beton des Randsteins trifft auf das Gras und setzt sich dann auf der anderen Seite der Straße in einem befestigten Platz fort, über dem ein großes, rotes Tankstellenschild die alltägliche Welt der Lebenden anzeigt. Der Eingang zum Friedhof war üppig und grün, aber hier wird das Gras von all dem Beton geradezu versteckt.

JEREMY JAMES GUILLORY. Er ist nur eine Gedenktafel, ins Gras gesetzt wie all die anderen. Ich trete näher heran. In der linken Ecke ist ein Kind eingraviert, das seine Hand ausstreckt. Von oben recken sich ihm zwei größere Hände entgegen. DER HERR NAHM JEREMY BEI DER HAND. Dann ein Datum: 7. FEBRUAR 1992.

Keine Worte für das, was an diesem Tag endete. Keine Worte für all das, was mit diesem Tag begann. Ich stehe hier, wo einst Lorilei in ihrer blauen Bluse stand, und es fängt an zu regnen.

24

Es regnet an dem Tag, an dem Lorilei ihren Sohn begräbt. Der Regen setzt am frühen Morgen ein, als das Hixon-Bestattungsinstitut in Lake Charles nur für die Familie geöffnet ist. Der Regen verwandelt die weite Rasenfläche in Marschland; er lässt die weißen Geländer und die weißen Säulen glatt und rutschig werden und das Rot des Gebäudes dunkler wirken; er lässt die Blätter der hohen Bäume schimmern wie Edelsteine. Der Regen fällt noch immer, als die Reporter eintreffen und ihre großen schwarzen Regenschirme aufspannen. Ihre Assistenten halten Regenplanen über die Kameras, während die Livereporter und -reporterinnen sich hinkauern, um ihren Lippenstift aufzufrischen oder ihre Krawatten zu richten. Es ist eine Woche her, seit Jeremys Leiche gefunden wurde. Die Nachbarschaft steht noch immer unter Schock. Einer der Ihren – für immer fort. Die Reporter setzen für die Kameras ernste Gesichter auf und verkünden, dass über hundert Leute gekommen sind, dass die Mutter des Jungen da ist. Später machen die Zeitungen zweihundertfünfzig Menschen daraus. Der Tag hat den Charakter von etwas Endgültigem, von einem stillen Abschluss. Sie haben seit zwei Wochen jeden Tag über den vermissten Jungen berichtet.

Lorilei tritt vor die Reporter. Wegen des Regens sinken die Absätze ihrer Schuhe im Gras ein, und die blaue Bluse, die in den Zeitungen erwähnt wird, wird selbst unter dem Mantel, den ihr Bruder Richard ihr über die Schultern gelegt haben muss, feucht. Er steht mit einem Schirm neben ihr. Den ganzen Tag lang wird Richard sie mit seinem Körper abschirmen, und die Probleme zwischen den beiden werden vergessen sein.

Sie sieht zu den Reportern auf. Ihre Brillengläser sind bestimmt ein wenig beschlagen. »Ich wusste, dass es regnen wird«, erklärt sie ihnen. »Aber ich bin irgendwie froh darüber, weil es ist, als ob die Engel im Himmel weinen.«

Die Trauerhalle ist voll mit Menschen, die sie nicht kennt, Menschen, die sie seit Jahren nicht gesehen hat, Menschen, die sie jeden Tag sieht. Menschen, deren Arme sich nach ihr ausstrecken, deren Wangen sich ihr bieten, von deren Umarmungen sie sich eingehüllt fühlen muss, die nervös mit einigem Abstand ihre Hände umfassen. Ein Summen umgibt sie, als hätte sie sich in einen Bienenstock verirrt.

Sie verschränkt ihre Arme vor dem Oberkörper. »Ich konnte ihn nicht in einem Anzug begraben«, erklärt sie einer Nachbarin. Dann sagt sie es noch mal zur Mutter eines Schulfreundes von Jeremy. Dann zu einem Reporter. »Ich konnte einfach nicht. Es hätte nicht richtig ausgesehen. Er mag seine Jeans und seine Turnschuhe.« Alle sagen zu ihr, wie leid es ihnen tut. Sie redet und redet. Wenn sie damit aufhören würde, müsste sie über das nachdenken, was ihnen allen so leidtut.

Am Kopfende des Saales steht ein kleiner weißer Sarg mit offenem Deckel. In dem Sarg liegt ihr Sohn. Der Bestatter hat Jeremys Hände über seiner Brust gefaltet und einen kleinen Strauß roter Nelken zwischen seine Handflächen gelegt. Er trägt seine Lieblingsjeans und einen weinroten Pullover. Ein Teil von ihr – der Teil, der noch immer verdrängen kann, was geschehen ist – muss froh sein über den Pullover. So wird er in der Februarfeuchte nicht frieren. Neben ihm stecken eine Batman-Spielzeugfigur und ein Batmobil im Sarg, Weihnachtsgeschenke von seinem Cousin Bubba. »Er sollte sein Luftgewehr haben«, sagt Lorilei. »Er liebt das Ding. Aber der Sheriff hat es, als Beweisstück.«

Richard erscheint neben ihr und legt ihr den Arm um die Schulter. Der Gottesdienst wird gleich beginnen.

Leute drängen sich im Mittelgang, hinten im Saal, an den Seiten. Alle Bänke sind besetzt. Zwei Geistliche werden eine Ansprache halten. Einer von ihnen ist ein alter Freund aus Lo
rileis wilderen

Tagen. Die Jahre haben sie beide verändert. »Das Leben ist nichts als eine vergängliche Episode«, sagt er. Jeremy nannte ihn Großvater. »Jeremys Leben war furchtbar kurz. Der Böse hat ihn von uns genommen.«

Der Erweckungsprediger ist jünger, lauter, hat mehr Energie. Ich sehe ihn vor mir mit lockigem Haar, drahtig gebaut, durchströmt von einer Energie, die Gottes alles zerschmetternde Hand ahnen lässt. Obgleich sie traurig sind, sollten sie sich freuen, mahnt er sie. »In der Bibel heißt es: Als David sah, dass Gott ihm sein Kind genommen hatte, nahm er ein Bad und wusch sich und verlangte nach etwas zu essen. Dann sagte er: ›Dieses Kind kann nicht zu mir zurückkehren, aber ich kann zu ihm zurückkehren.‹ Er wusste, dass es nur eine Möglichkeit gab, seinen Sohn wiederzusehen: indem er sein Leben so lebte, dass es dem Herrn gefiel.« Der Prediger blickt intensiv in die Menge, seine Augen voll Feuer. »Wir können Jeremy wiedersehen, wenn wir nur so demütig sind, wie er es war.«

Lorileis Vater hebt seine Hand Richtung Decke und winkt seinem Enkel zu. Die Journalisten halten es in ihren Aufzeichnungen fest.

Nach dem Gottesdienst kommen die Menschen nach vorne, um den Sarg zu berühren. Sie bekreuzigen sich, als sie dort vor Jeremy stehen. Einige beugen sich hinab und küssen die Stirn des Jungen. Sein Gesicht ist blutleer, wie aus Porzellan, und ohne sichtbare Spuren. Doch unter dem Pullover ist sein Oberkörper mit blauen Flecken von Rickys Unterarmen gezeichnet. Zwei Tage zuvor hielt der Gerichtsmediziner ein Lineal an die dunklen Würgemale an seiner Kehle und fotografierte sie. Vier Bilder dokumentieren die tiefe wunde Linie um seinen Hals aus vier verschiedenen Perspektiven. Das Blitzlicht zeigte die roten Pünktchen an seinem Hals, wo Äderchen unter dem Druck geplatzt waren und innere Blutungen verursacht hatten. Man nennt diese Flecken Petechien. Später, nachdem die Entwicklungsflüssigkeit auf den Film gewirkt und die Bilder sichtbar gemacht hat, werden die Fotos als Beweismaterial gekennzeichnet.

In den kommenden Jahren werden sie für die Akten immer wieder kopiert werden. Zwanzig Jahre später, nachdem drei Prozesse dazu geführt haben, dass selbst die Kopien wieder und wieder kopiert worden sind, werden die Wunden an Jeremys Hals zu einem undefinierbaren Fleck geworden sein, aufgegangen im Lauf der Zeit.

Doch jetzt, da der Pullover seinen Hals bedeckt, könnte man fast glauben, dass er nur schläft. Wenn er nicht gar so blass wäre. Wenn er nicht gar so still wäre. Wenn nur der Verwesungsgestank der Blumen nicht so schwer in der Luft hinge.

Auf den Stufen draußen weint ein Junge; die schmalen Schultern zittern unter dem Jackett, das seine Mutter ihn wohl anzuziehen gezwungen hat. Eine Frau legt die Arme um ihn. »Still, Schatz, ich weiß, ich weiß.« Sie wiegt ihn und flüstert in sein Haar. »Still, Schatz, still«, aber der Junge schluchzt nur noch mehr. »Ihr hattet eine gute Zeit zusammen.«

Wenige Schritte entfernt schreibt ein Reporter ihre Worte nieder.

Sechs Meilen entfernt sitzt Ricky Langley in einer Einzelzelle im Gefängnis von Calcasieu. Er ruft nach dem Wärter: »Kommt denn niemand, um mit mir zu reden?«

Der Sarg ist so leicht, dass die fünf Träger ihn vermutlich kaum spüren. Richard steht vorne. Er ist ein kräftiger Mann mit einem buschigen Bart und einem großen Bauch. Er ist ein Jäger und Angler, der sich gern in Tarnkleidung mit seinen Trophäen ablichten lässt. Einer, der den Tod von Tieren gewöhnt ist – doch nichts hat ihn hierauf vorbereitet. Ich sehe ihn dort, sehe seine Hand unter dem Sarg, und versuche, sein Schwarz-Weiß-Foto aus der Zeitung mit den Farben zu versehen, die das echte Leben zu der Zeit hatte. Das Rot, das seine Wangen hinaufkriecht. Der rote Rand unter seinen Augen. Für Richard muss der Sarg so leicht zu tragen sein wie ein Baby. So leicht wie sein Sohn, als er ihn das erste Mal aufnahm, so leicht wie seine Tochter, als er sie zum ersten Mal hielt. Leicht wie jenes erste

Mal, als er den neugeborenen Jeremy hochhob, dieses Wunder eines vertrauten Fremden, das seine Schwester hervorgebracht hatte. Als meine Schwestern ihre Kinder zur Welt brachten, kam es mir jedes Mal wie ein Wunder vor, dass sie, die ich seit so vielen Jahren kannte, etwas derart Neues erschaffen hatten, das ein Teil von ihnen und doch ganz anders war. Wir waren zwar zusammen aufgewachsen, hatten aber völlig unterschiedliche Leben geführt, unterschiedliche Probleme gehabt. Die Unterschiede hatten uns einander lange Zeit entfremdet, so wie einst auch Richard und Lorilei. Aber in jedem neuen Baby lag die Möglichkeit eines Neubeginns.

Lorilei steht über der Grube, in der ihr Sohn liegen wird; in einiger Entfernung sind die alten Eichen und das rote Glühen der Tankstelle auf dem grauen Beton zu sehen, und über ihr ertönt der scharfe, laute Gesang der Vögel. Sie liest ein Gedicht, das Jeremys Freunde aus der Vorschule verfasst haben und das die Lehrerin in sorgfältiger Schreibschrift aufgeschrieben hat. »Es ist so schwer, Lebewohl zu sagen.« Die Tränen kommen, ehe sie zu Ende lesen kann. Sie lässt sich von Richard vom Rand des Grabes wegführen.

Dann sieht sie zu, wie ihr Vater und Richard Erde in das Loch werfen. Ich stelle mir vor, dass sie wartet, bis alle gegangen sind. Bis sie fast alleine mit ihrem Kind ist.

Der Totengräber gibt das Signal, und der Sarg wird vorsichtig in die Erde gesenkt.

Lorilei ist im vierten Monat mit Jeremys Halbbruder schwanger. Die Übelkeit muss sie an diesem Morgen geweckt haben. Sie muss das dumpfe Ziehen der Schwangerschaft in ihrem Bauch gespürt haben, das Ziehen, das bedeutet, dass das Baby am Leben ist.

Aber als sie jetzt zusieht, wie der Sarg mit einem sanften Ruck auf dem Boden zu ruhen kommt, kann ich mir nur vorstellen, dass sie sich leer fühlen muss, dass der Schmerz wie eine Sichel ist, die sie ausgehöhlt hat. Sie wird bald aus dieser Woche erwachen. Sie wird. Sie wird erwachen, und Jeremy wird am Fußende ihrer Bettdecke ziehen und ihr sagen, dass sie jetzt aufstehen und zum Spielen kommen soll. Sie wird ihn sehen, und der Nebel dieses fürchterlichen Traumes wird sich lichten.

Nachdem Jeremy begraben wurde, ließ der Regen nach. Der Regen bildet den Rahmen in den Zeitungsberichten: wie Lorilei zuerst sagte, dass die Engel weinten, und wie sie dann aufhörten zu weinen, als der Körper des Jungen zur letzten Ruhe in die Erde gebettet war. Während der Zeit, die ich an Jeremys Grab verbracht habe, ist der Regen nur heftiger geworden. Ich blicke auf seinen Namen auf der Gedenktafel und versuche zu begreifen, dass er wirklich dort unter meinen Füßen liegt. Sein Autopsiebericht ist Teil der Akten, die ich gelesen habe, bevor ich hierherkam. Die übrigen Berichte über diesen Fall befinden sich in den Archiven des Gerichts. Irgendwo dort sind auch die Fotografien von seiner Leiche verwahrt. Er war einmal mehr als nur ein Name in den Aufzeichnungen, mehr als eine Schulfotografie in den Abendnachrichten oder ein warnendes Beispiel. Er war einmal ein Junge.

In der Woche nach dem Begräbnis versammeln sich fünfundzwanzig Menschen zu einem Protestmarsch vom Büro des örtlichen Senators zum Rathaus von Lake Charles. Sie hätten vor Ricky gewarnt werden müssen. »Den ganzen Tag waren Kinder um ihn herum«, sagt eine Nachbarin. Vielleicht war sie unter denen, die sich bei der Suche nach Jeremy vor dem Haus der Lawsons trafen, um die abgelaufenen Routen zu vergleichen und einander während der langen Zeitspanne aufzumuntern, in der sie nichts fanden. Vielleicht erinnert sie sich daran, wie Ricky ihnen Kaffee in Styroporbechern brachte. Sie nahm den Kaffee aus seinen Händen entgegen wie alle anderen und dankte ihm. Vielleicht erinnert sie sich auch daran, dass sie ihre Kinder in sein Schlafzimmer schickte, um mit den anderen zu spielen. Sie fühlt das Entsetzen darüber, ihm vertraut zu haben. »Die Leute haben ein Recht zu wissen, wenn ein Jeffrey Dahmer in ihre Gegend zieht«, sagt sie. Vor Jeremys Verschwinden hatte der

Fall des pädophilen Serienmörders Dahmer die Medien wochenlang beschäftigt. Die Menschen in Iowa und Lake Charles hatten die neuesten Entwicklungen auf den Titelseiten der Zeitungen gelesen und in den Abendnachrichten gesehen. In der Woche, in der Dahmer zu einer lebenslangen Haftstrafe verurteilt wurde, tötete Ricky Jeremy. Auf einmal ist es nicht mehr nur ein Medienspektakel.

Lorilei führt den Protestmarsch an, eine lederne Motorradjacke offen über Jeans und T-Shirt. Die Demonstranten tragen alle weiße Pappschilder, die allesamt mit schwarzem Textmarker beschrieben sind. Auf Lorileis Schild stehen die Worte: LASS DEIN KIND NICHT ZUM OPFER WERDEN. »Ich glaube, dass das hier dem Tod meines Babys einen Sinn verleihen kann«, erklärt sie einem Reporter. »Dass das hier der Grund ist, warum mein Baby geboren wurde.«

Alle beobachten sie in diesem Augenblick. Halten Mikrofone vor ihr Gesicht. Kameras blitzen. Der Sheriff hatte sie zweimal einem Lügendetektortest unterzogen, bevor Ricky sein Geständnis ablegte. Bald wird der Verteidiger allerhand über ihre Fähigkeiten als Mutter zu sagen haben. Die Anklage ebenfalls. Hier, an der Spitze des Protestmarschs, ist sie ein Symbol des Verlusts. Die Frau, die niemand sein will.

Als die Demonstranten am Büro des Senators anlangen, kommt er heraus und hört ihren Sprechgesängen zu. Dann gesellt er sich zu ihnen. Der Senator erkennt, dass sich hier eine Bewegung formiert. Sie werden ihr Gesetz bekommen, verspricht er der Gruppe. »Ich will nie wieder einen Fall wie den von Jeremy Guillory erleben müssen.«

Die Marschierenden halten ihre Schilder hoch, rufen und fordern, wovon sie sich Sicherheit versprechen – und ich kann sie verstehen, ihre Not. So fühle ich mich, wenn ich mir den Fragebogen anschaue, den Ricky Mitte der Achtziger im Psychiatrischen Krankenhaus von Lake Charles ausfüllte, wo er sagte, er habe Angst, wieder ein Kind zu missbrauchen, und darum bat, eingesperrt zu werden. Oder wenn ich lese, dass Lanelle sich abwendete, als Ricky ihr den

Weg versperrte. Warum zwang sie ihn nicht, sie hinaufzulassen? Warum erzählte sie nicht einem Polizisten, was geschehen war?

Aber selbst wenn es ein solches Gesetz, wie sie es fordern, gegeben hätte, als Jeremy bei den Lawsons an die Tür klopfte – oder schon vorher, als Lorilei gerade erst bei Melissa einzog, oder noch früher, als sie die Heizkosten nicht bezahlen konnte und ihr klar wurde, dass sie und Jeremy woanders würden schlafen müssen –, es hätte Jeremy wohl nicht gerettet. Die Strafverfolgungsbehörden wussten nicht, wo Ricky sich aufhielt; der letzte Ort, den sie registriert hatten, war das Haus seiner Eltern. Es gab zu dem Zeitpunkt mindestens zehn namentlich bekannte Sexualverbrecher, die in der Gegend von Iowa lebten, zehn Männer, deren Namen ich in den Berichten finden werde. Zehn Namen, die die Bewährungshelferin aus Louisiana auch tatsächlich an Lucky und Dixon weiterleitete, *bevor* sie Ricky erwähnte. So sauber und ordentlich, wie es später erzählt wurde, lief es nicht. Natürlich nicht. Einer der zehn Männer tauchte sogar persönlich auf, um bei der Suche nach Jeremy zu helfen. Die Polizisten wiesen ihn ab – und zur selben Zeit servierte Ricky den Suchenden Kaffee, sah den Kindern in seinem Schlafzimmer beim Spielen zu und hielt sie von der Schranktür fern.

Die Demonstranten bekommen das geforderte Gesetz. Aber sechs Monate später zeigt ein Leitartikel in den Zeitungen, dass es nichts gebracht hat. Das Gesetz hat dazu geführt, dass in der Gegend achtzehn Sexualstraftäter identifiziert wurden – doch nur drei der Namen wurden öffentlich gemacht.

So ist es überall im Land. Gesetze werden in wohlmeinender Eile erlassen. Gesetze versagen, weil die Umsetzung selten richtig funktioniert und der größte Teil der Last auf den Schultern ohnehin schon gestresster Eltern ruht. Man könnte sich verrückt machen aus Angst vor registrierten Personen, könnte sich fürchten vor Leuten, die neu in die Stadt gezogen sind, könnte sie aus der Stadt jagen. Aber die Hälfte der Zeit würde man sich unnötig Sorgen machen, weil auch Menschen auf diesen Listen stehen, die ein paar Jahre vor der Legalisierung schwulen Sex hatten, oder Männer, die, selbst kaum erwachsen, mit ihrer minderjährigen Freundin geschlafen haben, oder jemand, der zwar vor dreißig Jahren etwas Fürchterliches getan hat, sich seither aber nichts mehr zuschulden kommen ließ. Teilweise landen sogar vorpubertäre Kinder in dem Register, weil sie es mit Doktorspielen auf dem Schulhof zu weit getrieben haben. Und überhaupt würde man sich nur vor denjenigen fürchten, von denen man weiß. Vor denjenigen, die dem Gesetz überhaupt aufgefallen sind. Nicht vor dem Trainer, dem besten Freund, dem Babysitter, dem Stiefvater, dem Onkel. Dem Großvater.

Zwanzig Jahre, nachdem diese Gesetze in Kraft getreten sind, werden die Fallzahlen im Bereich des sexuellen Missbrauchs um keinen Deut gesunken sein.

Aber im Louisiana des Jahres 1994 bekommen die Demonstranten ihr Gesetz. Jeder einzelne Zeitungsbericht über seine Verabschiedung erwähnt einen nicht namentlich genannten »Jungen aus Iowa« – Jeremy ist zu einem Symbol geworden. Zum Zeitpunkt des Prozesses hat Lorilei wieder zu trinken begonnen. Sie nimmt wieder Drogen. Hat Selbstmordgedanken. Der Mörder ihres Sohnes wird zur Rechenschaft gezogen und zum Tode verurteilt, und als ihr Bruder Richard ihr die Nachricht überbringt, denkt sie: *Gott sei Dank.* Sie bringt ihren zweiten Sohn zur Welt und nennt ihn Cole. Jeremys Vater ist längst verschwunden, wird in den Gerichtsakten nie auch nur erwähnt, aber dieses Baby wird den Nachnamen seines Vaters tragen.

Ein paar Monate später trennen sie und Coles Vater sich. Wieder ist Lorilei allein mit ihrem Sohn. Sie versucht, Cole einen Neubeginn zu ermöglichen, und so sagt sie Jeremy auf dem Friedhof Lebewohl und zieht nach South Carolina. Sie will Cole weit von diesem Ort entfernt aufziehen.

Nachdem ich Jeremys Grab verlassen habe, fahre ich nach Lake Charles. Im Grunde könnte es irgendeine beliebige Kleinstadt im

Süden sein, mit breiteren Straßen als im Nordosten, mit niedrigeren Gebäuden, die weiter auseinanderstehen – doch der See hebt die Stadt von anderen ab. Alle Straßen führen zu seinem Ufer, auch die, an der sich das Bestattungsunternehmen befand; sie schlägt parallel zum Ufer einen Bogen und endet beim Archiv des Gerichts. Lorilei sagte Jeremy Lebewohl – und seine Geschichte kam hierher.

Als ich vor meiner Reise von Cambridge aus dort anrief, sagte man mir, dass fünfzehn Kisten mit Akten auf mich warteten. Trotzdem bin ich jetzt überrumpelt, als der Archivar erscheint und einen mit vier Kisten beladenen Handwagen hinter sich herzieht. Jede Kiste ist fast einen Meter lang und misst sechzig Zentimeter in der Breite und Tiefe. Ich hebe den Deckel der ersten Box an, die mit einer Eins gekennzeichnet ist. Eine Reihe von Ordnern, jeder mit vielleicht dreihundert Seiten, befindet sich darin. Ich stelle eine schnelle Berechnung an, die mich gleichzeitig entmutigt und ansporn. Fünfzehn Kartons – also vielleicht dreißigtausend Seiten? Es ist so viel Material. So viel.

Natürlich hatte ich verstanden, was man mir am Telefon sagte. Fünfzehn Kisten. Aber ich hatte überhaupt nichts verstanden.

»Lassen Sie mich wissen, wenn Sie bereit sind für die nächste Fuhre«, sagt der Archivar.

Mir bleibt nichts anderes übrig als anzufangen.

In der ersten Kiste finde ich die Jahre nach dem Prozess 1994: der verurteilte Ricky, Ricky in der Todeszelle. In der zweiten befinden sich gesammelte Revisionsbegründungen seines Anwalts Clive, die Ricky einen zweiten Prozess verschaffen sollen. Tausende von Seiten, die sich alle um Ricky drehen.

Dann, acht Jahre später, taucht auf einmal Lorilei auf.

25

7. Juni 2002. Das Protokoll einer Sitzung während des Vorverfahrens. Clive und der Anwalt der Anklage, Wayne Frey, streiten über das weiße T-Shirt von Fruit of the Loom, das Jeremy anhatte, als er starb. Zehn Jahre lang vergilbte es in einem Archivraum für Beweismaterial hinter zwei aufeinanderfolgenden Türen, die man nur mit zwei verschiedenen Schlüsseln öffnen kann. Werden die Geschworenen das Shirt bei der Revisionsverhandlung zu sehen bekommen? Clive und die Anwältin Cynthia Killingsworth, die die Anklage vertritt, streiten darüber, wie viel vom Beweismaterial der Anklage – zum Beispiel das Laborergebnis zu dem T-Shirt – der Verteidigung zugänglich gemacht werden darf. Lucky betritt den Zeugenstand und berichtet, wie sie Jeremy in diesem T-Shirt gefunden haben. Anschließend erklärt ein Labortechniker der Spurensicherung, dass sie kleine Löcher in das T-Shirt geschnitten haben, um die Flecken darauf auf Sperma zu untersuchen.

Ein Mann erhebt sich von einer der hinteren Bänke im Saal. Niemand weiß, wer er ist. Es ist halb zwei am Nachmittag. Ricky war zu Beginn der Anhörung anwesend, aber jetzt ist er wieder im Gefängnis. Die Anwälte sind seit halb zehn Uhr morgens hier in dem fensterlosen Raum versammelt, haben nur fürs Mittagessen eine Pause eingelegt. Nach zehn Jahren sind Fremde in diesem Fall eine Seltenheit. Noch seltener sind Fremde, die wie dieser hier – so stelle ich ihn mir vor – in Jeans und einem Arbeitshemd auftauchen.

»Darf ich das Gericht ansprechen?« Der Mann kommt nach vorn und stellt sich vor Richter Alcide Gray, blickt zu ihm in seiner schwarzen Robe auf. Die anzugtragenden Anwälte starren ihn an.

»Ja«, sagt Gray. Ihn ödet die Anhörung an. Seit Stunden ödet sie ihn an.

»Ich – ich bin King Alexander Jr., und ich bin heute nicht angemessen gekleidet fürs Gericht«, beginnt er. »Aber ich vertrete die … die …«

Er verstummt. Die Bitte, die er vorbringen will – er weiß, wie ungewöhnlich sie ist. »Ich vertrete die Mutter des Opfers in der Causa Langley. Sie möchte in einer Angelegenheit zum Gericht sprechen, die der Staatsanwalt sich geweigert hat anzuhören. Es hat mit ihrer Einstellung zur Todesstrafe zu tun.«

Frey, der Vertreter des Staatsanwalts, muss sich in diesem Moment alarmiert umwenden, lange genug, um die blonde Frau zu erkennen, die ganz hinten im Saal sitzt. Die Frau, die er und seine Büromitarbeiter geflissentlich ignoriert haben, deren Anrufe sie nicht entgegengenommen und deren Briefe sie nicht beantwortet haben. Jetzt scheint man zum ersten Mal Notiz von ihr zu nehmen. Sie ist mittlerweile achtunddreißig. Seit acht Jahren hat niemand sie gesehen. Den ganzen Morgen über haben Leute den Gerichtssaal betreten und verlassen: Polizisten, Kriminalbeamte, Techniker, Gerichtsdiener. Niemandem ist sie aufgefallen.

»Ich dachte, wir wären in der Langley-Angelegenheit fertig für heute«, sagt Frey. Sie waren im Begriff gewesen, sich dem nächsten Fall zuzuwenden.

Gray unterbricht ihn. »Ich will hören, was sie zu sagen hat.«

Lorilei geht nicht zum Zeugenstand. Sie geht den Mittelgang zwischen den Bankreihen entlang, bis sie vor Gray steht und zu ihm aufblickt wie eine Bittstellerin. Im ersten Prozess war nicht er der Richter gewesen, sondern ein Weißer. Gray ist schwarz und damit ein seltener Anblick im Rechtswesen von Louisiana. Lorilei ist ihm zuvor nie begegnet. Aber er hält ihr Schicksal in seinen Händen. »Ich bin die Mutter von Jeremy Guillory«, sagt sie.

»Ich weiß, wer Sie sind.« Grays Stimme ist freundlich.

Lorilei ist nicht mehr die junge Frau aus den Bildern in den Nachrichten: Kürzen wir ihre Haare, nehmen wir etwas Eyeliner und Haarspray weg, entfernen wir die Jeansjacke, die sie trug, als Richard neben ihr saß, um mit der Presse zu reden. Sie ist stämmiger geworden, aber sie hat sich heute Morgen sorgfältig angekleidet, trägt einen Rock, den die Dame von einer Hilfsorganisation für Gewaltopfer mit ihr ausgesucht hat. Ihre Bitte muss einfach Erfolg haben. »Ich bin heute hier«, fängt sie an, aber sie gerät aus dem Konzept, weil ihr Ansinnen so seltsam ist. Ihr Hals wird trocken. In dieser ganzen Angelegenheit hat sie noch nie zuvor so direkt um etwas gebeten. Als ihr Junge vermisst wurde, übernahmen die Polizisten die Suche, und während sie suchten, drangen nur Gerüchte zu ihr durch. Sie konnte nichts tun als warten. Als sie die Leiche ihres Jungen gefunden hatten, ließ sie Richard das Begräbnis planen. Als sie den Mörder ihres Sohnes vor Gericht brachten, stand nicht ihr Name auf der Anklageschrift, sondern der des Bundesstaats. *Louisiana vs. Ricky Langley*. Als hätte er Louisiana Leid angetan. Beim Prozess wiesen die Ankläger sie an, wo sie zu sitzen hatte, und dort setzte sie sich hin. Sie gingen mit ihr durch, was sie zu sagen hatte, und sie sagte es. Der Tod ihres eigenen Sohnes wird zu einer Tragödie der Gesellschaft, als sei es die Tragödie des Systems. Der Öffentlichkeit.

Aber seit sie ihr mitgeteilt haben, dass ihr Junge tot ist, sind zehn Jahre vergangen. Und Lorilei könnte ihnen allen sagen, wie persönliche Trauer wirklich ist, wie unaufhörlich sie ist. Sie könnte ihnen etwas über die Stille erzählen. Wie viel Lärm ein Sechsjähriger macht, und wie donnernd dann die Stille ist, wenn er nicht mehr da ist. Sie hat Cole unter ihrem Herzen getragen, und jeder Tritt von ihm gegen ihr Brustbein, jede Regung des neuen Lebens muss für sie ein Echo dessen gewesen sein, was sie bei Jeremy gefühlt hatte. Ihre Sehnsucht nach ihm war manchmal ein Balsam, manchmal ein nicht enden wollender Schmerz. Dann kamen die Wochen nach Coles Geburt, in denen sie dankbar war für die schreckliche Erschöpfung, weil die Notwendigkeit zu überleben die Echos kurzfristig zum Schweigen brachte.

Jetzt ist Cole in einem Alter, das Jeremy nie erreicht hat, und das ist eine neue Art von Schmerz, eine endlose Anhäufung von

Was-wäre-Wenns. Als sie ein drittes Mal schwanger wurde, nannte sie das Baby Rowan und gab es zur Adoption frei. Und dann, eines Morgens vor zwei Jahren, als Jeremy seit acht Jahren nicht mehr da war, an einem Morgen, an dem sie wieder nur ein Kind wachgerüttelt hatte statt zwei, an dem sie in der Küche stand und wieder nur eine Pausenbrotdose vorbereitete statt zwei, klingelte ihr Telefon. Ein Assistent aus Clives Anwaltsbüro meldete sich und informierte sie darüber, dass es einen neuen Prozess geben würde. Er sagte ihr, dass sie den Verlust ihres Sohnes noch einmal würde durchleben müssen.

Jetzt ist sie verzweifelt. Stundenlang haben die Anwälte geredet, als sei die einzig wichtige Frage die, ob sie Ricky töten sollen. Sie verstehen nicht, was Verlust bedeutet. Ihr kleiner Junge ist tot. Seinen Mörder umzubringen wird daran nichts ändern.

»Ich bin heute hier, Euer Ehren, um für Ricky Langleys Leben um Gnade zu bitten.«

Vielleicht hört man die Menschen im Saal laut Luft holen. Vielleicht ist es auch totenstill.

»Euer Ehren«, fährt sie fort, »ich bitte Sie, machen Sie der Sache ein Ende.«

Die Uhr an der Wand tickt. Richter Gray sieht sie an. Er bemerkt ganz bestimmt, wie sorgfältig sie gekleidet ist, die dunklen Ringe, die sicher unter ihren Augen liegen, die Art und Weise, wie sie sich in dem kleinen Saal aufrecht hält, wie würdevoll. Vielleicht denkt er über das Wort nach, das sie verwendet hat: Gnade. Es muss so eigenartig klingen in diesem Raum, so hehr. Sie haben über Termine für Anhörungen geredet. Sie haben über Abgabetermine für Formulare gesprochen. Das bürokratische Prozedere des Gesetzes. Nicht über Gnade. Sanft sagt Gray zu ihr: »Glauben Sie mir, Ma'am, ich habe keine Freude daran, diesem Verfahren vorzusitzen.«

Einen Moment lang ist das Klappern der Tastatur der Gerichtsschreiberin das einzige Geräusch. Die Worte müssen sogar in Grays eigenen Ohren hohl klingen. Er versucht es noch einmal: »Ich sage Ihnen, und das darf gerne ins Protokoll, denn es ist mir egal, ob die Anklage es weiß, ob alle es wissen: Ich glaube nicht an die Todesstrafe. Es würde mir sicher keine Genugtuung bereiten zu wissen, dass ich das Todesurteil unterzeichnet habe, wenn ich in fünf oder sechs oder auch zehn Jahren im Fernsehen sehe, dass Mr. Langley auf den elektrischen Stuhl gesetzt und hingerichtet wird. Ich weiß nicht, wie ich reagieren würde, wenn das passiert. Zum Glück für mich ist es bislang noch nie so weit gekommen. Aber ich weiß, dass es einem Richter dieses Gerichtes vor einigen Wochen so erging, und er wurde – ich meine, es hat ihn gezeichnet. Er leidet. Es macht etwas mit einem.«

Gray sollte besser vorsichtig sein. Er sollte vorsichtig sein mit dem, was er sagt. Patricia Hicks, die Gerichtsreporterin, sitzt zu seiner Rechten und notiert jedes Wort, das er sagt, in Kurzschrift, um alles später zu transkribieren. Wenn die Worte ausgeschrieben vorliegen, werden sie zu einem Dokument, und ein Auszug dieses Dokuments wird Jahre später, als Clive versucht, noch einen weiteren Prozess für Ricky zu erwirken, zum Beweismittel. Gray sollte nicht, wie er es bald tun wird, den Geschworenen erklären, dass er nicht an die Todesstrafe glaubt. Ein Richter muss unparteiisch sein. Ein Richter darf die Geschworenen nicht beeinflussen. Er darf ihnen nicht, wie Gray es tun wird, verraten, dass der Prozess ihn zur Flasche greifen lässt. Dass seine Frau wütend auf ihn ist, weil er so aufgewühlt nach Hause kommt von dem, was er sehen muss, was er erfahren muss, davon, dass er Ricky Tag für Tag ansehen muss und weiß, dass sie über das Leben dieses jungen Mannes entscheiden werden, aber auch, dass dieser junge Mann ein Kind erwürgt hat. Gray ist fünfundfünfzig Jahre alt. Er war früher Anwalt. Mindestens einmal war er Verteidiger in einem Fall, in dem die Todesstrafe im Raum stand. Er kämpfte um das Leben jenes Mannes.

Gray versuchte sich diesem Verfahren zu entziehen. Vor zehn Jahren gelang es ihm. Aber diesmal hat er die hochrichterliche Lotterie verloren. Es ist jetzt sein Fall. Sein Gerichtssaal. Er ist derjenige, der der Beweisaufnahme vorsitzt – aber heute, als Lorilei vor ihm steht und ihre Bitte vorbringt, beginnt etwas in ihm zu zerbrechen. Wenn die Anwälte später von Rickys Händen um Jeremys Hals sprechen, wird er erklären, dass der Fall ihn quält. Wenn die Anwälte die möglichen Geschworenen beim Auswahlverfahren befragen, ob sie imstande sein werden, Zeugenaussagen über Pädophilie zuzuhören und dabei unvoreingenommen zu bleiben, wird Gray aufstehen und den Saal verlassen. Und wenn die Anwälte in ihren Schlussplädoyers über Rickys Sperma auf Jeremys T-Shirt reden, wird Gray sich noch einmal in seiner langen schwarzen Robe erheben, sorgfältig seinen Hammer beiseitelegen und hinausgehen.

Später werden einige spekulieren, sein Verhalten deute auf eine beginnende Demenzerkrankung hin. Seine Mutter hat Alzheimer; vielleicht bricht die Krankheit gerade auch bei ihm aus. Vielleicht hat er auch einfach kein Urteilsvermögen, obgleich er bis zu diesem Zeitpunkt eine lange, erfolgreiche Karriere absolviert hat, in der er die Erwartungen anderer immer wieder übertreffen musste und in der sich bislang nichts dergleichen zugetragen hat. Vielleicht ist es schlicht so, dass er mit seinen lebenslangen Erfahrungen als Schwarzer in widrigen Verhältnissen ein tiefes Verständnis für innere Konflikte hat. Sein Vater war in der Armee, seine Mutter Dienstmädchen, und er brauchte neun Jahre, um das College zu beenden. Er ist Richter in einem Bundesstaat, in dem es zu diesem Zeitpunkt wenige schwarze Anwälte und noch weniger schwarze Richter gibt, und er weiß, wie es sich anfühlt, abgeschrieben und abgestempelt zu werden wie Ricky. Aber der Schmerz, den er fühlt, wenn er an Lorileis Sohn denkt, ist ebenfalls echt. Dieser Fall macht ihn von innen her kaputt.

Die Menschlichkeit, die aus Gray sickert und sich überall im Gerichtsprotokoll in seinen Worten wiederfindet – sie wird der Grund dafür sein, dass das Urteil in diesem Prozess für nichtig erklärt wird. Gray wird der Grund sein, warum Lorilei nicht nur diesen, sondern noch einen weiteren Prozess erdulden muss. Er wird früh sterben, nur wenige Jahre nach diesem Prozess, der in seiner Richterkarriere das letzte große Ereignis darstellt. Vorher wird er sich wegen Befangenheit allen weiteren Prozessen entziehen, bei denen die Todesstrafe im Raum steht.

Die Leute glauben oft, dass eine Robe einen Menschen schützt. Sie tut es nicht. Sie schützt nicht vor den Geschichten.

»Ich kann Ihnen nur sagen, dass Sie nicht alleine sind«, sagt Gray jetzt zu Lorilei. »Aber ich kann Ihnen nicht helfen. Die Entscheidung liegt bei der Anklage.«

So wie Lorilei Frey jetzt ansieht, ist sie am Ertrinken.

»Wir werden in diesem Fall weiterhin die Todesstrafe fordern«, sagt Frey.

In der Kiste mit den Unterlagen befindet sich hinter dem Transkript ein Vertrag. Ich stutze, als ich ihn bemerke. Ein Vertrag zwischen Rechtsbelehrungen, Durchsuchungsbefehlen, Vorladungen, zwischen all den Dokumenten, die man in den Gerichtsakten eines Strafprozesses erwartet? Aber die Formulierung ist unmissverständlich: »Verzichtserklärung und Zustimmungserklärung«, unterzeichnet von Ricky und Lorilei. Ricky gibt über Clive zu verstehen, dass ihm bewusst ist, dass Lorilei ihn nicht in einer psychiatrischen Anstalt untergebracht wissen will (was die Folge wäre, wenn er für unzurechnungsfähig erklärt würde), sondern im Gefängnis. Er erklärt, dass er angesichts des Schmerzes, den er ihr verursacht hat, »ihrem Wunsch gemäß handeln will«. Er verspricht, sich niemals um Strafminderung oder eine vorzeitige Entlassung zu bemühen – die ebenfalls möglich wäre, wenn Ricky für psychisch gestört erklärt würde – und niemals den Versuch zu unternehmen freizukommen. Im Gegenzug verspricht Lorilei, ihn im Gefängnis zu besuchen. Im Vertrag klingt es so, als ob Ricky über Clive versprechen würde, nicht auf Unzurechnungsfähigkeit zu plädieren.

Aber Clive wird genau darum kämpfen. Dass Ricky für geisteskrank erklärt wird.

Lorilei kann das noch nicht wissen, als sie nach der Anhörung auf der harten Wartebank ihrer Zukunft sitzt. Sie hat die Chance, die ganze Sache zu Ende zu bringen. Sie unterschreibt. Sie ist Ricky einmal begegnet, als sie an die Tür des Hauses der Lawsons kam und er sie hineinließ, damit sie das Telefon benutzen konnte. Ihr Junge lag ohne ihr Wissen tot im ersten Stock. Mindestens eine Quelle berichtet, dass sie ihn an jenem Abend noch einmal sah, während der Suchtrupp im Wald unterwegs war. Ricky brachte ihr einen Drink, und sie nahm ihn aus seinen Händen entgegen, ohne zu wissen, was diese Hände getan hatten. Nun wird sie ihn noch einmal treffen. Und diesmal wird sie es wissen.

Aber obwohl sich Lorilei entweder nicht erinnert oder sich der Tatsache nie bewusst war, sind sie und Ricky sich schon lange zuvor begegnet. Lange, bevor er ihren Sohn tötete.

26

An meinem zweiten Morgen in Louisiana erwache ich zum dumpfen Summen der Klimaanlage. Das Hotelzimmer ist drückend heiß, die Luft hinter den dicken Vorhängen unbewegt. Ich halte die Augen geschlossen, kann den Schweiß auf meiner Haut fühlen, die klebrige Feuchtigkeit der Laken. Unten auf dem Parkplatz rufen ein Mann und eine Frau einander etwas zu, während auf dem Highway die Autos vorbeirauschen. Einige davon biegen bestimmt auf das Gelände der alten Tankstelle ab, um Diesel zu zapfen und sich ihren morgendlichen Kaffee zu holen. Ich kann mir den blauen Himmel vorstellen, sein klares Leuchten. Es ist Morgen; die Welt ist frisch und neu; ich sollte aufstehen und den Tag beginnen.

Aber mein Körper rührt sich nicht.

In Ordnung, denke ich. Ich bleibe einfach hier. Ich lasse die Augen zu, und die Welt wird dunkel bleiben, und es wird nichts geben, wovor ich fliehen muss. Ich muss mich diesen Akten nicht aussetzen. Ich kann einfach entscheiden, dass es falsch war hierherzukommen, dass ich auch so weiterleben kann – dass sowohl Rickys Geschichte als auch meine eigene Vergangenheit für mich ungelöst bleiben können. Ich kann mit der Angst leben, die mich allzu oft durchzuckt, wenn Janna mich berührt, und mit der Wut und der Trauer, die ich mit mir herumtrage, wenn ich im Haus meiner Eltern bin. Ich kann mit alledem leben; ich kann das alles aushalten. Solange es nur nicht hochkommt.

Und was dann? Soll ich weiterhin in dieser Sackgasse bleiben?

Ich seufze. Hieve mich aus dem Bett, zwinge meinen Körper in eine aufrechte Position und fühle, wie die rauen Bettlaken zurückbleiben. Ich ziehe die Vorhänge zurück. Schwaches Morgenlicht dringt herein. Der Kaffee, den ich in der Maschine auf dem Zimmer koche, ist dünn und schal, mit einem ganz leicht verbrannten Nachgeschmack, aber ich trinke trotzdem zwei Tassen. Die Vergangenheit hat mich ohnehin fest im Griff. Es bleibt mir nichts anderes übrig, als mich ihr zu stellen.

Das Zentrum von Iowa besteht nur aus einer Straße. Die Stadtbibliothek verbirgt sich hinter der breiten Fassade einer Bank, es gibt eine Postfiliale und eine Feuerwehr, einen Kurzwarenladen und einen Baumarkt. Das Ganze wirkt wie die Kulisse eines Films über eine typische amerikanische Kleinstadt, aber auf dem Weg hierher bin ich an Obdachlosenunterkünften vorbeigekommen und an Schaltern, die mit blinkenden Neonschildern anzeigten, dass man dort seinen Gehaltsscheck einlösen kann. Ich fuhr an langen Feldern vorbei, die an wuchernde Wälder grenzten. Zwischen den Feldern befanden sich ein paar Häuser, weit auseinanderliegend wie Außenposten, und alle hatten sie verrostete Fahrzeugteile auf dem Rasen herumliegen und Plastikstühle, die schon lange nicht mehr weiß, sondern grau waren. An einem Briefkasten klebte eine Jesusfigur aus Plastik. Jeder Transporter hatte eine Halterung für Gewehre. Jetzt, im Zentrum, komme ich zu der Grenzlinie zwischen dem Gewerbegebiet und den endlosen Meilen hübscher, rostiger, heruntergekommener Landschaft, die sich bis zum Horizont erstreckt. Das hier ist Iowa. Aber es ist diese große, flache Gegend im Niemandsland, in der Ricky lebte und aufwuchs. Wo die Verantwortlichen in Lake Charles, in Iowa und in LeBleu von einem vermissten Jungen hörten und zuerst einmal beschlossen, dass jemand anderes zuständig war.

An den Wänden der Bibliothek hängen bunte Poster, die an den Wert des Lesens gemahnen. In einer Ecke des Raums häufen sich besonders viele dieser Plakate, und dort stehen auch kleine Holzstühle, die rot, gelb und blau lackiert sind. Die Stühle sind heute leer, keine Kinder sind zu sehen, und ich schaue sie mir einen Moment lang intensiv an. Das Zeitungsbild, auf dem Lorilei über dem zweijährigen Jeremy steht, während sein erstes Fahrrad angepasst wird, auf dem ihre Hände seine Schultern mit festem Griff umfassen, wurde auf einem Parkplatz ganz in der Nähe aufgenommen. Hat sie ihm hier vorgelesen? Hat Jeremy je auf einem dieser Stühle gesessen?

Ich habe bereits die Onlinearchive der Regionalzeitung durchforstet und darin eingescannte Artikel über den lange zurückliegenden Unfall gefunden, über Oscars und Vickys Begräbnis, sogar eine Anzeige zu Bessies und Alcides fünfzigstem Hochzeitstag, in der ihre Kinder aufgelistet waren – als Rickys Wohnsitz war »West Feliciana« angegeben, die Gemeinde, in der sich das Gefängnis befindet. Aber hier in der Bibliothek stehen Ordner mit alten Zeitungsmeldungen, vielleicht finde ich also noch mehr. Die grünen Mappen aus dickem Papier enthalten vergilbte, vor langer Zeit sorgsam ausgeschnittene Artikel. Ich lese von Kuchenbasaren, Autowaschanlagen, den guten Taten hiesiger Bürger. Eine Menge über Blumen. Von einer Seite grinst mir das Gesicht des viel jüngeren Rick Bryant entgegen – aus der Zeit, ehe er Staatsanwalt wurde und drei Mal versuchte, die Todesstrafe für Ricky zu erwirken. Nirgendwo ein Wort über Jeremy oder Ricky, nicht einmal in dem Ordner, auf dem KRIMINALFÄLLE steht, denn er enthält fast nichts, das sich auf die Zeit nach 1950 bezieht. Die Geschichte einer Kleinstadt, kuratiert von einer Kleinstadt – nichts darunter, was man lieber vergessen möchte. Auch die Bücher über die Ortsgeschichte bringen mich nicht weiter, weil Iowa so klein ist, dass »örtlich« sich hier auf die Region bezieht, nicht auf die Stadt.

»Haben Sie irgendwelche Jahrbücher?«, frage ich die Bibliothekarin.

»Ein paar«, erwidert sie und führt mich zu einem Regal. Zuerst bin ich enttäuscht, obwohl das Regal eine Reihe von gelb-lila Buchrücken der Iowa High School enthält, denn es sind Jahreszahlen aus den Fünfzigern und Sechzigern darauf gedruckt, und als Nächstes folgen gleich die Neunziger. Bessie und Alcide sind nicht hier zur Schule gegangen, nur ihre Kinder. Diese Jahrbücher werden mir nicht weiterhelfen.

Doch dann bemerke ich ein Buch – nur eines –, das sich zwischen diesen Jahrzehnten befindet und die Jahreszahl 1981 trägt.

Mein Herz schlägt schneller: 1981. Ich ziehe das Buch heraus und rechne fieberhaft, während ich eilig durch die Seiten blättere. Ricky wurde 1965 geboren. Er müsste damals im zweiten High-School-Jahr gewesen sein, ein Sophomore. Die Mädchen sind junge Dinger mit frischen Gesichtern und toupierten Ponys, die Jungen tragen Vokuhila. Ihre Gesichter sind fleckig von Akne und schauen entweder selbstbewusst in die Kamera oder resigniert nach unten.

Ricky ist nicht darunter.

Dann bemerke ich ihn.

Ein Freshman im ersten High-School-Jahr. Er sieht jünger aus als seine fünfzehn Jahre. Sein Gesicht ist klein, er hat ein fliehendes Kinn und die reine Haut eines Kindes vor der Pubertät. Der Wirbel in seinem Haar, der später dafür sorgen wird, dass es wild absteht, ist bereits zu erkennen, seine Augenbrauen sind schon jetzt buschig. Er trägt keine Brille. Er lächelt nicht und runzelt nicht die Stirn. Sein Mund steht offen. Er blickt direkt in die Linse, aber ohne zu sehen. Seine Augen haben einen leeren Ausdruck. Das ist der Junge, der als Mann zu Jeremys Mörder wird.

Ich setze mich auf den Teppich und blättere das Jahrbuch durch. Schüler sitzen mit ernsthaften Mienen für Porträts, posieren für Kamerafotos, albern herum oder brechen in Gelächter aus, als der Auslöser klickt. Ihre Gesichter finden sich auf den 140 Seiten immer wieder. Es ist eine kleine Schule. Eine kleine Stadt. Auf der gelben Innenseite des Covers haben Mitschülerinnen der ursprünglichen Besitzerin des Jahrbuchs, eines Mädchens namens Cindy, Botschaften hinterlassen: »Du kannst alles aus deinem Leben herausholen, was du zuvor hineingegeben hast.« Ich blättere alles durch, aber Ricky ist nur an der einen Stelle zu sehen, auf dem einen Bild.

Das also war Ricky mit fünfzehn: schmächtig, ein unbeschriebenes Blatt, seine Zukunft so unbestimmt wie sein Gesichtsausdruck. Doch nein – seine Zukunft ist hier. Zehn Seiten weiter. Ihr

Name kommt unerwartet, lässt mich stutzen. Ich habe nicht nach ihr gesucht. Ihr Bruder war in Lake Charles zur Schule gegangen, und ich hatte vermutet, dass das auch auf sie zutraf. Aber da ist sie: Lorilei Guillory, eine Schülerin der Abschlussklasse, deren Gesicht unverkennbar die breiten Züge hat, die, als sie älter ist, in den Zeitungsberichten erscheinen; das lichtbraune Haar gewellt wie das von Farrah Fawcett; schon jetzt mit dem starken Lidstrich, den sie jahrelang tragen wird. Auf dem Kopf sitzt die Kappe der Schulabgänger – sie hat es geschafft, sie hat ihren Abschluss. Und hier ist sie noch einmal, auf dem Bild der Schulzeitungsredakteure, mit verschränkten Armen und übereinandergeschlagenen Beinen; der Saum ihrer Jeans ist über ihren Wanderschuhen umgekrempelt; sie hat ihre Sonnenbrille aufbehalten und starrt durch diese dunkle Maske in die Kamera. Die dicke, übergroße Kleidung, die dunklen Brillengläser – sie sieht aus, als würde sie sich dahinter verstecken, aber nicht aus Schüchternheit. Es ist ihr Panzer.

Die Zukunft wartet schon, elf Jahre entfernt. Sie wirft einen langen, warnenden Schatten über die Seiten dieser Geschichte.

Hinter mir hüstelt die Bibliothekarin, um mir ein höfliches Signal zu geben. Irgendwie ist es plötzlich fünf Uhr nachmittags. Der Tag ist vergangen, und die Bibliothek schließt gleich. Ich stelle das Jahrbuch zurück ins Regal, strecke mich. »Danke«, sage ich.

Draußen auf dem Parkplatz sitze ich lange am Steuer meines Mietwagens, ohne mich zu regen. Es ist noch immer klar und sonnig draußen, eigentlich wunderschön, aber ich lasse die Fenster zu und den Motor aus und halte den Schlüssel in meiner Hand. Im Auto ist es erstickend heiß, aber mein Körper ist plötzlich unbeweglich, so schwer wie die Luft. Ich habe etwas gefunden. Es ist Beweismaterial, ebenso wie die Akten. Mit Hinweisen. Auf den Jungen, als er noch ein Junge war und kein Mörder. Auf das Mädchen, als sie noch ein Mädchen war und nicht die Mutter des Opfers. Die Zukunft wartete schon auf sie, unerkannt und ungesehen.

27

Ich weiß so gut wie nichts über meinen Großvater aus der Zeit, ehe er mein Großvater wurde. Als ich kleiner war, sprach meine Mutter nicht über seine Kindheit – oder über ihre eigene. Mein Vater erzählte uns ständig Geschichten von dem umgedrehten Ananaskuchen, den seine Mutter zu besonderen Gelegenheiten buk, oder von der schlappohrigen Dogge, die er als Kind gehabt hatte und die einmal ihre Hundehütte den ganzen Weg bis zu seinem Schultor geschleift hatte. Im Vergleich dazu war das Leben meiner Mutter, bevor sie uns bekam, ein schwarzes Loch – und das meines Großvaters ebenso. Ich weiß, dass ich als Kind oft Mühle mit ihm spielte und dass er derjenige war, der mir das Zeichnen beibrachte, aber diese Erinnerungen sind für mich größtenteils eingeschwärzt worden – von seiner Hand, die den weichen Stoff meines Nachthemds von meinen Beinen hob, von dem kalten Hauch, der meinen Bauch berührte, und dem Horror, der meine Schenkel hinaufkroch. Von dem, was danach kam.

Nachdem ich die Dokumentation von Rickys Aufenthalt Mitte der Achtzigerjahre in der Psychiatrischen Klinik von Lake Charles erhalten und darin gelesen hatte, wie er in den Jahren vor dem Mord an Jeremy mit sich kämpfte, begann er für mich zu einer realen Person zu werden. Das brachte mich dazu, mir Gedanken über meinen Großvater zu machen. Ich schrieb meiner Mutter einen Brief, den ersten und einzigen überhaupt. *Bitte erzähl mir etwas über Großvater. Mir ist klar geworden, dass ich von ihm nur weiß, was er getan hat.* Monatelang erhielt ich keine Antwort. Ich fragte sie am Telefon, aber sie ignorierte es. Ich mailte ihr – sie schwieg. Ich fragte erneut. Ich kann mit meiner Mutter mitfühlen. Bei ihrer Entschlossenheit, nicht über die Vergangenheit zu reden, muss ich ihr manchmal wie eine wandelnde Zeitbombe vorkommen. Wie eine Bombe, die aus Zeit besteht.

Dann, sechs Monate, nachdem ich den Brief abgeschickt hatte, erwachte ich eines Morgens und fand eine lange E-Mail voller Geschichten vor. Jede bestand nur aus ein, zwei Sätzen, schnell dahingeschrieben und vorsichtig im Tonfall, aber zusammen bildeten sie ein Rinnsal. Am nächsten Tag kam eine weitere Mail, länger als die erste. Dann noch eine und noch eine.

Mein Großvater Vincent Jimmy Marzano war eines von neun Kindern eines italienischen Einwandererpaares. Er und meine Großmutter Emily kannten sich seit ihrer Kindheit, als ihre beiden Familien nach Queens gezogen waren. Im Sommer fuhren die Geschwister alle zusammen nach Coney Island, und bald heiratete Emilys ältere Schwester den älteren Bruder meines Großvaters. Nach Abschluss der zweiten Klasse verließ mein Großvater die Schule, um seine jüngeren Geschwister zu unterstützen, und arbeitete als Zeitungsjunge. Er brachte sich selbst das Lesen bei, indem er die Zeitungen studierte, die er verkaufte und deren Schlagzeilen er an den Straßenecken laut herausrief. Dass er lesen konnte, ermöglichte es ihm wiederum, einen Job als Cutter in der Filmbranche zu finden. Als er und Emily heirateten, arbeitete er für Paramount Pictures.

Er arbeitete nachts, meine Großmutter tagsüber als Telefonistin, und so kümmerte er sich um meine Mutter und ihre beiden älteren Brüder, wenn sie von der Schule heimkamen. (An dieser Stelle muss ich an Ricky denken, wie er auf Joey und June aufpasst, und daran, dass die Eltern aus der Nachbarschaft ihre Kinder zum Spielen in sein Schlafzimmer schickten, während sie suchten.) Er war immer der lustigere Elternteil, schrieb meine Mutter, und er hatte Spaß daran, kleine Überraschungen vorzubereiten. Manchmal entrollte er eine ganze Klopapierrolle, versteckte einen Dollarschein darin und wickelte sie wieder auf, damit eines seiner ahnungslosen Kinder die Banknote finden konnte. Jeden Abend kochte er das Abendessen für sie (ich erinnere mich an die rote Sauce meines Großvaters, die in seinem Haus in Queens auf dem Herd blubberte, als ich ein Kind war, und deren Geruch mir in die Nase stieg und meinen Magen zum

Knurren brachte), danach schaltete er den Herd aus und deckte das Essen ab, damit es warm blieb und später von meiner Großmutter serviert werden konnte. Dann rief er die Kinder zusammen und ging mit ihnen zur Bushaltestelle. Damit sie sich nicht über den langen Weg oder die Winterkälte beklagten, versteckte er kleine Spielzeuge und Süßigkeiten in seinen Taschen, die er dann unterwegs an sie verteilte: ein Stück Kaugummi aus einer Packung, die er für zwei Cent an der U-Bahn-Haltestelle gekauft hatte, für meinen Onkel; die hölzerne Spindel mit Faden, in die er den Schuhmacher vier Nägel hatte hämmern lassen, sodass meine Mutter damit stricken konnte. An der Bushaltestelle übergab er die Kinder dann meiner Großmutter und machte sich auf den Weg zu seiner Nachtschicht bei Paramount. Dort verbrachte er viele Stunden damit, mit der Lupe über einem Streifen Film zu sitzen. Ich kann ihn vor mir sehen, wie er die Klinge auf die Bilder drückt: wie er hoch konzentriert mit der Zunge seine Lippen berührt, wie sich seine buschigen Augenbrauen, an die ich mich so gut erinnern kann, zusammenziehen. Mein Großvater ist ein Geschichtenchirurg. Er schneidet sie auseinander, um etwas Neues zu schaffen.

Und nein – was die offensichtliche Frage betrifft, schrieb meine Mutter »nein«, obwohl ich es nicht gewagt hatte, sie direkt zu fragen. Sie hatte keine Erinnerung daran, dass er sie oder ihre Brüder je missbraucht hat.

Insgesamt kamen fünf E-Mails. Dann hörten die Nachrichten wieder auf, so unvermittelt, wie sie begonnen hatten.

Das ist alles. Alles, was ich habe. Nur diese Mails, meine eigenen Erinnerungen, die in der Mitte schwarz versengt sind, und ihr Schweigen. Es gibt kein Archiv mit den Dokumenten einer Gerichtsverhandlung, in dem ich suchen könnte, keine Tausende von Seiten, über denen ich brüten könnte, keine Antworten. Denn was auch immer sonst die Wahrheit über meinen Großvater sein mag – auch das ist wahr: Er ist ungestraft davongekommen.

Die Wände des Besucherraums, in dem Lorilei auf Ricky trifft, müssen grau bemalt sein – auf Weiß würde man den Schmutz zu leicht sehen –, grau auf großen Ziegelsteinen, und sie verströmen einen leichten Gestank von Bleichmitteln. In einer Ecke sehe ich einen alten Getränkeautomaten, der ein kaum hörbares Summen von sich gibt. Die Stühle sind aus Plastik und in Primärfarben gehalten, rot, blau und gelb, um etwas Abwechslung hineinzubringen, aber sie sind ein wenig zu klein. Lorilei kommt am Morgen, doch in diesem grauen Raum könnte es ebenso gut Nacht sein. Die Wärter führen sie zu einem kleinen, runden Tisch, wo sie sich niederlässt und die Hände in ihrem Schoß faltet, um sie still zu halten. Die Tür in der Ecke hat ein kleines, rechteckiges Sichtfenster. Alle paar Minuten blickt sie auf und schaut, ob sich etwas tut. Das nächste Mal versucht sie, länger abzuwarten. Aber dann schaut sie doch wieder hin.

Sie erkennt zuerst seinen Hinterkopf. Bürstenkurz geschnittenes Haar, an seinem Nacken der orangefarbene Rand eines Overalls. Der Anblick sollte der eines beliebigen Gefangenen sein, sie sollte ihn nicht von hinten erkennen können, aber sie tut es.

Er wendet sich um, und ja, er ist es. Diese Augen. Die dicken Brillengläser. Die Tür öffnet sich, und er schlurft herein, ohne sie anzusehen. Er streckt die Hände aus, und der Wärter nimmt ihm die Handschellen ab.

Sie steht auf, die Gedanken sind fort. Sie beobachtet ihn mit allen Sinnen, und ihre Hände wandern in ihr Haar und glätten es. Zehn Jahre sind vergangen, seit sie ihn das letzte Mal gesehen hat. Er ist jetzt Ende dreißig, kein junger Mann mehr, und sein Haar wird an einigen Stellen grau wie das seiner Mutter Bessie. Nun, da er nicht mehr in der Todeszelle sitzt, ist sein Körper schlaffer und schwerer geworden. Hier war er vor dem ersten Prozess im Gefängnis, und hier ist er seit einigen Monaten wieder. Das hier ist der Ort, an dem er jetzt lebt.

Er erreicht den Tisch, und ihr wird klar, dass sie nicht weiß, was sie sagen soll. Eine Weile sieht sie ihn nur an.

»Wollen Sie was zu trinken?« Die Anwälte haben ihr gesagt, dass sie ihm etwas anbieten darf, und ihr ein paar Geldscheine mitgegeben.

Er nickt so rasch, als ob es von großer Bedeutung wäre, dass diese Bewegung im selben Moment beendet ist, in dem sie begonnen hat. »Cola.«

Bestimmt ist Lorilei dankbar für die paar Schritte hin zum Automaten, für die Möglichkeit wegzusehen. Sie erlaubt sich nicht, etwas zu denken. Sie hält sich selbst fest, ebenso wie den Dollarschein, und als der Automat die Dose ausspuckt, umfasst sie das kalte Metall mit ihren Händen, spürt das Kondenswasser darauf. Die Feuchtigkeit ist wie eine Erinnerung an die Welt jenseits dieser Mauern. An das Wasser, das sich zwischen den Büschen des Henderson Swamp sammelt, des Sumpfes, den sie auf dem Rückweg zum Hotel unterhalb der Überführung an sich vorbeiziehen sehen wird.

Als sie zurück am Tisch ist, gibt sie Ricky wortlos die Dose.

»Danke«, sagt er.

Mit dieser Art Small Talk beginnen sie also. Lorilei stellt alle Fragen. Wie ist es, wieder hier zu sein? In Ordnung. Sie müssen froh sein, nicht mehr in der Todeszelle zu sitzen. Ja. Er ist ihr gegenüber zurückhaltend, blickt oft zu Boden.

Seine Befangenheit gibt ihr Selbstsicherheit. Sie hat hier das Sagen, als wäre Ricky einer von Coles zehnjährigen Freunden, der Süßigkeiten aus ihrem Regal genommen hat, ein schuldbewusster Schuljunge, der in seine Hände murmelt und ihr nicht in die Augen sehen kann. Sie versucht ihm etwas zu entlocken. »Du musst eine Menge Zeit zum Nachdenken haben.«

»Sie wissen, dass meine Mama einen Autounfall hatte«, beginnt er, aber dann versiegt seine Stimme wieder.

»Ja«, ermuntert sie ihn und wartet.

Bestimmt fühlt sie, wie sich der Gedanke in ihr festsetzt – Ricky als Junge. Ricky als kleiner Junge, der verwirrt ist und nicht versteht, was seine Eltern umtreibt, der nur Bessies Schmerz sieht.

Lorilei wählt ihre Worte mit Bedacht. »Das muss schlimm gewesen sein.«

Sie ist eine Mutter, die den Sohn verloren hat, für den sie gesorgt hat. Er ist ein Mann, der zwei Mütter hat, aber die eine war seine ganze Kindheit über krank oder betrunken, behaupten die Verteidiger, und die andere, erklären die Sozialarbeiter, war so streng, dass keines der Kinder unter ihrer Obhut je eine echte Beziehung zu ihr aufbauen konnte. (Das stimmt nicht, sagen Darlene und Francis im Zeugenstand. Sie wurden geliebt. Sie waren glücklich.)

Weder Bessie noch Luann sagten bei einer der drei Verhandlungen für Ricky aus. Sie scheinen bei den Prozessen nicht einmal anwesend gewesen zu sein. Der Anwalt der Anklage betonte das dezidiert, als die Verteidiger bei der Beweisaufnahme über Bessies Schwangerschaft im Gips sprachen. »Bei diesem Fall geht es nicht um Bessie Langley«, sagte er. »Ich bin Bessie Langley nie begegnet. Ich habe Bessie Langley noch nie gesehen.« Die Verteidigung betonte es ebenfalls. »Wenn Sie dort sitzen würden, wo Ricky jetzt sitzt, wäre dann nicht jemand für Sie da? Ihre Mutter?« (Doch in den Akten heißt es oft, dass Bessie bei Beratungsgesprächen an seiner Seite ist. Wer also erzählt hier die wahre Geschichte?) Nahezu jeder Psychologe, der mit Ricky zu tun hat, bemerkt, dass er viel jünger wirkt, als er ist. Er wirkt wie ein Zwölfjähriger, sagen sie, kurz vor der Pubertät, noch nicht richtig angekommen in seinem Körper. Ein Zwölfjähriger nicht in Hinblick auf seine Intelligenz – in IQ-Tests schneidet er normal ab, und im Gefängnis in Georgia nahm er an einigen Collegekursen teil –, sondern emotional. Während Ricky als Kind von den Gleichaltrigen ausgeschlossen wurde, scheint er als Erwachsener zumindest bei einigen Menschen einen Beschützerinstinkt auszulösen. (»Würden Sie bitte Ricky von mir grüßen?«, bat eine Sozialarbeiterin, als sie von jemandem aus dem Verteidigungsteam vor dem Prozess interviewt wurde. »Ich mochte ihn ausgesprochen gerne. Von allen erinnere ich mich am häufigsten an ihn.«) Ricky wirkt manchmal wie ein Kind im Körper eines

Erwachsenen, das in einem endlosen Verkleidungsspiel gefangen ist. Das Kind in ihm braucht jemanden, der sich um ihn kümmert. Und ist es zu weit hergeholt, zu behaupten, dass Lorilei in diesem Moment jemanden braucht, zu dem sie gut sein kann, jemanden, dem sie mit Fürsorge begegnen kann? Ist es zu weit hergeholt, zu behaupten, dass Ricky in diesem Moment jemanden braucht, der freundlich zu ihm ist?

Gewiss studiert Lorilei sein Gesicht intensiv. Wie seine Augenbrauen zucken, wenn er nervös wird. Wie er auf seine Hände hinabschaut. Ricky ist ein Mörder. Er hat ihren Sohn umgebracht. Manchmal gibt er damit an. Manchmal ist er wütend.

Aber in diesem Augenblick muss er irgendwie zerbrechlich wirken.

Sie hat noch eine Frage. »Ricky, hast du meinen Sohn missbraucht?«

»Nein«, sagt er.

Dann tut sie etwas, das sie sicherlich selbst überrascht. Sie langt über den Tisch und nimmt seine Hand in ihre. Die Hand, die ihren Sohn getötet hat.

Die seine ist knochig, zittrig wie ein verängstigtes Tier. Aber Lorilei wartet, bis er ruhiger wird. »Ricky«, sagt sie, »ich werde für dich kämpfen.«

Diese Worte. Dieses Versprechen. Das sind die Worte, die mir solche Schwierigkeiten bereiteten, als ich von dem Fall erfuhr. Er hatte ihren Sohn getötet. Er war ein Pädophiler. Er hatte Kinder missbraucht. Und doch kämpfte sie für ihn?

Die Verteidigung und die Medien erzählten diese Geschichte als ein Beispiel für die Kraft einer Mutter zur Vergebung. Aber das ist zu einfach. Lorilei selbst sagte, dass sie ihm nicht vergibt. Stattdessen erklärte sie, sie glaube nun, dass Ricky ihren Sohn nicht missbraucht habe. Als sie ihn im Gefängnis besuchte, fragte sie ihn, ob er sich an Jeremy vergangen habe. Er sagte Nein, und sie glaubte ihm.

Das ist zum Teil der Grund, warum sich ihre Gefühlswelt zwischen dem ersten und dem zweiten Prozess veränderte.

Aber ich habe auch gelesen, was vor Gericht alles nicht zugelassen wurde. Es ist auch in dieser Hinsicht nicht so einfach. Bei jenem ersten Prozess bekamen die Geschworenen einige Beweise für Rickys pädophiles Verhalten in der Vergangenheit zu Gesicht. Sie sahen sein Tagebuch mit seinen Beschreibungen, wie er sich an Kindern verging. Dabei handelte es sich entweder um Erinnerungen oder um Fantasien; niemand weiß, welche und wie viele dieser Geschichten wahr sind. Das Mädchen aus Georgia, an dem er sich vergriff, als sie fünf Jahre alt war, sagte beim Prozess aus und beschrieb als Vierzehnjährige, was er damals getan hatte. Ein Insasse in Georgia erklärte, dass Ricky gesagt habe, sein großer Fehler sei es gewesen, das Mädchen am Leben zu lassen. Man verwandte sehr viel Zeit auf die Testergebnisse, die bewiesen, dass Rickys Sperma sich auf Jeremys weißem T-Shirt von Fruit of the Loom befand.

Und Ricky selbst behauptete den Ermittlungsbeamten gegenüber, Hunderte von Kindern geschändet zu haben. Ich bezweifle, dass das der Wahrheit entspricht – ich glaube, dass er die Ausmaße seiner Taten übertrieben dargestellt hat. Nun, da er wusste, dass er ein Pädophiler war, da er begriff, dass er immer einer sein würde, dass es in seinem Wesen lag, versuchte er, sich in dieser Identität größer zu machen, denke ich. Er hatte nichts anderes, was er sein konnte. Aber ich glaube auch, dass es mehr Fälle gab als die, für die er belangt wurde. Ich weiß, dass mein Großvater sich an mindestens einem weiteren Kind außerhalb der engeren Familie vergriffen hat, aber erst Jahre nach seinem Tod kam mir in den Sinn, dass da vielleicht noch mehr gewesen sein könnte. Die fünf Jahre, in denen er uns missbrauchte, waren offenkundig kein Einzelfall, und vielleicht deutete die lange Zeitspanne auf mehr hin. Das Schweigen meiner Eltern könnte dazu beigetragen haben, dass weiteren Kindern Leid zugefügt wurde. Ricky kämpfte jahrzehntelang gegen seine Pädophilie an. Bei seinem zweiten Prozess wurden jedoch keine Beweise zugelassen, die sich auf seine früheren »schlimmen Taten« bezogen. Die Testergebnisse wurden kaum erwähnt. Die Anklage deutete mehrmals an, dass Ricky Jeremy missbraucht habe, warf es ihm sogar explizit vor – aber sie konnte nur auf wenige der Indizien zurückgreifen, die darauf hinwiesen. Es gibt Gründe dafür, gute Gründe. Bei der Verhandlung ging es um den Mord, nicht um die ganze Geschichte. Aber geht es bei einer Handlung jemals nur um diese selbst? Kann man irgendein Element dieser Geschichte wirklich isoliert betrachten?

Ich verstehe, warum Lorilei jene Tür schließt, die ganze Frage hinter sich lässt, sich dafür entscheidet, zu glauben, dass ihr Sohn nicht missbraucht wurde, und es dabei belässt. Wie könnte ich es ihr verübeln, dass sie eine Möglichkeit wählt, mit der sie leichter leben kann? Wie könnte ich ihr verübeln, dass sie ein einfacheres Narrativ wählt?

Doch die Absicht, die Augen vor der Vergangenheit zu verschließen, ist nicht heilsam. Am Morgen nach jener Weihnachtsfeier, bei der ich mit angehört hatte, wie mein Vater herumerzählte, ich würde über etwas schreiben, woran nur ich mich erinnern könnte, konfrontierte ich ihn mit seiner Aussage. Meine Schwester Nicola bestätigte meine Worte und warf ihm vor, Unsinn zu reden. Natürlich könne sie sich an den Missbrauch erinnern. Wir alle könnten es. Doch zwei Jahre später erklärte sie mir: »Ich habe beschlossen, von mir selbst als jemandem zu denken, der nicht missbraucht wurde.« Das zu hören war für mich entsetzlich schmerzhaft. Wir hatten ein Zimmer geteilt. Ich hatte gesehen, wie mein Großvater sie berührte. Er hatte mich aus meinem Bett gezerrt und ins Badezimmer gebracht, wo sie stand und wartete. Er ließ seine Hose herunter und zwang uns, ihn mit unseren Händen zu berühren. Sie kann doch nicht einfach so tun, als wäre das alles nicht passiert. Das kann sie nicht machen.

Natürlich kann sie. Ich habe in diesem Buch den Namen meiner Schwester geändert, weil ich ihre Entscheidung respektiere, und so weit möglich habe ich auch die Namen meiner anderen Familienmitglieder geändert, ebenso wie die von einigen Menschen aus Rickys Leben. Aber ich bin nicht bereit, die Geschichte so zu erzählen, dass ich mit meinen Erfahrungen in meiner Familie wieder alleine dastehe. Ich werde nicht auch noch auf dem Papier tun, was im Leben geschehen ist.

28

Ich konnte nicht viele Informationen über den Friedhof finden, auf dem Bessie und Alcide begraben sind, nicht weit von dem Platz, an dem einst das Haus stand, das Lyle und Alcide gebaut hatten. Als ich den Friedhofswärter anrief, sagte er mir, ich solle zu seinem Haus kommen, er werde mich hinfahren. Niemand, der neu in der Gegend sei, wäre imstande, den Friedhof alleine zu finden.

»Wen wollten Sie noch mal sehen?«, fragt der ältliche Verwalter, sobald ich in seinem Wohnzimmer sitze, seine Frau neben mir, und er gegenüber in einem Sessel. Sofa und Sessel sind unter handgestrickten Schonbezügen verborgen.

»Desier Langley.« Alcides Vater, der neben den beiden begraben ist. Oscar liegt zu seinen Füßen. Es fühlt sich irgendwie zu intim an zu sagen, dass ich Oscar oder Bessie sehen will. Dann fällt mir wieder ein, dass der Friedhofswärter am Telefon meine Aussprache des Namens korrigiert hatte. »Dezzy-ch.«

»Sie sind nicht aus Iowa«, sagt die Frau des Verwalters. Sie mustert mich.

»Nein«, gebe ich zu. »Ich lebe in Massachusetts.«

»Also nicht verwandt.«

»Nein.«

Sie wartet in der Hoffnung auf eine ausführlichere Erklärung. Ihre Augen sind wie blasse blaue Murmeln.

Ich merke, wie ich den Vorwand, Desier sehen zu wollen, fallen lasse. Ich denke viel zu viel über meine Großmutter nach, wie sie auf dem Schlafsofa am Fuß der Treppe liegt, und über meinen Vater, wie er meinen Großvater ins Auto hievt, um ihn zu uns nach Hause zu bringen. Ich grüble zu viel über Bessie nach, darüber, was sie über ihren Sohn wusste. Über die vielen Verluste, mit denen Bessie leben musste, und darüber, wie Lorilei vom Grab ihres Kindes fortging, ein anderes Kind im Bauch. Über die fehlende Geburtsurkunde und all das Schweigen in meiner Familie. Der Friedhofsverwalter und seine Frau sind so freundlich, haben mich in ihr eigenes Wohnzimmer eingeladen. Ich schulde ihnen etwas. »Sie wissen von dem Autounfall?«, frage ich. »Meine Eltern haben ein Kind verloren. Ich glaube, dass dieser Todesfall irgendwie …« Ich gerate ins Stocken, suche nach dem passenden Wort. »Ich glaube, er hat meine Eltern heimgesucht.«

Die Straße zum Hebert Cemetery ist lang und kurvenreich und führt unasphaltiert zwischen hohen, dicht belaubten Bäumen hindurch, die die Sonne auslöschen. Ich folge dem Friedhofswärter und seiner Frau, die in einem weißen Geländewagen vorausfahren. Um uns herum wird der Wald dichter und undurchdringlicher. Diese Straße kann nirgendwo sonst hinführen, und der Ort, an dem sich der Friedhof befindet, ist noch einsamer, als ich erwartet hatte. Der Truck wirbelt riesige Staubwolken auf, und bald kann ich vor mir nichts mehr sehen außer dem weißen Heck des Wagens, krummen Baumstämmen zu meinen Seiten und dem Dunst, in den ich hineinfahre.

Plötzlich taucht wieder die Sonne auf. Die Bäume bleiben zurück, und das Licht strömt herein. Eine Lichtung. In ihrem Zentrum umgibt ein hüfthoher Metallzaun von vielleicht zwölf Metern Länge eine rechteckige Fläche mit Betongräbern. Der Wärter parkt seinen Geländewagen neben dem Zaun, und ich komme daneben zum Stehen. Der Friedhof ist so klein, umgeben vom Wald, dass mir unvermittelt der Gedanke kommt, er müsse schon unzählige Male hier gehalten haben. Wie gut er den Weg hierher kennen muss. Wie persönlich es sich anfühlen muss, wenn man sich jahrzehntelang nur um dieses kleine Fleckchen Erde und die Gräber darauf kümmert.

Seine Frau bleibt beim Auto, während der Wärter und ich zum Zaun gehen. Am Tor räuspert er sich. »Also, wie kommt es, dass Sie sich für die Langleys interessieren?«, will er wissen. Etwas an der Art, wie er die Frage stellt, macht es für mich sehr deutlich, dass sie auf dem Weg darüber geredet haben.

Eine Weile lasse ich seine Frage ruhen. Die Sonne scheint hell und stark, das Licht ein blendendes Weiß um mich herum. Beim Gehen muss ich meine Füße sorgsam zwischen die Gräber setzen. Hier, nur wenige Meilen von Lake Charles entfernt, ist der Wasserspiegel ein anderer. Man kann die Toten nicht in der Erde beisetzen; der Grabaushub würde sich mit Wasser füllen. Die Leichen könnten herausgeschwemmt werden. Also werden sie in Schreinen bestattet. Auf den berühmten Friedhöfen von New Orleans, die ich besichtigt habe, sind diese Schreine so kunstvoll konstruiert wie kleine Häuser. Aber die Familien dort hatten Geld. Auf dieser verborgenen Waldlichtung sind die Gräber Grüfte, die halb in den Boden versenkt sind, sodass sie nur ein paar Zentimeter über das Gras hinausragen. Sie sehen aus wie Särge. Ihre Formen lassen an Körper denken.

Als Kind kam mir niemals in den Sinn, dass meine Schwester einen Körper gehabt hatte. Ich fragte mich nie, wo sie begraben war. Für mich war sie kein Baby. Sie war pure Abwesenheit. Die Abwesenheit einer Geburtsanzeige an den Wänden meines Kinderzimmers, während die meiner Schwestern Elize und Nicola gerahmt über ihren Betten hingen. Das Fehlen jeglicher Geschichten über die Zeit direkt nach unserer Geburt. Das Fehlen einer Erklärung für den Tag, an dem meine Mutter schluchzend und schreiend barfuß über die Wiese rannte, oder für das eine Mal, als sie während eines Familienurlaubs zu viel getrunken hatte und sich plötzlich bäuchlings auf das Bett im Hotelzimmer meiner Eltern warf und verkündete, sie sei zu traurig, um weiterzuleben.

Wenn ich als Kind einsam war, ging ich manchmal zu dem kleinen Badezimmer gleich hinter der Küche. Meine beiden Schwestern interessierten sich für Puppen und Sport, mein Bruder mochte Filme und Baseball, und ich liebte Bücher und Stille, und es gab niemanden, mit dem zu spielen sich richtig anfühlte. Später sollte das noch schlimmer werden, später, als ich wütend war und die anderen nicht – oder es nicht zeigen konnten, während ich unweigerlich, ohne es je ändern zu können, diejenige war, die ihren Gefühlen lautstark Ausdruck verlieh. Doch im Badezimmer war es friedlich. Es war kaum größer als ein Schrank. Die Decke war blau tapeziert, ein Nachthimmel mit weißen Sternen, und die Wände waren weiß mit pastellfarbenen Sternen. Wenn ich in diesem Bad stand, die Tür geschlossen, fühlte es sich an wie eine fantastische Melange aus der Dunkelheit der Nacht und dem Licht des Tages, während die unendlichen Sterne um mich kreisten.

Ich stand vor dem Badezimmerspiegel und musterte mein lockiges braunes Haar. Ich musterte meine grünen Augen. Ich sah mich selbst an und suchte nach ihr. Ihre Augen, das wusste ich von dem Arztbrief, den ich einmal in dem weißen Aktenschrank gefunden hatte, waren blau gewesen. Aber vielleicht wären sie mit zunehmendem Alter dunkler geworden. Und ihr Haar war braun gewesen wie meines. Andy und ich waren keine eineiigen Zwillinge – natürlich nicht –, obwohl Fremde uns das manchmal verwirrenderweise fragten, selbst wenn wir direkt vor ihnen standen. Aber war es nicht möglich, dass sie und ich eineiig gewesen waren? Dass man mich irgendwie meines wahren Zwillings beraubt hatte? In meinen Gedanken ließ ich sie älter werden. Ich ließ sie mein Alter haben; gab ihr meine Locken. Ich ließ sie schüchtern sein. Ich ließ sie Bücher lieben.

Es funktionierte nie richtig. Die Vorstellung, die ich mir von ihr machte, entglitt mir immer wieder. Sie war fort, unwiderruflich fort. Ich war alleine in meiner Familie; konnte mir nicht vorstellen, dass es je anders sein könnte.

Aber in Rickys Geschichte sah ich sie plötzlich überall. In Cole, der im Windschatten von Jeremys Abwesenheit aufwuchs. In dem Koffer, den Bessie in ihrem Schrank aufbewahrte. In dem Foto, das Ricky mit sich herumtrug, als er Oscar zu seinem imaginären Freund machte. Aber Oscar war keine Einbildung. Er hat ein Grab.

Die Tatsache eines Körpers. Nur wo? Ich beschloss, dass ich danach fragen musste. Ich hatte meine Eltern auf Nantucket besucht, wo sie wie jedes Jahr einen Monat verbrachten. Ich wartete bis nach dem Wochenende, bis das Haus, in dem wir uns alle aufhielten, meine Eltern, meine Geschwister und ich, sich anfühlte wie ein zu kleines Hemd auf sonnenverbrannter Haut: kratzig und beengend. Die Insel hatte sich mit den Jahren verändert: Die Gitarre spielenden Rucksacktouristen und die Hunde, die frei über den Strand liefen, waren abgelöst worden von Männern mit lässig über die Schultern geschlungenen Pullovern und Frauen in Kleidern von Lilly Pulitzer, deren Haar selbst in dem feuchten Klima immer perfekt gestylt war. Der alte Billigladen war jetzt ein Antiquitätengeschäft. Es war viel zu viel, all unsere Stimmen gleichzeitig und einander übertönend zu hören, auf engem Raum zusammengepfercht wie damals als Kinder. Wie viele Jahre würden wir uns noch auf diese Weise begegnen können? Wie viele Jahre würden wir noch ein Haus finden, das Platz für die ganze Familie bot? Würden wir niemals über all das reden, was geschehen war? Ich wartete bis kurz vor dem Zeitpunkt, an dem ich aufbrechen musste, wenn ich meine Fähre nicht verpassen wollte, und dann ging ich durchs Haus, um meine Mutter zu finden. Sie war im Schlafzimmer, das Haar auf Lockenwickler gedreht. Sie hatte ein starkes, blumiges Parfum aufgetragen, und obwohl sie auf die sommerliche Insel keine Strumpfhosen mitgebracht hatte, trug sie doch denselben halb geschlossenen Morgenmantel wie früher. Das Parfum stieg mir in die Nase. Die Zeit schien stillzustehen.

»Wo ist Jaqueline begraben?«, fragte ich.

Meine Mutter erstarrte, ihr Mund formte ein kleines rundes O. Sie hatte begonnen, Lippenstift aufzumalen, sodass der obere Halbkreis des Os jetzt rotbraun war, der untere die bloße Haut ihrer Lippen. Ihre Hand zitterte auf einmal. Dann richtete sie sich auf, setzte sorgfältig den Deckel auf, legte den Lippenstift auf die Ankleidekommode und verließ den Raum.

Am nächsten Morgen, als ich zurück in Boston war, klingelte mein Handy. Es war mein Vater. Er hat mich in meinem Leben vielleicht zweimal angerufen. Als ich den Anruf annahm, sagte er nicht Hallo. »Ich höre, du hast deiner Mutter Fragen gestellt.«

Ich griff nach Stift und Papier auf meinem Schreibtisch. Ich wusste, dass diese Gelegenheit nicht wiederkommen würde.

»Jaqueline ist in einem Massengrab beerdigt worden«, sagte mein Vater. »Ich weiß nicht, wo. Irgendwo in der Nähe des Krankenhauses, vermute ich. Die katholische Wohltätigkeitsorganisation hat sich darum gekümmert.« Als wir drei fünf Monate alt gewesen waren, als Andy und ich schon zu Hause waren und Jaqueline noch im Krankenhaus, hatte mein Vater meine erschöpfte Mutter auf einen dringend nötigen Urlaub nach Puerto Rico mitgenommen. Sie waren gerade gelandet, sagte er, als man seinen Namen über das Lautsprechersystem des Flughafens ausrief. Jaqueline war gestorben. Und als er mit dem Notfalltelefon in der Hand dastand – um ihn her, stelle ich mir vor, Flughafenmitarbeiter, Familien auf Urlaubsreise mit bunten Gepäckstücken und händchenhaltende Flitterwöchner, die einander immer wieder verstohlen küssten –, fasste er einen jähen Entschluss. »Könnten Sie sie begraben?«, fragte er.

Das konnten sie nicht, erklärten sie ihm. Das machten nur die katholischen Wohlfahrtsorganisationen.

Meine Eltern sind Atheisten. Er bat sie, sie zu taufen.

»Es war das Einfachste«, sagte er mir am Telefon, die Stimme rau von den Tränen, die er zurückhielt. Meine Eltern fragten nie danach, wo Jaqueline begraben lag. Später verriet meine Tante mir, dass sie darum gebeten hatten, es nie zu erfahren. »Es war die richtige Entscheidung. Sie hat nur im Krankenhaus gelebt. Dort gehörte sie hin.« Er klang, als würde er um Verständnis bitten. Nicht mich, sondern die Vergangenheit. Wir legten auf und sprachen nie wieder darüber.

Der Friedhofswärter ist stehen geblieben und beobachtet mich; er wartet darauf, dass ich seine Frage beantworte. Im Grab links von mir ist ein Kaffeebecher einzementiert; die Blumen darin sind verwelkt und lange tot. Der Zement um den Boden des Bechers ist ungleichmäßig aufgetragen, offensichtlich nicht von einem Fachmann, sondern von einem Trauergast ausgeführt. »Daddy« steht auf dem Becher. Ich wähle meine Worte sorgfältig. »Ich habe von der Familie Langley gehört, und ich vermute, die Geschichte ist einfach irgendwie haften geblieben. Ich hatte eine Schwester – eine Drillingsschwester. Sie starb, als wir Babys waren.«

»Aber wie sind Sie auf die Geschichte gekommen?«

Es ist unglaublich heiß auf der Lichtung, wo die Bäume wie ein Wall wirken, der die Luft am Zirkulieren hindert. Die Frau des Aufsehers wartet am Tor. Aber der Friedhofswärter sieht mich nur an. In diesem langen Schweigen wird mir bewusst, wie eigenartig es ist, dass ich so viel über diese Familie weiß. Wie seltsam, dass ich überhaupt hierhergekommen bin. Ich möchte ihm gerne etwas sagen, das die Sache für ihn erklärt, aber wie kann ich deutlich machen, dass ich versuche, diese Geschichte zu ihrem Ursprung zurückzuverfolgen, weil ich den Ursprung meines eigenen Lebens nicht finden kann? Dass ich verstehen muss, wie Bessie ihre Kinder begrub – weil in ihr Lorilei zu finden ist, und in ihr meine eigene Mutter? Dass ich begreifen muss, wie ihre Liebe das beeinflusste, was Bessie wahrnehmen konnte – weil ich in ihrem Sohn meinen Großvater erkenne, in Bessie meine Großmutter? Und in all dem höre ich das Klappern von Lorileis Schuhen, als sie durch den Gerichtssaal nach vorne geht und um Rickys Leben bittet, sehe ich den festen Griff, mit dem mein Vater meinen Großvater ins Auto hievt, um ihn über die Brücke zu uns zu bringen. Wir stehen hier auf einem Friedhof. Aber für mich ist die Vergangenheit nicht unter der Erde zu finden. Die Vergangenheit ist in meinem eigenen Körper. »Ich habe mich mit diversen Rechtssachen beschäftigt und bin dabei auf die Geschichte gestoßen«, ist alles, was ich schließlich sagen kann.

Im heißen Sonnenlicht gehen wir schweigend ein paar Schritte weiter. Dann unterdrücke ich einen Aufschrei, denn ich sehe, wo wir angekommen sind. LANGLEY.

29

Ich war nie am Grab meiner Großeltern. Nicht, seit mein Großvater dort zur Ruhe gebettet wurde. Und davor schon nicht mehr, seit der Stein gesetzt wurde, lange bevor er starb. Der Grabstein ist roséfarben, mit einer eingravierten Rose und dem Hochzeitsbild meiner Großeltern. Meine Großmutter liebte Rosen. Ich liebe sie auch. An meinem Halsansatz ist der Umriss einer Rose tätowiert, als Hinweis auf das Gedicht Roses only von Marianne Moore, das ich als Teenager an meine Zimmerwand gemalt hatte. Als meine Großmutter im Krankenhaus lag, sang ich ihr das Lied The Rose vor. »Sie sagen, die Liebe, sie ist ein Strom, der das zarte Reis ertränkt. Sie sagen, die Liebe ist eine Klinge, die das Herz zum Bluten bringt.« Ich sang es ihr auch vor, als sie einige Jahre vor ihrem Tod alleine bei uns war, während mein Großvater im Krankenhaus lag. Nie zuvor hatte ich sie so rastlos erlebt, erfüllt von ängstlicher Energie – nie zuvor, fiel mir erst jetzt auf, hatte ich sie allein gesehen. In der ersten Nacht, die sie bei uns verbrachte, ging ich die Treppe hinunter, um ihr einen Gutenachtkuss zu geben. Meine Mutter hatte das grüne Schlafsofa für sie ausgezogen, aber sie lag nicht darauf. Sie saß auf der Bettkante. Als ich eintrat, hob sie den Kopf. »Mehr als fünfzig Jahre sind wir verheiratet«, sagte sie. Sie hielt das Gebetskärtchen ihrer Mutter in der Hand und fingerte an den Kanten herum. »Ich bin niemals ohne deinen Großvater ins Bett gegangen. Nicht eine einzige Nacht seither.«

Ich mochte dreizehn Jahre alt sein und hatte noch nie darüber nachgedacht, wie sich all diese Nächte summierten. Dass sie zusammen ein ganzes Leben bildeten.

Wer mein Großvater war – diese Erkenntnis muss zu meiner Großmutter gekommen sein wie ein Kiesel in ihrem Inneren: unmöglich zu ignorieren in dem einen Moment, unmöglich sich einzugestehen im nächsten. Ein Gewahrwerden, dann eine Leere. Sie muss sich selbst dazu gebracht haben, nicht zu bemerken, wie mein Großvater nachts dieses Bett verließ. Sie wusste, wer mein Großvater als Mann war. Sie konnte es sich nicht gestatten zu sehen, wer er als Kinderschänder war.

Während ich vom Friedhof wegfahre, denke ich über die Langleys nach. Der Beton über Alcide war dunkel geworden, der über Bessie noch hell. Sie war erst ein Jahr vor meinem Besuch verstorben. Irgendwer hatte Tafeln für die Kinder eingesetzt, mit Oscars Schulfoto und Vickys Taufbild, und ihr Beton war so dunkel wie der von Alcide. Bessie hatte also wohl noch gelebt, als sie eingesetzt wurden. Die vier Gräber – zwei große, zwei kleine – sahen unverkennbar nach dem aus, was sie waren: eine Familie. Darüber denke ich nach, denke über meine Großmutter nach, die in diesem Bett lag und ihren Ehemann vermisste, darüber, dass sie nach Lavendel roch, als ich mich an jenem Abend über sie beugte, um ihr einen Gutenachtkuss auf die ledrige Wange zu drücken, da sehe ich durch die Bäume hindurch die Straße vor mir in eine Kreuzung münden. Ich sehe das gelbe Schild eines Bahnüberganges.

Und dann den Namen der Straße, auf die ich stoße, den Namen, der in mir laut und hoch wie das Pfeifen eines Zuges nachhallt.

Packing House Road.

Am Abend des 27. Mai 1992 sitzt die zweiundachtzigjährige Della Thompson auf der Terrasse ihres Hauses in der Packing House Road und schaut durch die offene Terrassentür hindurch *Glücksrad*. Die Sonne geht gerade über den weiten, flachen Wiesen in diesem Teil von Louisiana unter, der Himmel ist erleuchtet von purpurroten Farbexplosionen und goldenen Streifen, die der Luftverschmutzung in diesem Teil des Landes zu verdanken sind. Aus dem Augenwinkel bemerkt sie ein vorbeifahrendes Motorrad, das »sehr schnell«, wie sie später sagen wird, die Straße entlangbraust, so schnell, dass sie weder Fahrer noch Beifahrer richtig sehen kann. So schnell, dass sie Joeys kurze Arme nicht erkennen kann, mit denen er seinen Vater von hinten umschlingt, und nicht Terry, der sich nach vorne lehnt und Gas gibt, um noch schneller zu werden, bis das Motorrad wie ein Pfeil dahinfliegt. Ob Joey, an den Rücken seines Vaters gelehnt, wohl die Augen schließt? Ist der Wind das Einzige, was er in diesem letzten Moment fühlt?

Das Pfeifen eines Zuges schrillt durch die Luft, laut und lange genug, um Della aufzuschrecken. Man konnte den Zug schon vorher kommen sehen. Es brauchte kein Signal. Dann rauscht der Zug vorbei, und sein silberner Körper wirft die blendenden Strahlen der Sonne zurück. Danach ist nichts mehr. Sie sieht weiter fern.

Doch kurz darauf hört sie das Brummen eines Geländewagens, der die Straße heraufkommt. Della beobachtet gerne die vorbeifahrenden Autos. Es sind nicht viele. Und so sieht sie zu, wie der Wagen in der Nähe des Bahnübergangs stehen bleibt. Sieht zu, wie eine Frau aussteigt und ein Stück geht, um etwas auf dem Boden näher zu untersuchen. Sie beobachtet, wie die Frau sich bückt, um etwas aufzuheben.

Dann hört Della einen Schrei.

Die Frau rennt auf Dellas Haus zu und brüllt, dass Della die Polizei rufen soll.

Auf der Skizze, die zusammen mit dem Polizeibericht übermittelt wurde, ist eine liegende Acht vor den Gleisen eingezeichnet. Sie sieht aus wie ein Unendlichkeitssymbol. Darüber, an den Gleisen, steht »Einkerbungen«. Das ist die Stelle, an der der Zug mit dem Motorrad zusammenstieß, dessen Räder die Kreise des Achtersymbols bilden, und es aus der Bahn warf. Dann erscheint das Unendlichkeitszeichen wieder und wieder, durch die Luft geschleudert, bis es schließlich zum Liegen kommt. Es fliegt durch die Luft. Der kleine Umriss eines Körpers mit der Beschriftung »Opfer 1« liegt parallel zu den Gleisen – 17,88 Meter, so die Skizze, von der Stelle des

Zusammenpralls entfernt. Terry Lawson. Zwischen seiner Leiche und dem Gleisbett sind sorgfältig beschriftete Kreise für den Tank und den Sitz des Motorrads eingezeichnet, während das Schutzblech viel weiter entfernt liegt. Das Motorrad zerbrach beim Aufprall in mehrere Teile. Näher bei den Gleisen sieht man den Umriss eines kleinen Körpers, offenbar viel früher heruntergeschleudert als Terry. »Opfer 2«. Joey, sein Sohn.

Nicht der Zug stieß mit Terry zusammen, sondern Terry mit dem Zug. Er krachte in den zweiten Waggon, mit einer solchen Geschwindigkeit, so die Aufzeichnungen, dass der Zugführer nicht einmal mitbekam, dass es einen Zusammenstoß gegeben hatte, und weiter Richtung Chicago fuhr. Der Bericht, den ich in den Akten fand, bezeichnete es als Unfall. Die Polizei untersuchte nie, ob es etwas anderes gewesen sein könnte.

Unter all den Eingaben, die die Verteidigung im Mordfall machte, den Eingaben mit nicht durchzusetzenden, eigenartigen Forderungen und Behauptungen wie der, dass Jeremy, obwohl er tot und in Decken gewickelt aufgefunden worden war, vielleicht gar nicht umgebracht wurde, fand ich in einer der Kisten einen »Antrag auf Exhumierung«. Eine Haarprobe, so schrieb Clive, war von Ricky Langley genommen worden. Doch das Einzige, was diese Probe bewies, war, dass das Schamhaar, das man auf Jeremys Lippen fand, nicht von Ricky stammte. Wäre es angesichts dessen nicht sinnvoll herauszufinden, zu wem das Haar gehörte? »Es gibt Hinweise darauf, dass Mr. Lawson seine Tochter June missbrauchte«, schrieb Clive.

In dem Antrag wird nicht genauer erläutert, um welche Hinweise es sich handelte.

Terry erfüllte alle Kriterien eines Verdächtigen. Vielleicht nicht des Mordes verdächtig, aber trotz allem verdächtig. Er hatte Zugang zu dem Schlafzimmer, in dem Jeremy gefunden wurde. Er hatte Zugang zu Jeremy. In der Zeit, seit Ricky bei ihm, Pearl und den Kindern eingezogen war, waren er und Ricky enge Freunde geworden, und die beiden gingen oft stundenlang im Wald jagen. Ricky, so die

Argumentation des Antrags, war leicht zu beeinflussen und sehr einsam. Eine starke Freundschaft hätte ihm unglaublich viel bedeutet.

Der Antrag geht noch weiter: Ricky wollte sterben. Ricky, der seit Jahren Selbstmordgedanken hatte, wusste, dass er mit größerer Wahrscheinlichkeit zum Tode verurteilt werden würde, wenn herauskam, dass er Jeremy Guillory missbraucht hatte. Er schrieb Lucky vom Gefängnis aus Nachrichten. »Ich finde immer noch, wir sollten die Todesstrafe fordern.« Er schrieb Nachrichten an Zeitungen: »Jeremy wurde geopfert aus Gründen, die Sie nie verstehen werden.« Doch was, wenn Jeremy missbraucht worden war, aber Ricky nicht der Täter war – oder nicht der einzige? Das Sperma auf Jeremys Shirt war von Ricky. Das Schamhaar auf seinen Lippen nicht. Wenn Ricky nun seinen Freund gedeckt hatte, den Familienvater, den niemand verdächtigte?

Drei Monate später fuhr Terry sich und seinen Sohn in den zweiten Waggon eines herankommenden Amtrak-Zuges. »Jeder, der den Bahnübergang bei der Park House Road kennt, weiß, dass ein nahender Zug dort für jeden aus einer Meile Entfernung zu sehen ist«, schrieb Clive.

Wäre es also nicht sinnvoller, den Leichnam zu exhumieren, statt Ricky so schnell wie möglich zu verurteilen, ohne die ganze Geschichte zu kennen? Terry war tot. Er hatte kein verfassungsmäßiges Recht mehr, das eine solche Suche und einen solchen Zugriff verhindern könnte. Diese Rechte erlöschen mit dem Tod. Clive achtete sorgfältig darauf, bei der Anhörung deutlich zu machen, dass das Vorhandensein des Schamhaars auf Jeremys Lippen nicht notwendigerweise bedeutete, dass sexueller Missbrauch stattgefunden hatte. Es gab andere Möglichkeiten, wie das Haar dorthin gelangt sein konnte, da so viele Decken auf ihn gelegt worden waren. Aber die Decken stammten von Rickys Bett, und dass so viele davon mit Comicfiguren bedruckt waren, deutete darauf hin, dass es die Decken der Kinder waren. Und das Schamhaar war nicht von Ricky. Würde es daher nicht Sinn ergeben?

Der Antrag wurde am 3. Dezember 1993 eingebracht. Jeremy war seit einem Jahr und zehn Monaten tot. Terry und Joey seit einem Jahr und sechs Monaten. Der Antrag erschien den Leuten makaber, beinahe pervers. Für kurze Zeit war sogar die Rede davon, ein Disziplinarverfahren gegen Clive anzustrengen. Der Antrag wurde abgelehnt. Pearl betrat schmallippig den Zeugenstand, und niemand fragte sie je danach, was geschehen war, nachdem sie Jeremys Leiche in ihrem Haus gefunden hatten, oder wo ihr Ehemann und Sohn jetzt waren. Die ganze Angelegenheit wurde aus dem Prozess getilgt.

Und doch bleibt da die Sache mit dem Leichnam. Die Ungeheuerlichkeit, dass Jeremys toter Körper drei Tage lang oben im Schrank im Haus der Lawsons stand. Dass Terry und Pearl mit ihm im Haus lebten. Morgens ihre Kinder weckten. Sie abends ins Bett brachten. Als ich den Unfallbericht in den Akten fand, rief ich eine Freundin an, die in Boston das pathologische Labor an der medizinischen Fakultät leitet, und fragte sie, wie lange es dauert, bis eine Leiche zu riechen beginnt. War es wirklich denkbar, dass man es nicht bemerkt, wenn ein Toter sich drei Tage lang im selben Haus befindet?

»Wie war das Wetter?«, fragte sie.

»Louisiana im Winter. Das Haus war wahrscheinlich nicht sehr gut geheizt. Die Familie hatte nicht viel Geld, und es lagen überall Decken herum.«

Sie dachte einen Moment lang nach. »Grenzwertig«, meinte sie.

»Grenzwertig?« Das Wort kam als Schrei aus meinem Mund. Wie konnte ich ihr klarmachen, wie dringend ich verstehen musste, was in jenem Haus vorgefallen war? »Ich muss das herauskriegen!«

»Grenzwertig.«

30

Als ich achtzehn war, konfrontierte ich meinen Großvater. Es war im Juni 1996; ich stand kurz vor meinem Highschoolabschluss. Am Horizont winkte der August und durchströmte meine Zukunft mit dem Versprechen, allem zu entfliehen. In Chicago wartete ein Wohnheimzimmer auf mich. Ein Schlafzimmer, in dem ich nicht einmal geschlafen hatte, in dem mich noch nie ein Albtraum heimgesucht hatte. Ein ganzer Campus, eine ganze Stadt voller Gebäude, in denen sich nicht ein einziger Tag meiner Vergangenheit abgespielt hatte.

Aber ich fing erst jetzt wirklich an zu begreifen, wie absolut das Schweigen bei uns war. Wenn ich nichts sagen würde, würde niemand in meiner Familie es je tun, würde mein Großvater sich nie für das verantworten müssen, was er getan hatte. Ich wollte, dass er antworten musste. Ich wollte, dass er die Worte aussprach, die ihn als das bezeichneten, was er war. Ich wollte, dass die Worte so greifbar wurden wie die Erinnerungen, die ich in meinem Körper trage.

An jenem Morgen stand die Magnolie vor seinem Apartmenthaus in voller weißer Blüte. Der Eingangsbereich war von dem ruhigen, praktischen Beige eines Ortes, der niemandem wirklich gehört. Als ich mich seiner Wohnungstür näherte, brannte mir auf einmal der Ammoniakgeruch von altem Urin in der Nase. Sein Körper begann ihn im Stich zu lassen; der Gedanke gab mir Kraft. Heute frage ich mich, wie es sein kann, dass ich nicht einmal zögerte, sondern einfach weiterging. Aber in meiner Erinnerung ist mein Schritt rasch und fest. Durch die geschlossene Tür hindurch konnte ich den Fernsehpriester die Messe sprechen hören, die langgezogenen Klänge der lateinischen Vokale. Mein Großvater pflegte sich dieses Programm jeden Sonntagmorgen anzusehen, an dem er zum Babysitten bei uns übernachtete, damals, als ich ein Kind war. Jede Samstagnacht seine Hände. Jeden Sonntagmorgen die Stimme des Priesters.

Er kam langsam zur Tür. Sein Hemd war in die Hose gesteckt, seine Brille saß gerade auf der Nase. Mein Großvater war nie gewesen wie meine Großmutter mit ihren Hauskleidern. Er war jederzeit bereit, der Welt entgegenzutreten. Ich war noch nie gekommen, um ihn alleine zu besuchen, aber als er die Tür öffnete und mich sah, schien er nicht überrascht. Er machte kein Aufhebens, umarmte mich nicht, fragte nicht, warum ich gekommen sei, oder was auch immer Großväter normalerweise tun, wenn sie ihre Enkelinnen sehen. Er schwieg. Stand nur wartend da.

Ich trat ein, ging an ihm vorbei. Zuerst traf mich der Geruch des Raumes. Dann die Fotos. Jede Fläche war zugestellt mit Krimskrams aus dem Haus meiner Großeltern: ihr Hochzeitsporträt in einem silbernen Rahmen; Salz- und Pfefferstreuer; winzige Teetassen und noch kleinere Fingerhüte. Eine Büste aus rötlichem Ton, die mein Großvater von sich selbst angefertigt hatte, mit Haar, das sich lockte wie meines, und die ich als Kind gerne berührt hatte. Es gab gerahmte Bilder von meiner Mutter und ihren Brüdern als Kinder, dann von uns als Kinder. Mein Älterwerden verteilte sich über die Regale. Aus dem Fernseher tönte die Stimme des Priesters.

Ich wandte mich zu meinem Großvater um. »Du hast mich missbraucht«, sagte ich. So einfache Worte, und doch waren sie nie ausgesprochen worden. »Ich kann mich erinnern.«

Ich erzählte ihm, woran ich mich erinnerte. Dass ich im Alter von drei Jahren in dem staubigen Esszimmer des Hauses in Astoria stand, in dem meine Mutter aufgewachsen war. Ich trug ein Kleid. Das Zimmer war abgedunkelt, meine Eltern gerade irgendwo anders. Mein Großvater und ich waren alleine. Ich schaute mir gerade ein Gemälde an, das an der gegenüberliegenden Wand hing. Es zeigte das Gesicht einer jungen italienischen Bäuerin, eingerahmt von ihrem Kopftuch, das Gesicht zur Seite gewandt. Sie hatte ein Paar Kirschen über ihr Ohr gehängt, die Früchte wie glänzende

Ohrringe. Plötzlich war die Hand meines Großvaters auf meinem Mund und erstickte meinen erschrockenen Aufschrei, und eine andere raue Hand unter meinem Kleid. Er schob seine Finger unter meine Strumpfhose und Unterhose.

Ich erzählte ihm von der Puppenlampe auf dem Nachttisch in meinem Kinderzimmer. Von dem gelben Kleid der Puppe, und wie sein Gesicht im Licht der Lampe gelb ausgesehen hatte. Wie er seine falschen Zähne herausgenommen und mich angegrinst hatte. »Ich bin eine Hexe«, hatte er gesagt und mich so geängstigt, dass ich schwieg. Ich starrte in dieses gelbe Licht, während er mein Nachthemd nach oben schob und mein Höschen herunterzog. Er öffnete den Reißverschluss seiner Hose. Er drückte sich gegen mich.

Ich konnte ihm nicht erzählen, was ich damals selbst noch nicht wusste. Dass es Jahre später – achtzehn Jahre nach seinem Tod – einen Nachmittag geben würde, an dem ich im Untersuchungszimmer meiner Gynäkologin saß und sie zu mir sagte: »Sie sind innen vernarbt.« Ich hatte das früher schon gesagt bekommen, hatte das Thema aber immer vermieden.

Dieses Mal wich ich nicht aus. »Was könnte die Ursache dafür sein?«

Die Ärztin antwortete nicht. Sie sah mich an.

»Ich wurde als Kind sexuell missbraucht«, sagte ich und versuchte, meine Stimme ruhig zu halten. »Von meinem Großvater. Könnte es daher kommen?«

Sie nickte.

Mein Gesicht war bereits nass von Tränen. Bei der Untersuchung hatte sie einen Abstrich gemacht. Während das Skalpell in mir geschabt hatte, hatte es plötzlich gebrannt, und ich hatte begonnen zu zittern. Ich hatte nichts gefühlt – keine Angst oder Trauer oder auch nur bewussten Schmerz –, nur das Zittern und ein elementares Gefühl von Abwesenheit, als ob da jemand anderes zitterte, nicht ich. Dann stieg das Zittern aus meinem Inneren auf und brach in keuchenden, abgerissenen Schluchzern aus mir heraus.

Ich schluchzte lange Zeit. Die Ärztin rollte ihren kleinen Hocker von mir weg, zog die dünne Papierdecke über meine Beine und reichte mir ein Taschentuch.

»Geht es Ihnen gut?«, hatte sie gefragt.

Ich nickte durch das Schluchzen hindurch. Ich versuchte zu sprechen, aber es kamen keine Worte heraus.

Was ich sagen wollte, war: Ich erkannte die Gefühle wieder. Mein Körper erkannte das Gefühl eines Schmerzes im Inneren wieder. Meine Erinnerungen hatten immer damit geendet, dass mein Großvater sich an mir rieb, und dann war da nichts, Schwärze. Ich hatte immer geglaubt, mit meiner Erinnerung ende auch das, was in der Vergangenheit geschehen war.

Aber die Vernarbungen. Sind die Narben ein Zeugnis von etwas, das nach dem Schmerz geschehen war, nach der Schwärze? Was nach dem Moment geschehen war, in dem meine Erinnerung endet? Welche Realität trägt mein Körper in sich? Ich weiß es nicht. Werde es niemals wissen.

In der Wohnung meines Großvaters stellte ich keine Forderungen. Ich legte ruhig meine Erinnerungen dar. Noch immer wollte ich später einmal Anwältin werden. Das hier war mein erster Fall.

Mein Großvater hörte zu. Er wandte sich nicht ab, bestritt nichts und schnitt mir nicht das Wort ab. Er hörte nur mit undurchdringlichem Gesicht zu. Hinter ihm redete der Priester weiter.

Als ich fertig war, war er an der Reihe.

»Was willst du?« Die Worte hatten sich mit Macht in ihm aufgestaut, während er wartete. Vielleicht schon seit Jahren. Jetzt spie er sie mir entgegen. »Ich weiß, was ich getan habe. Aber was willst du?«

Ein Teil von mir wird immer achtzehn Jahre alt sein und mit ihm in diesem Zimmer stehen. Der Geruch von Alter, der feuchte Verwesungsgeruch aus seinem Mund und der Gestank von Urin, das Gesicht, das ich liebte und das ich fürchtete, vor mir. Diese Frage.

Und die Art, wie er diese Frage aufgriff. »Willst du, dass ich mich umbringe?«, fragte er. »Ich mache es, wenn du es willst. Ich bringe mich um.« Jetzt verhöhnte er mich. Er hatte die Furcht in meinem Gesicht bemerkt. »Ist es das, was du willst? Ich bin ein alter Mann. Ich werde sowieso bald sterben. Aber ich werde es tun, wenn du willst. Ich bringe mich um.«

Und dann fügte er hinzu: »Im Übrigen ist das, was dir passiert ist, keine so große Sache. Als ich ein Kind war, hat man das Gleiche mit mir gemacht.«

31

Mir läuft die Zeit in Louisiana davon, während ich Stunde um Stunde in der Höhle des Archivzimmers sitze und immer und immer wieder durch dieselbe flache Landschaft fahre, die Ricky durchquerte, hin und her zwischen Iowa und Lake Charles. Vorbei an der High School, vorbei an dem Einrichtungsgeschäft, wo Ricky als Teenager für kurze Zeit jobbte, vorbei an den Ufern des Calcasieu River, wo er einst von einem Leben träumte, das ihm selbst gehörte. Wohin ich auch blicke, sehe ich Spuren der Menschen aus den Akten. Alcide, seine Kappe in den Händen zusammengeknüllt, wie er an einer unbefestigten Straße in Hecker steht, seine Mädchen zu seinen Füßen. Bessie, wie sie die Krücke, die sich ihr in die Achselhöhle bohrt, neu ansetzt, ehe sie sich nach vorne beugt, um die Betten der Kinder zu machen, bevor sie aus der Schule zurückkommen. Und jetzt Bessie und Alcide unter Beton, in der Erde. Die Hitze hat die Felder verdorren lassen und alle ins Haus getrieben. Die Gegend fühlt sich an wie eine Geisterstadt, ein Ort, an dem die Geschichte vorbeiging, durch den sie hindurchwehte.

Aber noch immer habe ich das Haus, in dem Jeremy starb, nicht gefunden. Ein einfaches Problem, das mich fast in den Wahnsinn treibt: In den Berichten sind widersprüchliche Adressen angegeben. Der Polizeibericht gibt die Adresse als »Route 1, Grundstück 24« an. Das ist die Information, die Ricky den Polizisten gab; doch niemand benutzte diese Bezeichnung. Alle sagten »Watson Road«; »aber eigentlich hat sie keinen richtigen Namen«, sagte Ricky, und die Polizisten hatten große Schwierigkeiten, den Weg zu finden. Manchmal wird der Vermieter Watson genannt, manchmal Ardoin, aber der Mann namens Ardoin, der in den Zeitungen zitiert wird, sagte nichts davon, dass er der Vermieter sei. In den Zeitungen taucht die Adresse »Route 1« nie auf, sondern dort heißt es manchmal, das Haus befinde sich in der Ardoin Road. Das ist eindeutig ein Fehler; die Ardoin Road ist viel länger. Manchmal schreiben die Zeitungen auch Ardoin-Weg, doch der macht eine Biegung in die falsche Richtung. Ich habe im Postamt, im Rathaus, bei der Feuerwehr, der genealogischen Gesellschaft und in der Polizeiwache nachgefragt. Niemand weiß es.

Es ärgert mich, dass es nicht einfach eine Karte gibt, auf der die alten Wegenamen eingezeichnet sind – vielleicht gibt es sogar irgendwo da draußen noch eine, aber wenn, dann weiß die Pressestelle der Gemeinde nichts davon. Im Landesvermessungsamt schwor man mir, es gebe keine, und ich habe selbst auch nie eine gefunden. Doch nach einer Weile fühlt es sich auf einmal passend an, dass ich das Haus nicht finden kann. Es fühlt sich an wie eine Erinnerung, die einem entflieht, sobald man versucht, sich damit zu beschäftigen. Gewiss, es ist gefährlich, im Leben Metaphern am Werk zu sehen; sicher klingt es so, als versuchte ich mit allen Mitteln, den bloßen Fakten eine Bedeutung zuzuschreiben, aber trifft das in dieser Sache nicht generell zu? Alle Fakten dieses Falles beginnen mir zu entgleiten, sobald ich versuche, sie festzuzurren. In den Unterlagen wird Ricky manchmal als blond beschrieben; ich aber habe ihm gegenübergesessen – so weit sind wir noch nicht – und kann Ihnen versichern, dass sein Haar dunkelbraun ist. Lorilei schrieb einmal einen frustrierten Leserbrief an die American Press, in dem sie sich darüber beklagte, dass der Anwalt der Verteidigung immer wieder behauptet habe, Jeremy habe blonde Haare und blaue Augen gehabt, obwohl seine Augen in Wahrheit braun gewesen seien. Alcide wollte, dass Bessie einer Abtreibung zustimmte, nachdem die Ärzte ihnen erklärt hatten, dass das Baby geschädigt sein würde, aber Bessie, die krank vor Kummer war, wollte nichts davon hören. Oder es war Bessie, die die Abtreibung wollte, und Alcide war grausam und ließ es nicht zu. Alcide war ein liebender Vater; oder vielleicht schlug er sie. Lyle war ein liebevoller Vaterersatz, der Einzige, dem Ricky sich wirklich verbunden fühlte; oder er prügelte Ricky einmal so heftig, dass Judy ihn mit dem Gewehr bedrohen musste, damit er aufhörte. Meine Schwester Nicola beschließt, von sich als einer zu denken, die nicht missbraucht wurde, wogegen ich mich an den Schatten meines Großvaters erinnere, der sich über ihr Bett beugt, während das Bettzeug unter seinen Händen raschelt. Ich habe in meinem Inneren eine Narbe, kann mich aber nicht an ihren Ursprung erinnern. Ricky missbrauchte Jeremy, bevor er ihn tötete; Ricky vergriff sich nicht an Jeremy, tötete ihn aber; Ricky tötete Jeremy und verging sich dann an ihm; Ricky tötete Jeremy in dem Bemühen, ihn nicht anzurühren.

Drei Prozesse, und nicht einmal das wurde je wirklich in der ein oder anderen Version bewiesen. Irgendwie kommt es mir passend vor, dass ein Haus sich bewegt, den Ort wechselt, einfach verschwindet.

Nach Lorileis Besuch im Gefängnis spricht Ricky nicht länger davon, dass er sterben will. Er scheint nicht von einer Entlassung zu träumen – ich habe viele Schriftstücke in seiner Handschrift gelesen, aber nach Georgia erwähnt er eine Entlassung nie wieder – und scheint sich mit einem Leben im Gefängnis abgefunden zu haben. Sein Status hat sich geändert. Er hat in der Todeszelle gesessen. Jeder kennt Angola und weiß, dass er an diesem legendären Ort Schweres durchgemacht hat. Jetzt entwickelt er Vorstellungen davon, wie ein örtliches Gefängnis organisiert sein sollte. Der Mann, der für die Justizvollzugsanstalt verantwortlich ist, heißt Colonel Bruce LaFargue. Im Juli 2002 passiert LaFargue Rickys Zellentür, als Ricky ihm nachruft und fragt, ob sie miteinander reden könnten. LaFargue führt ihn in seine Privaträume. Ricky klagt, dass er bei diesem neuen Prozess das Gefühl hat, zum Versuchskaninchen für die Anwälte zu werden. Sie wollen ihn benutzen, um einen Präzedenzfall zu schaffen. Aber er will gar nicht freikommen. Er sagt, er habe sich an Jeremy vergangen, und wenn er entlassen würde, fürchte er, noch mehr Kinder zu missbrauchen. Das ist es, was Georgia ihm vermittelt hat: ein Verständnis für das, was er ist. Das er nun als Verhandlungsmasse verwenden kann. Er sagt, in Georgia sei er wegen seiner Pädophilie in Behandlung gewesen, und nun frage er sich, wie man anderen Pädophilen helfen könne, wie man Leute davon abhalten könne, zu Tätern zu werden. Das sei es, was ihn jetzt interessiere, aber niemand wolle ihm zuhören. Er glaubt, wenn er nur sein Wissen weitergeben könnte, hätte er etwas Gutes in der Welt bewirkt.

»Aha«, meint LaFargue. Nichts geschieht.

Im Oktober erklärt Ricky einem anderen Gefängniswärter, er wolle noch einmal mit LaFargue sprechen. Der Mann führt ihn zu dessen Büro, wo Ricky LaFargue auseinandersetzt, wie man das Gefängnis besser führen könnte. Er will besseres Toilettenpapier. Mehr Zeit zum Rauchen. Und noch etwas: Er ist nach wie vor der Meinung, dass er den Menschen helfen könnte, Pädophile besser zu verstehen.

»Reden Sie mit Ihrem Anwalt darüber«, erwidert LaFargue.

Ricky schreibt an seine Eltern. »Ich will etwas mit euch teilen, das mich so glücklich gemacht hat, so stolz. Erinnerst du dich, Mom, dass ich in einem meiner Briefe gesagt habe, dass aus dieser ganzen Sache etwas Gutes entstehen würde?« Wenn man glauben will, dass die Neigung seiner Handschrift auf diesem Blatt eine Art von Gefühlsregung verrät, eine Art Wahrheit beinhaltet, dann kann man von diesem Brief aus eine Linie ziehen zu seinen Gefängnistagen in Georgia. Wenn man ihm Glauben schenkt. Wenn man glaubt, dass er wirklich versteht und dass er ernsthaft helfen will.

Clive und Ricky beschließen, etwas zu veranstalten, das Clive als »Seminar« für die Polizeibeamten im Gefängnis bezeichnet und in dem Ricky erklären wird, wie ein Pädophiler denkt. Ricky scheint zu glauben, das Seminar sei seine Idee gewesen, während es in Wahrheit von Clive ersonnen wurde, der seine eigenen Gründe dafür hat: Beim letzten Prozess verurteilte die Jury Ricky nach nur drei Stunden zum Tod. Clive muss einen anderen Dreh finden, die Geschichte zu erzählen. Die Anklage wird nicht zum Seminar eingeladen werden – Clive lässt sie nicht einmal wissen, dass es stattfindet. LaFargue hat zugestimmt, so wird Clive später behaupten, dass nichts, was Ricky in diesem Rahmen sagt, gegen ihn verwendet wird und dass es keine Aufzeichnungen über den Tag geben wird. LaFargue wird sagen, nein, worauf sie sich geeinigt hätten, sei gewesen, dass Ricky nicht weiter auf den Mord eingehen werde. Ein Versprechen, das er sehr schnell gebrochen habe. Und dass seine Worte nicht gegen ihn verwendet würden? LaFargue erklärt, er habe nichts dergleichen versprochen.

Es ist ohnehin schwer zu beurteilen, wie ernst es Clive mit der Geheimhaltung ist. Er wird allen Anwesenden einschärfen, keine Notizen zu machen, und darauf bestehen, dass keine Informationen den Raum verlassen dürfen. Aber zwei Teilnehmer sind Reporter. Viel wahrscheinlicher ist es, dass er kontrollieren will, wie die Geschichte präsentiert wird, und sicherstellen will, dass Rickys Version veröffentlicht wird. Die Vertreter der Anklage werden fuchsteufelswild sein, wenn sie es herausfinden. Sie werden keinen, der dort war, vor Gericht als Zeugen zulassen und die ganze Angelegenheit illegal und unangemessen nennen. Aber sie werden es nicht rückgängig machen können. So wie ein Anwalt, der vor Gericht etwas Unangemessenes sagt in dem Bewusstsein, dass der Richter es aus dem Protokoll streichen lassen wird, genau weiß, dass die Geschworenen das Gehörte nicht so einfach aus ihrem Gedächtnis tilgen können, dass es sich festsetzen wird – genauso wird Clive auf diese Weise bekommen, was er braucht: einen Testlauf.

Am 17. Dezember wird Ricky gegen drei Uhr nachmittags in Handschellen und einem orangefarbenen Overall durch die sterilen Fliesengänge der Justizvollzugsanstalt von Calcasieu geführt. Wieder einmal hat er seine Haare mit etwas Wasser ordentlich frisiert. Wahrscheinlich ist er aufgeregt. Wahrscheinlich hat er den ganzen Tag schon nicht still sitzen können, hat sein Mittagessen nicht hinuntergebracht, nicht einmal eine Portion der Ramen-Nudeln, die er aus dem Gefängnisladen in seine Zelle schmuggelt, essen können. Er hat sich aber mit einem Rasierapparat, den er dort gekauft hat, frisch rasiert und dabei seine Haut vor Aufregung wund gescheuert. Jetzt macht sein hagerer Körper mit jedem Schritt einen Sprung; die nervöse Energie und das Zucken, das sich in den Aufnahmen der Geständnisse zeigt, treibt ihn hier voran, auf den Saal zu, hin zu dem, was er tun wird, zu der Chance, auf die er so lange gewartet hat, dass er vor Erwartung bebt. Die Chance, seine Geschichte zu erzählen. Die Beamten führen ihn in einen kleinen Raum, in dem Clive auf ihn wartet, um mit ihm noch einmal alles durchzugehen. Ist das der Moment, in dem Clive ihn daran erinnert, dass er sich verpflichtet hat, nicht über den Mord zu sprechen? Oder sagt er ihm vielleicht stattdessen: Ganz egal, reden Sie ruhig darüber?

Vor dem Gerichtssaal stehen Offiziere der Ermittlungseinheit für Sexualstraftäter, Ermittler aus der Abteilung des Sheriffs und anderes Personal aus dem Bereich Strafverfolgung, alles in allem etwa zwei Dutzend Leute. Der Korridor ist erfüllt von den Geräuschen der Walkie-Talkies, mit Gesprächen, dem Geruch von schwachem Kaffee in durchweichten Pappbechern, der gezähmten Energie der Waffen in ihren Haltern. Einer von LeFargues Assistenten winkt sie alle herein. Der Richterstuhl ist leer, eine amerikanische Flagge hängt schlaff daneben. Nachdem die Anwesenden sich gesetzt haben, führt Clive Ricky zu dem kleinen Tisch am Kopfende des Saals, wo der Angeklagte normalerweise mit seinen Anwälten sitzt. Jetzt weisen die Stühle in die andere Richtung, sodass Ricky und Clive den Zuhörern gegenübersitzen. Clive stellt sich vor und geht dann durch den Raum, um die Namen und Funktionen der Anwesenden zu erfahren. Dann sagt er: »Das hier ist Ricky Langley. Er ist der Grund, aus dem wir heute hier sind. Er wird Ihnen seine Geschichte erzählen.«

Als Lorilei Rickys Geschichte im Gefängnis aus seinem eigenen Mund hörte, bewegte sie etwas in ihr, ließ sie verstehen, dass er nicht nur das Monster war, das ihr ihren Sohn entrissen hatte, sondern ein Mensch, und das ließ in ihr den Entschluss reifen, für ihn zu kämpfen. Irgendwo in dieser Geschichte verbirgt sich der Mensch, den Bessie kannte. Die Anwesenden in diesem Gerichtssaal sitzen dem wirklichen Ricky gegenüber, einer Person aus Fleisch und Blut. Er ist klein und dürr und verschwindet beinahe in seinem orangefarbenen Overall. Er wird ihnen erzählen, wer er ist. Er wird ihnen erklären, wie aussichtslos er sein Leben lang in der Falle saß. Clive spielt ein gewagtes Spiel.

Sein Schuss geht nach hinten los.

Ricky beginnt schnell zu reden, zunächst über Bessie und Alcide. Dann – er kann nicht anders, die Worte purzeln einfach aus ihm heraus – über den Autounfall, über Oscar, darüber, wie sein Vater am Straßenrand Oscars Kopf im Schoß hielt und ihm vorsang; wie deutlich Ricky sich an diesen Moment erinnert, die wunderbare, dünne Stimme seines Vaters. Er erzählt ihnen von dem Foto von Oscar, das er als Kind in seiner Tasche herumtrug, wie er unter dem Blätterdach eines Yellowwood-Baumes hockte und sein Lunchpaket aß, während Oscar vorsichtig zwischen den schlangengleichen Wurzeln lehnte.

Ein Beamter rutscht unruhig auf seinem Stuhl herum, ein anderer verschränkt die Arme. Das hier ist keine Einführung in das Denken eines Pädophilen. Das hier sind die Kindheitserinnerungen eines Mannes – oder seine Einbildungen.

Clive fängt Rickys Blick ein und bedeutet ihm, zum Thema zu kommen, über das zu reden, was sie besprochen haben. Ricky holt tief Luft. Er muss eine seltsame Mischung aus Stolz und Scham empfinden in diesem Moment, in dem all die Augen auf ihm ruhen und er verraten soll, was sogar er immer zu verbergen wusste. »Ich habe Kinder belästigt, seit ich neun Jahre alt war. Es ist viel einfacher, als Sie vielleicht denken.« Im Raum wird es sehr still. Ihre Aufmerksamkeit ist seine Belohnung. »Ich sage dem Kind einfach, es soll sich auf meinen Schoß setzen. Kinder sitzen ständig bei irgendwem auf dem Schoß, und es sind immer Kinder von Familien, die ich kenne. Dann fasse ich sie an. Ich hab's sogar« – all diese Augenpaare, die sich auf ihn richten, auf ihn, dem nie jemand so gespannt zugehört hat, da kann er nicht anders, als ein wenig anzugeben – »ich hab's sogar schon gemacht, wenn die Eltern selbst im Raum waren.«

Das ist der Augenblick, in dem einigen der Anwesenden schlecht wird, wie sie später berichten.

»Es gibt drei Arten von Pädophilen«, fährt Ricky fort. »Die erste Gruppe macht es, um Kindern wehzutun. Die sind einfach so, gemein. Vielleicht denken Sie sogar, sie sind böse. Dann gibt es eine zweite Gruppe. Denen geht es um Kontrolle.«

Eine junge Frau steht unvermittelt auf. Mit gesenktem Blick verlässt sie eilig den Raum.

Ricky redet weiter. »Sie verstehen schon«, sagt er, und es muss schön sein, so zu diesen Leuten zu sprechen, als stünden sie alle auf der gleichen Seite, und Ricky würde ihnen helfen, Menschen zu verstehen, mit denen er nichts gemein hat, »sie haben keine Kontrolle über ihr Leben, deshalb müssen sie diese Kinder kontrollieren.« Er hält kurz inne. Vielleicht erinnert er sich an seine Therapeutin in Georgia, an die vorsichtigen Fragen, die sie ihm stellte: ob er frustriert sei, einsam, depressiv? Die Therapeutin glaubte, seine Liebe zu Kindern sei ein Ersatz für etwas anderes. Sie verstand ihn nicht. »Und dann gibt es Typen wie mich.« Endlich kann er es erklären. »Ich liebte Jeremy. Ich liebte ihn, wie man seinen Freund oder seine Freundin liebt. Jeremy war meine wahre Liebe.«

»Wenn Sie ihn liebten«, brüllt ein Mann, »warum haben Sie ihn dann umgebracht?«

Die Frage scheint Ricky aus der Fassung zu bringen. Eine Minute lang sagt er nichts. Dann bricht es aus ihm heraus: »Das wollte ich nicht. Ich dachte doch, es wäre Oscar.«

Was auch immer sich Clive von diesem Tag versprochen, was immer er geplant hatte, ist völlig danebengegangen. Je mehr Ricky sagt, desto mehr widert er die Leute an.

Clive erhebt sich und legt Ricky die Hand auf den Arm, um ihn zum Schweigen zu bringen. »Das ist jetzt vielleicht über das hinausgegangen, was wir beabsichtigt haben. Ricky musste in seinem Leben mehr kämpfen als die meisten von uns. Trotz des unglücklichen Ereignisses bemüht Ricky sich sehr. Ich bin der Überzeugung, und es ist vielleicht schwierig für ihn, mich das sagen zu hören, aber wir haben darüber gesprochen, und er kennt meine Ansicht: Ich bin der Überzeugung, dass Ricky psychisch krank ist.«

Clives gesamte Karriere beruht auf seiner Fähigkeit, Menschen einzuschätzen. Das gilt für jeden Anwalt. Es war bei meinem Vater so, und er musste immer dann Niederlagen einstecken, wenn sein Schmerz und seine Depression ihm diese Fähigkeit vernebelten. Und es trifft in besonderem Maße auf Anwälte zu, die sich gegen die Todesstrafe engagieren, dass sie die Geschworenen einschätzen müssen, um das Leben ihres Klienten zu retten. Clive ist in dieser Hinsicht beinahe einzigartig erfolgreich, einer der berühmtesten und erfolgreichsten Verteidiger in Todesstrafenprozessen im gesamten Süden. Der Mann, der in zwei Jahrzehnten nur sechs Fälle verlieren wird.

Aber ihm scheint nicht aufzufallen, wie ein Beamter in der hintersten Reihe den Mund verzieht. Ihm muss entgehen, dass das Gesicht einer Frau verschlossen ist wie ein eisernes Tor. Clive scheint in diesem Moment nicht wahrzunehmen, was geschieht, wie sehr er die Menge gegen sich aufgebracht hat.

Er sieht gerade nur die Vergangenheit.

»Mein Vater war geisteskrank«, fährt er fort. »Niemand konnte ihn verstehen; er stieß die Leute ab. Sogar die eigene Familie konnte ihn nicht begreifen. Wir haben heute eine Chance, Ricky zu verstehen. Er ist so tapfer. Er tut sein Bestes, um sich dem zu stellen, was er ist. Und dafür«, er blickt auf Ricky hinab, drückt vielleicht ermutigend seine Schulter, ehe er sich wieder der Menge im Raum zuwendet, wo jede einzelne Person sich an diese letzten Worte erinnern und sie wörtlich in Gegenwart der Anklage wiederholen wird, »dafür ist Ricky Langley mein Held.«

»In Arizona gibt es gerade einen Fall«, brüllt ein Polizeibeamter aus der hintersten Reihe mit einer Stimme, als würde er Gewehrkugeln abfeuern. Er steht auf. »Vielleicht haben Sie davon gehört. Ein Vater hat herausgefunden, dass ein Mann seinen Sohn belästigt hatte, und er fand den Kerl und schoss wieder und wieder auf ihn, und bei jedem Schuss sagte er ihm, dass er spüren sollte, was Schmerz wirklich ist. Wenn jemand das mit Ihnen machen würde«, er deutet mit dem Finger auf Ricky, »würden Sie dann aufhören, Kindern wehzutun?«

Clive sieht erst entsetzt und dann nervös aus. Er sagt: »Ich hätte meinen Vater nicht töten wollen. So geht man mit solchen Fällen nicht um.«

Der Officer ignoriert Clive. »Würden Sie dann aufhören?« Gerade in diesem Augenblick erinnert sich der Polizist daran, wie er auf dem nassen Laub am Rand der Schlucht entlangging, den Hut in einer Faust, wie er seine Stiefel vorsichtig aufsetzte, um nicht zu stolpern, wie er den Atem anhielt, wenn der Schein der Taschenlampe die nassen Blätter aufleuchten ließ. Wie er gehofft hatte, das Gesicht eines Kindes zu entdecken, es gehofft hatte, obwohl er wusste, dass der Junge vielleicht tot sein würde, wenn sie ihn fanden. Und dann die eigenartige Mischung aus Erleichterung und Verzweiflung, die sein Herz in jener Nacht erfüllte, wenn da wieder nichts war als Laub. Er hatte seinem Vorgesetzten gesagt, dass er nicht zu dieser Veranstaltung gehen wolle. Er denkt daran zurück, wie er in den Abendnachrichten zum ersten Mal das Gesicht des Mörders sah und ihm klar wurde, dass der Junge tot war. Er hatte seinem Vorgesetzten gesagt, dass er dieses Gesicht nie wiedersehen wollte.

Nehmen Sie trotzdem teil, hatte der Vorgesetzte gesagt. Er hatte dem Beamten versprochen, er könne jederzeit gehen.

Doch der Polizist kann nicht gehen. Er setzt sich wieder, schwer atmend und mit gerötetem Gesicht. Die Erinnerung hält ihn auf seinem Sitz fest, als wäre er angewachsen. Er ist hier verankert als ein Zeuge. Wie sie hier alle der falschen Person Aufmerksamkeit schenken! Er schließt die Augen, um den Mörder auszublenden und vor seinem inneren Auge das Bild des Jungen zu sehen. Das Schulfoto, das man ihm damals gegeben hatte. Das blonde Haar des Jungen. In seinem Geist hält er dieses Bild wie ein Licht in die Höhe.

32

Nur zwei Tage bleiben mir noch in Louisiana, und ich weiß, was ich bisher vermieden habe. Zehntausende Seiten habe ich gesichtet, Protokolle und serologische Ergebnisse und Berichte über Körperflüssigkeiten und all die Dokumente über Rickys Leben, die psychologischen Gutachten, erst aus Lake Charles und später dann aus dem Gefängnis in Georgia. Aber die einzigen Bilder, die ich von Jeremy gesehen habe, sind die, auf denen er noch am Leben ist.

Doch damit endet seine Geschichte nicht. Die ganze Zeit bin ich getrieben gewesen von der Überzeugung, dass es im Zentrum meiner Begegnung mit Rickys Geschichte eine Verknüpfung gibt, die mir helfen wird, die eine unauslöschliche Tatsache zu begreifen: dass mein Körper ein Beweisstück ist. Dass ich die Taten meines Großvaters in meinem eigenen Leib trage. Ich trage sie mein Leben lang. All die Berichte, die ich gelesen habe, haben mich veranlasst, mir Ricky vorzustellen, mir seine Familie vorzustellen, mit ihm ansatzweise mitzufühlen. Ich kann jetzt nicht die Augen vor dem verschließen, was er getan hat. Ich kann keinen noch so kleinen Teil meines Selbst in dem bequemen Glauben lassen, dass Jeremy immer der Junge von dem Schulfoto blieb, unverändert und lebendig.

An einem grauen Nachmittag kehre ich zum Büro der Gerichtssekretärin zurück. Die Frau am Schreibtisch ist freundlich, aber kurz angebunden.

»Ich kann Ihnen die Transkripte von der Verhandlung zeigen«, beginnt sie.

»Die habe ich schon gesehen.«

»Aber die Fotos sind Beweismaterial. Sie können keine Beweisstücke einsehen, nicht ohne Gerichtsbeschluss. Sie wurden versiegelt.«

Ich starre sie an. »Wann wurden sie versiegelt?«

»Das weiß ich nicht, Ma'am, aber man kann sie nicht einfach anschauen. Was genau wollen Sie denn sehen?«

»Nur die Bilder.« Ich überlege mir, was es dort wohl sonst noch zu entdecken gäbe. All das, was ich bislang nicht beachtet habe: den Plastiksack mit Beweisstücken vom Tatort, die Decken. Jeremys weißes T-Shirt von Fruit of the Loom mit den Löchern darin, dort, wo man Textilproben genommen und sie auf Spermaspuren untersucht hat. Sein Luftgewehr mit dem langen braunen Plastiklauf. Wie viel müsste ich noch sehen, bis ich endlich verstehe?

Ich warte. Beobachte, wie die Gedanken sich in ihrer Miene spiegeln. Ihr Name steht in den Akten. Ihre Unterschrift befindet sich auf jedem einzelnen gestempelten Dokument, immer und immer wieder. Alles, was ich zu Gesicht bekommen will, hat sie bereits gesehen.

»Na gut«, sagt sie schließlich. »Sie können Kopien der Fotos haben. Notieren Sie, was Sie brauchen, und wir schicken sie Ihnen dann zu.«

Sie bringt mir fünf oder sechs zusammengetackerte Papierstapel, jeder mehrere Zentimeter dick. Ich schlage die erste Seite des ersten Stapels auf und sehe die schwarz-weiße Kopie eines Luftbilds. Waldflecken, dicht und dunkel. Ein paar Häuser in einer Reihe.

Das Haus am Ende ist weiß und größer als die anderen. Das Haus der Lawsons. Es kommt mir vor, als sähe ich das Foto eines Geistes, der mich verfolgt hat. Ich sehe, wie dicht sich das Haus an das schwarze Gewirr des Waldes schmiegt und begreife unmittelbar, warum es so seltsam war, dass Ricky nicht versucht hat, die Leiche loszuwerden. Der Wald begann direkt hinter dem Haus, nur wenige Schritte entfernt von der Hintertür, so dicht, dass er auf dem Papier nur als ein wirres Netz aus Schwärze erscheint.

Ich lege mir einen Vorrat an Büroklammern und kleinen Post-Its bereit und beginne, die Seiten zu kennzeichnen. Als ich die Bilder von Lorileis Sohn erreiche, blättere ich sie so schnell durch, dass ich nur kurze Eindrücke erhaschen kann. Der Glanz, den ein Kamerablitz auf sein blondes Haar gelegt hat. Der feuchte Bogen seiner Unterlippe.

An diesem Abend schenke ich mir im Hotelzimmer Wein in einen Plastikbecher und zappe durch die Fernsehsender. Der viel zu süße Rotwein vernebelt mein Denken, aber nicht genug. Das Zimmer hat einen seltsamen Grundriss; von meinem Bett aus kann ich das Wohnzimmer nicht sehen. Zweimal stehe ich auf und schaue nach. Ich überprüfe, ob ich wirklich alleine bin. Ich weiß, dass ich alleine bin, aber es fühlt sich nicht so an. Ich blicke in den Schrank und versuche, nicht an Jeremys Leiche zu denken. Ich schaue in der Badewanne nach. Jahrelang verspürte ich, wann immer ich ein Badezimmer betrat, in dem es eine Badewanne gab, den Zwang, den Duschvorhang wegzuziehen und mich zu vergewissern, dass sich dahinter keine Leiche verbarg. Nach dem Tod meines Großvaters wurde es konkreter seine Leiche. Er als Toter. Ich kam mir jedes Mal albern vor, wenn ich es tat, aber jedes Mal musste ich nachsehen. Ich hatte es gerade wieder heimlich getan, in dem Bad des Ferienhauses, das meine Familie für den Urlaub gemietet hatte, und als ich herauskam, sah ich meine Mutter vor mir stehen. Verlegen erzählte ich ihr von meinem Tick.

Sie sah mich bestürzt an. Als hätte sie einen Geist gesehen. »Als du klein warst«, sagte sie langsam, »hast du deinen Bruder Andy bewusstlos und blau angelaufen in der leeren Badewanne gefunden.«

Die Seele erinnert sich. Die Erinnerung ist trügerisch. Alles wiederholt sich.

Am Nachmittag darauf, im Flugzeug zurück nach Boston, wirken die Wolken durchs Fenster wie ein gnadenloses Gewebe. Nicht schön, sondern klebrig und geradezu unanständig. Ich bestelle mehr Wein und stürze ihn hinunter. Die weiße Speichelblase auf Jeremys Lippen im Licht des Kamerablitzes. Der weiche, weiße Faden der Baumwollsocke, an der er erstickt und die aus seinem dunklen Mund quillt. Ich wende meinen Blick vom Fenster ab und schließe fest die

Augen. Ich versuche mit aller Kraft, mir nicht auszumalen, welche Geister ich wohl gerufen und eingeladen habe, mir nach Hause zu folgen.

Das Verfahren zur Auswahl von Geschworenen – französisch benannt als Voir Dire, »die Wahrheit sprechen« – ist einzigartig in Fällen, in denen die Todesstrafe gefordert wird. Die Geschworenen müssen schwören, dass sie sich zumindest theoretisch imstande sehen, für ein Todesurteil zu stimmen. Clive hat erfolgreich durchgesetzt, dass das Voir Dire in New Orleans stattfindet. Die Leute dort dürften mit dem Fall nicht so vertraut sein. Die gewählten Jurymitglieder wird man dann mit dem Bus nach Lake Charles bringen. Täglich reichen die Menschen, die in der Vorauswahl sind, ein Handmikrofon mit Kabel von einem zum anderen, vor und zurück durch die Reihen, während die Anwälte und Richter Gray ihnen Fragen stellen. Das Kabel des Mikros wird zum Running Gag. Clive meint, er werde sich noch damit erdrosseln. Gray bittet die Geschworenen, sich nicht zu strangulieren. Dass man diesen Scherz immer wieder macht, dass er so hartnäckig wiederauftaucht, ist eigenartig, wurde Jeremy doch stranguliert; er hatte ein tiefes Würgemal von der Angelschnur am Hals. Gray hat Fotos davon gesehen. Clive ebenfalls. Werden sie schon jetzt von diesen Bildern heimgesucht?

Von Anfang an bereitet der Auswahlprozess Schwierigkeiten. Die Mordrate in New Orleans ist achtmal höher als im Landesdurchschnitt. Am ersten Tag des Voir Dire erklärt Gray, er werde dafür sorgen, dass sie abends rechtzeitig Schluss machen, weil er niemanden der Teilnehmer nach Sonnenuntergang auf den Straßen unterwegs wissen möchte. Am neunten Tag kommentiert Cynthia Killingsworth, Anwältin der Anklage, es sei der erste Tag, seit sie hier in New Orleans angekommen seien, an dem es keinen Mord gegeben habe. Gray berichtigt sie: Es gab einen Mord. Es hat an jedem einzelnen Tag einen Mord gegeben. Der Neffe eines potenziellen Geschworenen war in zwei Morde verstrickt. Der Freund eines anderen sitzt in der Todeszelle. Der Halbbruder einer Frau ist wegen Mordes zu drei lebenslänglichen Haftstrafen verurteilt worden. Sie könnte niemanden zum Tod verurteilen, sagt sie, weil er darauf besteht, unschuldig zu sein, und wenn das wahr wäre, würde sie nicht wollen, dass er stirbt. Ein Mann war immer gegen die Todesstrafe, aber vor zwei Monaten wurde sein bester Freund, den er seit dreißig Jahren kannte, ermordet auf der Straße gefunden, und jetzt ist er sich nicht mehr sicher. Er weiß es einfach nicht. Bei einem anderen Mann war es der Bruder, der ermordet wurde. Bei einer Frau die Freundin der Tochter. »Sie haben nie herausgefunden, wer es getan hat«, sagt sie. Der Sohn eines Mannes wurde im Alter von sieben Jahren ermordet. »Ich habe hier Platz genommen, und sofort sind vierzig Jahre Erinnerungen auf mich eingestürzt«, erklärt er. »Ich bin bereit, meine Bürgerpflichten zu erfüllen, aber das hier ist echt hart für mich.«

Weil man zumindest theoretisch bereit sein muss, ein Todesurteil auszusprechen, ist es relativ leicht, sich der Geschworenenpflicht in einem Todesstrafenprozess zu entziehen. Man muss nur sagen, dass man die Todesstrafe niemals befürworten würde, ganz egal, für welches Verbrechen. Nach einer Woche Auswahlprozess haben etwa drei Viertel der möglichen Geschworenen erklärt, nicht an die Todesstrafe zu glauben. Dieser Prozentsatz scheint verdächtig hoch. Zugegeben, wir befinden uns hier im liberalen New Orleans, aber das liegt noch immer in Louisiana, einem Teil des sogenannten »Fry Belt«, der so benannt wurde, weil man hier früher so schnell mit dem elektrischen Stuhl dabei war, und noch heute ist Louisiana einer der Bundesstaaten mit den meisten Todesurteilen.

Als daher eine Dame auf die Frage, ob sie für ein Todesurteil stimmen könnte, erwidert: »Oh nein, das könnte ich nicht«, nimmt sie einer der Anwälte schließlich doch in die Zange. »Sie wollen mir wirklich weismachen«, sagt der Anwalt, »dass Sie, wenn der Prozess stattfindet und die Anwälte ihre Beweise vorbringen und Sie vielleicht überzeugt sind von der Schuld des Angeklagten, ein Todesurteil nicht einmal in Betracht ziehen würden?«

Die Frau ist sehr aufgeregt. Es wird einen Prozess geben? »Ich dachte, wir müssen heute abstimmen, ob er zum Tode verurteilt wird.« Sie wird von ihrer Bürgerpflicht entbunden.

Bald läuft das Voir Dire seit beinahe zwei Wochen, fast zweihundert Menschen wurden befragt. Clive verliert seine Stimme und entschuldigt sich bei den potenziellen Geschworenen dafür. Killingsworth redet ständig über die Morde in New Orleans. Gray hat die ganze Angelegenheit satt. »Wenn das alles hier vorbei ist«, sagt er frustriert zu einer der Geschworenen, »dann werde ich hier hereinkommen und, sollten Sie in der Jury sein, werde ich zu Ihnen sagen: Stehen Sie auf, Ma'am. Soll Mr. Langley leben oder sterben? Und Sie werden sagen müssen, ob Leben oder Tod. Ich werde Sie nicht – ich werde Sie nicht irgendwas auf ein Stück Papier schreiben lassen, wo dann draufsteht, ich stimme für die Todesstrafe. Ich werde Sie aufstehen lassen und auffordern, es mir zu sagen, Sie werden mir direkt in die Augen schauen und werden dem Mann direkt in die Augen schauen und dem Staat direkt in die Augen schauen und werden mir sagen: Soll er leben oder sterben? Können Sie das?«

Sie ist verunsichert. »Ich weiß nicht.«

»Okay.«

»Ich weiß nicht.«

»Es ist hart.«

»Ja.«

»Keiner sagt, dass es nicht hart ist. Meine Frage an Sie ist, können Sie diese Entscheidung treffen?«

»Ich weiß es nicht. Ich weiß es doch nicht.«

Richter Gray und die Anwälte müssen sechzehn Menschen finden (zwölf Geschworene und vier Ersatzleute), um diesen Fall verhandeln zu können. Von diesen Menschen wird verlangt, eine ungeheure Entscheidung zu treffen. Es gibt keine andere Situation, in der wir von einem Zivilisten verlangen zu entscheiden, ob jemand leben oder sterben soll. Am nächsten kommt dem vielleicht das Militär, ein eingezogener Soldat, jemand, der nicht die Absicht gehabt hat, jemals in eine Situation zu kommen, in der er einen Menschen auf der anderen Seite des Gewehrlaufs hat und entscheiden muss, ob er schießt.

Im Jurastudium wird das Konzept der Geschworenen mit der Metapher einer Black Box erklärt. Die Beweise und das Gesetz kommen auf der einen Seite in die Box hinein. Auf der anderen Seite kommt ein Urteil heraus.

Aber eine Black Box hat keine Gefühle.

»Solchen Dingen ausgesetzt zu sein, wie ich es war«, beginnt eine der Geschworenen in der Vorauswahl – sie war schon einmal in einer Jury, als es um die Todesstrafe ging, und jetzt hat sie das Pech, ein zweites Mal berufen worden zu sein, »das war sehr traumatisch. Ich würde sagen, dass ich noch nicht darüber hinweggekommen bin.« Es gibt eine Bezeichnung für das, was Menschen quält, wenn sie im Krieg Entscheidungen treffen mussten: PTSD, posttraumatische Belastungsstörung. Menschen, die als Geschworene in Prozessen mit Todesurteilen gedient haben, berichten von Depressionen, Alkoholproblemen, von Heimsuchungen. Nicht alle, aber manche. Die Männer und Frauen, die für diese Jury gewählt werden, werden alle gemeinsam in einem Hotel wohnen, abgeschirmt von anderen, von ihren Familien abgeschnitten, werden jeden Abend alleine bleiben mit den Bildern, die sie an diesem Tag gesehen haben. Und die Bilder werden sich in ihnen festsetzen. Jeden Tag werden sie Ricky im Gerichtssaal sehen. Jeder Tag wird sie dem Moment näher bringen, in dem sie entscheiden müssen, ob er leben oder sterben wird. Wird Jeremys Gesicht sie künftig verfolgen, das Wissen darum, ihm mit dem Urteil »nicht schuldig« die Gerechtigkeit verweigert zu haben? Oder wird sie das Bild des Mannes quälen, den sie zum Tode verurteilt haben?

Am 2. Mai 2003 sind die Männer und Frauen, die sich mit den Beweisen auseinandersetzen müssen, endlich ausgewählt. Neun Frauen, drei Männer. Sieben davon sind Schwarze, fünf sind Weiße. Drei von ihnen haben Familienmitglieder, die unter Schizophrenie leiden; drei haben Menschen mit bipolarer Störung in ihrer Verwandtschaft. (»Das klingt fast nach einer Epidemie«, sagt eine Geschworene, schockiert darüber, dass die Geheimnisse ihrer Familie sie gar nicht so sehr von den anderen abheben.) Zwei sind Krankenschwestern. Ein stämmiger weißer Lehrer namens Stephen Kujawa wird zum Sprecher der Geschworenen ernannt. »Ich unterrichte Achtklässler«, hatte er zu Gray gesagt, als Killingsworth ihn gefragt hatte, ob er imstande sei, während der Diskussionen der Geschworenen seine Meinung zu sagen. »Ich fürchte mich vor nichts.« Gray schickt die Geschworenen nach Hause, damit sie sich von ihren Familien verabschieden können. Dann werden sie im Bus nach Lake Charles gebracht. Der Prozess kann beginnen.

33

»Mord ist nicht einfach, aber die Elemente, aus denen er besteht, sind es sehr wohl.« Am Montag, dem 6. Mai 2003 gegen zehn Uhr morgens – elf Jahre, nachdem Ricky Langley Jeremy Guillory umbrachte, neun Jahre, nachdem er wegen dieses Mordes zum Tode verurteilt wurde, und zwei Jahre, nachdem ein neuer Prozess angeordnet worden war – steht die Vertreterin der Anklage, Cynthia Killingsworth, vor den Geschworenen und beginnt ihnen die Geschichte des Mordes zu erzählen.

Cynthia Killingsworth ist die Nebenanwältin in diesem Verfahren. Mit ihrem praktischen Kurzhaarschnitt und der Erschöpfung, die sich in ihrem Gesicht spiegelt, wirkt sie wie eine ältere und wohlhabendere Version von Lorilei Guillory. Hauptankläger ist der frühzeitig ergraute Staatsanwalt Wayne Frey, dessen Kinn so rund ist wie seine Brillengläser und dessen Porträtfotos aus dem Gerichtssaal einen zweifelhaften Geschmack in Sachen Krawatten beweisen. Die dritte Vertreterin der Anklage, Sharon Wilson, ist die einzige schwarze Anwältin im Saal. Killingsworth und Frey haben sich auf Todesurteilsfälle in dieser Gemeinde spezialisiert, und sollte irgendwem aufgefallen sein, wie gut ihre Namen zu dieser Aufgabe passen – erinnert »Frey« doch an das »Verbrutzeltwerden« auf dem elektrischen Stuhl, den es in diesem Bundesstaat früher gab –, dann wird das zumindest in den Aufzeichnungen nie erwähnt. Die Strategie der Anklage besteht darin, Zorn zu wecken: Killingsworth ist eine Mutter, und sie wird sich lange mit den Details dessen, was Ricky getan hat, aufhalten. Sie wird sagen, dass die Socke, die er Jeremy in den Mund gestopft hat, schmutzig gewesen sei. Wird Ricky böse nennen. Frey sieht sich als Kreuzritter, als Bewahrer von Gesetz und Ordnung.

Auf der Seite der Verteidiger haben wir Clive, hochgewachsen, wie üblich voller Intensität und nervöser Energie, und als zweite Anwältin Phyllis Mann, deren Aussagen so schnörkellos sind wie ihre geraden braunen Haare und ihre schmucklosen Anzüge. Dem Feuer der Anklage setzen sie Ernsthaftigkeit entgegen. Clive und Mann sind beide sehr gut darin, so zu sprechen, als kämen die Worte direkt aus ihrem Herzen.

Ricky wurde offiziell wegen vorsätzlichen Mordes angeklagt. Die Gesetze von Louisiana verlangen, dass zwei Aspekte bewiesen werden: erstens, dass Ricky Jeremy tatsächlich töten wollte. Zweitens braucht es für den Mordvorsatz die besondere Schwere der Tat. Wenn die getötete Person unter zwölf Jahren war, trifft das automatisch zu. Jeremy war sechs. Damit ist die besondere Schwere der Tat gegeben. Folglich wird der Prozess sich auf das erste Element, den Tatvorsatz, konzentrieren.

Als Antwort darauf plädiert Ricky auf nicht schuldig, und zwar auf nicht schuldig wegen geistiger Unzurechnungsfähigkeit. Clive und er hatten Lorilei einst versprochen, genau das nicht zu tun. Und so hat Gray den Geschworenen, noch bevor das Prozessgeschehen überhaupt begonnen hat, erklärt, dass es in diesem Fall zwei Dinge gibt, die erwiesen werden müssen. Es ist richtig, dass die Anklage, wenn sie Erfolg haben will, Rickys Schuld über jeden vernünftigen Zweifel hinaus beweisen muss. Aber die Beweislast liegt auch bei der Verteidigung, weil sie auf Unzurechnungsfähigkeit plädiert. Wenn Ricky für unzurechnungsfähig erklärt werden soll, muss die Verteidigung beweisen, dass er zum Zeitpunkt des Mordes Recht und Unrecht nicht unterscheiden konnte.

All diese Rahmenbedingungen, all dieses Manövrieren im Vorfeld. In den vergangenen beiden Wochen haben Gray und die Anwälte den Geschworenen, die sich jetzt auf ihren Plätzen niederlassen, immer wieder häppchenweise Hinweise darauf gegeben, was der Mann, der zwischen seinen Anwälten auf der Anklagebank sitzt, getan hat.

Aber heute, so sagt Killingsworth zu ihnen, »ist Schluss mit den Spekulationen«. Sie ist die Erste, die in diesem Raum die Geschichte des Mordes erzählt. Die Erste, die hier die Geschichte erzählt, die schon so oft erzählt wurde. »Jeremy lebte in einem sehr abgelegenen Gebiet der Gemeinde von Calcasieu«, sagt sie. »Wo er wohnte, gibt es nicht viele Häuser in unmittelbarer Nähe, aber es gibt ein paar.« In einem davon wohnten Jeremys Spielkameraden Joey und June. Am Nachmittag des 7. Februar 1992 klopfte Jeremy an die Tür des weißen Hauses der Lawsons, doch Joey und June waren nicht zu Hause. Ricky forderte Jeremy auf hereinzukommen. »Und Sie werden sehen, dass Jeremys tödlicher Fehler an diesem Tag darin bestand, das Haus zu betreten, in dem sich der Angeklagte Ricky Langley befand.« Jeremy ging die Treppe hinauf. Er setzte sich auf den Boden und begann zu spielen. Dann, fährt Killingsworth fort, habe sich Ricky ihm genähert, habe ihm seinen Penis in den Mund gesteckt und ejakuliert.

Es ist eine kühne Entscheidung, den Prozess so zu beginnen. Stellen Sie sich das Gerichtsgebäude an diesem Morgen vor. Die Geschworenen haben die Nacht in einem Hotel verbracht, Stunden von ihrem Zuhause entfernt. Jeder hatte sein eigenes Zimmer bekommen – das kostete die Gemeinde eine Menge Geld, aber Gray sorgte dafür, er hatte es ihnen während des Voir Dire versprochen –, und sie hatten sich weit entfernt von ihren Liebsten schlafen gelegt in dem Bewusstsein, dass am nächsten Tag für sie ein Mordprozess beginnen würde. Als ihre Wecker viel zu früh klingelten, schütteten sie den schwachen Hotelkaffee hinunter, bestiegen den Bus hierher, wo sie unbeholfen versuchten, unverfängliche Gespräche mit den Fremden zu beginnen, mit denen gemeinsam, wie ihnen erst jetzt allmählich klar wurde, sie die schwerste Entscheidung ihres Lebens treffen würden. Sie registrierten, wer unter ihnen selbstbewusst, wer zurückhaltend war. Sie entwickelten eine erste Vorstellung davon, wer mögliche Verbündete waren. Als sie dann im Gerichtssaal ankamen, sahen sie den Mann mit den abstehenden Ohren und den dicken Brillengläsern, dem hellblauen Hemd und der Krawatte, die nicht dazu passte, auf der Anklagebank. Das war der Mann, über dessen Schicksal sie entscheiden würden.

Und jetzt erzählt man ihnen, dass er im Mund eines Kindes ejakuliert habe. Killingsworth hat ihre Geschichte mit dem Element begonnen, das für die Staatsanwaltschaft am schwierigsten zu beweisen sein wird.

Aber es dürfte nicht das sein, woran die Geschworenen in diesem Moment denken: dass sie das erst noch beweisen muss. Denn sie haben gerade eine Geschichte gehört. Was sie denken, ist: Das arme Kind. Während des Voir Dire ist Ricky immer wieder als Pädophiler bezeichnet worden. Was sie jetzt denken, ist: Das also ist geschehen. Sie denken, dass es sich um ein Sexualverbrechen handelt. Das arme, arme Kind. Die weiße Wanduhr mit den schwarzen Zeigern tickt langsam. Killingsworth legt eine dramatische Kunstpause ein.

Dann erzählt sie die Geschichte zu Ende. Ricky tötete Jeremy. Erst seine Hände, dann ein Draht um seine Kehle, dann der schmutzige Strumpf in seinem Mund. Er trug die Leiche des Kindes zum Schrank hinüber und lehnte sie gegen die Rückwand, zog einen weißen Müllbeutel um Kopf und Schultern fest und stapelte Decken auf ihn. Lorilei an der Tür; die lange, fruchtlose Suche; Rickys Geständnis, das aus ihm herausbricht; die Verhaftung; Jeremys Leiche. »Ich bin sicher, dass die Verteidigung Ihnen erzählen wird, niemand, der geistig gesund ist und den Unterschied zwischen Recht und Unrecht versteht, würde einem Kind so etwas antun. Aber hören Sie ganz genau zu. Hören Sie sich ganz genau an, was diese Person getan hat. Und hören Sie genau hin, wie er der Polizei gesteht, dass er diesem Kind am 7. Februar 1992 das Leben genommen hat. Und am Ende des Prozesses werden wir wieder hier stehen und von Ihnen verlangen, Ihren gesunden Menschenverstand zu gebrauchen und den Angeklagten für schuldig zu befinden, so wie es in der Anklage steht.« Sie nimmt wieder Platz, lässt den Worten Zeit, sich zu setzen. Gesunder Menschenverstand. Ja, das alles muss für die Geschworenen jetzt vernünftig scheinen.

Phyllis Mann, die Verteidigerin, erhebt sich und geht auf und ab. Dann stoppt sie vor der Loge mit den Geschworenen. »Das, was Sie an diesem Morgen von der Anklage gehört haben, ist nur ein kleiner Teil der Geschichte. Clive und ich verteidigen Ricky jetzt schon eine ganze Weile. Und heute, mit dem Beginn dieses Prozesses, geben wir ihn in Ihre Hände.« Sie blickt forschend auf die Reihe der Geschworenen hinunter, die vor ihr sitzen. Einige begegnen sicherlich ihrem Blick. Andere sehen bestimmt weg. »Wenn ich Ihnen also etwas nervös vorkomme, liegt das daran, dass ich nervös bin. Am 7. Februar 1992, als Jeremy Guillory starb, war das eine schreckliche, unvorstellbare Tragödie. Von Anfang an haben wir niemals versucht zu unterstellen, Ricky sei nicht der Grund für Jeremys Tod gewesen. Aber was wir Ihnen während dieses Prozesses aufzeigen werden, ist, dass Ricky Jeremy Guillory nicht vorsätzlich tötete – nicht vorsätzlich töten konnte.« Rickys Leben liegt jetzt in ihren Händen, erinnert sie die Geschworenen. Sie bittet sie, es zu schonen.

Auf Fernsehbildschirmen überall in der Stadt überträgt KPLC-TV, der örtliche Nachrichtensender, Bilder von diesem Prozess. Die Anwälte, die in die Kamera sprechen. Lorilei und ihr Sohn Cole, die eng beisammensitzen. Lorilei sieht schmerzlich berührt aus, Cole etwas betäubt von all dem Kameralicht. Und dann ein Ausschnitt, der immer und immer wieder gezeigt wird: Ricky Langley, sechsundzwanzig Jahre alt, sitzt mit wild abstehendem braunen Haar in einem orangefarbenen Overall in der Polizeistation und erzählt Lucky und Dixon die Geschichte des Mordes. »Und dann hab ich einen Draht genommen und …« Er umfasst mit einer ruckartigen Bewegung seine Kehle. Er drückt die Finger zusammen. Führt den imaginären Draht über seinen Hals, um ihn zusammenzuziehen. So, wie er ihn um Jeremys Kehle zusammengezogen hat. »Ich hab mich vergewissert, dass er nicht mehr atmen konnte.«

Eine Aufnahme von zwei Sekunden, wenn es hochkommt. Als das Nachrichtenlogo wieder erscheint, um die Sequenz zu beenden, bleibt ein kleines Standbild dieses Moments in der oberen rechten

Ecke des Bildschirms. Ricky mit den Händen um seinen Hals. Ricky, wie er Jeremy tötet.

»Das hier ist Jeremy Guillory«, fährt Mann fort. Jeremys letztes Schulfoto wurde vergrößert, auf Pappe geklebt und aufgestellt. Er trägt ein kariertes Hemd; sein Haar ist sauber gescheitelt. Er lächelt durch eine Zahnlücke hindurch. »Können Sie ihn alle sehen? Sie müssen sich einer Sache bewusst sein: Wenn wir hier über Rickys psychische Erkrankung sprechen, tun wir das, damit wir begreifen, warum Jeremy Guillory sterben musste. Er war ein unschuldiger, sechs Jahre alter Junge. Er hatte nichts falsch gemacht. Damals, im Jahr 1992, war seine Mutter schwanger mit ihrem zweiten Sohn, den sie Cole nannte, und sie und Jeremy lebten in Iowa, Louisiana. Iowa ist etwa zehn Meilen von hier entfernt. Und ganz in der Nähe von Iowa liegt eine andere Kleinstadt, nämlich Hecker in Louisiana. Dort ist Ricky aufgewachsen, bei seiner Mutter Bessie, seinem Vater Alcide, zusammen mit seinen älteren Schwestern Darlene, Judy und Frances und seinem jüngeren Bruder Jamie. Aber die Ereignisse, die für diesen Fall eine Rolle spielen, wurden schon mehrere Jahre vor Rickys Geburt in Gang gesetzt.«

Nun erzählt Mann die Geschichte des Mordes. Sie beginnt nicht damit, wie Jeremy nach seinem Luftgewehr griff und aus dem Haus rannte. Sie fängt bei einem Zeitpunkt an, bevor Ricky geboren wurde, erzählt die Geschichte seiner Geburt: der Unfall, Bessie in ihrem Gips, die ganzen Medikamente, Ricky. »Was daraus folgt«, sagt Mann, »ist, dass es Rickys Schicksal war, psychotische Züge zu entwickeln, und die einzige Frage war, welche Form diese Psychose annehmen würde.«

(»Schicksal.« Jenes erste aufgezeichnete Geständnis, bei dem Lucky Ricky befragte:
Frage: Es gab doch in Ihrer Vergangenheit schon Probleme mit Kindern.

Antwort: Ja.
Frage: Wollen Sie mir davon erzählen?
Antwort: Es ist bloß – ich kann es nicht erklären. Ich schätze, es ist mein Schicksal, verstehen Sie, das ist die Wahrheit.)

An dieser Stelle spricht Mann darüber, wie Ricky als Kind anfing, Oscar zu sehen. Er ist die Form, die die Psychose annimmt. In der Geschichte, die Mann erzählt, redet Ricky über den Unfall, als sei er dabei gewesen. Er spricht über das Begräbnis von Oscar und Vicky: wie süß die Kinder aussahen, aufgebahrt in ihren Särgen, mit den weißen Rüschen an Vickys Kleid und mit Oscars Wimpern, die seine Wange berührten. (Hat Mann vergessen, dass Oscar enthauptet wurde, selbst in Rickys Traum enthauptet war? Die Geschichte wird hier und jetzt anders erzählt.)

So wie Mann sie erzählt, brachten Bessie und Alcide Ricky als Kind einmal zu einem Therapeuten, wollten aber nicht, dass er eine Diagnose bekäme, die ihm ein Leben lang nachhängen würde. Sie wollten, dass ihr Sohn normal war. Und so taten sie ihr Bestes, so zu tun, als sei er es.

Ricky sei es gewesen, der erkannte, dass etwas mit ihm nicht stimmte. Ricky versuchte, Hilfe zu finden, und wurde abgewiesen. Er wollte sich umbringen, ohne Erfolg, oder vielleicht wollte er nur Aufmerksamkeit erlangen und so Hilfe bekommen und nicht wirklich sterben. Zu dem Zeitpunkt, als er Jeremy tötete, habe er sich mitten in einer lang andauernden Psychose befunden, die durch den Stress ausgelöst worden war, wieder bei seiner Familie zu leben, der Familie, die für ihn so problematisch war, der Familie, wo die Vergangenheit wohnte. Er erwürgte Jeremy in der Hoffnung, Oscar loszuwerden, in dem Glauben, endlich von der Vergangenheit loszukommen. Erst als das Kind tot war, schaute er hinunter und erkannte, wen er getötet hatte.

Zwei Geschichten. Zwei unterschiedliche Lesarten.

So wird die Entscheidung, die sie treffen müssen, den Geschworenen präsentiert: Glauben sie, dass Ricky ein schlechter Mensch ist, ein böser Mensch, der ein unschuldiges Kind brutal ermordet hat? Oder ist Ricky einer, der sein Leben lang gegen seine Dämonen, gegen sich selbst angekämpft hat und dessen Kampf in einer Psychose und dem tragischen Tod eines Kindes resultierte?

Die Anklage ruft ihre Zeugen auf, unter anderem den Beamten, der Rickys Telefonanrufe entgegennahm, Calton Pitre, für den Ricky eine Skizze der Gegend für die Suche anfertigte, und den Fotografen, der Luftbilder vom Tatort und seiner Umgebung machte.

»Die nächste Zeugin der Anklage bitte«, sagt Gray.

»Lorilei Guillory.«

34

Bestimmt sitzen die Geschworenen angespannt auf ihren Plätzen. Fünf von ihnen sind Mütter. Die Anklage setzt darauf, dass sie sich mit Lorilei identifizieren werden. Die Verteidigung hofft, dass sie sich in Bessie wiederfinden und erschüttert sein werden über das, was sie während ihrer Schwangerschaft erdulden musste. Über ihren Köpfen summen die fluoreszierenden Lampen. Die Herzen der Geschworenen schlagen schneller.

Die Mutter hat lichtbraunes Haar, hell wie das Haar ihres Sohnes auf dem Bild. Sie sieht wie irgendeine Mutter aus, keine Frau, die man bemerken würde, wenn ihr Name nicht aufgerufen worden wäre. Sie ist älter, als sie vielleicht gedacht haben. Während sie den Polizeibeamten zuhörten, die nach ihm suchten, haben sie vergessen, dass der Mord an Jeremy mehr als zehn Jahre zurückliegt. Die Fältchen um ihre Augen verleihen ihr einen neuen Ernst. Elf Jahre lang lebt sie schon ohne ihren Sohn. Die Kinder der Geschworenen sind alle am Leben, das haben sie den Anwälten während des Auswahlverfahrens erzählt.

Lorilei setzt sich im Zeugenstand nieder. Die Geschworenen starren sie an.

Unter ihren Blicken schaut sie auf ihre Hände, muss sich sicher innerlich aufrichten. Elf Jahre sind vergangen. Sie hat lange in einem anderen Bundesstaat gelebt. Sie hat vergessen, wie sie einen anstarren.

»Ms. Guillory«, beginnt Killingsworth. Vielleicht hat ihre Stimme einen mitfühlenden Ton angenommen, der zuvor nicht da war. Vorsichtig, ein wenig traurig. Auch diesen Tonfall muss Lorilei in der Zwischenzeit vergessen haben. Wie man sie mit Samthandschuhen anfasst. Natürlich hat die Anklage Killingsworth ausgesucht, um sie zu befragen. Von Mutter zu Mutter. »Können Sie mir die Namen Ihrer Kinder nennen?«

»Der Name meines ersten Kindes ist Jeremy James Guillory. Ich habe einen zweiten Sohn: Cole Innis Landry.« Sie rutscht auf ihrem Stuhl hin und her. »Es gibt noch ein drittes Kind, das ich nach der Geburt weggegeben habe. Sie heißt Rowan Lovell, soweit ich weiß.«

»Jeremy Guillory, der kleine Junge, der in diesem Fall getötet wurde, das ist Ihr Sohn, richtig?«

»Ja.«

»Wann haben Sie Ihren Sohn zum letzten Mal gesehen?«

»Das letzte Mal habe ich meinen Sohn an jenem Freitagnachmittag gesehen, als er zum Spielen rausging.«

»Okay, und was war …?«

»Lebend.« Lorileis Stimme wird lauter. »Das war das letzte Mal, dass ich ihn lebend gesehen habe.« Sie beschreibt, wie sie zum Haus der Lawsons kam und dort das Telefon benutzte. Sie beschreibt, wie sie am Waldrand stand und Jeremys Namen in die Stille hinausschrie, die schreckliche Stille, die ihre einzige Antwort war. Dann die Polizei, die Hunde, die Boote.

»Wie lange dauerte die Suche?«

»Drei Tage.« Und wieder findet sich im Transkript die Schwierigkeit, die Ungeheuerlichkeit der Angelegenheit auszudrücken. Sie versucht es noch einmal: »Für mich waren es drei Tage. Freitag, Freitagnacht. Samstag, Samstagnacht. Sonntag, Sonntagnacht.« Wahrscheinlich hat man sie nicht gebeten, an diesem Punkt der Geschichte weiterzuerzählen, aber sie kann nicht anders. Denn so endet es. »Und dann am Montag, im Laufe des Montags, haben sie mir gesagt, dass sie meinen Sohn gefunden hätten. Und ich fragte: Wo ist er? Und sie sagten mir, dass er tot war.«

Cole ist der Grund, warum Lorilei nie rechnen muss, wie lange Jeremy tot ist. Coles Alter plus ein halbes Jahr: So lange ist sein Bruder fort. Coles Alter plus sechseinhalb Jahre: Das wäre Jeremys Alter.

Zu dem Zeitpunkt, da Lorilei auf der harten Bank in der Galerie sitzt, wäre er siebzehn. Zwei Tage sind seit dem ersten Prozesstag vergangen, an dem sie ihre Aussage gemacht hat. Nach ihr wurde Pearl Lawson aufgerufen. Sie beschrieb, wie sie Ricky kennengelernt hatte. Nichts über ihren Sohn oder ihren Ehemann oder darüber, ob sie gewusst hatte, dass Ricky pädophil war. Danach Lanelle Trahan, Pearls Vorgesetzte in der Tankstelle, die erzählte, wie Ricky ihr mit puterrotem Gesicht auf der Treppe den Weg versperrt hatte. Am nächsten Morgen begann die Staatsanwaltschaft mit FBI-Agent Don Dixon, mittlerweile Polizeipräsident des Bezirks. (»Ich habe einen Strafzettel bekommen, Chief«, sagte Gray. »Bin nicht besonders glücklich darüber.«) Während Dixons Aussage wurde Ricky schwindelig, und Gray vertagte die Sitzung. Er habe nicht die Absicht, einen anfechtbaren Prozess zu führen, erklärte er. Am nächsten Morgen beendete Dixon seine Zeugenaussage über die Suche und Rickys Geständnis, dann führte Lucky die Geschworenen durch die Reihe der Fotos von Jeremy. Als er bei der Nahaufnahme von Jeremys Leiche im Schrank anlangte, eingewickelt in Decken, seine Stiefel und das Luftgewehr zu seinen Füßen verstaut, weinte Lucky.

Jetzt ist der vierte Verhandlungstag, und nach einem langen Vormittag sind sie gerade aus der Mittagspause zurück. Zuvor hatten sich die Anwälte gestritten, und obgleich sie ihren Streit vor der Richterbank im Flüsterton führten, die Anzugrücken dem Publikum zugewandt, sodass sie aussahen wie Käferrücken, wusste Lorilei, dass sie selbst Gegenstand ihrer Diskussion war. Die Tatsache ihrer Anwesenheit. Dass sie mit Ricky gesprochen hat. Dass sie darüber reden will, wie sie sich fühlt.

1994, beim ersten Prozess, als ihre Trauer frisch und voller Wut war, war der Anklage sehr daran gelegen gewesen, sie im Gerichtssaal zu wissen. Aber jetzt, wo sie Ricky getroffen hat, nennen sie sie eine schlechte Mutter. Eine gute Mutter, sagen sie, würde niemals den Mörder ihres Sohnes unterstützen wollen. Und ihr ist klar, dass sie etwas gegen sie in der Hand haben. All die Jahre mit Alkohol und Drogen, die Versuche, ihren Weg zu finden, ehe Jeremy kam und ihrem Leben einen Sinn gab. Dann, nachdem Jeremy ihr genommen worden war, noch mehr Alkohol und Drogen.

Aber sie sieht jetzt wieder einen Sinn in ihrem Leben. Cole eine Mutter zu sein, ja, aber auch dieser Prozess. Das, was aus diesem Prozess entstanden ist. Die Staatsanwaltschaft hat ihr die Kosten für ihre und Coles Anreise zum Prozess aus South Carolina bezahlt – dazu waren sie verpflichtet. Aber jetzt, wo sie nicht wollen, dass sie im Plädoyer, wenn es eines geben sollte, spricht – jedenfalls nicht, wenn sie nicht bereit ist zu sagen, dass Ricky sterben soll –, wollen sie nicht länger für ihre Anwesenheit hier zahlen. Als ob sie nach Hause zurückkehren würde, ehe der Prozess zu Ende ist.

Außerdem streiten sie über ein mögliches Beweisstück. Der Richter hat vor sich auf dem Richtertisch einen Brief liegen, den Ricky 1992 aus seiner Zelle in der Justizvollzugsanstalt an Lucky geschrieben hatte; darin bot er ihm an, sich mit Lucky zusammenzusetzen und mithilfe eines Atlas alle Orte zu markieren, an denen Ricky gewesen war, um Lucky von all den Kindern zu erzählen, die er seinen Angaben zufolge unterwegs missbraucht hat. Diese Geschichten wehen an Lorilei vorbei wie die seidigen Samenschirme des Löwenzahns. Nur der harte Kern davon dringt zu ihr durch. Trotz der neutralen Temperatur im Gerichtssaal empfindet sie die Luft in ihrer Reglosigkeit als zu heiß und zu dicht, und vielleicht fühlt sie einen Anflug von Kopfschmerz. Sie lässt den Kopf an die Rückenlehne der Bank hinter sich sinken und schließt für einen Moment die Augen. Wie viele andere Kinder hat es gegeben? Haben sie ein ähnliches Ende gefunden wie ihr Jeremy?

Jeremy. Vielleicht gestattet sie sich eine Vorstellung davon, wie er jetzt sein würde, im Alter von siebzehn Jahren. Wie er jemanden mit einem Quad Bike finden und so lange beschwatzen würde, bis er es ihm ausleiht, oder wie er es sich vielleicht einfach aus der Einfahrt schnappen würde, wenn gerade niemand hinschaut. Wie er an langen, freien Wochenendnachmittagen damit über das schilfige Sumpfgras brettern würde, viel zu schnell, und dann würde er herunterspringen, und es würde keine Rolle spielen, wie oft sie ihn gewarnt hat, dass das gefährlich ist, denn in dieser Geschichte würde er nicht wissen, was »tot« bedeutet, und am Ende wären er und seine Kumpel voller Schlamm, voller Lachen, voller Leben. Das Jugend-Luftgewehr, das er so liebte, wäre jetzt ein richtiges Luftgewehr, und die Spaziergänge im Wald wären länger. Mittlerweile wäre er in jemanden aus der High School verliebt und würde vom Kinn bis zu den Ohren erröten, wenn sie ihm Fragen über das Mädchen stellte. Sein Lächeln ist ihr so vertraut, dass ihr das Herz wehtut. Jeremy als Sechsjähriger unter dem Weihnachtsbaum, mit einem roten Pullover, das blonde Haar glänzend im Kerzenlicht, und er grinste so breit, dass seine Backen rund wurden. Das war zwei Monate, bevor er starb. Denk nicht darüber nach, dass sie dieses Bild damals überall in den Abendnachrichten brachten. Denk nicht darüber nach, dass dieses Bild jetzt wieder überall in den Abendnachrichten gezeigt wird. Denk an sein Lächeln. Sie passt es an. Lässt es erwachsen werden. Nimmt das Runde, Kindliche aus seinem Gesicht weg, lässt Bartstoppeln über seiner Lippe erscheinen. Siebzehn.

Die Videoaufzeichnungen, die sie an diesem Morgen sehen musste – sie sind wie ein schlechter Traum, sie sind unwirklich. Ricky, wie er Lucky die dunkle, enge Treppe im Haus hinaufführt. Die Spielsachen auf dem Schlafzimmerboden, Junes alte Puppe, die Puppe, die das Letzte war, womit Jeremy jemals gespielt hat. Sie hatte das Video früher schon zu Gesicht bekommen, aber als sie es an diesem Vormittag zeigten, hatte sie es schon seit Jahren nicht mehr gesehen. Stockte ihr der Atem, als Lucky die Schranktür berührte? Im Schrank befand sich ihr Junge. Das blonde, flaumige Haar, das sie geküsst hatte und durch das sie mit den Händen gefahren war, glatt und kühl. Die Wimpern, die seine Wangen berührten wie im Schlaf. Die fürchterlichen schwarz-blauen Male an seiner Kehle und daneben die roten Pünktchen, wie blutige Sommersprossen.

Nach dieser und einer anderen Videoaufnahme hatten sie am Vormittag ein weiteres Band gezeigt. Eine dritte Aufzeichnung, die im Prozess 1994 nicht zugelassen wurde. Sie war zwei Monate nach dem Mord aufgenommen worden, und in dieser Aufzeichnung hatte Ricky eine andere Geschichte erzählt. Er hatte beschrieben, wie er sich an Jeremy verging. Vor dessen Tod.

Sie hatte sich das ansehen müssen. Ihr kleiner Junge.

»Die Geschworenen sollen sich zurückziehen. Ms. Guillory?«

»Ja, Euer Ehren?« Alle im Gerichtssaal starren sie an, sogar der Zeuge. Sie kehrt abrupt in die Gegenwart zurück. Der Zeuge ist Wissenschaftler. Er war gerade dabei zu erklären, wie Jeremy auf Spermaspuren hin untersucht wurde.

»Ms. Guillory, kommen Sie bitte einen Moment zu mir.«

Neben ihr auf der Bank sitzt der zehnjährige Cole. Sie drückt seine Hand, dann steht sie auf und geht nach vorne.

»Guten Morgen, Euer Ehren.«

»Ist das Ihr Kind?«

»Ja, Sir.«

»Das hier ist kein Ort für ein Kind. Hier findet ein Mordprozess statt. Es ist schon schlimm genug – ich finde nicht, dass dieses Kind hier im Saal sein und sich das anhören sollte.« Grays Stimme wird lauter. »Es geht hier um – es geht um das, was seinem Bruder angetan wurde und so was. Ich werde das nicht zulassen.«

»Kommt nicht in …«

»Sie meinen, ein Kind sollte hier dabei sein?«

Im Gerichtssaal ist es vollkommen still. Alle sehen sie an. Cole sieht sie an.

»Euer Ehren«, sagt Lorilei langsam, »mein Sohn weiß, was ich durchgemacht habe. Wenn ich merke, dass es ihn verstört, werde ich mit ihm hinausgehen.«

Gray schüttelt den Kopf. »Wie Sie meinen. Es ist Ihr Kind.«

»Er hat immer noch Fragen, auf die er bislang keine Antworten bekommen hat. Genauso wie ich.«

Und dann scheint Lorilei unvermittelt in sich zusammenzusinken. Sie lässt die Schultern hängen. Ihre Stimme klingt wie ein Ballon, aus dem man die Luft herausgelassen hat. »Ich bin mir ja auch nicht ganz sicher, ob das richtig – Sie wissen schon –, aber ich hatte für den Tag heute wirklich keine andere Möglichkeit, wie ich mich um ihn kümmern und selbst hier sein kann.« Ihr Bruder Richard hat nicht mehr mit ihr gesprochen, seit er erfahren hat, dass sie für Ricky aussagen will.

Gray nimmt seine Brille ab. »Reden Sie mit Clive und seinen Leuten, vielleicht kann jemand für Sie einspringen. Ich tue mich schwer mit diesem Prozess.« Er reibt sich die Stirn. »Ich bin mir verdammt sicher, dass ein Kind Probleme mit diesem Prozess haben muss.«

Ein Ermittler der Verteidigung kommt und nimmt Cole an der Hand, um ihn aus dem Gerichtssaal zu führen. Ich denke an Ricky als Kind, wie er mit Oscar vor seinem Schlafzimmerfenster redet. Ich denke an mich selbst als Kind, wie ich vor dem Badezimmerspiegel stehe und versuche, mir ein Bild von der Schwester zu machen, die ich nie gekannt habe. Ich denke an Bessie mit ihrem Koffer und meine Mutter mit ihrem Aktenschrank.

Lorilei bleibt.

35

Das Grab meiner Schwester ist unbekannt, ihre Geschichte hat keinen Abschluss. Als mein Vater mir erzählte, was mit Jaquelines Leiche passiert war, fühlte ich mich fast wie eine Närrin. Wie närrisch war es gewesen, darum zu ringen, dass meine Eltern die Vergangenheit anerkannten. Wie lächerlich jeder Streit, den wir gehabt hatten, wann immer ich fragte, warum ich sie nie wütend werden sah über den Missbrauch. Na ja, wenn sie in der Lage waren, so etwas mit einem Baby geschehen zu lassen, dachte ich damals.

Aber sie hatten zu Hause zwei Babys, um die sie sich kümmern mussten. Wir waren beide Frühgeburten, beide winzig. Am dritten Tag nach meiner Geburt kollabierte meine Lunge, und ich hatte einen Herzstillstand, bis mich die Ärzte wiederbelebten. Mein Bruder war mit einem nicht voll entwickelten Verdauungstrakt geboren, und obwohl er später gesund war, fiel er damals dreimal ins Koma, bevor er operiert wurde, und war immer wieder im Krankenhaus. Wir beide brauchten Flaschen, die sterilisiert werden mussten, und Windeln, die gewechselt werden mussten, sie mussten uns Bäuerchen machen lassen, uns beruhigen, ankleiden und abends in den Schlaf wiegen. Wir beide brauchten sie. Sie mussten sich um ihre Familie kümmern.

In gewisser Weise waren die Entscheidungen, die meine Eltern später zu treffen hatten – die Entscheidungen, die mich zu Rickys Geschichte brachten –, ganz ähnlich. Sie begruben die Wutanfälle und die Depressionen meines Vaters, begruben die Tatsache des Missbrauchs durch meinen Großvater, begruben sogar meinen Zorn über das, was er getan hatte, mein Beharren darauf, dass es falsch war und wir das anerkennen mussten. All diese bedrohlichen Tatsachen zu begraben, muss ihnen im Vergleich einfacher erschienen sein. Sie sorgten dafür, dass das Leben weiterging. Sie warfen das Babybuch weg, das sie für Jaqueline begonnen hatten, warfen oder gaben jeden Gegenstand mit ihrem Namen darauf weg, den ihre Freunde für sie gemacht hatten. Sie zogen mir – müssen mir Kleidungsstücke des anderen Mädchens angezogen haben und gaben die restlichen weg. Sie füllten die Babyalben von meinem Bruder und mir nicht weiter aus, weil sich darin Hinweise auf sie befanden, und sperrten sie weg in den weißen Aktenschrank. »Die Zwillinge« nannten sie meinen Bruder und mich, und sie lehrten uns, uns ebenfalls so zu nennen. Sie schufen ein glückliches Heim und sorgten dafür, dass die Nachbarn es wussten. Es gab Sommerurlaube auf der Insel und Weihnachten unter dem Baum, und wir saßen zu sechst um den Esszimmertisch, wo meine Eltern ihre Gläser erhoben und auf ihr großes Glück anstießen. Ich bin zu der Ansicht gelangt, dass es in jeder Familie ein Handlungsmuster gibt, das sie definiert, eine Überzeugung, die sie zu dem macht, was sie ist. Seit Kindertagen war mir klar, dass die meiner Eltern lautete: »Lass die Vergangenheit ruhen.«

Doch ein Jahr, nachdem ich meine Mutter gefragt hatte, was mit Jaqueline nach ihrem Tod passiert war, saßen wir beide in einer Pizzeria in einer kleinen, verlassenen Stadt in Pennsylvania, wohin ich für eine Weile gezogen war, um dort zu unterrichten. Lange zuvor waren die Fabriken hier stillgelegt worden, die Stadt hatte sich nie davon erholt, und die Hälfte aller Läden stand leer. Es war schön, meine Mutter zu sehen – ich hatte sie vermisst –, und ich konnte sehen, dass sie ebenfalls froh war, mich zu sehen. Dennoch behandelten wir einander mit einer gewissen Vorsicht: Das Band zwischen uns war immer stark gewesen, aber gleichzeitig auch immer in Gefahr zu zerreißen. Bis die Worte meinen Mund verließen, hatte ich nicht gewusst, dass ich sie aussprechen würde. »Ich arbeite an einem Projekt«, sagte ich. Ich konnte mich nicht überwinden, das Wort »Buch« auszusprechen. »Ich werde darin auch über Jaqueline schreiben müssen.«

Ich erwartete, dass meine Mutter wütend werden würde. Ich hatte das Gefühl, ein Pflaster von einer Wunde zu reißen, die vielleicht, indem ich sie rechtzeitig wieder freilegte, die Möglichkeit hätte zu vernarben und zu heilen. Ich liebte sie, aber ich musste es tun. Ich liebte sie und musste es tun. Ich forderte sie heraus und forderte mich selbst heraus und brachte es hinter mich in der Hoffnung, dass später Zeit für die Heilung sein würde. Ich wappnete mich.

Aber sie war nicht wütend. Ihre Augen waren plötzlich voller Tränen. Sie begann zu sprechen. »Wenigstens«, sagte sie, aber die Tränen liefen über, und ihre Wangen wurden rot. Sie würgte und winkte mit der Hand vor ihrem Mund.

Dann ließ sie die Hand sinken. Sie schluckte. Nahm die Papierserviette vom Tisch auf, faltete sie und wischte sich über die Augen. Trank einen Schluck Wasser. Endlich war sie so weit. »Wenigstens wird es dann einen Beweis dafür geben, dass sie existiert hat.«

Die Frage, mit der Zeugen und Anwälte sich bei Rickys Verteidigung herumschlagen, ist: Wie ist seine Geschichte zu verstehen? Welche Version wird in die Akten eingehen und damit zur Tatsache werden? Der DNA-Experte, der gerade dabei war, seine Erklärung abzugeben, als der Richter die Verhandlung unterbrach, um Cole aus dem Saal bringen zu lassen, war der letzte Zeuge der Staatsanwaltschaft. Die Verteidigung eröffnet ihre Beweisaufnahme mit einem eigenen DNA-Experten, der bezeugt, dass das Schamhaar auf Jeremys Lippe nicht von Ricky stammt. Danach sagt Rickys Lehrerin aus der sechsten Klasse aus, dann einer der Freunde, der in jener Nacht unter den Sternen dabei war, in der Ricky sich selbst einweisen wollte. Seine Schwester Darlene weigert sich zu sagen, Rickys Kindheit habe ihm geschadet. Er sei geliebt worden, sagt sie. Sie alle seien geliebt worden.

Am nächsten Tag beschreibt ein Psychologe der Verteidigung all das, was Alcide zu Ricky zu sagen pflegte, wenn er wütend war. Dass Ricky wertlos sei. Dass er nicht normal sei. Dass Ricky Kinder missbraucht, sagt der Psychologe, könnte darauf hindeuten, dass er selbst missbraucht wurde. Die meisten Pädophilen seien selbst Opfer sexueller Übergriffe gewesen.

Das ist nicht wahr. Es wird oft behauptet, ist aber nicht wahr. Die meisten Pädophilen wurden, wie die meisten anderen Menschen auch, nicht missbraucht. Und es gibt keine Hinweise darauf, dass Menschen, die sexuellen Missbrauch erlebt haben, zu Pädophilen werden. Was zutrifft, ist, dass unter Pädophilen der Prozentsatz derer, die missbraucht wurden, höher ist als der Prozentsatz von Menschen allgemein, die Missbrauch erlebt haben – aber selbst hier ist der Unterschied nicht sehr groß. Ich will mich verzweifelt gegen solche Aussagen wehren – aber ich weiß auch, warum. Weil ich missbraucht wurde. Wie beschädigt und verdammt soll ich mich denn noch fühlen müssen? Die Worte meines Großvaters kommen mir wieder in den Sinn: »Als ich ein Kind war, hat man das Gleiche mit mir gemacht.«

»Ich weiß nicht, wie es Ihnen damit geht«, unterbricht Gray. »Der Doktor hier ist ein Experte für das Thema. Mir geht es während der Verhandlung noch gut, aber in dem Moment, in dem ich hier rausgehe, spüre ich diesen fünfhundert Pfund schweren Gorilla auf mir sitzen. Wenn Happy Hour ist, fühle ich ihn langsam leichter werden. Mit jedem Gin Tonic, den ich trinke, wird er fünfzig Kilo leichter. Meine Frau schließt einfach nur die Tür hinter sich und sagt: ›In Ordnung, Schatz, bis morgen dann.‹«

Ein Psychologe der Verteidigung behauptet, Ricky sei zum Zeitpunkt des Mordes im rechtlichen Sinne unzurechnungsfähig gewesen, sogar psychotisch; beim Kreuzverhör weist der Staatsanwalt darauf hin, dass er der einzige Experte ist, der das glaubt. Ein Arzt beschreibt Bessies Schwangerschaft, spricht ausführlich über den vielen Alkohol, die Medikamente und Röntgenaufnahmen. Aber es gibt keinen Beweis dafür, dass Ricky durch irgendetwas davon geschädigt wurde, sagt der Staatsanwalt. Das alles sind lediglich Risikofaktoren, nicht mehr, und es gibt keine Aufzeichnungen über Ricky unmittelbar nach seiner Geburt, nichts, was Aufschluss darüber gibt, ob er normal war oder nicht. Dann kommt Rickys ältere

Schwester Frances in den Zeugenstand. Aber auch sie beharrt darauf: Ricky wurde geliebt.

»Euer Ehren«, sagt Clive. »Die Verteidigung ruft Lorilei Guillory als Zeugin auf.«

Die Geschworenen müssen ziemlich verwirrt sein. Sie haben ihre Aussage bereits gehört. Sie haben Bilder von dem gesehen, was Ricky ihrem Sohn angetan hat. Ein Geschworener brach beim Betrachten dieser Bilder in Tränen aus. Lorilei hat für die Anklage ausgesagt. Bisher scheint sich die Verteidigung auf Rickys Vergangenheit zu konzentrieren. Warum rufen die Anwälte sie auf?

Clive fragt sie, ob sie noch etwas zu sagen habe.

Ja. »Obwohl ich den Todesschrei meines Kindes hören kann, höre ich auch Ricky Langleys Hilfeschrei.«

Lorilei sagte, sie habe Mitgefühl für Ricky entwickelt, weil sie sich mit Bessie identifizieren konnte. Sie könnte einer anderen Mutter nicht den Sohn wegnehmen.

Aber es war Rickys Geschichte, waren Rickys Worte, die diese Veränderung in ihr bewirkten. All diese Diskussionen darüber, ob er geliebt wurde. All diese Grabenkämpfe, wenn es um die Probleme geht, die er hatte. Sie selbst hat ihr ganzes Leben lang kämpfen müssen, ist ihr ganzes Leben auf sich allein gestellt gewesen, hat immer alleine ihren Weg finden müssen. Es muss eine unvorstellbare innere Stärke erfordern, das zu tun, was sie tat. Es muss eine unvorstellbare Entschlossenheit erfordern. Das ist der Moment, mit dem ich solche Probleme hatte, als ich darauf stieß. Der Moment, den Clive und andere als den beschreiben, in dem sie ihm vergeben habe, obwohl sie selbst sagte, nein, das habe sie nicht. Dieser Moment, der mir wie ein Verrat an ihrem Kind vorkam, während ich sie gleichzeitig dafür bewunderte. Obwohl sie dadurch zur Heldin wurde. Aber wenn ich mir jetzt anschaue, was sie hier tat, wenn ich mir ansehe, was sie sagte, mir ansehe, was sie wusste, beginne ich zu begreifen.

Hat sie sich selbst auch in Ricky gesehen?

36

An dem Morgen, nachdem ich meinen Großvater konfrontiert hatte, stand ich alleine im Haus meiner Eltern in der Küche. Das Licht des Frühsommers fiel durch das Fenster über der Spüle. Ich konnte die alte Reifenschaukel sehen, deren Seil mittlerweile ausgefranst und modrig war.

Das Telefon klingelte.

Ich hörte keine Worte, als ich abhob, nur sein mühsames Atmen. Er hatte das schon früher getan, bei uns zu Hause angerufen und nur geatmet, wenn er mich abnehmen hörte. »Hallo?«, sagte ich. »Hallo?« Ich war drauf und dran, wieder aufzulegen.

Aber diesmal sprach er. »Ich bin ein alter Mann«, sagte er. »Ich werde bald tot sein. Ich brauche deine Vergebung, um in den Himmel zu kommen. Wirst du mir vergeben?«

Ich erinnere mich an das Läuten des Telefons. Ich erinnere mich an das Licht, das durch das Küchenfenster fiel, und an den schwarzen Hörer aus Kunststoff, der glatt in meiner Hand lag. Ich erinnere mich an den Klang seiner Stimme, brüchig und schroff und alt, und daran, wie meine Haut kribbelte und mein Herz pochte, als ich sie hörte. Ich erinnere mich an seine Frage.

Ich habe keine Erinnerung daran, was ich ihm antwortete.

Was ich einst am Rechtswesen liebte, war die Tatsache, dass es keine Fragen unbeantwortet lässt. Es findet Antworten darauf. Im normalen Leben würden wir das, was Helen Palsgraf passierte, als sie auf den Zug wartete, um mit ihren Kindern ans Meer zu fahren, eine Verkettung unglücklicher Umstände nennen. Uns wäre klar, dass ein Umstand zum nächsten führte: der junge Mann, der spät dran war; der Bahnbeamte, der helfen wollte und ihn deshalb schubste;

das fallende Päckchen, die Explosion, die Gepäckwaage und zuletzt Mrs. Palsgraf, die die Bahngesellschaft verklagt. All diese Ereignisse, das wäre uns klar, waren miteinander verquickt – es gab nicht die eine Ursache, den einen Anfang. Jedes Mal, wenn wir die Geschichte erzählen würden, könnten wir sie anders erzählen. Wir könnten die Eile des jungen Mannes betonen, wenn es uns darum ginge, über Fahrlässigkeit zu sprechen, oder wir könnten betonen, dass die Explosion die Waage zum Umfallen brachte, wie um zu sagen: Man weiß nie, was passieren kann. Es gibt nicht nur eine Lesart.

Aber das Gesetz kann es nicht dabei belassen. Das Gesetz muss entscheiden, was die Geschichte bedeutet. Dafür ist ein Prozess da. Der tatsächliche Fall Palsgraf wurde sehr einfach entschieden: Das Gericht befand, dass die Bahngesellschaft nicht belangt werden konnte, da der Bahnbeamte nicht hatte ahnen können, dass in der Verpackung Feuerwerkskörper waren. Berühmt ist der Fall aber heute aus einem anderen Grund, und das ist es, was mich an ihm interessiert. Es gab abweichende Meinungen, nach denen die Bahn hätte belangt werden müssen, weil der Schubser Mrs. Palsgrafs Verletzung unmittelbar verursacht habe. Die Frage, um die es im Fall Palsgraf wirklich geht, sagte der Richter mit der widerstreitenden Rechtsauffassung, hatte nichts mit dem Wissen oder Nichtwissen über Feuerwerkskörper zu tun. Die entscheidende Frage ist, wo man die Ursache einer Kette von Ereignissen sieht. Sobald man das entschieden hat, hat man die Bedeutung der ganzen Geschichte festgelegt.

Palsgraf war ein Zivilprozess. Im Strafrecht existiert das Konzept der unmittelbaren Ursache nicht. Dem Strafrecht ist es egal, wo die Geschichte anfängt. Aber die Art, wie die Geschichte erzählt wird, entscheidet über das Urteil. Beginnt man Rickys Geschichte mit dem Mord, bedeutet sie das eine. Beginnt man sie mit dem Unfall, bedeutet sie etwas ganz anderes. Beginne ich mit dem, was mein Großvater mir und meiner Schwester angetan hat? Oder beginnt man mit seiner Kindheit und dem, was jemand ihm angetan hat?

Niemand kann für mich die Frage beantworten, wie ich über meinen Großvater denken soll. Aber zumindest in Rickys Fall hatte ich gehofft, dass die Geschworenen die Entscheidung für mich treffen würden.

Es wird vier Plädoyers geben. Weil die Hauptbeweislast beim Staat liegt, wird die Anklage an erster und an letzter Stelle zu Wort kommen. Wilson wird für die Staatsanwaltschaft sprechen, Mann ihr entgegnen. Dann Clive. Dann Killingsworth.

»Sie dürfen beginnen«, sagt Richter Gray zu Wilson.

Woraufhin, so steht es im Protokoll, Gray sich erhebt und den Gerichtssaal verlässt.

»Mit Verlaub, hohes Gericht«, beginnt Wilson. Im Saal erklingt verlegenes Gelächter. Das »Gericht« – der Richter – ist nicht anwesend.

Sie dankt den Geschworenen für ihre Aufmerksamkeit während des Prozesses. Es gibt eigentlich nur eine Frage, über die sie sich Gedanken machen müssen, erklärt sie: Konnte Ricky Langley, als er Jeremy Guillory tötete, Recht von Unrecht unterscheiden? Alle Indizien deuten darauf hin, sagt sie. Er begann mit der Einnahme von Psychopharmaka erst vor Prozessbeginn auf die Initiative eines Experten aus dem Team der Verteidigung hin. »Er ist niemals wegen psychotischer Episoden eingewiesen worden. Freunde bemerkten um den Tatzeitpunkt herum keine ungewöhnlichen Verhaltensweisen an ihm. Sie bemerkten nie irgendetwas Ungewöhnliches. Sie sahen jemanden, der ihnen normal erschien.« Die Vorstellung, dass Ricky psychotische Schübe gehabt habe und psychisch krank war, als er Jeremy tötete, ist nichts als eine Erfindung der Verteidigung für den Prozess. »Ich sage Ihnen ganz deutlich, es gibt Menschen, die Dinge tun, die schlicht und einfach entsetzlich sind, und sie wissen dabei ganz genau, dass sie entsetzlich sind, und trotzdem entscheiden sie sich in dem Moment dafür, diese Dinge zu tun. Ricky Langley ist einer dieser Menschen. Diese Leute sind nicht verrückt. Sie sind schlechte Menschen.«

Während Wilson sprach – wann genau, verrät das Protokoll nicht –, ist Gray an seinen Platz zurückgekehrt. Jetzt gibt Mann ihm ein Zeichen, dass sie bereit ist, ihr Plädoyer zu beginnen. »In Ordnung«, sagt Gray. »Ich bleibe bis nach ›Hohes Gericht‹.«

»Mit Verlaub, hohes Gericht«, beginnt Mann.

Und wieder verlässt Gray den Raum.

»Vom ersten Moment an bis heute ist niemals bestritten worden, dass Ricky Langley die Ursache für Jeremy Guillorys Tod war.« Aber worüber Mann sprechen will, erklärt sie den Geschworenen, ist die Beweislast. Sie erinnert sie daran, dass Clive und sie während des Voir Dire gefragt haben, was »jenseits allen vernünftigen Zweifels« für sie bedeute – und dass ihre Antwort gelautet habe: »Sehr hoch, vielleicht sogar neunundneunzig Prozent.« Diesen Wert müssen die Ankläger durch ihre Beweisführung erreichen, damit man von vorsätzlichem Mord sprechen kann. Sie müssen mit neunundneunzigprozentiger Sicherheit beweisen, dass ein klarer Tatvorsatz vorlag. Und das, sagt sie, können sie nicht.

Dass sie es nicht können, sei der einzige Grund, warum sie behaupten, Ricky habe Jeremy sexuell missbraucht. Weil sie keinen Beweis für einen Mordvorsatz haben, versuchen sie, die Geschworenen emotional zu beeinflussen. Aber achten Sie genau darauf, schärft sie den Geschworenen ein: Ricky ist ein Pädophiler, aber es gibt keinen Beweis, dass er sich tatsächlich in dieser Weise an Jeremy vergriffen hat. Ricky erzählte Lucky und anderen insgesamt elf Mal die Geschichte des Mordes, und nur einmal sagte er, er habe Jeremy missbraucht. (Sie meint die elf Mal, von denen die Geschworenen gehört haben. Sie erfahren nie davon, wie Ricky sich Jackson gegenüber gebrüstet hat oder wie er es in Georgia beschrieb. Die Geschichte wurde viel öfter als elf Mal erzählt. Sie wurde auf so viele unterschiedliche Arten erzählt.) Der einzige Umstand, der davon abgesehen auf Missbrauch hindeutet, war das Sperma auf der Rückseite von Jeremys T-Shirt – aber kann die Staatsanwaltschaft beweisen, dass es nicht von Rickys Bettzeug stammte?

Also sind wir wieder beim Vorsatz. Dafür, sagt sie, muss die Anklage beweisen, dass Ricky Jeremys Tod »aktiv gewünscht« hat. »Wie können wir entscheiden, ob ein Mensch vorsätzlich gehandelt hat? Wir können im entscheidenden Moment kein Foto seines Gehirns machen.« Wir können uns nur die Indizien anschauen, meint sie. Ricky sagt, er wisse nicht, warum er Jeremy getötet habe. Er versuchte nicht, die Leiche loszuwerden, wie er es vermutlich getan hätte, wenn er wirklich gewusst hätte, was er tat. Er war niemals in der Lage, für seine Handlungen einen vernünftigen Grund zu nennen. »Man kann wohl kaum von Vorsatz sprechen, wenn es kein Motiv gibt. Man fragt ihn: ›Warum haben Sie das getan?‹, und er antwortet: ›Ich weiß es nicht.‹ Hätte er Jeremys Tod aktiv gewollt, dann wüsste er, warum. Und verdammt noch mal, er hätte ihnen auch den Grund genannt.

»Die einzige Theorie, die die Staatsanwaltschaft hat, ist, dass er Jeremy umgebracht hat, um den sexuellen Übergriff zu verbergen. Es gab aber keinen sexuellen Missbrauch, folglich kann er Jeremy nicht getötet haben, um ihn zu vertuschen. Bitte«, drängt sie die Geschworenen, »benutzen Sie Ihren gesunden Menschenverstand. Dieser Mann hier ist nicht imstande, vorsätzlich zu handeln. Und sollte die Jury im Augenblick von Jeremys Tod einen klaren Tatvorsatz finden, dann nur, weil Ricky zu diesem Zeitpunkt Recht und Unrecht nicht unterscheiden konnte.«

Gray kommt lange genug zurück, um eine zehnminütige Pause anzuordnen. Dann ist Clive an der Reihe.

Er beginnt – und Richter Gray geht wieder hinaus.

Das Prozessprotokoll zu lesen ist ungeheuer frustrierend. Niemand thematisiert Grays eigenartiges Verhalten. Keiner der Anwälte kommt nach vorne, um sich zu beschweren. Ich vermute, das war nicht möglich, schließlich war niemand da, bei dem man sich hätte beschweren können; Gray war ja gegangen. Aber auch wenn er sich im Gerichtssaal befindet, geht niemand vor zur Richterbank und verlangt eine Beratung, bittet niemand um eine Erklärung, erinnert ihn niemand daran, dass er einem Kapitalprozess vorsitzt, fordert niemand, dass er an seinem Platz bleibt.

Und warum ist Gray nicht anwesend? Will er diese Geschichte einfach nicht noch einmal hören müssen? Er hat in den Tagen zuvor wieder und wieder zu Protokoll gegeben, dass er nicht will, dass das Urteil anfechtbar ist. Dass er es richtig machen will, damit dieser Prozess der letzte und endgültige ist. Deshalb hat er vier statt der üblichen zwei Ersatzleute für die Jury gewählt, und deshalb hat er dafür gesorgt, dass diese Ersatzleute an jedem Prozesstag anwesend waren und auch schon vereidigt wurden. Er vertagte die Verhandlung an dem Tag, an dem Ricky sich krank fühlte infolge der neuen Medikation durch den Experten von der Verteidigung. Er wartete bei Kleinigkeiten auf Entscheidungen einer höheren Instanz. Er handelte in einer Weise, die jeder als ausgesprochen umsichtig anerkennen muss.

Abgesehen von seinen Kommentaren. Abgesehen von den Scherzen. Abgesehen von den Momenten, in denen er sich, wie die Protokolle nahelegen, von seinen Emotionen leiten ließ. Ich betrachte ihn und denke an all die Jahre, in denen ich mich von dem viktorianischen Haus ferngehalten habe. All die Gelegenheiten, bei denen ich Rickys Namen vergaß, selbst wenn ich ihn gerade erst gelesen hatte. Daran, wie sehr mein Körper versuchte, mich von dieser Geschichte fernzuhalten. Gray wird nie wieder den Vorsitz in einem Todesstrafenprozess haben.

Aber warum protestiert keiner der Anwälte gegen seine Abwesenheit?

Zumindest auf diese Frage glaube ich die Antwort zu kennen: Die Anwälte wissen noch nicht, wie der Prozess ausgehen wird. Besser keinen Wirbel veranstalten, solange die Chance auf Erfolg besteht. Und dass er immer wieder fehlt, könnte in dieser Situation zum Schlupfloch für beide Seiten werden, das sie für eine Berufung nutzen können, sollte das Urteil nicht in ihrem Sinne ausfallen.

»Ich mache das jetzt seit achtzehn Jahren«, sagt Clive. »Das ist das Einzige, was ich in meinem Leben getan habe: in Kapitalprozessen vor den Geschworenen zu stehen. Und der Tag, an dem ich dabei nicht mehr fürchterlich nervös bin, ist der Tag, an dem ich das Ganze hinwerfen werde. Diese besondere Verantwortung macht mir Angst. Ich bin sicher, einige von Ihnen haben letzte Nacht nicht allzu gut geschlafen. Ich habe kaum ein Auge zugemacht, und ich hoffe, Sie werden mir verzeihen, wenn ich zwischendurch mal ziemlich emotional werden sollte.«

Er hat die Geschworenen aufgrund ihrer persönlichen Erfahrungen ausgewählt, erklärt er ihnen. Viele von ihnen haben Familienmitglieder oder geliebte Menschen mit psychischen Erkrankungen. Andere sind Krankenpfleger oder Lehrer. Wenn sie Ricky ansehen, dann möchte er, dass sie an die Menschen denken, die sie kennen, Menschen, die ebenfalls Schwierigkeiten haben.

So, wie Clive sich an seinen Vater erinnert. Sein Vater ist psychisch krank, erklärt er den Geschworenen. »Er hat sein Leben ruiniert, hat schreckliche Dinge getan, einige wirklich schreckliche Dinge.« Und doch, sagt Clive, »wäre es sehr schwer zu beweisen, dass mein Vater mir tatsächlich wehtun wollte, als er die Dinge tat, die er tat – weil er es nämlich nicht wollte. Also könnte man es unter keinen Umständen beweisen, vergessen Sie das auf keinen Fall, denn ohne aktiven Vorsatz« – bewiesen über jeden vernünftigen Zweifel hinaus – »können Sie Ricky nicht des vorsätzlichen Mordes schuldig sprechen.«

»Hier ist das arme Kind, Jeremy«, sagt Clive. Er zeigt den Geschworenen das Bild, das sie schon gesehen haben, das Bild von Jeremy in der Schule. »Und das ist Oscar Lee Langley.« Er zeigt ihnen das Porträt von Oscars Grab.

Halten wir hier einen Moment inne. Das ist genau die Strategie, mit der es Clive während des Seminars versucht hat: über seinen Vater zu reden. Lassen wir Clive die beiden Fotos einen langen Augenblick hochhalten, so wie er es für die Jury tut. Die Geschworenen werden niemals etwas über das Seminar erfahren – nichts darüber, wie entsetzt alle dort Anwesenden über Rickys Worte gewesen waren. Clive hat das im Vorfeld ausgeschlossen. Und dennoch sieht Clive in Ricky seinen Vater. Er kann nicht umhin, die Geschichte so zu erzählen. Was er mit seinem Vater tat, das sollen die Geschworenen ihm gedanklich nachtun und die Vergangenheit in die Gegenwart einschreiben. Das, sagt er, hat Ricky im Geiste getan. Das, weiß ich, habe ich getan, als ich Ricky erblickte und meinen Großvater sah. Auf den Bildern von Oscar im Jahr 1964 und von Jeremy im Jahr 1991 zeigen beide Jungen ein zahnlückiges Grinsen. Sie tragen kurzärmelige, karierte Hemden. Ihr glänzendes Haar wurde sorgfältig gekämmt von Bessie und Lorilei an zwei lange zurückliegenden Morgen. »Ist es Zufall oder ist es ein Beweis für Rickys psychische Erkrankung, wie ähnlich diese beiden Bilder sind?«

Wenn Lorilei Guillory sehen kann, dass Ricky Gnade verdient, sagt Clive, wie könnten die Geschworenen es dann nicht sehen? »Für wen halten wir denn diesen Prozess ab? Nicht für den Staat Louisiana, nicht für mich, sondern im Namen der Wahrheit. Hier geht es um die Wahrheit, um Wahrheit für den kleinen Jeremy Guillory. Wenn Lorilei es sehen kann, dann können wir das auch. Und Ricky ist nicht einfach böse, er ist psychisch krank wie mein Vater. Viel schlimmer erkrankt als mein Vater.«

Am Ende ist nun Killingsworth an der Reihe. Ein letztes Mal verlässt Gray den Saal.

»Nicht Mr. Smiths Vater ist in dieser Verhandlung der Angeklagte. Nicht eine psychische Erkrankung sitzt in dieser Verhandlung auf der Anklagebank. Und wenn jemand sich hier hinstellt und versucht, sechzehn Leute, sechzehn Bürger dieses Landes, von einer psychischen Krankheit zu überzeugen, die eigens für diesen Fall erfunden wurde, um Sie zu täuschen, dann beleidigt mich das. Wissen Sie, jeder kann herumsitzen und über den ach so armen, bedauernswerten Ricky Langley reden. Aber was ist mit dem armen, bedauernswerten Jeremy Guillory? Auf ihn müssen wir uns in Wahrheit konzentrieren, auf Jeremy Guillory, diesen kleinen Jungen, dem dieser Mann hier am 7. Februar 1992 das Leben genommen hat.

Pädophilie ist eine Krankheit. Ich werde Sie nicht zum Narren halten oder Ihnen weismachen, Pädophilie sei keine furchtbare, furchtbare Krankheit. Es ist eine. Aber Pädophilie beraubt eine Person nicht ihrer Fähigkeit, sich zwischen Recht und Unrecht zu entscheiden. Und genau darum geht es hier.« Ricky, sagt sie, hatte die Wahl von dem Moment an, in dem er Jeremy zum ersten Mal sah. Als ihm erstmals klar wurde, dass er Jeremy wollte. »Er wusste sehr wohl, dass er den falschen Weg gewählt hatte. Denn wenn er nicht gewusst hätte, dass seine Entscheidungen falsch waren, warum in aller Welt hätte er dann einen inneren Konflikt austragen müssen?« Er verging sich an Jeremy. Ja, richtig, gibt sie zu, sie können nicht ganz genau beweisen, wann es passierte, aber es geschah. Die Spermaspuren auf der Rückseite von Jeremys T-Shirt – selbst wenn das Sperma über das Bettzeug auf das Shirt gekommen sein sollte, müssten die Flecken dafür noch feucht gewesen sein. »Nutzen Sie Ihren gesunden Menschenverstand. Was ist die logische Schlussfolgerung?«

Auf seinem Platz beginnt Ricky zu zittern und vor sich hin zu murmeln.

»Die logische Schlussfolgerung ist genau das, was Sie jetzt denken. Er muss mit diesem Kind ejakuliert haben.«

Wilson, Clive und ein Ermittler eilen an Rickys Seite und versuchen, ihn zu beruhigen.

»Wenn das kein Missbrauch ist, was dann?«

»Was ist los mit ihm?« Gray ist genau in dem Moment in den Saal zurückgekehrt, in dem Ricky, der jetzt am ganzen Körper zittert, anfängt zu schreien.

»Ricky kommt damit unglücklicherweise nicht klar, das ist los«, sagt Clive.

Von all den Dingen, die Ricky während dieses Prozesses gehört hat, ist es das, was ihm zuletzt die Fassung raubt: das Sperma. Der Beweis dafür, wer er ist.

37

Nachdem Killingsworth mit ihrem Plädoyer fertig ist, endet die Verhandlung.

Die Geschworenen hören niemals von Rickys vorherigen Verurteilungen, wie es beim ersten Prozess der Fall war. Sie erfahren nie von dem Tagebuch, in dem er beschreibt, wie er Kinder mit in die Wälder nimmt. Handelt es sich bei diesen Geschichten um Träume oder um Erinnerungen? Sie hören nie etwas über die Kurse, die er im Gefängnis in Georgia besuchte; über seine Versuche, Religion zu verstehen und mit seinem Leben in Übereinstimmung zu bringen; erfahren nie, dass zwei Sozialarbeiterinnen von dem Programm für Sexualstraftäter die Frau, die zu ihnen kam, um sie zu interviewen, zurückhielten und mit zögernden, leicht nervösen Stimmen baten: »Grüßen Sie Ricky von uns. Er hat unsere Herzen berührt, dieser Junge.« Die Geschworenen hören nie davon, dass es Ricky selbst war, der sich darum bemühte, in das Therapieprogramm für Sexualstraftäter aufgenommen zu werden, dass er immer wieder darum bat, bis er schließlich teilnehmen durfte. Sie erfahren nie, dass er in jenen Jahren darum bat, dass man ihn niemals aus dem Gefängnis herauslassen sollte.

Sie hören nie, dass er sich, nachdem er freigekommen war und Jeremy getötet hatte, Jackson gegenüber in der Gefängniszelle mit seiner Tat brüstete. Sie erfahren nie, dass er erklärte, es habe ihm Spaß gemacht, Jeremy zu töten. Und weil sie nie etwas von dem Seminar hören, das Clive abhielt, wissen sie auch nichts von Rickys Theorie über die drei Arten von Pädophilen. Sie hören ihn niemals sagen, dass Jeremy seine wahre Liebe gewesen sei. So vieles ist ausgeschlossen worden und verschwindet beinahe spurlos in staubigen Pappschachteln in Archivräumen, die nie die Sonne sehen. Das alles wird zur dreißigtausend Seiten starken, versteckten Erzählung dieses Falles, zu seinem Schattennarrativ.

Und so vieles bleibt ungeklärt. Nachdem die Anwälte Pearl Lawson gefunden und dazu bewegt haben, für den Prozess zurückzukommen, fragten sie sie niemals danach, wo ihr Ehemann und ihr Sohn seien. Niemand fragte sie, warum sie, wo doch ein Kind tot in ihrem Haus gefunden wurde und dieses Kind der beste Freund ihres Sohnes war, im Zeugenstand so einsilbig war. Wessen Schamhaar auf Jeremys Lippen lag, wird nie geklärt. Was in diesem Haus passiert ist, werden wir niemals wissen.

Richter Gray schickt die Geschworenen in die Beratung. Nach dreieinhalb Stunden kehren sie zurück. Lorilei ist nicht mehr anwesend. »Wir, die Geschworenen, befinden den Angeklagten Ricky Langley des Totschlags für schuldig.«

Die Todesstrafe wird nur für vorsätzlichen Mord verhängt. Ricky erhält lebenslänglich.

Aber Clive geht in die Berufung. Nicht die Anklage, die doch noch die Todesstrafe erreichen will, sondern Clive. Er will, dass Ricky wegen Unzulässigkeit für nicht schuldig befunden wird. Indem er auf Grays Abwesenheiten im Gerichtssaal verweist, erwirkt er einen weiteren Prozess. Wieder beantragen die Ankläger die Todesstrafe, aber eine höhere Instanz legt fest, dass sie ihn nur des Totschlags anklagen dürfen, weil er mit diesem Urteil bereits dem Mordurteil und der Todesstrafe entgangen ist. Der Prozess findet vor einem Richter, nicht vor einer Geschworenenriege statt. Lorilei sagt nicht aus. Wieder wird Ricky des Totschlags für schuldig befunden und zu einer lebenslänglichen Haftstrafe verurteilt. Er wird nicht für unzurechnungsfähig erklärt.

Aber nichts davon hat mich bewogen, nach Iowa zu kommen. Nichts davon ließ mich die Berichte über Rickys Leben suchen und den Versuch unternehmen, zu begreifen, was mich mein eigenes Leben in diese Geschichte hineinlesen ließ. Vielmehr ist es das, was der Vorsitzende der Geschworenen, der Lehrer einer achten Klasse, nach dem Prozess 2003 sagte. Nach dem Urteil.

Seit dem Moment, in dem ich Rickys Geständnis sah und plötzlich den Wunsch fühlte, dass dieser Mann sterben sollte, hatte ich immer geglaubt, es seien Lorileis Worte gewesen, die die Geschworenen dazu gebracht hätten, Rickys Leben zu schonen. So haben die Medien es erzählt: Rickys Geschichte ist die Geschichte einer Mutter und ihrer Kraft zur Vergebung.

Aber die Wahrheit ist komplizierter, wie mir durch die Unterlagen klar wurde: Sie vergibt ihm nicht, aber sie will auch nicht, dass er stirbt.

Aber es ist sogar noch komplexer. Denn als er über ihre Entscheidung spricht, erwähnt der Sprecher der Geschworenen Lorilei überhaupt nicht. Stattdessen sagt er: »Sobald ich ihn sah, wusste ich, dass ich nicht zulassen würde, dass dieser Junge umgebracht wird.«

»Dieser Junge« – Ricky. »Sobald ich ihn sah« – das war während des Voir Dire, bei dem Ricky anwesend war. Das heißt, noch bevor der Prozess begonnen hatte. Vor den Beweisen, vor den Zeugen, vor den Tatsachen und auch vor den Geschichten, die die Anwälte spannen. Bevor der Sprecher Lorilei überhaupt irgendetwas hatte sagen hören.

Der Schwager des Sprechers der Geschworenen war schizophren. Er war lange vor dem Prozess gestorben, hatte aber viele Jahre bei dem Geschworenen und seiner Frau gelebt. Sie kümmerten sich um ihn, und der Sprecher der Geschworenen sah, wie sehr er zu kämpfen hatte. Er sah den Schmerz, den dieser Kampf bei seiner Frau verursachte. Er sah Ricky an. Er sah seinen Schwager.

Ein paar Wochen, nachdem ich mir die Bilder von Jeremy angeschaut habe, kehre ich nach Louisiana zurück, weil die Archivmitarbeiterin vermisste Aktenkisten wiedergefunden hat. Jeden Tag durchforste ich weitere Schriften, suche nach Antworten. Jeden Abend fahre ich mit dem Auto herum. Ich rede mir ein, dass ich herumfahre, um die Landschaft zu sehen: wie die Straße flach und von der Sonne ausgebleicht daliegt, wie die Bäume sich in smaragdgrüner Üppigkeit ausbreiten. Aber in Wirklichkeit weiß ich sehr wohl, dass ich nach dem Haus suche.

Drei Stunden, bevor mein Flug zurück nach Massachusetts geht, und obwohl der Flughafen zwei Autostunden entfernt ist, fahre ich noch immer suchend auf der Ardoin Road in Iowa hin und her. Das Haus ist nicht da. Ich weiß das. Ich bin gestern auf dieser Straße gefahren und am Tag zuvor. Es ist nicht hier, und doch gibt es keinen anderen Ort, der Sinn ergibt. Ich muss los. Aber wegzufahren würde bedeuten, dass ich mich damit abfinde, das Haus nie zu finden. Dass die Geschichte in mir immer unvollständig bleiben wird.

Ich parke mein Auto am Straßenrand, steige aus und beginne, Fotos von den Bäumen zu machen, weil ich nicht weiß, was ich sonst tun soll. Weil ich so wenigstens einen Beweis haben werde, dass ich hier war. Es ist ein ungewöhnlich klarer Tag für diese Jahreszeit, keine Wolken, die mit Regen drohen, nur der helle blaue Himmel und grünes Gras, das sich meilenweit ausbreitet. Die Straße ist menschenleer. Die Felder sind ebenfalls verlassen. Nicht ein Auto ist zu sehen, kein Mensch in Sicht. Kein Vogel am Himmel. Vor mir abgedeckte Felder; hinter mir eine dichte Mauer aus Bäumen, die eine Schlucht begrenzen und den Horizont verschlucken. Ich hebe die Kamera vor meine Augen und rahme mein Bild ein: die Straße, die sich über die ganze Länge des Bildes zieht, die Felder, die sich dahinter ausbreiten wie eine Erinnerung. Vielleicht war es mir nie bestimmt, das Haus zu finden.

Und dann muss ich lachen, ich kann nicht anders. Denn in der rechten Ecke des Kamerarahmens, an einem Punkt, an dem ich mindestens zweimal vorbeigefahren bin, befindet sich die Abzweigung zu einer unbefestigten Straße. Sie ist exakt dort, wo sie sein sollte, ganz genau an der Stelle, wo sie auf dem Luftbild zu sehen ist. Sie befindet sich direkt neben der Ardoin Lane, was bedeutet, dass ich bei meinem letzten Besuch wenige Meter davon entfernt gestanden haben muss, ohne sie zu bemerken. Etwas in meinem Körper hinderte mich bis zu diesem Augenblick daran, sie zu erkennen.

Auf der rechten Straßenseite steht ein einstöckiges Ziegelhaus, in dessen Garten ein lilafarbenes Windrad aus Plastik steckt. Auf der linken Seite liegt ein Fertighaus auf unbearbeiteten Holzstämmen, daneben parkt ein Kleinlaster. Holz und Baumaterial füllen die Ladefläche des Wagens, aber niemand sitzt hinter dem Steuer, und die Fenster beider Häuser sind unbeleuchtet. Etwas weiter die Straße entlang, unmittelbar, bevor sie sich in einem Wäldchen verliert, steht links noch ein Haus.

Aber das ist alles; mehr ist da nicht. Keine anderen Häuser, nur Gras und dahinter die dunkle Masse der Bäume. Das andere Grundstück ist unbebaut.

Ich parke mein Auto neben dem Kleinlaster. Das hohe Gras kitzelt meine Beine. Ich laufe ungeniert durch die fremden Gärten hin zu dem leeren Grundstück, wo nur ein kleiner Schuppen steht. Befand sich darin einst die Waschmaschine vor dem Haus der Lawsons, wo Ricky spät am Abend, nachdem er Jeremy getötet hatte, eine Ladung Bettlaken wusch?

Direkt dahinter fällt die Welt ab. Die Schlucht, in der Jeremy gerne spielte, wo er sein Luftgewehr hinstellte, während er bäuchlings auf dem weichen Grund lag. Die Schlucht, in der die Polizei die Bagger anrücken ließ, als er vermisst wurde. Sie ist tiefer, als ich erwartet hatte, ein steiler, jäher Abhang von guten drei Metern hinab in dichtes Gebüsch und dunklen Schlamm. Ein Ort, an dem es vorstellbar war, dass ein Kind dort umgekommen sein könnte, und an den man die Sucher mit ihren Kopflampen und die Hunde mit ihren Nasen und die schwirrenden Helikopter mit ihren Kameras schicken sollte, während zur selben Zeit seine Leiche fünf Meter entfernt in einem weißen Haus ruhte, eingewickelt in Decken mit Motiven von Tweety Bird und Dick Tracy.

Fünf Meter. Ich wende mich um und gehe zu dem Platz hinüber, der nur noch ein Flecken Wiese ist. Die Luft ist still und klar und duftet süß nach Gras.

Diese ganze Zeit, diese lange Suche. Zu guter Letzt habe ich den Tatort gefunden.

Und er ist nicht mehr da.

38

Als ich wieder daheim in Boston ankomme, steige ich die Treppen zu meiner Wohnung hinauf, öffne die Tür und gehe in die Hocke, um den Kater zu kraulen, der auf mich zuläuft, um mich zu begrüßen. Ich schiebe die Post, die meine Katzensitterin auf den Boden gelegt hat, beiseite, hänge meinen Schlüssel ans Schlüsselbrett und trete über die Schwelle.

Dann sehe ich sie. Drei weiße Kartons, jeder zehn Zentimeter hoch, stapeln sich auf meinem Bett. Die Bilder.

Ich schleppe sie weg. Ehe ich irgendetwas anderes tue, schleppe ich sie weg. Jeder davon wiegt so viel wie ein Kind.

Am nächsten Morgen bewaffne ich mich mit einem Becher Kaffee, setze mich an den Schreibtisch und öffne sie. In den Kisten befinden sich die Seiten, die ich markiert hatte. Zuerst die Luftbilder von dem Haus. Der Wald, an dessen Saum ich gestern erst stand, die schmale Straße, die ich jetzt erkenne. Dann das einzige existierende Foto von Bessie in ihrem Ganzkörpergips. Sie ist nichts als ein blasses Gesicht in einem Meer von Weiß: weiße Krankenhauslaken, ein weißes Nachthemd, das über den weißen Gips gezogen ist. Sie sieht ängstlich aus, oder vielleicht auch nur erschöpft. Um sie herum haben sich ihre Mädchen in ihren besten Sonntagskleidern aufs Bett geworfen. Nur Judy, die Jüngste, wirkt entspannt. Darlene und Francis, ihren älteren Schwestern, merkt man die Anspannung an ihren Schultern an, daran, wie sie sich ein wenig von ihrer Mutter fernhalten, als wollten sie diese neue Wirklichkeit auf Abstand halten.

Aber Judy? Sie ist auf dem Bett bei ihrer Mama, an die sie sich kaum anders erinnern kann. Ihre Mama hat schon immer so dagelegen. Ihre Mama ist schon immer so still gewesen. Es ist nicht schwer für sie, um den Gips zu fassen und sie zu umarmen. Das nächste Bild zeigt nur den Gips vor einem schwarzen Hintergrund, ein weißer Kokon, der den Umriss eines Geistes oder einer Heimsuchung hat.

Dann Jeremy.

Er schläft. So sieht es auf dem ersten Foto aus. Ich kann nicht umhin, es als Schlaf bezeichnen, und gleichzeitig kann ich es nicht so stehen lassen. Der Blitz der Kamera erhellt sein blondes Haar, erhellte es vor langer Zeit. Seine Augen sind geschlossen, die Wimpern dicht. Er hat eine Stupsnase wie eine Babypuppe.

Für das nächste Foto ist die Kamera nach unten gewandert. Aus seinem Mund kommt eine weiße Socke mit Streifen heraus, deren Sohle schmutzig ist. Jeremy sieht auf diesem Bild nicht tot aus, noch immer könnte er lediglich schlafen. Seine Haut ist noch fest, sein Mund der geschwungene Bogen eines Kindes.

Es ist der Strumpf, der schlaff aussieht, leblos. Der Strumpf bedeutet, dass Jeremy tot ist.

Die Schnur um seinen Hals wurde für das nächste Foto entfernt. Ein Lineal, ein schrecklich banales hölzernes Schullineal, wird an die Furche in Jeremys Kehle gedrückt, um die Ausmaße der Wunden zu messen. Um die Würgemale herum blühen schwarze Flecken. Dieses Wort, dieses Wort, das mich jetzt heimsucht: Petechien.

Ich atme tief durch. Halte meinen Stift in Bewegung. Ich versuche, jedes Bild zu beschreiben. Durch das offene Fenster höre ich die Musik eines Autoradios. Eine Frau lacht unten auf der Straße. Wann immer ich mit einem Bild fertig bin, nehme ich mir das nächste vor. Ich versuche, nichts dabei zu fühlen. Ich dokumentiere nur.

Es ist das Gewehr, das mir den Rest gibt. Jeremys Luftgewehr. Das Foto zeigt die geöffnete Schranktür. Im Schrank ein Berg von Decken. Ich kann ihn nicht direkt ansehen – ich weiß, dass das hier in Wahrheit ein Bild von Jeremys Leiche ist, nicht von Decken –, und so konzentriere ich mich auf eine kleine dunkle Form auf dem verschwommenen Bild. Der Umriss ist der eines senkrechten Bolzens. Ich kann nicht erkennen, worum es sich handelt.

Dann: Ein Gewehrlauf, der dort herausschaut, wo Ricky ihn eingekeilt hat. Mein eigener Aufschrei überrascht mich. Mein Schluchzen.

Ich habe mich vor so vielen Jahren in das Rechtswesen verliebt, weil dort, indem eine Geschichte gesponnen wird, eine klare Abfolge von Ereignissen, ein Anfang gefunden wird, und mit dem Anfang eine Ursache. Aber was ich damals nicht begriff, war, dass das Recht ebenso wenig den Anfang findet, wie es die Wahrheit aufdeckt. Es erschafft eine Geschichte. Diese Geschichte hat einen Beginn. Diese Geschichte vereinfacht die Dinge, und wir nennen es Wahrheit.

Helen Palsgraf machte mit ihren Kindern einen Ausflug ans Meer, als ihr Leben sich für immer veränderte und zu einem Gleichnis dafür wurde, wo Geschichten ihren Anfang finden. Aber da ist noch etwas an diesem Fall, etwas, das ich erst Jahre, nachdem ich mich vom Rechtswesen abgewandt hatte, herausfand: Niemand weiß, ob sie tatsächlich verletzt wurde. Sie behauptete, sie habe psychische Schäden davongetragen; Beweise scheint es nicht gegeben zu haben. Die Richter sagten, sie hätten einfach angenommen, dass sie verletzt worden war, um dann zu der interessanteren rechtlichen Frage überzugehen.

Aber das ist nur eine historische Fußnote. Wenn man sich die Inszenierungen dieser Szene im Jurastudium ansieht, wo die Gepäckwaage Helen begräbt, oder die Illustrationen im Netz, die als Bildmaterial in Seminaren benutzt werden, käme man nie auf diesen Gedanken. Was auch immer in der Vergangenheit wirklich geschah, die Geschichte hat es überschrieben. Die Geschichte wurde zur Wahrheit. Ich bin zu dem Schluss gekommen, dass das, was man sieht, wenn es um Rickys Mord an Jeremy geht, ebenso sehr davon abhängt, wer man selbst ist und was man erlebt hat, wie von dem, was er verbrochen hat. Aber das rechtliche Narrativ blendet diesen Schritt aus. Es löscht aus, wodurch es zu dem geworden ist, was es ist.

Jahrelang glaubte ich, die Lehre aus dem Urteil der Geschworenen sei, dass sie sich nicht mit der Frage konfrontiert sehen wollten, ob Ricky leben oder sterben sollte. Eine Verurteilung wegen vorsätzlichen Mordes hätte bedeutet, dass der Teil des Prozesses begonnen hätte, in dem die Todesstrafe zur Debatte stand. Dann hätten sie sich der Frage, was mit ihm passieren sollte, direkt stellen müssen. Mit einer Verurteilung wegen Totschlags konnten sie dem Dilemma entgehen. Ricky würde automatisch lebenslänglich bekommen.

Es war die einzige Möglichkeit, wie ich mir die Sache erklären konnte. Sonst wäre das Urteil unsinnig gewesen. Jeremy war jünger als zwölf gewesen. Dass Ricky ihn getötet hatte, stand außer Zweifel. Wenn die Geschworenen also zu dem Ergebnis gekommen wären, dass er Jeremy töten wollte, hätten sie auf vorsätzlichen Mord befinden müssen. Ihnen war erklärt worden, dass, gemäß den Gesetzen von Louisiana, Ricky dann vorsätzlich gehandelt hatte, wenn er die logischen Konsequenzen seiner Handlung verstehen konnte. Der einzige Grund, warum jemandem nicht klar sein konnte, dass das Würgen eines Kindes, dass eine Angelschnur, die man fest um seinen Hals schlang, das Kind töten würde, der einzige Grund, warum man diesem Kind einen Strumpf in den Mund stopfen und ihm die Nase zuhalten konnte – nun, ich dachte mir, der einzige Grund, warum jemand nicht verstehen sollte, dass der Tod die anzunehmende Folge von all dem sein würde, wäre Unzurechnungsfähigkeit im rechtlichen Sinne. Und die Geschworenen hatten diese Erklärung abgelehnt.

Das Urteil war rechtlich gesehen widersprüchlich.

Und so glaubte ich, die Geschworenen hätten sich, als sie sich mit der Frage konfrontiert sahen, ob Ricky leben oder sterben sollte, dieser Entscheidung einfach verweigert. Aber mir ist bewusst geworden, dass ich mittlerweile versuche, der Tatsache Raum zu geben, dass all diese Geschehnisse eben nicht ordentlich und widerspruchsfrei sind. Lorilei vergab Ricky nicht, und doch wollte sie nicht, dass er starb. Mein Großvater tat all das, was er tat, und doch war er mein Großvater. Das Rechtswesen, in dem jede Seite gnadenlos genau einer Geschichte folgt, hat noch nie gewusst, was es mit diesen komplizierten Zwischenorten anfangen soll. Aber das Leben ist voll von ihnen.

Heute sehe ich das Urteil der Jury in einem anderen Licht. Auch wenn es rechtlich gesehen nicht kohärent ist, fällt mir jetzt die elegante, menschliche Schönheit darin auf. Das Urteil bringt zum Ausdruck, was im Rechtswesen nicht wahr sein kann, was nur im Leben wahr sein kann: dass Ricky für seine Tat verantwortlich ist und es gleichzeitig nicht ist. Die Gesetze, mit denen die Geschworenen arbeiten mussten, ließen keinen Spielraum für diesen Mittelweg. Sie erschufen ihn, öffneten im Gesetz einen Raum und erfanden eine Kategorie, die gar nicht existiert.

Ricky.

39

Ich unternehme die Fahrt zum Haus meiner Eltern an einem frühen Nachmittag im August, als sie fort sind, auf Nantucket. Nur die beiden Hunde meiner Eltern, große Promenadenmischungen, die sie aufgenommen haben, als ich im College war, sind zu Hause. Meine Freundin Janna hat mich begleitet, und als wir beide an der Tür anlangen, kommen die Hunde langsam auf uns zu. Es sind mächtige Geschöpfe, deren Köpfe fast meine Hüften erreichen und deren langes Fell langsam seine Farbe verliert. Früher hatten sie kräftige, muskelbepackte Brustkörbe, aber jetzt ist der eine blind und taub und der andere so geplagt von Tumoren, dass seine Haut sich wellt und aussieht wie ein Sack voller Äpfel. Sie sind Sinnbilder für das Alter und den Lauf der Zeit, und als ich sie umarme, kann ich fühlen, wie sie früher als Welpen herumzappelten. Sie schlecken mir in ihrer unkomplizierten, willkommenen Liebe Gesicht und Arme ab. Ich blicke strahlend zu Janna auf. »Sag hallo zu den Jungs«, sage ich. Was an meiner Beziehung zu meinem Elternhaus so schwierig ist, ist, dass sie niemals unkompliziert war. Da war immer Schmerz. Da war immer Liebe.

Während Janna es sich in der Küche bequem macht, um zu lesen, mache ich mich rasch an die Arbeit. Der weiße Aktenschrank aus Aluminium, den meine Mutter hatte, als wir Kinder waren, und der mich an Bessies Koffer erinnert – oder erinnert mich Bessies Koffer an ihn? –, befindet sich noch immer in dem lang gezogenen Kinderzimmer, in dem wir früher spielten. Ich habe das Gesicht meines Großvaters nicht mehr gesehen, seit er starb, ich habe keine Fotos von ihm, und die Bilder müssen hier drinnen sein.

Stattdessen finde ich Bilder von meiner Familie. Als meine Mutter schwanger war, war ihr Haar in der Mitte gescheitelt und zu zwei Zöpfen geflochten, so ganz anders als ihre spätere, mit viel Haarspray gestylte Frisur, die ich mein ganzes Leben lang gesehen habe. Sie trägt ein grünes T-Shirt, ihr Haar mit dem Mittelscheitel ist aus dem Gesicht gekämmt, und sie hat Sommersprossen auf der Nase. Meine Mutter als junge Frau ist mir so fremd wie Bessie, ebenso unbegreiflich, sodass ich mir eine Vorstellung von ihr machen muss. Wie sie uns zur Welt bringt, kann ich mir nur auf der Basis dessen vorstellen, wie sie mir die Geschichte erzählt hat. Die Ärzte, die fürchten, dass sie keine Narkose verträgt, haben sie für den Kaiserschnitt wachgehalten und ihr intravenös Gärungsalkohol verabreicht. Von der Hüfte abwärts ist sie in ein blaues Tuch gehüllt, sie kann nicht sehen, was vor sich geht, aber trunken, wie sie ist, singt sie, als die Ärzte erst meinen Bruder, dann Jaqueline, dann mich aus ihr herausholen. Sie singt uns in die Welt. Ihre Stimme ist frei, sie singt aus voller Kehle. Wir sind Unbekannte; wir sind so winzig; wir sind noch nichts als ein Anfang. Es gibt noch niemanden, für den sie sich zurückhalten müsste. Niemanden, für dessen Erinnerungen sie die Geschichte sorgfältig arrangieren muss. Die Szene ist für mich nicht mehr oder weniger wirklich als Rickys vermeintliche Erinnerung daran, wie Alcide Oscars Kopf im Schoß hält und am Straßenrand für ihn singt.

Ich finde das Formular, das ich als Kind entdeckt hatte, auf dem Jaquelines Augen als blau vermerkt sind. Dann – ein leuchtend gelbes, in der Mitte gefaltetes Blatt – meine verschollene Geburtsanzeige. »Hurra, hurra, die ganze Bande ist da!« Unsere drei Namen sind aufgelistet »in der Reihenfolge ihres Erscheinens zwischen 8.03 und 8.06 Uhr«. Wie erschöpft meine Eltern gewesen sein müssen, und wie schwer ihnen ums Herz gewesen sein muss, als sie mit mir und Andy zu Hause waren, unsere Fläschchen in Aluminiumtöpfen auf dem Herd auskochten und versuchten, sich nicht zu fürchten, wenn das Krankenhaus mit Neuigkeiten über Jaqueline anrief. Ich finde ein Bild von meinem Vater, der braun gebrannt und lächelnd am Strand steht – und denke daran, wie er am Flughafen das Notfalltelefon in der Hand hält. Ich denke an Alcide, der mit seinem Kaffee in der Lkw-Raststation sitzt, dann aufsteht und im Hinausgehen das zerknitterte Immobilienangebot zurücklässt. Es wird lange dauern, bis er seine Frau wieder zurückbekommt. Wenn er sie zurückbekommt.

Auf einem anderen Foto sitzen wir alle um den Esszimmertisch in Nantucket herum, unsere Wangen sonnenverbrannt, mit feuchten Haaren. Mein Großvater ist nicht dabei – ich bin auf dem Bild zu alt, als dass es einer der Sommer sein könnte, in denen unsere Großeltern uns begleiteten. Aber während ich die Fremden ansehe, die meine Eltern sind, kann ich nicht anders, als sie mir in einer anderen Nacht in Nantucket im Bett liegend vorzustellen, in der Nacht, nachdem sie gerade erfahren hatten, was mein Großvater getan hatte. Sie haben uns am Ende eines langen, beängstigenden Tages zu Bett gebracht und die Bettdecken über uns gebreitet. Es ist Sommer, aber die Seeluft der Ostküste ist kühl geworden, und jetzt finden meine Eltern einander unter ihrer Decke. Sie lauschen auf ein Geräusch von meinem Großvater, der am anderen Ende des Flurs mit meiner Großmutter zu Bett gegangen ist. Sie horchen, um sicherzugehen, dass er während der Nacht nicht wieder aufsteht. Aber die Stille ist ungebrochen, und sie werden ruhiger. Der Körper meines Vaters ist warm, und meine Mutter schmiegt sich an seine Brust, lauscht dem Geräusch seines Atems und seinem Herzschlag. Sie haben so viele Jahre durchgehalten. Sie werden noch jahrelang durchhalten. Alles ist verändert – alles ist gleich geblieben.

Vor ihrer Schlafzimmertür hockt das Geheimnis, wartet wie ein Geist, bis die Nacht zu Ende ist.

Ich finde Liebesbriefe meiner Eltern und Briefe voller Streit, Erinnerungen daran, dass wir einander alle ein Rätsel sind. Einmal war ich mit meiner Mutter alleine im Auto unterwegs; sie saß am Steuer, und unsere Unterhaltung wandte sich diesem Haus zu. Sie wollte ausziehen, sagte sie, aber die finanzielle Situation sei schwierig gewesen in all diesen schwarzen, wütenden Jahren meines Vaters. Das Haus war renovierungsbedürftig geworden; nur Baufirmen zeigten überhaupt Interesse daran. »Natürlich würden sie es bloß abreißen.«

Ein Augenblick verging, eine kleine Verwerfung, wie ein Schluckauf im Lauf der Zeit, ehe ich sprach. Ein Moment, den ich nur am Rande wahrnahm, in dem ich die Entscheidung traf, nicht stumm zu bleiben. Ich war nie sehr gut darin, nichts zu sagen, nur um ihre Gefühle zu schonen.

»Meine Therapeutin sagt«, begann ich, merkte aber, dass mir die Worte ausgingen. Selbst das Wort »Therapeutin« auszusprechen ist ein Risiko in meiner Familie. Ich versuchte es noch einmal. »Meine Therapeutin sagt, wenn dieses Haus jemals abgerissen wird, sollte ich den Bagger fahren.«

Sie stellte den Motor ab. Wohin auch immer wir unterwegs waren, wir waren am Ziel, aber keine von uns rührte sich. Die Atmosphäre im Auto war plötzlich schwer, voll und zäh von unserem Schweigen. Als meine Mutter sprach, kamen die Worte langsam. »Nein, ich werde im Bagger sitzen.«

Keine Geschichte ist einfach. Keine Geschichte ist je zu Ende.

Nachdem ich zwei Stunden mit Suchen verbracht habe, ist es beinahe Zeit für Janna und mich, wieder aufzubrechen. Wir müssen den Zug erwischen. Aber ich kann kein Bild von meinem Großvater finden. Hunderte von Fotos befinden sich in dem Schränkchen, aber nicht eines davon zeigt ihn. Immer will ich glauben, dass es meinen Eltern wirklich nichts ausgemacht hat, als sie mir sagten, dass die Sache sie nicht quälte. Immer will ich die Vergangenheit und meine Wut beim Wort nehmen.

Aber irgendwer ist an diesem Schrank gewesen. Hier sind Bilder von allen meinen Cousins und Cousinen, von jeder Tante und jedem Onkel, von meinen beiden Großmüttern. Von Verwandten, die gestorben sind, bevor ich geboren wurde, und sogar einige Bilder, die auf der Feier zum fünfzigsten Hochzeitstag meiner Großeltern entstanden, auf denen ich Geschwister meines Großvaters erkenne. Irgendjemand hat alle Bilder von ihm entfernt. Nicht, um sie dem öffentlichen Blick zu entziehen – die Inhalte dieses Schrankes sind ja schon versteckt. Sondern um ihn selbst hier, in diesem verborgenen Teil der Geschichte, auszumerzen. Und während ich diese ganzen Fotos anschaue, wird mir klar, dass diese Säuberungsaktion wohl nicht unmittelbar, nachdem meine Eltern von dem Missbrauch erfahren hatten, stattfand. Die Person, wer immer es war, tat das erst später. Nachdem ihr bewusst geworden war, wie groß die Verletzung war.

Janna erscheint im Türrahmen. Wir werden den Zug verpassen, wenn wir uns nicht beeilen.

»Noch fünf Minuten«, sage ich.

Dann fällt es mir ein. Das Hochzeitsalbum meiner Eltern. Sie bewahren es im Wohnzimmer auf, in einem Bücherregal gegenüber dem neuen Sofa, das an derselben Stelle steht wie das Sofa, auf dem ich als krankes Kind zu liegen pflegte. Diese vielen Partien Dame, die ich mit meinen Großeltern spielte, wenn es zu kalt war, um draußen auf der Terrasse zu sitzen. All die Sonntage und Weihnachtsfeste, die wir hier verbrachten. Wenn ich im Schneidersitz vor dem Spielbrett auf dem Boden saß, lehnte mein Großvater sich immer weit vor, um zu sehen, wo meine Steine landeten. Er lachte über die Witze, die ich voller Eifer erzählte, und fragte mich, wie es in der Schule gewesen war. Und über uns die ganze Zeit, wartend, die Treppe.

Ich bin wegen des Hochzeitsalbums in den Raum gekommen. Doch daneben befindet sich etwas Unerwartetes. Ein weiteres Album, großflächig, aber schmal und ehemals weiß. Ich lasse meine Finger über den Kunststoffeinband gleiten. Ein halber Regenbogen nimmt die untere Hälfte ein. Es ist für ein Kind gedacht. Ich blättere es auf, obwohl ich erwarte, dass es leer ist. Die meisten Alben in den Regalen meiner Eltern sind leer.

Aber auf einmal ist da meine Familie. Wir stehen hinter dem Haus auf dem üppigen Rasen, der so leuchtend grün ist wie in meinen Kindheitserinnerungen, jenes Grün, das mein Vater von seinem Aufsitzrasenmäher aus pflegte. Fast kann ich Vivaldis Cello- und

Violinklänge aus den Lautsprechern hören, die mein Vater aufgehängt hat. »Vatertag« steht unter dem Bild. Wir Geschwister stehen in einer Reihe, meine Schwestern und ich tragen Kleider, mein Bruder einen marineblauen Anzug. Neben uns sitzen meine Großmütter auf einer Bank. Meine Eltern stehen hinter ihnen und dann – da ist er. Mein Großvater.

Seine Sportjacke ist grau, ebenso wie seine Hose. Seine Schultern hängen, und sein Mund steht ein wenig offen. Er blickt direkt in die Kamera. Er ist jünger als in meinen Erinnerungen, aber was bedeutet Alter für ein Kind? Was ich nicht erwartet habe, ist, wie fremd er mir ist. Wenn ich auf der Straße an ihm vorbeiginge, würde ich nur denken, hier geht ein älterer Italiener mit einem Kopf voll grauer Locken und einem hoch über den Bauch gezogenen Hosenbund.

Das denke ich zuerst. Aber während ich das Album halte und das Bild genauer betrachte, fühle ich, wie das Zittern in meinem Körper beginnt. Das Kratzen seiner Bartstoppeln. Der feuchte Moder seines Mundes. Das Gefühl schrecklicher Übelkeit und der Kummer und der Schock und die Furcht. Nein. Vielleicht würde ich nicht wissen, nicht bewusst wissen, an wem ich da auf der Straße vorbeiginge und warum ich plötzlich zurückschrecken würde. Aber mein Körper wüsste es. Mein Körper erinnert sich.

Das Mädchen, das auf dem Bild links neben ihm steht, ist acht Jahre alt. Sie hat braune Locken, die zu einer leichten Welle gebürstet und mit einem dünnen weißen Haarband gebändigt worden sind. Sie liebt Nancy-Drew-Krimis, und ich weiß, als ich sie ansehe, dass sie ihre Lippen zwar zu einem halben Lächeln verzogen hat, aber irgendwo in ihrem Inneren abgetaucht ist. Sie riecht das Gras; sie hört die Geigen; sie fühlt das Gewicht ihrer Familie neben sich. Sie fühlt all das und kann es doch nicht begreifen. Und so ist sie in ihre eigenen Gedanken geflüchtet und erträumt sich eine Welt, die in ihr lebendig sein wird, deren Charaktere sich so real anfühlen werden wie ihr eigener.

Eine Erinnerung taucht auf: Ich sitze im Schneidersitz auf dem Teppich im Wohnzimmer, mein Großvater über mir auf der Couch. Ich zeichne ein Oval auf den Zeichenblock – der Umriss eines Gesichts. »Gut, gut«, sagt er. Er lehnt sich vor, um mir den Stift aus der Hand zu nehmen. Er zeigt mir, wie man die Fläche eines Gesichts in Segmente aufteilt. Er markiert die Position der Augen, der Nase, des Mundes.

»Ich muss zum Grab meines Großvaters.« Ich habe Janna in der Küche gefunden, wo sie an dem weißen Resopaltisch sitzt, und registriere, dass ich ihr damit sage, dass wir den Zug verpassen werden. Aber ich bin an Jeremys Grab gewesen, ich habe das Grab von Bessie und Alcide und Oscar besucht. »Wir müssen zu seinem Grab.«

40

Ich verabschiede mich von den Jungs, knie mich neben sie hin und verberge mein Gesicht in ihrem Fell. Dann fahren wir durch Tenafly, den Hügel hinab, an dem alten Apartmenthaus vorbei und über die Bahngleise. Der Friedhof ist zehn Autominuten entfernt und grenzt an eine Straße, neben der hohe Ulmen und Eichen aufragen.

Janna wartet beim Auto meiner Eltern, während ich auf die Bäume zugehe. »Marzano«, sage ich zu dem Friedhofswärter, der am Eingang in einem kleinen Büro sitzt, und er deutet zu einer Böschung, wo die Gräber dicht gedrängt liegen. Beim Hinaufgehen komme ich an grauen und glänzend schwarzen Grabsteinen vorbei. Auf einem davon ist eine Sonne eingraviert, die über dem Wasser schwebt, im Aufgehen oder im Untergehen begriffen, es ist nicht zu erkennen. Über mir sind die Bäume dicht belaubt. Der Herbst ist nahe.

Ich sehe zuerst die Rückseite des Grabsteins. Rosafarbener Granit.

Ich gehe um ihn herum zur Vorderseite.

Meine Großmutter ist eine junge Frau. Auf dem Hochzeitsfoto ist ihr Gesicht rund und glatt, ein weißer Spitzenschleier ruht auf ihrem Haar, ein großer Blumenstrauß in ihren Händen. Neben ihr steht ein junger Mann. Das Haar meines Großvaters ist dunkel. Er trägt einen gut gebügelten schwarzen Anzug, der weiße Stehkragen seines Hemdes ist gestärkt; er trägt eine schwarze Krawatte. Aufrecht steht er da, ohne Stock.

Ich erinnere mich gut an dieses Bild. Als ich klein war, stand es in ihrem Haus auf dem Schminktisch meiner Großmutter, und ich schaute es gerne an. Wie unbegreiflich die Menschen darauf für mich damals gewesen waren. Aber jetzt sehe ich das Bild mit anderen Augen. Jetzt schaue ich sie an und kann sehen, wie jung sie waren. Ich sehe Liebe und sehe Furcht und all das, was die Jahre ihnen wegnehmen werden. Es liegt noch so viel vor ihnen. Sie haben keine Ahnung, was ihnen bevorsteht.

Sie waren jung, dann waren sie alt, jetzt sind sie tot.

Das Gefühl trifft mich überraschend. Es ist unmissverständlich und überraschend. Jetzt sind sie tot. Sie sind tot. Ich lebe.

Was ich fühle, während ich an ihrem Grab auf dem Gras stehe, ist nicht Befreiung, nicht ganz. Es ist Kummer, aber von einer guten Art. Ich kann die Autos auf der Straße unten vorbeifahren hören. Janna steht dort unten, beobachtet wahrscheinlich, wie der Wind die Ulmen zaust. Sie wird mir so viel Zeit geben, wie ich brauche, das weiß ich, auch ohne zu fragen, und wenn ich hier fertig bin, werden wir von hier fortgehen.

Aber es ist nicht der Akt des Wegfahrens, der mich von hier fortführen wird, nicht die physische Handlung. Und was auch immer die Zukunft für uns beide bereithält, auch sie hilft mir nicht weg von hier. Das habe ich mittlerweile gelernt.

Stattdessen ist es das hier. Das Erzählen dieser Geschichte.

Meine Großmutter ruht neben einem Geheimnis. Mein Großvater starb als der, der er war. Ich kann nicht sagen, dass ich ihm vergebe. Nur, dass Vergebung ein zu einfaches Wort ist. Sie haben mich zu der gemacht, die ich bin. Sie haben so viel Unheil verursacht.

»Ich muss jetzt gehen.« Meine Stimme klingt in der Stille seltsam, zittrig. Immer habe ich die Toten in den Geschichten gefunden, die sie hinterlassen haben. Nicht in der nüchternen Tatsache eines kalten Grabes. Aber ich habe mich nie von meinen Großeltern verabschiedet, als sie noch lebten, weil jedes Lebewohl, das ich jemals aussprach, immer ein Platzhalter für all das war, was ich nicht sagen konnte.

»Ich werde diese Geschichte zu Ende erzählen.«

So. Nun wissen sie es. Ich erzähle diese Geschichte.

Diese Worte sollten meine letzten an sie sein. Ich wollte ihnen sagen, dass ich reden werde, wo Schweigen herrschte. Dass ich da, wo Geheimnisse waren, der komplexen Wahrheit einen Weg bahnen werde.

Aber ich kann mich nicht rühren. Ich stehe auf dem Gras und lausche in die Stille, höre die kleinen Tiere, die sich zu meinen Füßen durch die Halme bewegen, eine eigene Welt in einer Größenordnung, die für mich fremd und kaum vorstellbar ist, und über mir in den Ästen der Bäume die Welt der Vögel, des Windes und des Himmels, eine Welt, die das Unten niemals berührt. Es ist Spätsommer, die Blätter beginnen gerade, sich zu verfärben. Das Gras um mich wimmelt von Leben, und die Erde unter mir birgt die Toten, und jeder von ihnen trägt einen Namen, der alles und nichts bedeutet. Ein Platzhalter für ihre Geschichte.

»Ich muss jetzt gehen«, sage ich noch einmal und merke dabei, dass meine Stimme schriller geworden ist. Ich sage es ebenso sehr zu mir wie zu ihnen, sage es in dem Versuch, mich loszureißen. Doch noch im Sprechen fühle ich in meinem Bauch die Geburt einer Idee. Den Hauch eines Gefühls, eine Ahnung von dem, was ich wirklich sagen muss, weil die komplizierte Wahrheit auch das erfordert. Der eigentliche Grund, warum ich noch immer hier stehe.

Der Gedanke überrascht mich. Ich bewege ihn in meinem Inneren, betrachte ihn argwöhnisch. Kann das wahr sein? Muss ich es wirklich sagen?

Ja.

»Ich liebe dich.«

Der Tag, an dem ich Ricky traf, war hell und blau und so klar, wie es in Louisiana überhaupt möglich ist. Die Hurrikansaison hatte begonnen, aber wenn sich da gerade etwas zusammenbraute, war es noch nicht sichtbar. Ich war fünfundzwanzig. Ich hatte einige Monate zuvor die Videoaufzeichnung des Geständnisses gesehen. Man könnte sagen, dass der Tag, an dem ich Ricky begegnete, der eigentliche Beginn dieser Geschichte war, ihre unmittelbare Ursache. Oder wenn die Geschichte in Wahrheit viel früher begann, in meiner

Kindheit in dem grauen Haus, dann könnte man sagen, dass mein Treffen mit ihm gewissermaßen ihr Ende war.

Als ich New Orleans verlassen hatte, war der Himmel dunkel gewesen, aber während der Fahrt war die Wolkendecke über den kahlen Zweigen der Bäume des Lake Pontchartrain aufgebrochen, der braun aussah, wo sich Schlamm und Wasser vermischt hatten, und von klarem Blau war, wo der Schlamm sich gesetzt hatte. Die weißen Grabmäler des Friedhofs von Metairie, diese ordentlichen Straßen für die Häuser der Toten, wichen Baumgruppen dichter Mangroven. Felder lagen lang und träge unter der Morgensonne. Auf meiner Fahrt schien ich eingeschlossen zu sein in einen Schatten, den nur ich sehen konnte. Ich konnte mich nicht an den Namen des Mannes erinnern, den ich treffen würde, nur daran, was er getan hatte. Und ich sah das Gesicht des blonden Jungen, den er getötet hatte, des Jungen, der auf seinem letzten Schulfoto lächelte.

Nur eine Straße führt zu den Toren von Angola, dem Staatsgefängnis von Louisiana, und sie ist gleichzeitig die einzige Straße, die von dort wegführt. Wenn man noch dreißig Meilen von dem Gefängnis entfernt ist, zweigt diese Straße in einem rechten Winkel vom Highway ab. Von da an ist sie schmal und unbeschildert, ein Weg, den man nur wählt, wenn man sein Ziel kennt. Hinter dem Städtchen St. Francisville mit seinen Fast-Food-Restaurants und kleinen Supermärkten kommen nur noch Wohnwagen, die man auf die staubige Erde gesetzt hat. Ein einzelner Schönheitssalon in einem Schuppen, auf den ein handgeschriebenes Schild hinweist. Ein Kindergarten. Fünf Kirchen.

Die Straße endete als Sackgasse an den Toren des Gefängnisses. Direkt dahinter stand das weiße, achteckige Gebäude, in dem sich einst der Todestrakt befunden hatte, bevor man ihn weiter ins Grundstück hinein verlegt hatte. Ich stieg aus dem Auto und stand in der Hitze da, sah, wie das Licht auf die hohen Mauern fiel. Libellen umschwirrten mich, und das Licht brach sich auf dem leuchtenden Blau und Gelb ihrer Flügel. Das Gefängnisareal, einst aus alten Plantagen zusammengefügt, ist größer als die Insel Manhattan. Angola hat üppige Felder und Bäche, die gluckernd von kleinen Anhöhen herunterplätschern, Wildschweine, Klapperschlangen und Bären. Nach der Heimat der Sklaven benannt, die einst auf diesen Feldern arbeiteten, ging es hier jahrzehntelang derart gewalttätig zu, dass die Bundesregierung das Gefängnis vom Staat Louisiana übernahm. Angesichts seiner Größe, seiner schrecklichen Schönheit und seiner furchtbaren Geschichte entstand unter den Insassen von Angola das Gerücht, dass ein Wassergraben das Gefängnis umgibt, der von hungrigen Alligatoren bevölkert wird, die jeden töten, der zu fliehen versucht. Es spielt dabei keine Rolle, dass jeder Gefangene, der hier eintrifft, durch dasselbe Tor kommt, vor dem ich stand, und dann durch die Felder gefahren wird. Es spielt keine Rolle, dass jeder von ihnen mit eigenen Augen sehen konnte, dass es keinen Wassergraben gibt. Der Mythos hat die Erinnerung ausgelöscht.

Bei der Sicherheitskontrolle tastete mich ein Wärter ab, dann bestieg ich einen der ehemaligen Schulbusse, die in diesem Gefängnis als Transportmittel verwendet werden und auf deren Seiten mit weißer Schablonenschrift *Staatsgefängnis Angola* aufgemalt ist. Wir fuhren durch Felder mit langem, wiegendem Gras zu einem pfirsichfarbenen Gebäude. Dann führte mich ein anderer Wärter einen Gang zwischen Gittern entlang zu einer Tür. Auf der anderen Seite befand sich ein grauer Raum mit kleinen, runden Tischen und Plastikstühlen. An einer Wand waren mit Plexiglas Nischen abgetrennt, an deren Wänden Stühle standen. »Setzen Sie sich«, sagte der Wärter und deutete auf einen Stuhl.

Was als Nächstes geschah, ist eine Erinnerung, die so lebhaft und bildlich ist wie eine erdachte Szene. Durch das Plexiglas sehe ich einen Mann durch eine entfernte Tür gehen und sich zu dem Wärter umdrehen. Er streckt seine Arme aus, um sich die Handschellen abnehmen zu lassen. Der Mann trägt das gleiche gemusterte Baumwollhemd und die gleichen blauen Jeans wie alle Insassen – das Blau von Angola. Er ist älter als in der Aufnahme. Seine Brillengläser sind noch immer genauso dick. Seine Ohren stehen von seinem Kopf ab, ein Zeichen von Bessies Alkoholkonsum vor so langer Zeit.

Er ist an diesem Tag siebenunddreißig Jahre alt. Aber als er in meiner Erinnerung auf mich zugeht, sehe ich ihn nicht als Siebenunddreißigjährigen. Er ist das Baby, das aus dem aufgeschnittenen Bauch seiner Mutter ans Licht gehoben wird, herausgehoben aus dem runden Ausschnitt im Gips. Er ist der braunhaarige Junge mit Sommersprossen und hervorstehenden Zähnen, der über den Wurzeln eines Yellowwood-Baumes hockt und mit einem Schwarz-Weiß-Foto redet, das er in einer dreckigen Hand hält. Er ist achtzehn, sitzt im Lieferwagen seines Freundes, der Himmel draußen ist übersät von Sternen, er trinkt aus einer Schnapsflasche, deren Glas unter seinen Lippen süß schmeckt, und versucht, den Mut aufzubringen, die Psychiatrische Klinik zu betreten und das Wort auszusprechen, das bezeichnet, was er ist. Er ist sechsundzwanzig, und sein Arm schlingt sich fest um Jeremys Hals. Jeremys Beine zappeln so wild, dass seine Stiefel herunterfallen. Dann erschlafft der Körper des Jungen, und als das Kind stirbt, wird der Mann zu einem Mörder, der er von nun an immer sein wird. Er ist neunundvierzig und beschreibt die letzte Seite, die ich in den Unterlagen habe, eine Notiz, die so neu ist, dass sie noch nicht zu den anderen in die Kiste gelegt wurde, sondern mir einzeln von einem Büromitarbeiter ausgehändigt wurde. Es ist ein Brief an einen Richter. »Wie Sie wissen, beschäftige ich mich mit Recherchen über meine Familie, und es macht mir viel Freude!« Er hat, schreibt er, Jahre damit verbracht, Dokumente über seine Vorfahren zu finden, aber die Geschichte hat immer noch Lücken. Ob der Richter ihm helfen könnte, noch tiefer zu schürfen?

Diesen Zwang kenne ich gut. Vielleicht, wenn er nur weit genug zurückgeht, wird er verstehen.

In dieser Erinnerung trage ich meinen zu dicken Anzug. Ich bin in diesem Besuchsraum fünfundzwanzig, aber ich bin auch drei Jahre alt, und die massige Hand meines Großvaters legt sich über meinen Mund. Acht Jahre, und der Lack für die Schaukel klebt meine Hände zusammen, und ich lache. Die Luft riecht nach Terpentin und frisch gemähtem Gras. Ich bin zwölf und schließe die Augen, stelle mich auf die Zehenspitzen und lasse mein Kleid um mich wirbeln – und als ich meine Augen öffne, beobachtet mich mein Großvater, starrt ungeniert. Sechzehn Jahre, und ich versuche mir mit einer Dose schwarzer Farbe ein neues Leben auf meine Schlafzimmerwände zu schreiben. Ich bin siebenunddreißig und stehe zum ersten Mal an der Stelle, wo früher der Muschelkalk der Tankstelle war, entschlossen, dorthin zu gehen, wo die Vergangenheit ist, dorthin zu gehen, damit ich sie endlich hinter mir lassen und nach Hause finden kann.

Während der Mann auf mich zukommt und ich warte, fahre ich mit meiner Zunge über meine Unterlippe. Eine alte Gewohnheit. Wenn ich es tue, fühlen meine Lippen sich feucht an – und ich schrecke schaudernd zurück, jedes einzelne Mal. Weil ich diese Geste, die ich unwillkürlich ausführe, kenne. Es ist etwas, das mein Großvater immer tat, wenn er sich beim Zeichnen konzentrierte. Ich sah ihm dabei zu, als er mir das Zeichnen beibrachte. Ich trage die Erinnerung irgendwo in meinem Körper, jenseits meiner Kontrolle; kann nicht einmal hineinreichen und die Erinnerung herausschneiden. Noch immer will ich sie zensieren. Ich will noch immer frei davon sein. Aber ich weiß, dass ich auf eine Weise gebunden bin, die ich niemals sehen, niemals verstehen kann. Wir tragen in uns, was uns ausmacht.

Ricky setzt sich mir gegenüber. Das Rätsel dieses Tages, dieses Treffens, die Problematik, mit der die Geschichte in mir beginnt und mit der allein sie enden kann, ist dies: Der Mann, der sich mir gegenübersetzt, ist ein Mensch. Er wird nie nur das eine oder das andere sein. Das ist nur in Geschichten möglich. Niemals für einen Menschen.

Und so probiere ich etwas Neues aus. Anstatt mich von der Vergangenheit abzuwenden, anstatt vor ihr zu fliehen, strecke ich meine Hand nach ihr aus. Komm, sage ich zu der Vergangenheit, komm mit mir, während ich lebe.

»Hallo, Ricky«, sage ich.

Verwendete Quellen

Aus dem Verhandlungsprotokoll, 2003

Darlene Langley: Sie sagten meiner Mom und meinem Dad, dass er wegen der ganzen Medikamente, die sie nehmen musste und, na ja, die Operationen, dass er wahrscheinlich –

Staatsanwalt: Einspruch, Euer Ehren, wenn sie das nicht aus erster Hand hat.

Richter: Oh, ich weiß nicht.

Verteidiger: Euer Ehren, es geht nicht darum, ob das den Tatsachen entspricht – es handelt sich um eine Geschichte, mit der sie in der Familie aufgewachsen sind, die immer wieder wiederholt wurde und die sie immer wieder gehört haben. Ob sie nun der Wahrheit entspricht oder nicht: Das ist die Grundlage, auf der sie handelten und Entscheidungen trafen.

Richter: Einspruch abgelehnt.

Für die Szenen, in denen es um meine Familie geht, habe ich mich auf meine eigenen Erinnerungen verlassen und gelegentlich Details mit Familienmitgliedern abgeklärt oder mit ihnen über die Ereignisse gesprochen. Für die Passagen über Ricky Langleys Leben habe ich mich in erster Linie auf Gerichtsakten und Zeitungsartikel bezogen, wie unten näher aufgeführt. Dennoch habe ich die Details, die nötig waren, um eine Szene lebendig werden zu lassen, zum Beispiel, was die Leute trugen, wo sie standen etc., manchmal durch meine Vorstellungskraft in das Grundgerüst eingefügt, das die

Dokumente bieten. Manchmal musste ich mir auch ausmalen, was Menschen dachten oder fühlten, und wo das der Fall war, habe ich mich, wenn möglich, von anderen Dingen inspirieren lassen, die sie gesagt oder getan hatten und die in einem anderen Zusammenhang dokumentiert waren.

1

Diese Beschreibung des Mordes entstammt teilweise der Aussage von Lorilei Guillory im Prozess 2003 (ihre Aussage von 1994 unterscheidet sich in Details davon) und teilweise dem Transkript von Ricky Langleys Geständnis vom 10. Februar 1992, also dem Geständnis, das ich im Jahr 2003 zu sehen bekam. An jenem Tag wurden zwei Aufnahmen mit Geständnissen gemacht; diese war die zweite, aber andere Details in diesem Bericht entstammen dem Transkript des ersten Videos. Der Zeitpunkt, zu dem er sich möglicherweise an Jeremy Guillory vergriffen hat – vor oder nach dem Tod des Kindes oder vielleicht auch gar nicht –, wird in den verschiedenen Geständnissen unterschiedlich präsentiert, und an dieser Stelle habe ich die einfachere Version gewählt, dabei aber auch auf die Debatte hingewiesen. Ich habe mich entschieden, anzudeuten, dass er drei Geständnisse ablegte, weil es sich dabei um die Niederschriften der drei wichtigen Videoaufzeichnungen handelt, die ich zur Verfügung hatte; doch wie anderswo im Buch deutlich wird, hat er die Geschichte dieses Mordes sehr oft und auf sehr unterschiedliche Weise erzählt.

3

Die Beschreibung von Lorilei Guillorys Suche nach ihrem Sohn basiert auf ihrer Aussage im Prozess 2003, doch ich habe versucht, mir ihre Gefühle vorzustellen, und mich dafür auf ihre Aussage 1994 und auf das Theaterstück *Lorilei* von Thomas Wright bezogen, das im Vereinigten Königreich und international gespielt und von der BBC ausgestrahlt wurde. Dieses Stück entstand in Zusammenarbeit mit Nick Harrington, der dafür recherchierte, und enthält teilweise Lorileis eigene Worte. Mehr Informationen über das Stück finden sich in Clive Stafford Smiths Artikel *From Hatred to Forgiveness*, der am 11. Dezember 2015 auf TheNation.com veröffentlicht wurde. Zur Beschreibung der Umgebung habe ich mich auf Bilder, die in der *American Press* veröffentlicht wurden, und auf eigene Aufnahmen von meinen Exkursionen in der Gegend gestützt. Das Foto von Lorilei und Jeremy Guillory, von dem hier die Rede ist, erschien in der *American Press.* Die Transkripte der Notrufe wurden im Lauf der Jahre vernichtet, aber ich nutzte die Aussage von Gary Hayes im Prozess 2003, um ihre Inhalte zu rekonstruieren. Hayes war für die Dokumentation der Notrufe verantwortlich. Die Beschreibung, wie Ricky Langley Lorilei auf der Terrasse Alkohol anbietet, stammt aus dem Stück *Lorilei.* Die schlichte Information im Stück habe ich mit meiner Vorstellung davon, wie dieser Augenblick sich angefühlt haben könnte, angereichert. Allerdings kommt dieses Element in anderen Beschreibungen der Suchaktion nicht vor und muss deshalb als fragwürdig gelten. Meine Beschreibung von Lorileis Vergangenheit entstammt dem Stück *Lorilei*, der *American Press* und der Suche in den Gerichtsakten. Dass Jeremy Guillory einen Schulausflug zum Wissenschaftsmuseum gemacht hatte, ist Lorileis Aussage im Prozess 1994 entnommen.

5

Die Beschreibung der Suche geht auf die Aussage von Deputy Sheriff Calton Pitre beim Prozess 2003 zurück, auf Artikel, die zum Zeitpunkt des Mordes in der *American Press* erschienen, und auf die Transkripte KPLC-TV und KYKZ-96, die Teil der Prozessunterlagen sind. Dass die Tankstelle Kaffee spendierte, wissen wir durch die Aussage von Lanelle Trahan bei der Verhandlung 2003. Dass die Frau, die ich Pearl Lawson genannt habe, wusste, dass Ricky bereits Kindesmissbrauch begangen hatte, und ihm am Abend der Suche sagte, er solle das Haus verlassen, habe ich dem Transkript von Rickys zweitem Geständnis am 10. Februar 1992 entnommen, obgleich ich die Details hinzuerfunden habe. Das Gleiche gilt für die Einzelheiten der Szene, in der Rickys Eltern fragen, ob er etwas mit Jeremy Guillorys Verschwinden zu tun hat, wobei die Frage selbst tatsächlich im Transkript erwähnt wird.

7

Dieses Kapitel basiert auf der Zeugenaussage von Lanelle Trahan in den Prozessen 1994 und 2003. Die Beschreibung des Motorradunfalls entstammt dem Unfallbericht, der Teil der Gerichtsakten ist.

9

Don Dixon beschrieb den Jagdausflug, den er mit Lucky DeLouche unternommen hatte, im Prozess 2003. Der Telefonanruf der Bewährungshelferin bei Lucky ist zusammengesetzt aus mehreren unterschiedlichen Telefonaten und Treffen zwischen Bewährungshelferin Elizabeth Clark, Dixon, Lucky und anderen Beamten der Strafverfolgungsbehörden. Die Berichte über diese Telefonate und Treffen sind nicht einheitlich. In seiner Aussage 2003 sagt Dixon, er und Lucky hätten Lorilei Guillory verhört, bevor sie mit der Bewährungshelferin sprachen. Clark gab im ersten Prozess 1994 eine viel längere und detailliertere Beschreibung der Ereignisse. Die hier im Buch beschriebene Version ist näher an der aus dem Drama *Lorilei.* Allen Versionen ist gemeinsam, dass sie auf Ricky kamen, weil die Bewährungshelferin verschiedene Hinweise miteinander verbunden hatte, obwohl sie eigentlich nicht für seinen Fall verantwortlich war. Die Beschreibung der Verhaftung habe ich von Dixons und Luckys Aussagen im Prozess von 2003 übernommen, dabei jedoch die Anwesenheit von Neil Edwards, eines dritten Polizisten vor Ort, weggelassen. Ich habe mir selbst ausgedacht, woran Ricky im Streifenwagen denken könnte; dass er die Fenster seines Schlafzimmers mit Alufolie bedeckte, steht aber in den Gerichtsakten. Der Bericht über das Auffinden von Jeremy Guillorys Leiche entstammt dem

Transkript einer Videoaufzeichnung vom 10. Februar 1992. Auch hier habe ich mehrere weitere Polizeibeamte, die dabei waren, weggelassen. Der Deputy, der die Aufnahme machte, war nicht neu in diesem Job, obwohl sich diese Information im Transkript von 1994 findet (aber nicht in dem von 2003). Deshalb habe ich meine ursprüngliche Vorstellung beibehalten und im Text als Fiktion gekennzeichnet.

10

Der Vorfall häuslicher Gewalt, der hier beschrieben wird, ist eine vereinfachte und erfundene Kompilation. Am 29. März 1993 stand in der *American Press* ein Artikel, in dem berichtet wurde, dass der Vater des Jungen, den ich Cole genannt habe, verhaftet worden sei, nachdem er versucht habe, eine Frau und ihr Baby zu überfahren. In Anbetracht des Ortes, an dem der Vorfall stattfand, und aufgrund der zeitlichen Einordnung glaube ich, dass es sich bei der Frau um Lorilei handelte. Der Staatsanwalt ließ die Anklage wegen versuchten Mordes später fallen, weil die Frau sich weigerte, mit der Polizei zu kooperieren, und sagte, sie habe keine andere Möglichkeit, sich und das Baby zu ernähren.

11

Diese Beschreibung des Autounfalls und die Aufzeichnungen, die deutlich machen, dass die Anwälte den Zeitpunkt anders legten, entstammen den Eröffnungsplädoyers in den Prozessen 1994 und 2003 und einem Zeitungsbericht aus dem Jahr 1964. Es gibt ein paar unbedeutende Widersprüche, was die Details angeht, und wo ich nicht extra darauf hingewiesen habe, habe ich eine Version ausgewählt. In der *American Press* wurde Oscar Langleys Geburt angezeigt, bevor er einen Namen hatte. Für meine Beschreibung des Krankenhauses habe ich mich auf die Eröffnungplädoyers in den Prozessen 1994 und 2003 gestützt, auf Dr. Robert Maupins Aussage vor Gericht 2003 und auf das Buch *New Orleans' Charity Hospital: A Story of Physicians,*

Politics, and Poverty von John Salvaggio. Generell habe ich auch immer wieder Aussagen von Ricky Langleys Schwestern bei allen drei Prozessen verwendet. Bessies Krankenhausaufenthalte habe ich im Interesse der Klarheit und eines besseren Erzählflusses komprimiert. Nach Weihnachten kam sie immer wieder für kurze Zeit nach Hause, und Ricky wurde im Krankenhaus von Lake Charles geboren.

13

Die Szene, in der Ricky Langley seinem Vater beim Hausbau hilft, ist erfunden. Ich habe Rickys Traum, in dem er von einem Geist zum Unfallort geführt wurde, aufgebaut auf eine Aussage der Reporterin Heather Regan, die für die *Southwest Daily News* tätig und 2002 bei dem Seminar anwesend war, von dem in Kapitel 31 die Rede ist. Sie erinnert sich daran, dass Ricky sagte, ein Geist habe ihn an die Stelle geführt; andere Anwesende haben es so verstanden, dass Ricky gemeint habe, Oscar Langley sei dieser Geist gewesen. Weil sie mir klarer erscheint, habe ich mich für Regans Version entschieden. An anderer Stelle in den Gerichtsakten ist festgehalten, wie Ricky Psychiatern von seiner Vision des Unfalls erzählt, und davon, wie er seinem Vater zugesehen habe, während der Oscars Kopf im Schoß gewiegt und für ihn gesungen habe. Ricky hat verschiedenen Psychiatern gegenüber immer wieder erklärt, er habe im Alter von neun oder zehn Jahren begonnen, sich an Kindern zu vergreifen, und in den Erklärungen, die nach dem Seminar im Jahr 2002 abgegeben wurden, erinnern sich die Teilnehmer ebenfalls an diesen Satz von Ricky. Andere Beschreibungen seiner Kindheit habe ich den Aussagen seiner Schwestern vor Gericht 1994 und 2003 entnommen, den Eröffnungsplädoyers beider Prozesse, der Aussage von Josette Melancon, seiner Lehrerin in der sechsten Klasse, aus dem Jahr 2003 und anderen Stellen in den Prozessakten. Patrick Vincent erwähnt in seiner Aussage 2003 die Nacht, in der Ricky versuchte, in der Psychiatrischen Klinik von Lake Charles Hilfe zu bekommen. Ich habe die Szene vereinfacht, indem ich Ricky das Gebäude allein betreten lasse.

15
Dieses Kapitel basiert auf den Niederschriften, die im Psychiatrischen Klinikum von Lake Charles über Ricky angefertigt wurden, und Aussagen vor Gericht im Jahr 1994, insbesondere denen von Dr. Paul Ware. Die Behauptung, Judy habe einmal den Mann, den ich Lyle genannt habe, mit einem Gewehr bedrohen müssen, stammt aus Dr. Wares Aussage, ist aber, soweit ich weiß, von den Betreffenden nicht bestätigt worden. Die Beschreibung von Rickys Gedanken und Gefühlen habe ich Berichten entnommen, die von den Sozialarbeitern angefertigt wurden, aber die Szene mit der unbenannten Sozialarbeiterin habe ich erfunden. Die Liste mit den erlaubten Besuchern stammt aus dem Staatsgefängnis Angola. Diese Liste, die Teil der Gerichtsakten ist, ist zwar nicht datiert, dürfte aber aus der Zeit vor 1997 stammen.

17
Der Teil des Kapitels, der in Louisiana spielt, basiert auf der Aussage Ruth McClarys während der Verhandlung im Jahr 1994, auch wenn viele Details wieder auf meine eigene Vorstellungskraft zurückgehen. Ricky Langleys Gefängnisunterlagen und die Aussagen von Rick Hawkins, Dr. Clark Heindel, Jackie Simmons und Dr. Ware vor Gericht 1994 bilden die Grundlage für den Teil des Kapitels, der in Georgia spielt. Der Titel des Buches von John Austin Young über die Familiengeschichte der Langleys, das am Ende des Kapitels erwähnt wird, lautet *The Langley Family of Southwest Louisiana: A Genealogical Study of Some Descendants of John Langley (II) and Marie Willan.*

18
Die Beschreibung von Ricky Langleys Verbrechen in Georgia basiert auf der Zeugenaussage des Opfers im Prozess 1994. Rickys Beschreibung davon entstammt den Dokumenten seiner Gefangenenakte in Georgia.

19
Dieses Kapitel nutzt Ellen Smiths Zeugenaussage im Prozess 1994 als Grundlage. Ich habe mir den sozioökonomischen Hintergrund ihrer Familie, die Umstände ihrer Beziehung und die Details der Party ausgemalt. Informationen darüber, dass Ricky Langley in Georgia herumreiste und wem er dort begegnete, sind den Gerichtsunterlagen entnommen, ebenso das von mir ausgestaltete Entlassungsgespräch. Dr. Ware sagte 1994 aus, dass Rickys Eltern glaubten, er habe einmal ein Familienmitglied sexuell belästigt.

21
Die Gespräche zwischen Ricky Langley und der Frau, der ich den Namen Pearl Lawson gegeben habe, sind aus Aussagen, die Ricky selbst im Rahmen der auf Video aufgezeichneten Geständnisse machte, und aus Erklärungen von Pearl in den beiden Prozessen 1994 und 2003 gezogen. Diese Berichte sind jedoch sehr kurz und widersprechen sich, sodass ich die Details der Gespräche im Motel und vor dem Fernsehapparat selbst dazuerfunden und einige Aspekte dieser widersprüchlichen Aussagen im Text entsprechend hervorgehoben habe. Aussagen nach dem Seminar 2002 zufolge erzählte Ricky den dort Anwesenden auch, er habe nach seiner Rückkehr nach Iowa auf Kinder aufgepasst. Damit muss er die Lawson-Kinder gemeint haben, da es sonst keine Kinder gab, die er gehütet hatte oder von denen er das behauptete. Er habe den Eltern dieser Kinder früh erzählt, dass er in der Vergangenheit Kinder missbraucht hatte. In den Gerichtsakten von 2003 finden sich die verschiedenen Versionen, in denen Ricky die Geschichte des Mordes wieder und wieder erzählte. Das Erlebnis mit dem Gefangenen, den ich Jackson genannt habe, entstammt einer Aussage von Larry Schroeder, die Teil der Gerichtsunterlagen ist, und seiner Zeugenaussage beim Prozess 1994. Mehrere Teilnehmer des im Jahr 2002 von der Verteidigung abgehaltenen Seminars, das in Kapitel 31 beschrieben wird, erinnern sich daran, dass Ricky behauptete, Jeremy Guillory erwürgt zu haben, während

er eigentlich glaubte, Oscar Langleys Geist zu töten, und diese Darstellung findet sich auch in den Aufzeichnungen des Psychiaters der Verteidigung, Dr. Dennis Zimmerman, die Teil der Gerichtsakten sind. Der Abschnitt des Kapitels, der vom Todestrakt handelt, basiert auf Rickys Akte in Angola und auf der Aussage John Thompsons im Verfahren von 2009. Das Gespräch zwischen ihm und Ricky Langley ist eine Komposition aus unterschiedlichen Ereignissen, die in Rickys Akte vermerkt sind, und Thompsons Beschreibungen seiner Interaktionen mit Ricky in der Zeit seiner Gefangenschaft in Angola. Die Zitate von Clive Stafford Smith sind in den Gerichtsunterlagen enthalten, ebenso wie die Entscheidung über die Berufung. Einige meiner Gedanken über Clives Gefühle seinem Vater gegenüber, die hier und an anderen Stellen im Buch vorkommen, stammen aus Artikeln, die er geschrieben, Interviews, die er gegeben, und Vorträgen, die er gehalten hat, wie etwa dem Vortrag mit dem Titel *My Father, Mental Illness, and the Death Penalty* im Jahr 2015. Die Beschreibung von Clives Haus beruht auf meinen Erinnerungen von 2003. Für andere Details des Kapitels habe ich außerdem das Buch *Nine Lives: Mystery, Magic, Death, and Life in New Orleans* von Dan Baum bemüht.

22
Dass es sich bei dem Mann, der mir die Tür öffnete, um John Thompson handelte, habe ich aus meinen Erinnerungen und aus Äußerungen erschlossen, die er im Prozess 2009 tätigte, wo er erklärte, welche Arbeit er im Louisiana Capital Assistance Center während dieser Zeit verrichtete. Dieses Zentrum hieß damals noch Louisiana Crisis Assistance Center (LCAC). Die hier beschriebene Videoaufzeichnung ist die zweite, die von Ricky Langley am 10. Februar 1992 aufgenommen wurde, und die Beschreibung hier basiert auf dem Transkript.

24
Die Begräbnis- und Demonstrationsszenen haben Artikel aus der *American Press* und die Transkripte KPLC-TV und KYKZ-96 aus

den Gerichtsakten zur Grundlage. Aus vielen Notizen in den Gerichtsakten, denen zufolge Ricky Langley während seiner Zeit in der Justizvollzugsanstalt Calcasieu oft versuchte, mit Lucky DeLouche und anderen Polizeibeamten zu sprechen, habe ich die Szene zusammengefügt, in der er nach der Wache ruft. Die Quelle für meine Beschreibung von Richard Guillory sind Fotos aus der *American Press* und andere Bilder, die online verfügbar sind. Der angeführte Leitartikel erschien ebenfalls in der *American Press*. Meine Beschreibung von Lorilei Guillory nach dem Mord an Jeremy basiert auf dem Stück *Lorilei* und aus einem Transkript einer Befragung durch Clive Stafford Smith. Ihre Gedanken bei der Nachricht, dass Ricky zum Tode verurteilt wurde, habe ich aus dem Stück *Lorilei* übernommen.

25

Das Protokoll der Vorverhandlung befindet sich in den Gerichtsakten. Ich habe mir die Umstände, wie Lorilei Guillory sich für diesen Termin fertig macht, mit Informationen aus *Lorilei* ausgemalt. Dokumentationen über Richter Alcide Grays Selbstablehnung bei weiteren Todesstrafenprozessen wegen Befangenheit und die Eingaben, die Clive Stafford Smith machte, um eine Revision des Urteils von 2003 durchzusetzen, sind ebenfalls in den Gerichtsakten. Der Vertrag mit der Verzichtserklärung, der hier erwähnt wird, wurde am 7. Juni 2002 von Lorilei, Clive und Ricky Langley unterzeichnet. Am 8. Mai 2003 – lange, nachdem Lorilei Ricky besucht und den Entschluss gefasst hatte, ihm zu helfen – unterzeichneten die drei einen zweiten Vertrag, aus dem hervorgeht, dass Ricky und Clive das Urteil »Nicht schuldig wegen Unzurechnungsfähigkeit« anstreben werden. Obwohl ich nicht sicher sein kann, dass Lorilei und Ricky sich in der High School kannten, handelte es sich um eine kleine Schule, die sie gleichzeitig besuchten, wie im nächsten Kapitel klar wird, sodass das eine durchaus naheliegende Schlussfolgerung ist.

27
Diese Beschreibung der Begegnung zwischen Lorilei Guillory und Ricky Langley basiert zum Teil auf dem Stück *Lorilei*. Ich habe mich auch auf einen Brief bezogen, den Lorilei geschrieben hatte und der am 25. Mai 2003 in der *American Press* erschien, in dem sie über ihre Gedanken und Gefühle, aber nicht über den Besuch spricht. Schließlich habe ich mir auch einige der Details ausgemalt, die nötig waren, um die Szene lebendig werden zu lassen. Die Äußerungen über Bessie Langleys Abwesenheit sind aus dem Protokoll der Verhandlung 1994. Für die Arbeit an diesem Kapitel habe ich auch Rickys Akte aus dem Gefängnis in Georgia, einen Antrag auf Strafminderung seitens der Verteidigung aus den Gerichtsakten und das Verhandlungsprotokoll von 1994 herangezogen.

28
Bei der Vorbereitung für dieses Kapitel habe ich Eula Bullers Schrift *Hebert Cemetery 2007* benutzt.

29
Das Lied *The Rose* wurde von Amanda McBroom geschrieben. Bei der Beschreibung des Motorradunfalls, der Vater und Sohn, die ich Terry und Joey Lawson genannt habe, tötete, habe ich mich auf den Polizeibericht bezogen, der sich in den Gerichtsakten befindet, sowie auf einen Nachruf in der *American Press*. Auch der Antrag auf Exhumierung ist Teil der Gerichtsakten. Einem Artikel in der *American Press* ist zu entnehmen, dass der Antrag abgelehnt wurde und dass die Familie sagte, sie werde wegen des Antrags eine Beschwerde bei der Anwaltsvereinigung von Louisiana einreichen.

31
Der hier angesprochene Brief von Lorilei erschien in der *American Press*. Die widersprüchlichen Aussagen und Beschreibungen entstammen den Gerichtsprotokollen der Prozesse 1994 und 2003.

Ricky Langleys Brief an seine Eltern setzt sich aus mehreren Briefen zusammen. Das direkte Zitat stammt aus dem Jahr 1992 und wurde während Lucky DeLouches Zeugenaussage 2003 von Clive Stafford Smith vorgelesen; Ricky verwies auf sein Bedürfnis, anderen zu helfen, das Denken von Pädophilen zu verstehen. Die Beschreibungen des Seminars, Rickys und Clives Äußerungen und die Gedanken und Gefühle der Anwesenden basieren auf Erklärungen, die Seminarteilnehmer später der Anklage gegenüber abgaben. In einigen Fällen habe ich aber die Berichte von zwei Anwesenden in einer Person vereint, um eine bessere Lesbarkeit zu gewährleisten. Zudem habe ich mir die Räumlichkeiten und die physischen Handlungen der Personen ausgemalt. Diese Aussagen sind zwar in den Gerichtsakten von 2003 enthalten, wurden aber im Prozess selbst nicht zugelassen. Die Beschreibung der Begegnung zwischen Colonel Bruce LaFargue und Ricky vor dem Seminar basiert auf LaFargues eidesstattlicher Erklärung vom 2. Januar 2003. Ein Fax, das Clive am 12. Dezember 2002 an LaFargue schickte, bekräftigt, dass nichts, was Ricky dort sagen wird, gegen ihn verwendet werden würde; in der eidesstattlichen Erklärung sagt LaFargue, er habe das niemals versprochen und auf Clives Bitte, ihm das zu garantieren, nur geantwortet, sie seien sich einig, dass Ricky nicht über den Mord sprechen würde. Bei der Arbeit an diesem Kapitel habe ich mich auch auf Zeugenaussagen im Prozess 1994 bezogen.

32

Der Abschnitt über das Voir Dire basiert auf den Prozessprotokollen. Die Kommentare von Richter Alcide Gray und Cynthia Killingsworth darüber, dass es dort täglich einen Mord gegeben habe, wurden an verschiedenen Tagen abgegeben, aber ich habe die Zeit hier aus narrativen Erwägungen komprimiert. Meine Schätzung der Zahl möglicher Juroren, die befragt wurden, ist nur eine ungefähre. Bei meinen Überlegungen zu diesem Kapitel habe ich zwei Bücher mit einbezogen: *On Killing: The Psychological Cost of Learning to Kill in War and Society* von Dave Grossman und *Jurors' Stories of Death: How America's Death Penalty Invests in Inequality* von Benjamin Fleury-Steiner.

33

Die Szene im Gerichtssaal habe ich anhand der Gerichtsprotokolle des Prozesses 2003 beschrieben, aber die physischen Bewegungen der Anwälte und die Gedanken der Geschworenen entstammen meiner Vorstellungskraft. Die Filmausschnitte des Clips KPLC-TV von 2003 sind nicht zugänglich, aber Filmausschnitte vom Prozess 2009, in denen der Fall wieder aufgenommen wird, enthalten Teile dessen, was 2003 gezeigt wurde, und auf diese habe ich mich hier bezogen. Man sollte auch wissen, dass die Luftbilder von dem Wäldchen nicht zur Zeit des Mordes gemacht wurden, sondern im Frühjahr 1993, weil der Helikopter damals nicht verfügbar gewesen sei, wie der Fotograf beim Prozess erklärte.

34

Die Dialoge und Prozessbeschreibungen in diesem Kapitel basieren auf dem Prozessprotokoll von 2003. Die Beschreibungen der Videoaufnahmen entstammen den Transkripten. Gedanken und Gefühle Lorileis und der Geschworenen habe ich mir ausgemalt. Das Weihnachtsfoto von Jeremy Guillory war Teil des Filmmaterials KPLC-TV, von dem schon in Kapitel 33 die Rede war. In vielen Erklärungen oder Artikeln von Clive Stafford Smith wird die Tatsache erwähnt, dass die Anklage Lorilei vorwarf, eine schlechte Mutter zu sein, so zum Beispiel in einem Kommentar vom 10. Oktober 2008 auf der Al-Jazeera-Website, der den Titel *Death Penalty ›Utterly Barbaric‹* trug.

35

Der Teil des Kapitels, der die Gerichtsverhandlung zum Thema hat, basiert auf dem Gerichtsprotokoll von 2003. Meinen Gedanken zu der Frage, ob die meisten Pädophilen missbraucht wurden, liegen zwei Aufsätze zugrunde: *Does Sexual Abuse in Childhood Cause Pedophilia: An Exploratory Study*, K. Freund et al., *Archives of Sexual Behavior* (Dezember 1990) und *Cycle of Child Sexual Abuse: Links Between Being a Victim and Becoming a Perpetrator*, M. Glasser et al., *The British Journal of Psychiatry* (Dezember 2001). Beide sind online zu finden. Wenn ich frage, ob sich Lorilei Guillory in Ricky Langley wiederfand, will ich nicht im Mindesten andeuten, dass sie sich mit dem identifizierte, was er getan hatte. Vielmehr frage ich, ob sie sich nicht in einigen Herausforderungen wiederfand, mit denen er in seinem Leben konfrontiert wurde. In meinen Überlegungen über eine solche mögliche Gedankenverbindung beziehe ich mich auf das Stück *Lorilei.*

36
Der Teil des Kapitels, der die Gerichtsverhandlung zum Thema hat, basiert auf dem Gerichtsprotokoll von 2003.

37
Das Zitat der Sozialarbeiterin entstammt einer Notiz in den Gerichtsakten aus dem Jahr 1993, in der es um eine Strafminderung ging; andere Beschreibungen dessen, was die Jury nicht erfuhr, entstammen den bereits erwähnten Quellen. Mehr über das Traumtagebuch und die Debatte darüber, ob es Träume oder Geständnisse enthält, findet sich im Gerichtsprotokoll von 1994. Dass Lorilei bei der Urteilsverkündung 2003 nicht anwesend war, lässt sich einem *American-Press*-Artikel entnehmen. Dass und aus welchem Grund Clive Stafford Smith das Urteil von 2003 anfocht, ist Teil der Prozessakten, ebenso wie die darauffolgenden Ereignisse. Im Jahr 2003 hörte ich Steven Kujawa, den Sprecher der Geschworenen, bei einer Veranstaltung im Büro des LCAC sagen, was hier wiedergegeben ist. An dieser Veranstaltung nahmen Praktikanten des LCAC teil, die nicht an dem Fall Ricky Langley arbeiteten, sowie Mitglieder des

Zentrums, die ebenfalls nicht in den Fall involviert waren. Die Lebensumstände der Familie Kujawa habe ich Aussagen entnommen, die er an diesem Tag und während des Voir-Dire-Verfahrens 2003 machte.

38
Die hier beschriebenen Fotografien sind Teil der Gerichtsakten.

40
Ein Teil meiner Beschreibung von Angola basiert auf dem Bericht *God of the Rodeo* von Daniel Bergner, einer nicht-fiktionalen Darstellung des dortigen Gefängnisrodeos. Der hier erwähnte Brief, den Ricky Langley an einen Richter schrieb, ist Teil der Gerichtsakten.

Dank

Manchmal wird man auf positive Weise vom Blitz getroffen. Ich hatte das Glück, dass mir das bei der Arbeit an diesem Buch gleich zweimal passierte, als genau in den Momenten, da sie am dringendsten gebraucht wurden, großzügige finanzielle Unterstützungen vom National Endowment for the Arts und der Rona Jaffe Foundation eintrafen. Diese finanziellen Hilfen machten die Recherchen für dieses Buch erst möglich; als Vertrauensbeweise waren sie von unschätzbarem Wert. Das Gleiche gilt für die Zeit und die Räumlichkeiten, die mir von der MacDowell Colony, der Corporation of Yaddo, der Millay Colony for the Arts, dem Blue Mountain Center, dem Virginia Center for the Creative Arts, dem Vermont Studio Center, dem Kimmel Harding Nelson Center, den Studios of Key West, dem Djerassi Resident Artists Program und schließlich der Familie von Alice Hayes zur Verfügung gestellt wurden, die im Rahmen der Ragdale Foundation ein Stipendium eingerichtet hat.

Einzelne Passagen dieses Buches wurden bereits im *Oxford American*, der *Bellingham Review*, in *Fourth Genre*, *Bookslut* und in der Anthologie *True Crime* veröffentlicht. Ich bin den Herausgeberinnen und Herausgebern Brenda Miller, Marcia Aldrich, Jessa Crispin und Lee Gutkind dankbar dafür, dass sie dieses Material vielversprechend fanden. Mein besonderer Dank gilt Wes Enzinna, der damals beim *Oxford American* beschäftigt war und mich einmal um zehn Uhr abends anrief, um über ein Verb zu diskutieren. Er hatte recht, und dieser Anruf hat mich so viel gelehrt.

Mein Agent Robert Guinsler war der beste Unterstützer dieses Buches, den ich mir wünschen konnte, und zwar vom ersten Augenblick an, als ich ihm davon erzählte. Er hat fest daran geglaubt, und seine Arbeit als Agent war geradezu magisch. An Calvin Hennick, meinen außergewöhnlichen Agenten-Finder: Ich werde dir immer dankbar sein. Danke auch an Szilvia Molzar.

An meinen Lektor Colin Dickerman: Danke, dass du eine so klare und komplexe Vision dieses Buches hattest und somit das Beste aus der Geschichte herausgeholt hast. Danke auch an das Team bei Flatiron Books: James Melia, Amelia Possanza, Marlena Bittner, Molly Fonseca, Nancy Trypuc und Keith Hayes, ebenso wie Robert Ickes und Michael K. Cantwell. Ich bin glücklich, mich in so guten Händen zu wissen, auch im Vereinigten Königreich bei Georgina Morley und ihrem Team bei Pan Macmillan.

Ehe das hier ein Buch wurde, glaubte Douglas Whynott bereits, dass es eines werden könnte, und begann mir zu zeigen, wie ich es in eines verwandeln konnte. Für diese Unterweisung und die von Richard Hoffman, Megan Marshall, Pamela Painter und ihren Kollegen beim MFA-Programm von Emerson bin ich dankbar. Ebenfalls dankbar bin ich für Rat und Ermutigung, die mir durch Jonathan Harr, Sydelle Kramer, David Shields, Jane Brox, Joshua Wolf Shenk, Rachel Sussman und Deanne Urmy zuteilwurden.

Ich schulde Michael Collier, Noreen Cargill, Jennifer Grotz und Jason Lamb Dank, die ich auf der Bread Loaf Writers' Conference kennengelernt habe. Dort traf ich auch Ross White und Matthew Olzmann, die das Grind betreiben, in dem viele Seiten dieses Buches geschrieben wurden. Und ich bin Anne Greene und den Familien von Jon Davidoff und Joan Jakobson von der Wesleyan Writers Conference dankbar.

Boston hat eine der besten Autorengemeinschaften überhaupt, was sich hauptsächlich seinen Organisationen verdankt. Ich bin Eve Bridburg und Christopher Castellani zutiefst dankbar, weil sie mir schon seit vielen Jahren bei Grub Street eine Heimat gegeben haben, und ich danke Alison Murphy, Jonathan Escoffery, Sonya Larson, Dariel Suarez, Lauren Rheaume, Sarah Colwill-Brown und den vielen anderen, die das Grub am Laufen halten, für ihre Mühen. Ich bin dem Vorstand und den Mitgliedern des Writers' Room in Boston dankbar, wo große Teile dieses Buches entstanden, und ganz besonders Debka Colson. Danke auch an meine Kollegen an der Kennedy School of Government in Harvard, insbesondere an Jeffrey Seglin, der ein großartiger Mentor, ehemaliger Lehrer und guter Freund ist. An meine früheren und gegenwärtigen Studenten im Memoir Incubator von Grub Street, in anderen Kursen bei Grub, am Cedar Crest College und in Harvard: Danke, dass ihr mir eure Geschichten anvertraut habt und mich durch euren Mut so viel gelehrt habt. Mit euch zu arbeiten ist eine große Ehre.

Mitten in der Arbeit an diesem Buch erhielt ich eine Mail, die mich einlud, mich einer Schreibgruppe anzuschließen. Damals hatte ich keine Ahnung, dass es sich um die beste Autorengruppe handelte, die es je gab. An die Chunky Monkeys – Chip Cheek, Jennifer De Leon, Calvin Hennick, Sonya Larson, Celeste Ng, Whitney Scharer, Adam Stumacher, Grace Talusan und Becky Tuch – so viel Dankbarkeit und Liebe. Ihr seid eigentlich der einzige Grund, warum ich noch immer an einem Ort lebe, an dem es einen Winter gibt.

Das Reporters Committee for Freedom of the Press erwies sich als hilfreiche Quelle. In Louisiana versorgten mich Loretta Mince, Jeannette Donnelly und Alysson Mills mit wichtigen rechtlichen Informationen und Ratschlägen. Ich bin den Mitarbeitern der Genealogischen Bibliothek von Southwest Louisiana, dem Gericht des East Baton Rouge Parish und der öffentlichen Bibliothek von Iowa ebenso wie den Bullers vom Consolata Cemetery und Mari Wilson von KPLC-TV dankbar. Ein besonderes Dankeschön an Sha Carter, Bethany Smith und die anderen Mitarbeiter beim Calcasieu Parish Clerk of Court criminal records division für endloses Fotokopieren, Berge von Büroklammern und das Auftreiben eines bequemen Stuhls.

Es war oft schwer, über die Themen in diesem Buch zu schreiben. Deshalb danke an Alysia Abbott, Howard Axelrod, Ned Baxter, Steven Beeber, Michael Blanding, Nicholas Boggs, Sari Boren, Lori Brister, Alexander Chee, Julia Cooke, Rebecca Morgan Frank, Ted

Genoways, Michelle Hoover, Elin Harrington-Schreiber, Patricia Harrington-Schreiber, Hannah Larrabee, Ron MacLean, Richard McCann, Nicole Miller, Mary Jane Nealon, Shuchi Saraswat, Mike Scalise, Linda Schlossberg, Kat Setzer, Justin St. Germain, Rachel Starnes, R. J. Taylor, Laura van den Berg, Robin Wasserman, Sarah Wildman, Alexi Zentner und Ann Zumwalt für Umarmungen und Whiskey, für Aufmunterungen und wichtiges Feedback. Die Danksagungen für dieses Buch wären nicht vollständig, wenn ich meine verstorbene Hündin Lada nicht erwähnen würde, die mir die Arbeit am ersten Teil dieses Buches so viel erträglicher machte. Danke auch an die Belegschaft des *Diesel Cafés* in Somerville und des *1369 Coffee House* an der Mass Avenue in Cambridge für all den dringend notwendigen Kaffee, und an Zoë Keating für ihre Musik, die den Soundtrack für einen guten Teil meines Schreibens bildet.

Es kann für meine Familie nicht einfach gewesen sein, mich beim Schreiben dieses Buches zu unterstützen, aber sie hat es getan, und dafür und für so vieles andere bin ich zutiefst dankbar. Alle Familien sind kompliziert, aber es ist ein großer Segen gewesen zu wissen, dass meine Familie von Liebe zusammengehalten wird.

Janna und ich hatten unser erstes Date an dem Abend, an dem sich herausstellte, dass dieses Buch eines Tages vielleicht wirklich veröffentlicht werden würde. Einige Monate später wurde sie zu einer Figur darin. An sie: Danke, dass du es einfacher für mich gemacht hast, die Themen dieses Buches zu durchleben und darüber zu schreiben. Danke für deine Liebe und dafür, dass du mit mir ein Zuhause geschaffen hast, in dem meine Erinnerungen an die Vergangenheit sicher neben meinen Hoffnungen für die Zukunft leben können.